गाँधी और नेहरू

गाँधी और नेहरू

सौरभ उपाध्याय

इशिका पब्लिशिंग हाउस
जयपुर दिल्ली

इशिका पब्लिशिंग हाउस

ए -25, ''गणेश सदन'', गली न. 4, आदर्श बस्ती,
बी.एल. हाउस के पास, टोंक फाटक,
जयपुर-302018 (राजस्थान) भारत
फोन : 0141-2761280, Mob. 9887532741
Email: ishikapublishinghouse@yahoo.in

दिल्ली कार्यालय : 102, प्रथम मंजिल, 'सत्यम हाउस'
4324/3, अंसारी रोड़, दरियागंज, नई दिल्ली - 110 002
फोन : 011-45652440

ISBN: 9788189471729

टाइपसेटिंग : बी.एस. कम्प्यूटर्स, जयपुर

मुद्रक : थॉमसन प्रेस, नई दिल्ली

प्रस्तावना

महात्मा गाँधी का पूरा नाम मोहनदास कर्मचन्द गाँधी था। इनका जन्म गुजरात राज्य के पोरबंदर नामक जगह पर 2 अक्टूबर 1869 ई. में हुआ। इनके पिता कर्मचन्द गाँधी पोरबंदर रियासत के दीवान की नौकरी करते थे। इनकी माता पुतलीबाई धार्मिक विचारों की महिला थीं। महात्मा गाँधी पर माता के विचारों का अत्यधिक प्रभाव था। महात्मा गाँधी अपने माता-पिता की आज्ञापालन को परम कर्तव्य समझते थे। इनकी शुरुआती शिक्षा पोरबंदर में हुई थी। सात वर्ष की उम्र में महात्मा गाँधी का दाखिला राजकोट के हाई स्कूल में हुआ। सन् 1887 में मैट्रिक परीक्षा में उत्तीर्ण हुए। महात्मा गाँधी स्कूल में औसत श्रेणी के छात्र थे। मैट्रिक परीक्षा पास करने के बाद उनका दाखिला भावनगर शहर के कालेज में हो गया।

जवाहर लाल नेहरू का जन्म 14 नवंबर में समृद्ध परिवार में हुआ। इनके पिता मोतीलाल नेहरू और माता स्वरूपरानी थीं। 15 वर्ष की आयु में वे अध्ययन के लिये इंग्लैण्ड गए। कैम्ब्रिज की पढ़ाई के बाद उन्होंने कानून का अध्ययन किया और 1912 में वे 'इनर टेम्पल' के वकील बने। नेहरूजी विद्यार्थी जीवन से ही भारत के राष्ट्रीय आंदोलन में भाग लेते रहे। 1904 में जापान के हाथों रूस जैसे शक्तिशाली राष्ट्र की पराजय ने नेहरू के हृदय में भारत राष्ट्र की स्वतन्त्रता के सपने भर दिए। राष्ट्रीय विचार उनके मानस में हिलोरें लेने लगे और वे भारत की स्वतंत्रता के लिए व्याकुल हो गये।

महात्मा गाँधी के हृदय में कटुता तथा विद्वेष नाममात्र भी नहीं था। उनका जीवन त्याग, सत्य और अहिंसा की विचारधारा से पोषित था। इनका व्यक्तित्व सौहार्द और मानवता के खाँचों में ढला था। वे राजनीति से लेकर मानवीय गुणों तक हमेशा कल्याणकारी नीति पर चले। महात्मा गाँधी भी विलक्षण प्रतिभा के धनी थे

और वे किसी भी काम को अनुकूल बना देते थे। इसलिए उन्हें 'जादुई छड़ी' भी कहा जाता था।

पं. जवाहर लाल नेहरू के चिन्तन पर उनके पिता मोतीलाल नेहरू, महात्मा गाँधी, ऐनी बीसेन्ट, ब्रुक्स, रसेल, कार्ल मार्क्स, कॉन्ट, स्पेन्सर, आइन्सटीन, ऑक्करवाइल्ड, मिल, बर्नार्ड शॉ आदि लोगों के विचारों का आध्यात्मिक प्रभाव पड़ा था। मोतीलाल नेहरू अपने स्वभाव और विचारों से तार्किक और यथार्थवादी थे। पुत्र पर उनके विचारों की काफी छाप थी। नेहरू के चिन्तन और व्यवहार पर सबसे अधिक महात्मा गाँधी के विचारों का प्रभाव पड़ा था। महात्मा गाँधी से उन्होंने सत्याग्रह, अहिंसा, शान्ति और नैतिकता से परिपूर्ण राजनीति का पाठ पढ़ा। महात्मा गाँधी की शिक्षाओं के प्रति उनमें जीवन भर गहरा आकर्षण रहा, फिर भी वे महात्मा गाँधी की शिक्षाओं और आदर्शों को अटल सिद्धान्तों के रूप में ग्रहण नहीं कर सके। महात्मा गाँधी जैसी आस्तिकता उनमें विचलित नहीं हो पायी। अपने जीवन के अंतिम समय तक नेहरू मानवतावादी भावना से ओतप्रोत रहे, बड़े भावुक और संवेदनशील रहे, लेकिन महात्मा गाँधी की आध्यात्मिकता उनमें पूरी तरह प्रवेश नहीं कर पाई।

सौरभ उपाध्याय

अनुक्रमणिका

1

महात्मा गाँधी और पंडित नेहरू के जीवन का तुलनात्मक अध्ययन

महात्मा गाँधी जी का जीवन वृत्त

महात्मा गाँधी का पूरा नाम मोहनदास कर्मचन्द गाँधी था। इनका जन्म गुजरात राज्य के पोरबंदर नामक जगह पर 2 अक्टूबर 1869 ई. में हुआ। इनके पिता कर्मचन्द गाँधी पोरबंदर रियासत के दीवान की नौकरी करते थे। इनकी माता पुतलीबाई धार्मिक विचारों की महिला थीं। महात्मा गाँधी पर माता के विचारों का अत्यधिक प्रभाव था। महात्मा गाँधी अपने माता-पिता का आज्ञापालन को परम कर्तव्य समझते थे। इनकी शुरुआती शिक्षा पोरबंदर में हुई थी। सात वर्ष की उम्र में महात्मा गाँधी का दाखिला राजकोट के हाई स्कूल में हुआ। सन् 1887 में मैट्रिक परीक्षा में उत्तीर्ण हुए। गाँधीजी स्कूल में औसत श्रेणी के छात्र थे। मैट्रिक परीक्षा पास करने के बाद उनका दाखिला भावनगर शहर के कालेज मे हो गया। जहाँ के अध्यापकों के लेक्चर अंग्रेजी में होने के कारण उनकी समझ में नहीं आती थी। इसी बीच परिवार के एक मित्र, भाव जी दूबे ने सुझाव दिया कि मोहन को इंग्लैण्ड जाकर कानून पढ़ना चाहिए। महात्मा गाँधी को यह सुझाव बहुत पसन्द आया परंतु घर की आर्थिक स्थिति अच्छी न होने के कारण पैसे का सवाल सामने आया। पिताजी की मृत्यु पहले ही हो चुकी थी। उनके भाई ने रुपया इकट्ठा करके देने की बात कही। बेचरजी स्वामी नामक एक जैन मुनि ने गाँधी जी से परदेश में स्त्री, शराब और मांस को न छूने की प्रतिज्ञा करवा ली।

गाँधीजी 4 सितंबर 1888 ई. को मुंबई से समुद्री मार्ग द्वारा ब्रिटेन के लिए रवाना हुए। यह उनके जीदन में एक क्रांतिकारी बदलाव था। शाकाहार की प्रतिज्ञा उनके जी का जंजाल बन गई थी। कुछ समय के लिए गाँधी जी ने अपने-आप को अंग्रेजी वेशभूषा में ढाल लिया, परंतु शीघ्र ही उनका अन्तःकरण इसका विरोध करा बैठा और उन्होंने सादगी और मितव्ययिता का जीवन अपना लिया। सन् 1891 में गाँधीजी बैरिस्ट्री की पढ़ाई करके स्वदेश लौट गए।

गाँधी जी का 13 वर्ष की अल्पायु में विवाह पोरबंदर के निवासी गोकुलदास मनकजी की पुत्री कस्तूरीबाई से हो गया। कस्तूरीबाई बड़ी ही मनस्वी लड़की थीं। वह शान्त एवं दृढ़ स्वभाव की थीं। गाँधी जी के जीवन पर उनकी पत्नी का भी बहुत अधिक प्रभाव पड़ा। इस बारे में उन्होंने लिखा है–"पत्नी अपनी इच्छा के आगे झुकाने की कोशिश की मैंने उससे अहिंसा का पहला सबक सीखा। एक ओर तो वह मेरे विवेकहीन आदेशों का दृढ़ता से विरोध करती, दूसरी ओर मेरे अविचार से जो दुःख होता था वह चुपचाप सहन कर लेती थीं। उनके इस व्यवहार से मुझे अपने-आप पर शर्म आने लगी और मैं इस मूर्खतापूर्ण भरे विचार से अपना पीछा न छुड़ा सका कि पति होने के नाते मैं उस पर शासन करने के लिए जन्मा हूं। इस तरह वह अहिंसा की शिक्षा देने वाली मेरी गुरु बनीं।"

गाँधी जी ब्रिटेन में बैरिस्ट्री की पढ़ाई की थी इसलिए उन्हें भारतीय कानून तथा न्यायालयों के संदर्भ में कोई ज्ञान नहीं था। राजकोट के देशी वकील को भारतीय कानून की ज्यादा जानकारी थी और वे बैरिस्टरों की अपेक्षा फीस भी कम लेता था। अतः गाँधी जी को उनके मित्रों ने सलाह दी कि वे बम्बई (मुम्बई) जाकर कानून का अध्ययन करें व अनुभव प्राप्त करें और वहाँ छोटे-मोटे मुकद्दमे मिल जाएंगे, गाँधी जी राजकोट छोड़कर बम्बई (मुम्बई) आ गए, लेकिन यहाँ भी उन्हें सफलता नहीं मिली। अपने पहले मुकद्दमे में ही बुरी तरह असफल रहे। अन्त में वे अर्जी-दावे लिखने लगे और राजकोट लौट गए।

दक्षिण अफ्रीका में एक भारतीय फर्म 'दादा अब्दुल एण्ड कम्पनी' की तरफ से गाँधी जी को एक मुकद्दमे लड़ने का प्रस्ताव आया। गाँधी जी ने इस प्रस्ताव को स्वीकार कर लिया और अप्रैल 1893 में दक्षिण अफ्रीका के लिए रवाना हो गए। मई में वे डरबन पहुँच गए। यद्यपि वे एक वर्ष के लिए दक्षिण अफ्रीका गए थे, परंतु परिस्थितियों ने उन्हें सन् 1914 तक वहाँ रहने पर विवश कर दिया। इस समयावधि में गाँधी जी दो बार भारत भी आये। दक्षिण अफ्रीका में गाँधी जी ने भारतीय को अपमानित करने वाली रंग-भेद नीति के विरुद्ध सत्याग्रह आन्दोलन को संगठित

किया और उनका नेतृत्व किया। वे जेल भी गए। दक्षिणी अफ्रीका में गोरों की रंगभेद नीति के खिलाफ उन्होंने जो लम्बी लड़ाई लड़ी, उससे उनके विचारों को प्रौढ़ता मिली। उनके मौलिक राजनीतिक दर्शन का विकास और सामाजिक एवं राजनीतिक आन्दोलन की एक नई विधि का निर्माण हुआ, सत्याग्रह जो सत्याग्रह के नाम से विख्यात हुआ।

9 जनवरी सन् 1915 ई. जब गाँधीजी मुंबई आए तो वहां पर मुंबई में उन्हें एक राष्ट्रीय योद्धा या वीर की संज्ञा देकर भव्य स्वागत किया गया। सर फिरोजशाह मेहता गाँधी जी के दक्षिणी अफ्रीका के आन्दोलन को सन्देह की दृष्टि से देखते थे, गाँधी जी को 'भारतीय स्वतन्त्रता संग्राम का वीर' कहकर उनका अभिनन्दन किया गया। 1915 ई. में गाँधी जी व्यक्ति और समाज के सुधार और उन्नति के बारे में लिखते और बोलते रहे। लेकिन भारतीय राजनीति के संदर्भ में कुछ नहीं कहा। इसके दो कारण थे—एक तो गोखले ने उनसे यह वचन ले लिया था कि वे एक साल तक भारत की राजनीतिक परिस्थिति पर अपनी राय जाहिर नहीं करेंगे; दूसरे वे कुछ भी कहने से पहले देश की राजनीतिक स्थिति का पूरी तरह अध्ययन कर लेना चाहते थे। गाँधीजी 1916 में भारतीय राजनीति में भाग लेना शुरू किया। 1916 के काँग्रेस के 'लखनऊ अधिवेशन' में उन्होंने दक्षिणी अफ्रीका पर एक प्रस्ताव रखा, परंतु उस समय तत्कालीन राजनीति में तिलक का महत्त्व था। 1918 तक गाँधी जी भारतीय राजनीति से अलग से रहे, परंतु उनके राजनीतिक सिद्धान्तों और नीतियों का निर्माण पहले ही हो चुका था। उन दिनों प्रथम महायुद्ध चल रहा था और उन्होंने युद्धकाल में किसी भी राजनीतिक आन्दोलन में भाग न लेने का निर्णय कर लिया था। इससे भी बढ़कर उन्होंने उस समय ब्रिटिश सरकार को पूरा सहयोग दिया और रंगरूट भर्ती का काम भी किया।

1918 में जब प्रथम विश्व युद्ध खत्म हुआ गाँधीजी को उम्मीद थी कि अंग्रेजी सरकार की नीति में परिवर्तन होगा लेकिन ऐसा कुछ नहीं हुआ। ब्रिटिश सरकार ने और भी अधिक कड़ाई से काम लिया। रौलट एक्ट (*Rowlatt Act*) पास किया गया, जिसके विरुद्ध स्थान-स्थान पर सभाएँ हुईं। जलियांवाला बाग हत्याकाण्ड और उसके बाद पूरे देश में राजनीतिक कार्यकर्त्ताओं को अमानवीय यातनाएँ दी गईं तथा निर्दोष भारतीय को विभिन्न तरह से प्रताड़ित किया गया और इसके अलावा खिलाफत के प्रश्न ने गाँधी जी को सहयोगी से असहयोगी बनने पर मजबूर कर दिया। इन सब घटनाओं से गाँधी जी का विश्वास अंग्रेजी सरकार से टूट गया। कलकत्ता में 1920 के काँग्रेस अधिवेशन में असहयोग का प्रस्ताव पास कर दिया

गया। गाँधी जी ने इस 'असहयोग आन्दोलन' का नेतृत्व किया। 1920 से 1947 तक गाँधी जी का जीवन राजनीतिक रूप से काफी व्यस्त था। भारत की स्वतन्त्रता की लड़ाई के वे अग्रणी नेता थे और असहयोग आन्दोलन (1920-1922), सविनय अवज्ञा आन्दोलन (1930-1934), व्यक्तिगत सत्याग्रह आन्दोलन (1940-1941) तथा भारत छोड़ो आन्दोलन (1942-1944) तीव्र गति से चलाया।

इन सभी आन्दोलनों की सबसे बड़ी विशेषता यह थी कि भारत में ये आन्दोलन ब्रिटिश सरकार के जड़ को पूर्ण रूप से झकझोर दिया और उन्हें यह एहसास होने लगा कि भारत में उनके लिए और अधिक समय तक टिके रहना अब मुमकिन नहीं है। अतः भारतीय समस्या को सुलझाने के लिए अनेक योजनाएँ–क्रिप्स योजना 1942, वेवल योजना 1945, मन्त्रिमण्डल मिशन योजनाएँ 1946 तथा माऊंट बेटन योजना 1947 बनायी गयीं। अन्त में माऊंट बेटन योजना के आधार पर भारत 15 अगस्त 1947 को भारत स्वाधीन हुआ लेकिन देश का बंटवारा हो गया।

गाँधी जी ने भारतीय एकता व अखण्डता को बनाये रखने में पूरी कोशिश की। उन्होंने ऐसे सभी प्रस्तावों का विरोध किया, जिनसे भारत की एकता को खतरा था। वे भारत विभाजन के घोर विरोधी थे। जून, 1947 को उन्होंने कहा था, "आज मैं स्वयं को अकेला पाता हूँ। सरदार (वल्लभभाई पटेल) और जवाहरलाल नेहरू का विचार है कि मैंने स्थिति को गलत समझा है और विभाजन हो जाने पर देश में शान्ति हो जाएगी। उनका ख्याल है कि बढ़ती उम्र के साथ मेरी अक्ल सठिया गई है, परंतु यदि मैं अपने को काँग्रेस का और भारतीय जनता का वफादार मित्र कहता हूँ तो मुझे जो मैं महसूस करता हूँ, बोलना चाहिए। मैं स्पष्ट रूप से देख सकता हूँ कि हम गलत तरीके से इस समस्या को सुलझा रहे हैं। हमें इसका प्रभाव तुरन्त पता न चले, लेकिन मुझे स्पष्ट दिखाई देता है कि इस कीमत पर खरीदी गई आज़ादी का भविष्य अन्धकारमय है, लेकिन हो सकता है कि वे सब ठीक हों और मैं अकेला अन्धेरे में भटक रहा हूँ। शायद मैं यह सब देखने के लिए जीवित रहूँ, यदि भारत पर यह मुसीबत आए और इसकी आजादी को खतरे का बादल छा जाए तो आगामी पीढ़ियों को मालूम होना चाहिए कि इस बूढ़े की आत्मा को यह सब सोचने पर कितना कष्ट हुआ था। यह न कहा जाए कि गाँधी जी भारत के विभाजन के पक्ष में थे, परंतु आज हर भारतवासी अपने देश की स्वतन्त्रता हेतु बेचैन है। सिर्फ आजादी के दूसरा कोई रास्ता नहीं है।

स्वतंत्रता के साथ ही देश का बंटवारा हो गया और तत्पश्चात् पूरे देश में सांप्रदायिक दंगे-फसाद होने प्रारंभ हो गए। गाँधी जी ने देश में साम्प्रदायिक भाईचारा

लाने के लिए प्रयत्न शुरू कर दिए। 7 अगस्त 1947 को वे नोआखली के लिए चल दिए। रास्ते में वे कलकत्ता ठहरे। देश में शांति स्थापना के लिए उन्होंने अनशन भी किया। जिससे दंगे कुछ कम जरूर हुए। गाँधी जी ने अपना ध्यान देश की सामाजिक और आर्थिक उन्नति की ओर लगाया, लेकिन 30 जनवरी, 1948 को जब वे बिड़ला भवन से प्रार्थना-स्थल की ओर बढ़ रहे थे तो नात्थूराम गोडसे नामक एक व्यक्ति ने उनको गोली मार दी। गाँधी जी 'हे राम' कहते हुए वहीं गिर पड़े और इस प्रकार गाँधी जी की दुःखद मौत हो गयी जिससे पूरा देश शोक में डूब गया।

अन्य दार्शनिकों की तरह उन्होंने कोई क्रमबद्ध विचार प्रकट नहीं किए और न ही राजनीतिक चिन्तन पर कोई प्रसिद्ध ग्रन्थ लिखा है। गाँधी जी के उन विचारों को, जो वे समय-समय पर देश के सामाजिक, धार्मिक, आर्थिक तथा राजनीतिक ढाँचे के बारे में प्रकट करते रहे, इकट्ठा करके लोगों ने उन्हें गाँधीवाद (*Gandhism*) का नाम दे दिया है। इस संदर्भ में गाँधी जी ने स्वयं कहा था, "गाँधीवाद नाम की वस्तु नहीं है। मैं अपने बाद कोई वाद (*Ism*) नहीं छोड़ना चाहता।" गाँधी जी का पूरा जीवन प्रयोगशीलता और सत्य की खोज में बीता। यही कारण है कि उन्होंने अपने विचारों को कभी पूर्णतः नहीं कहा। गाँधी जी के विचारों के संदर्भ में हमें जानकारी उनके द्वारा लिखित पुस्तकों में मिलती हैं जो पुस्तकें निम्नांकित हैं–

1. मोहनदास कर्मचन्द गाँधी–इण्डियन केस का स्वराज्य, 1932
2. मोहनदास कर्मचन्द गाँधी–सत्याग्रह, 1935
3. मोहनदास कर्मचन्द गाँधी–दी स्टोरी आफ माई एक्सपेरिमेंट्स विद ट्रुथ, अहमदाबाद, 1940
4. मोहनदास कर्मचन्द गाँधी–इक्नोमिक्स एण्ड खादी अहमदाबाद, 1949
5. दी साइन्स आफ सत्याग्रह बम्बई, 1957
6. हिन्द स्वराज्य और इण्डियन होमरूल अहमदाबाद, 1958
7. ट्रस्टीशिप अहमदाबाद, 1960

उपरोक्त पुस्तकों के अतिरिक्त उनके विचारों के संदर्भ में जानकारी उनके द्वारा सम्पादित दो समाचार-पत्रों यंग इण्डिया और हरिजन से भी प्राप्त होती है।

जवाहर लाल नेहरू की जीवनी

जवाहर लाल नेहरू का जन्म 14 नवंबर में समृद्ध परिवार में हुआ। इनके पिता मोतीलाल नेहरू और माता स्वरूपरानी थीं। 15 वर्ष की आयु में वे अध्ययन के लिये इंग्लैण्ड गए। कैम्ब्रिज की पढ़ाई के बाद उन्होंने कानून का अध्ययन किया और

1912 में वे 'इनर टेम्पल' से वकील बने। नेहरूजी विद्यार्थी जीवन से ही भारत के राष्ट्रीय आंदोलन में भाग लेते रहे। 1904 में जापान के हाथों रूस जैसे शक्तिशाली राष्ट्र की पराजय ने नेहरू के हृदय में भारत राष्ट्र की स्वतन्त्रता के सपने भर दिए। राष्ट्रीय विचार उनके मानस में हिलोरें लेने लगे और वे भारत की स्वतंत्रता के लिए व्याकुल हो गये।

भारत लौटने के बाद जवाहरलाल ने वकालत शुरू की, लेकिन शीघ्र ही वे राजनीतिक सरगर्मियों की तरफ बढ़ चले। 1912 में उन्होंने राष्ट्रीय काँग्रेस के अधिवेशन में भाग लिया। 1916 में काँग्रेस के लखनऊ अधिवेशन के समय उनके जीवन में एक क्रान्तिकारी मोड़ आया। महात्मा गाँधी से उनकी पहली मुलाकात हुई जो आगे चलकर इस रूप में फलीभूत हुई कि गाँधी ने जवाहरलाल को अपना उत्तराधिकारी घोषित किया और यह भविष्यवाणी कर दी कि "मेरे मरने के बाद जवाहरलाल मेरी ही भाषा बोलेगा।"

नेहरू जी की शादी 1916 में कमला कौल के साथ हुई। उनके एक पुत्री भी हुई इन्दिरा प्रियदर्शिनी, भारत की प्रथम महिला प्रधान मंत्री बनीं। 1918 में नेहरू होम रूल लीग के सचिव बने और 1920 से वे भारत के किसानों की समस्याओं तथा आकांक्षाओं में गहरी दिलचस्पी लेने लगे। वास्तव में "1920 का साल नेहरू के राजनीतिक जीवन में निर्णयात्मक मोड़ का था।" और तभी से उनके दिमाग में "गाँवों की नंगी-भूखी जनता की भारत की तस्वीर" बनी रही। 1923 में वे भारतीय राष्ट्रीय काँग्रेस के महासचिव बने। इसी दौरान ब्रुसेल्स में पीड़ित राष्ट्रों का सम्मेलन हुआ जिसमें नेहरू जी ने भारतीय राष्ट्रीय काँग्रेस के प्रतिनिधि के रूप में भाग लिया। 1928 में साइमन कमीशन के विरुद्ध लखनऊ में प्रदर्शनों में उन्होंने पुलिस की लाठियाँ खाईं। 1929 में वे राष्ट्रीय काँग्रेस के लाहौर अधिवेशन के अध्यक्ष चुने गए। उनकी अध्यक्षता में ही पूर्ण स्वराज्य का प्रस्ताव पारित किया गया। जवाहरलाल नेहरू 1936, 1937 और 1946 में पुनः काँग्रेस के अध्यक्ष निर्वाचित हुए।

पंडित नेहरू 1930 तक भारतीय राजनीति में बहुत ऊँचा स्थान प्राप्त कर लिया था और बाद के वर्षों में तो राष्ट्रीय नेतृत्व के क्षेत्र में उन्हें महात्मा गाँधी के ठीक बाद स्थान प्राप्त हो गया। नेहरू ने देश का अनेक बार तूफानी दौरा किया और भारतीयों में स्वतंत्रता की इच्छा पैदा कर दी। राष्ट्रीय आन्दोलन के दौरान उनका 9 वर्ष से अधिक का समय जेलों में कटा। 1946 में उन्होंने भारत की अन्तरिम सरकार का निर्माण किया और 15 अगस्त, 1947 को जब विभाजन की कीमत पर देश स्वाधीन हुआ तो पंडित जवाहर लाल नेहरू स्वाधीन भारत के प्रथम प्रधानमंत्री बने।

उस पवित्र अर्द्ध-रात्रि को, भारत की आजादी की बेला में, जवाहरलाल ने अपने हृदयस्पर्शी भाषण में कहा–

"आधी रात के घण्टे के साथ, जबकि संसार सो रहा है, भारत जीवन और स्वाधीनता की ओर जागेगा। एक क्षण आता है, जो इतिहास में कभी ही आता है, जब हम पुराने से नए की ओर बढ़ते हैं, जब एक युग समाप्त होता है, और जब बहुत दिनों तक दबाई हुई राष्ट्र की आत्मा बोल उठती है। यह उचित ही है कि इस पवित्र अवसर पर भारत की और उनके निवासियों की और उससे भी बड़ी मानवता की सेवा का संकल्प लें।"

पंडित नेहरू ने थोड़ा रुककर फिर कहा– "भारत की सेवा के अर्थ होते हैं उन लाखों लोगों की सेवा जो कि कष्ट सह रहे हैं, इसके अर्थ हैं गरीबी और अज्ञान और रोग और अवसर की असमानता को समाप्त करना।"

पंडित जवाहर लाल नेहरू ने 27 मई 1964 ई. तक अर्थात् निधन के समय तक प्रधान मंत्री रहे। करीब सत्रह वर्षों के अपने कार्यकाल में उन्होंने स्वतन्त्र भारत को एक सबल आर्थिक और राजनीतिक स्वरूप प्रदान किया। अन्तर्राष्ट्रीय क्षेत्र में भारत की प्रतिष्ठा को जमाने का श्रेय उन्हीं को जाता है। सन् 1962 के अक्टूबर महीने में साम्यवादी चीन ने भारत पर आक्रमण कर दिया। उन्हें यह अहसास हो गया कि शान्ति में पूर्ण आस्था रखते हुए भी भारत को सैनिक दृष्टि से एक सबल राष्ट्र बनना होगा। यह देश का दुर्भाग्य था कि उनका कुशल नेतृत्व अधिक समय तक न बना रहा और 27 मई, 1964 को दोपहर को लगभग 2 बजे उनका जीवन दीप बुझ गया।

पंडित नेहरू एक महान् देशभक्त, कर्मठ राजनेता और शान्तिदूत थे बल्कि बुद्धिमान और युगदृष्टा पुरूष थे जिन्हें साहित्य, दर्शन व प्रकृति से भारी प्रेम था। उन्होंने अनेक ग्रन्थों की रचना की जिनमें उनकी 'आत्म-कथा' हमारे लिए एक बहुमूल्य कृति है।

2

महात्मा गाँधी और पंडित नेहरू के विचारों का दार्शनिक आधार

गाँधी दर्शन

महात्मा गाँधी के हृदय में कटुता तथा विद्वेष नाममात्र भी नहीं था। उनका जीवन त्याग, सत्य और अहिंसा की विचारधारा से पोषित था। इनका व्यक्तित्व सौहार्द और मानवता के खाँचों में ढला था। वे राजनीति से लेकर मानवीय गुणों तक हमेशा कल्याणकारी नीति पर चले। गाँधी जी भी विलक्षण प्रतिभा के धनी थे और वे किसी भी काम को अनूकूल बना देते थे, इसलिए उन्हें 'जादूई छड़ी' भी कहा जाता था।

महात्मा बुद्ध के बाद गाँधी जी ही ऐसे युगपुरुष थे जिन्हें पूरे विश्व में 'महात्मा' शब्द से विभूषित किया गया। इन सभी उपलब्धियों के पीछे उनके जिन आदर्शों का प्रभाव था, उन पर नीचे संक्षिप्त प्रकाश डाला जा रहा है।

(1) समन्वयवाद में आस्था– मानव जाति का गाँधी जी कल्याण करना चाहते थे। वे मानते थे कि जीवन के धार्मिक, आर्थिक, राजनीतिक, सामाजिक व वैयक्तिक सभी पहलू एक-दूसरे के साथ जुड़े हुए हैं और एक-दूसरे पर क्रिया और प्रतिक्रिया करते रहते हैं। उनका मानना था कि किसी भी समस्या को केवल धार्मिक, नैतिक, राजनीतिक, सामाजिक अथवा वैयक्तिक नहीं कहा जा सकता। वे सब निकट रूप से सम्बन्धित हैं। जीवन को समझने के लिए इसके सभी पहलुओं की ओर ध्यान देना होगा। जीवन का विभिन्न भागों में विभाजन टूटे-फूटे व्यक्तित्व को

जन्म देगा, क्योंकि जीवन एक इकाई है। अतः उनका मानना था कि यदि नियम तोड़ा जाता है तो दूसरे नियम स्वतः टूट जाते हैं। गाँधी जी के उद्देश्य और ध्येय में एक मौलिक एकता थी। वे शिक्षा को परिष्करण के लिए जरूरी मानते थे।

(2) ईश्वर में आस्था– गाँधीजी ईश्वर को सम्पूर्ण विश्व का सृष्टिकर्ता व नियामक मानते थे। इस संदर्भ में उन्होंने लिखा है कि "सत्य ईश्वर है। मेरे लिए ईश्वर सत्य और प्यार है; ईश्वर नैतिकता और सदाचार है। ईश्वर प्रकाश एवं जीवन का स्रोत है। वह इन सबसे ऊपर और दूर है।" उनका मानना था कि ईश्वर वह सत्ता है जिसकी मात्र अनुभूति की जाती है। उन्होंने लिखा है, "कोई ऐसी गुप्त शक्ति है, जिसकी परिभाषा नहीं की जा सकती और प्रत्येक वस्तु में मौजूद है। मैं इसको महसूस करता हूँ, यद्यपि मैं इसे देख नहीं सकता। यह अनदेखी शक्ति है जो अपने को महसूस कराती है, लेकिन किसी सबूत पर रखी नहीं जा सकती।" उन्होंने आगे लिखा, "मैं देखता हूँ कि मेरे इर्द-गिर्द प्रत्येक वस्तु परिवर्तनशील एवं मरणशील है, परंतु इन सब परिवर्तनों के पीछे एक जीवित शक्ति है जो परिवर्तनहीन है, जो सबको बांधे रखती है, जो सृष्टि का निर्माण करती है, भंग करती है और आनन्द भोगती है। वह शक्ति या आत्मा ईश्वर....क्योंकि मृत्यु के बीच जीवन चलता है, झूठ के बीच सत्य चलता रहता है, अन्धकार के बीच प्रकाश, अतः मैं समझता हूँ कि ईश्वर जीवन है, सत्य है, प्रकाश है। वह प्यार है, वह सर्वोच्च ईश्वर है।"

(3) सत्य में आस्था–गाँधीजी सत्य में बहुत अधिक विश्वास रखते थे। इसके बारे में वे लिखते हैं, "कहा जाता है कि सत्य अखबार में नहीं चलता, राजकार्यों में नहीं चलता तो फिर वह चलता कहाँ है? अगर सत्य जीवन के सभी क्षेत्रों और सभी व्यवहारों में नहीं चल सकता तो वह कौड़ी की कीमत की चीज नहीं है। जीवन में उसका उपयोग ही क्या रहा है? मैं तो जीवन के हर एक व्यवहार में उसके उपयोग का नित्य नया दर्शन पाता हूँ।" गाँधीजी ने ईश्वर को सत्य और सत्य को ईश्वर कहा है।

(4) अहिंसा में विश्वास–गाँधी जी एक योगी थे। उन्होंने अष्टांग योग से द्वितीय सोपान पर आने वाली अहिंसा का सफल प्रयोग किया। हिंसा चाहे कृत हो या कारिक हो या फिर अनुमोदित ही क्यों न हो, किसी भी दशा में उन्हें ग्राह्य नहीं थी। उनके किसी भी आंदोलन में हिंसा का नाम नहीं था। उनके लिए अहिंसा से बढ़कर कोई कर्त्तव्य नहीं था। इस विषय पर वे लिखते हैं, "मैंने जीवन के प्रत्येक क्षेत्र में अहिंसा का प्रयोग किया है। घर में; संस्थाओं में; आर्थिक और राजनीतिक क्षेत्रों में, एक भी ऐसे मौके को मुझे स्मरण नहीं है कि जहाँ अहिंसा निष्फल हुई हो।

जहाँ पर कभी निष्फलता-सी देखने में आई, मैंने उसका कारण अपनी अपूर्णता ही समझा है। अहिंसा का प्रचार मेरे जीवन का उद्देश्य है।" एक अन्य स्थान पर उन्होंने लिखा है, "मैं तो अहिंसा का कलाकार हूँ। ऐसा मेरा दावा है। मैं सत्य और अहिंसा को संगठित रूप देना ही अपने जीवन का परम धर्म मानता हूँ, मेरी अहिंसा एक वैज्ञानिक प्रयोग है। वैज्ञानिक प्रयोग में निष्फलता जैसी वस्तु के लिए स्थान नहीं है। मैं अवश्य ही मरूँगा, तब भी मेरी जुबान पर अहिंसा ही होगी। मेरी अहिंसा सारे जगत् के प्रति प्रेम माँगती है। मुझमें जो कुछ शक्ति है, वह अहिंसा की ही शक्ति है। अहिंसा मेरे लिए जिन्दगी का सौदा है। इसके बिना मेरी जिन्दगी नहीं चल सकती।"

(5) अध्यात्म में आस्था—महात्मा गाँधी अंतरात्मा की ताकत में यकीन रखते थे। वे मनुष्य की आन्तरिक श्रेष्ठता में विश्वास रखते थे। वे अध्यात्म को धर्म की पराकाष्ठा मानते थे। उनका मानना था कि मनुष्य में आत्मचेतन और नैतिकता की भावना है। प्रत्येक मनुष्य में आध्यात्मिक विकास की भावना विद्यमान है। गाँधी जी मानव के हृदय में मौजूद आध्यात्मिक तत्व पर बल देते थे। उनका विचार था कि शत्रु के हृदय को भी जीता जा सकता है।

(6) कर्म में आस्था—गाँधी जी सिर्फ दार्शनिक अथवा बौद्धिक विचारक ही नहीं थे बल्कि कर्मशील व्यक्ति भी थे। कर्म की पवित्रता को वे व्यक्ति का नैतिक कर्त्तव्य मानते थे। गाँधी जी किसी सिद्धांत की अपेक्षा वे व्यावहारिक नियमों के अनुपालन तथा पावनता पर बल देते थे। इस सबके बारे में गाँधी जी ने लिखा है, "कर्म के अटल सिद्धान्तों को मैं मानता हूँ, मैं बहुत-सी वस्तुओं के लिए प्रयत्न करता हूँ। अधिकाधिक कर्मों का संचय करने के लिए कठिन प्रयास में मेरे जीवन का प्रत्येक क्षण बीतता है।"

(7) विकेन्द्रीकरण—गाँधीजी स्वार्थ प्रेरित सत्ता के खिलाफ थे। "उनका मानना था कि हिंसा तथा बल-प्रयोग पर टिका होने के कारण वर्तमान राज्य अन्याय एवं शोषण यन्त्र बन गया है। राज्य हिंसा के मूर्त तथा संगठित रूप में प्रतिनिधित्व करता है। मनुष्य में आत्मा होती है, परंतु राज्य ऐसी मशीन की तरह है जिसमें आत्मा का निवास नहीं होता। राज्य को हिंसा से अलग नहीं किया जा सकता, क्योंकि उसका आधार ही हिंसा है।" गाँधीजी अनुशासन के समर्थक थे। उनका मानना था कि स्व-प्रेरणा के कारण व्यक्ति स्वतंत्र चिंतन करता है, परिणामतः उसके कार्य भी कल्याणकारी होते हैं। गाँधी जी को टॉलस्टॉय की भाँति दार्शनिक अराजकतावादी कहा जा सकता है। गाँधी जी का शक्ति के केन्द्रीयकरण को लोकतंत्र के लिए खतरनाक

मानते थे। अतः वे इसका विकेन्द्रीकरण करना चाहते थे। ग्राम पंचायतें उनके भावी राजनीतिक संगठन का आधार होती थीं। उनका आदर्श 'राम-राज्य' था, जो कि आर्थिक समानता, व्यक्तिगत स्वतन्त्रता तथा अन्तर्राष्ट्रीय बन्धुता पर आधारित था।

(8) साध्य और साधन—गाँधीजी सफलता के लिए अनैतिक साधनों के प्रयोग के खिलाफ थे और न ही उनमें संग्रह या अनावश्यक वस्तु प्रयोग की भावना थी। एक बार जब वे अपनी उस पेंसिल को खोज रहे थे जो लिखते-लिखते बहुत छोटी हो गयी थी तो सरदार पटेल ने कहा था कि, "उससे बड़ी पेंसिल यहाँ है, आप उसे क्यों खोज रहे हैं तो इसके उत्तर में गाँधी जी ने कहा, "वह मेरे काम की थी।" वे सदैव इस मामले में सतर्क रहते थे। उनका मत था कि अनैतिक साधन प्रतिक्रियाओं की एक श्रृंखला को जन्म देते हैं जो अन्ततः हमारी दृष्टि को अवरुद्ध कर देता है। वे कहते थे, "साधनों को बीज और साध्य को वृक्ष की संज्ञा दी जा सकती है—जिस प्रकार का सम्बन्ध बीज और पेड़ में रहता है, वैसा ही सम्बन्ध साधन और साध्य में है।" वे भय, लोभ, अहंकार से मुक्त थे। दूसरों को बदलने से पहले हमें अपने आपको बदलना होगा। सत्य, प्रेम और उदारता के नियम सभी स्थानों पर लागू होते हैं।

(9) सत्याग्रह—गाँधीजी के जीवन का यह प्रमुख हथियार था। वे इसे आत्मशक्ति व प्रेमशक्ति कहते थे। इसका सर्वप्रथम सफल प्रयोग उन्होंने दक्षिणी अफ्रीका में भारतीयों के विरुद्ध अंग्रेज़ों की रंग-भेद नीति के विरुद्ध किया था। भारत आकर उन्होंने इसी को स्वतन्त्रता की लड़ाई का मुख्य अस्त्र बनाया। सत्याग्रह का सही अर्थ सत्य की रक्षा करना है। उनका मानना था कि सत्याग्रही प्रेम द्वारा बुराई का प्रतिरोध करता है। वह अपने विरोधी को नहीं अपितु स्वयं को पीड़ा देता है। वह उसके हृदय को अपने बलिदान से जीतता है। सत्याग्रह वीर का अस्त्र है। सत्याग्रह के महत्व को स्पष्ट करते हुए गाँधी जी ने कहा अहसयोग, सविनय अवज्ञा, हिजरत, उपवास तथा हड़ताल के माध्यम से सत्याग्रह किया जा सकता है।

(10) विश्व-शान्ति के समर्थक—गाँधीजी युद्ध, अन्याय तथा शोषण के कट्टर विरोधी थे। उनका मानना था कि प्रत्येक राष्ट्र को स्वतन्त्र रहने का अधिकार है। उन्होंने भारत को स्वतन्त्र कराने में अपना सारा जीवन लगा दिया। उन्होंने लिखा है, "जिस प्रकार हंस मोर के पंख लगाकर ठीक प्रकार से चल नहीं सकता, उसी प्रकार किसी भी देश के मनुष्य बाहर से थोपी गई सरकार के माध्यम से अपने ऊपर ठीक प्रकार से शासन नहीं कर सकते।" आजादी को पाने के लिए लोगों को बलिदान करना होगा। अन्याय के आगे झुकने की अपेक्षा मृत्यु का आलिंगन कहीं

श्रेष्ठतर है। उनका कहना था, "इन्सान सिर्फ मौत से बचने के लिए ही नहीं जीता। अगर वह ऐसा करता है तो मेरी सलाह है कि वह ऐसा न करे। यदि वह ज्यादा न कर सके तो कम-से-कम मौत और जिन्दगी से प्यार करना सीखे। जिन्दगी वहीं तक जीने लायक होती है, जहाँ तक मौत को दुश्मन नहीं दोस्त माना जाता है।"

भारतीय धर्मग्रंथ, पटरास्किन, टॉलस्टाय का अत्यधिक प्रभाव पड़ा। उनकी राजनीतिक गतिविधियाँ उनके सामाजिक कार्यों के ही विस्तृत रूप हैं। उनका कहना था कि कर्म की पवित्रता के लिए अपनी नैतिक दायित्वों का निर्वहन नहीं करना कायरता है।

राजनीति एवं अध्यात्म

शुरुआत में माना जाता था कि पवित्र व सफल राजनीति के लिए धन और धर्म की आवश्यकता होती है परंतु बाद में इस विचारधारा में बदलाव हुआ। मैकियावेली और हॉब्स जैसे कुछ विचारकों ने तो धर्म को राजनीति से नीचे रखा तथा उसे राजनीति द्वारा नियंत्रित करने पर बल दिया परंतु गाँधी जी की विचारधारा इसके नितान्त विपरीत रही। गाँधी जी के द्वारा राज्य, शासन, समाज और आर्थिक संगठन के सम्बन्ध में दिये गये सभी विचारों का मूल आधार उनका धार्मिक दृष्टिकोण ही है। गाँधी जी मूलतः धार्मिक प्रवृत्ति के व्यक्ति थे और जिस प्रकार उन्होंने अपने जीवन में धर्म का निर्वाह किया, उस आधार पर उन्हें भारतीय परम्परा का एक महान् सन्त कहा जा सकता है। उनका धर्म मानवतावाद तथा लोक कल्याण की भावना से प्रेरित था। उनका मानना था कि मानव सेवा से अलग कोई धर्म नहीं है। इसी प्रकार वे 'राजनीति' शब्द में नीति अर्थात् और मानवता को प्राथमिकता देते थे, राज अर्थात् सत्ता को नहीं। गाँधी जी ने राजनीति में धर्मनीति को पर्याप्त महत्व दिया। इस संदर्भ में गाँधीजी ने कहा, "उस समय तक मैं धार्मिक जीवन व्यतीत नहीं कर सकता था, जब तक कि मैं स्वयं को सम्पूर्ण मानवता के साथ एकीकृत न कर लेता और मैं यह उस समय तक नहीं कर सकता था, जब तक कि राजनीति में भाग नहीं लेता।" वे लोक कल्याण की भावना से प्रेरित होने के कारण किसी भी दशा में मानवीयता के विकास में धर्म की उपेक्षा को महत्व नहीं देते थे। वे धर्म और राजनीति को अलग करने के खिलाफ थे। स्वयं गाँधी जी के शब्दों में, जो यह कहते हैं कि धर्म का राजनीति से कोई सम्बन्ध नहीं है, वे यह नहीं समझते कि धर्म का अर्थ क्या है। धर्म से पृथक् कोई राजनीति नहीं हो सकती। धर्म से पृथक् राजनीति तो मृत्यु जाल है क्योंकि यह आत्मा का हनन करती है।

गाँधी जी सबसे बड़ा धर्म मानव सेवा को मानते थे। धर्म मानव के सभी कार्यों को एक ऐसा नैतिक आधार प्रदान करता है, जिसके अभाव में मानव के सभी कार्यों का महत्व समाप्त हो जायेगा। गाँधी जी इस बात के खिलाफ थे कि व्यक्तिगत और सामाजिक जीवन के मापदण्ड अलग-अलग होने चाहिएँ, वरन् उनका विचार तो यह था कि मानवीय कार्यों के सभी क्षेत्रों में एक ही नैतिक संहिता लागू की जानी चाहिए। व्यक्ति को एक विशेष गुणों का संपुट मानते हुए वे उनके चतुर्मुखी विकास के प्रतिपोषक थे।

गाँधीजी सत्य और अहिंसा को सार्वजनिक व्यवहार का आधार बनाना चाहते थे। इसी लक्ष्य प्राप्ति हेतु उन्होंने सार्वजनिक जीवन में प्रवेश किया। उनके शब्दों में, "मैं यदि राजनीति में भाग लेता हूं तो इसका केवल यही कारण है कि राजनीति हमें एक सपिर्णी की भांति जकड़े हुए है और हम चाहे कितना ही प्रयास क्यों न करें, उससे बाहर नहीं निकल सकते। मैं इस सर्पिणी से जूझना चाहता हूं। मैं राजनीति मैं धर्म को प्रविष्ट करने का प्रयास कर रहा हूं।" वे किसी निश्चित सीमा में रहकर काम नहीं करना चाहते थे।

सत्य

गाँधीजी ने सदा सत्य को उच्च आदर्श व सफलता का आधार माना। गाँधीजी मानव के धार्मिक भाव की प्रगति के लिए सत्य और अहिंसा को आवश्यक मानते थे। उनका मानना था कि इन दोनों का एक अविभाज्य जोड़ा है। सत्य के उल्लंघन के कारण ही व्यक्ति दूसरों की भावनाओं को ठेस पहुँचाता है तथा उसकी क्षति करता है। हिंसा असत्य है, क्योंकि वह जीवन की एकता और पवित्रता के विरुद्ध है। इसलिए जीवन में अहिंसा का पालन करना सत्य के उपासक का सबसे बड़ा कर्तव्य है। गाँधीजी ने सत्य और अहिंसा को एक व्यापक अर्थ दिया और एक व्यापक स्तर पर उनका प्रयोग किया।

महात्मा गाँधी ने सत्य के स्वरूप को स्पष्ट करते हुए कहा, "यह एक बड़ा कठिन प्रश्न है, किंतु स्वयं अपने लिए मैंने इसे हल कर लिया है। तुम्हारी अन्तरात्मा जो कहती है, वही सत्य है पर सत्य को ग्रहण कर उसे व्यक्त करने के लिए अन्तरात्मा शुद्ध होनी चाहिए, क्योंकि शुद्ध अन्तरात्मा की वाणी भी सत्य हो सकती है। परंतु इसके लिए सत्य, अहिंसा, अस्तेय, ब्रह्मचर्य और अपरिग्रह को अपनाकर की जा सकती है। देहधारियों के लिए पूर्ण सत्य की प्राप्ति संभव नहीं है, क्योंकि

मानव आत्म-शुद्धि के इन साधनों को पूर्ण रूप में नहीं अपना सकता है, फिर भी अपने प्रयासों से व्यक्ति आत्म-शुद्धि कर सकता है।"

अहिंसा

गाँधीजी मानव जीवन के लिए अहिंसा का जरूरी मानते थे किंतु वे यह भी मानते थे कि परिस्थितियों के कारण भी व्यक्ति हिंसक हो जाता है। मनुष्य की अहिंसक वृत्ति का ही परिणाम है कि आदिम काल का वह व्यक्ति जो परिस्थितिवश नरभक्षी के रूप में जीवन व्यतीत करता था, आज का सभ्य और सुसंस्कृत प्राणी बन गया है। इस प्रकार मानव की अहिंसक प्रवृत्ति का विकास हो रहा है। वे यह भी मानते थे कि हिंसा पूरी तरह से समाज में समाप्त हो जायेगी यह नहीं कहा जा सकता परंतु इतना अवश्य है कि एक बड़ा जन-समुदाय अहिंसा से ही लगाव रखता है। इस संदर्भ में गाँधीजी का मानना था कि अहिंसा के आधार पर ही एक सुव्यवस्थित समाज की स्थापना और मानव जीवन की भावी उन्नति संभव है।

गाँधीजी किसी को दुःख पहुंचाने को भी हिंसा की श्रेणी में रखते थे। 9 मार्च 1920 के यंग इण्डिया के अंक में गाँधी जी ने लिखा था कि "पूर्ण अहिंसा सभी प्राणियों के प्रति दुर्भावना के अभाव का नाम है.... इस प्रकार अहिंसा अपने क्रियात्मक रूप में सभी जीवधारियों के प्रति सद्भावना का नाम है। यह तो विशुद्ध प्रेम है।"

अहिंसा का अर्थ कई मानवों ने भ्रम के कारण यह समझ लिया कि बुराई को न रोकना या बुराई के सामने झुक जाना ही अहिंसा है। इस प्रवृत्ति को गाँधी जी ने अहिंसा नहीं बल्कि कायरता कहा लेकिन अहिंसा किसी भी रूप और किसी भी परिस्थिति में बुराई या अत्याचार को सहन करने या उसके सम्मुख समर्पण करने का आदेश नहीं देती, वरन् इसके द्वारा तो बुराई का आध्यात्मिक बल के आधार पर प्रतिरोध का आदेश दिया जाता है। गाँधीजी के अनुसार अहिंसा का तात्पर्य अत्याचारी के प्रति नम्रतापूर्ण समर्पण नहीं वरन् अत्याचारी की मनमानी का आत्मिक बल के आधार पर प्रतिरोध करना है। इसका अर्थ यह हुआ कि वे इसे कल्याण के लिए जरूरी समझते थे।

गाँधीजी हिंसाविहीन समाज चाहते थे। उनका विश्वास था कि अहिंसा में कठोर हृदय को भी पिघलाने की शक्ति ही है। अहिंसा आत्मिक बल की प्रतीक है, जिसके विरोध में भौतिक बल कुछ समय के लिए चाहे विजयी हो जाय, किंतु अन्ततः उसे पराजित होना ही पड़ेगा। हिंसा केवल कुछ ही लोगों के लिए संभव है

और वह भी अस्वाभाविक रूप से, जबकि अहिंसा जनसाधारण का स्वाभाविक धर्म है क्योंकि यह हम जैसे जीवों का शाश्वत कानून है।

गाँधीजी ने अहिंसा की तीन अवस्थाएँ बतलाईं–

1. जाग्रत अहिंसा
2. औचित्यपूर्ण अहिंसा
3. भीरुओं की अहिंसा।

(1) जाग्रत अहिंसा–इसे अहिंसा का सर्वोच्च रूप कहा जा सकता है क्योंकि यह साधन-सम्पन्न या बहादुर व्यक्तियों की अहिंसा है। जाग्रत अहिंसा नैतिक धरणाओं पर आधारित होती है। जाग्रत अहिंसा से पूर्ण व्यक्ति में प्रहार करने की क्षमता रहती है, किंतु वह इसका इच्छुक नहीं होता। अहिंसा के इस स्वरूप जीवन के सभी क्षेत्रों में आत्मसात् करना चाहिए।

(2) औचित्यपूर्ण अहिंसा–वह निर्बल व्यक्तियों की अहिंसा या असहाय व्यक्तियों का निष्क्रिय प्रतिरोध होती है। फिर भी यदि ईमानदारी, साहस और सावधानीपूर्वक इसे एक नीति के रूप में अपनाया जाय, तो इससे कुछ सीमा तक वांछित लक्ष्य हासिल कर सकते हैं लेकिन यह जाग्रत अहिंसा के समान प्रभावशाली नहीं हो सकती है। यह अहिंसा आवश्यकतानुरूप अपनाई जाती है। आन्तरिक विश्वास नहीं, वरन् परिस्थितियों की मांग पर आधारित होने के कारण यहाँ पर हिंसा का प्रयोग होता है।

(3) भीरुओं की अहिंसा–गाँधी जी ने उस अहिंसा को भीरुओं की अहिंसा जो डरपोकों द्वारा सैद्धांतिक रूप में में अपनाई जाती है, परंतु वे इसको व्यावहारिक रूप नहीं दे पाते या ऐसा करने में हिचकते हैं। उनका कहना था कि डरपोक संकट का सामना करने की अपेक्षा उससे भाग जाता है पर यह नितान्त अमानवीय, अप्राकृतिक और असम्मानजनक है। गाँधी जी के शब्दों में, कायरता और बहादुरी उसी तरह एक साथ नहीं रह सकते जिस तरह पानी और आग की एक साथ नहीं रह सकते।

अहिंसा वीरों का वह धर्म है जिसकी कायर निन्दा करते हैं क्योंकि वे ऐसा करने से हिचकते हैं। यदि कायरता और हिंसा में से किसी एक का चुनाव करना हो तो गाँधी जी हिंसा को स्वीकार करते थे। इस सम्बन्ध में उनका यह स्पष्ट विचार है कि यदि हमारे हृदय में हिंसा भरी है तो हम अपनी कमजोरी को छिपाने के लिए अहिंसा का आवरण पहनें, इससे हिंसक होना अधिक अच्छा है। इसी तरह गाँधीवादी अहिंसा को कायरता नहीं बल्कि मानव धर्म कहा जाता है। उन्होंने जिस अहिंसावादी

मार्ग का वरण किया वह पलायनवादी प्रवृत्ति की परिचायक नहीं वरन् आत्मिक बल के रूप में वीरों का वास्तविक भूषण है।

महात्मा गाँधी जी की कार्यप्रणाली

आदर्श नैतिक मूल्यों पर गाँधी जी की कार्यप्रणाली आधारित है। सत्य और अहिंसा पर आग्रह के साथ-साथ गाँधी जी इस बात पर भी जोर देते हैं कि हमारे साधन साध्य के अनुरूप ही होने चाहिएँ। हमारा साध्य नैतिक हो। इस संदर्भ में गाँधी जी का मत था कि "यदि आपको पवित्र साध्य के लिए उतने ही पवित्र साधन नहीं मिलते तो उस साध्य को ही छोड़ दों। स्वयं गाँधी जी के शब्दों में, साधन बीज है और साध्य वृक्ष। इसलिए जो सम्बन्ध बीज और वृक्ष में है वही सम्बन्ध शासन और साध्य में है। मैं शैतान की उपासना करके ईश्वरोपासना का फल नहीं पा सकता।"

गाँधीजी साध्य को प्राप्त करने के लिए साधनों की पवित्रता पर अधिक जोर देते थे। साधनों की पवित्रता का आग्रह करके गाँधी जी ने राजनीति के आध्यामिकीकरण की ओर सबसे बड़ा कदम उठाया। इस समय तक यह धारणा आम थी कि राजनीति में सफलता ही प्रमुख है और सफलता प्राप्ति के लिए उचित-अनुचित सभी साधन अपनाये जा सकते हैं। फासिस्ट तथा साम्यवादी ने साध्य आधारित साधन की कल्पना की परंतु गाँधी जी ने इसका विरोध किया। राजनीति में वह एक क्रान्तिकारी परिवर्तन था और इस राजनीति की कला को गाँधी जी की सबसे महत्वपूर्ण देन कहा जा सकता है। गाँधी जी ने जीवन भर इस सिद्धान्त का पालन किया और ऐसा कोई कार्य नहीं किया जिससे हिंसा तथा अनैतिकता को प्रोत्साहन मिले।

गाँधीवादी व्यक्ति का चरित्रवान होना जरूरी समझते थे और नैतिक पवित्रता पर जोर देते थे। गाँधी जी का विचार था कि मनुष्य की राजनीतिक, सामाजिक तथा आर्थिक समस्याएँ मूल रूप में नैतिक समस्याएँ ही हैं और इनका समाधान भी नैतिक साधनों से ही किया जाना चाहिए। इसलिए गाँधी जी कहा करते थे कि चरित्र की महानता बुद्धि की महानता से अधिक महत्वपूर्ण है। वास्तव में गाँधी जी द्वारा नैतिकता पर इतना अधिक बल दिया गया है कि गाँधीवाद राजनीति से अधिक एक नैतिक दर्शन मालूम होता है। गाँधी जी नैतिकतावादी विचारधारा के परिपोषक थे। उनका विचार था कि श्रेष्ठ साधनों को उचित और सफलतापूर्ण ढंग से अपनाने के लिए आत्मा की शुद्धि की आवश्यकता होती है और आत्मा की शुद्धि के लिए गाँधीजी उपवास करते थे।

सत्याग्रह

सत्याग्रह का शाब्दिक अर्थ होता है सत्य की रक्षा करना। गाँधी जी का सत्याग्रह सत्य और अहिंसा, साध्य और साधन की श्रेष्ठता तथा व्यक्ति की नैतिक पवित्रता और विश्वास पर आधारित था। सत्याग्रह के बारे में खुद गाँधी जी ने कहा—"अपने विरोधियों को दुखी बनाने की बजाय, स्वयं अपने पर दुःख डालकर सत्य की विजय प्राप्त करना ही सत्याग्रह है। सत्याग्रह शक्तिशाली और वीर मनुष्य का शस्त्र है। एक सत्याग्रही अपने प्रतिद्वन्द्वी से आध्यात्मिक सम्बन्ध स्थापित कर लेता है। वह उसमें ऐसा विश्वास उत्पन्न कर देता है कि वह अपने नैतिक दायित्वों के प्रति प्रेरित होता है।"

सत्याग्रह और निष्क्रिय प्रतिरोध दोनों ही आक्रमण का सामना करने, संघर्षों को दूर करने तथा सामाजिक और राजनीतिक परिवर्तन लाने की पद्धतियाँ हैं, परंतु इनके समान अर्थों में प्रयोग करना भूल है क्योंकि दोनों में कई अंतर पाये जाते हैं—

1. निष्क्रिय प्रतिरोध में अपनी निर्बलता के कारण नीति के रूप में अहिंसा का पालन किया जाता है, मौलिक सिद्धान्त के रूप में नहीं। सत्याग्रह के अन्तर्गत अहिंसा के सिद्धान्त को नीति के रूप में नहीं, वरन् आदर्श के रूप में अपनाया जाता है
2. निष्क्रिय प्रतिरोध में शत्रु को परेशान करने की भावना पर बल दिया जाता है,

   सत्याग्रह में सत्याग्रही स्वयं ही अधिकतम कष्ट झेलता है। सत्याग्रह में शत्रु के प्रति दुर्भावना के लिए कोई स्थान नहीं है। बल्कि उसे सत्य की ओर प्रेरित करने का प्रयास किया जाता है।
3. निष्क्रिय प्रतिरोध निर्बलों का शस्त्र है सत्याग्रह वीरों का शस्त्र है।
4. निष्क्रिय प्रतिरोध द्वेष, घृणा और अविश्वास पर आधारित है, इस कारण इसका प्रयोग स्वजनों और रिश्तेदारों के विरुद्ध नहीं किया जा सकता है,

   सत्याग्रह प्रेममूलक है, वह विरोधी के प्रति प्रेम और उदारता की भावना पर आधारित है। इस कारण सत्याग्रह का प्रयोग निकटतम और प्रियतम व्यक्ति के प्रति भी किया जा सकता है।
5. निष्क्रिय प्रतिरोध में रचनात्मक प्रवृति या कार्यों के लिए कोई स्थान नहीं है और इसका कोई अपना विशिष्ट जीवन दर्शन भी नहीं है, सत्याग्रह का अपना जीवन दर्शन है और उसमें रचनात्मक कार्यक्रम को महत्वपूर्ण स्थान प्राप्त है।

गाँधी जी ने अपने सत्याग्रह आन्दोलन में खादी ग्रामोद्योग, अस्पृश्यता निवारण, प्रौढ़ शिक्षा, साक्षरता प्रसार और मद्यपान निषेध आदि रचनात्मक कार्यक्रमों को अपनाया था।

सत्याग्रही की विशेषताएँ

गाँधी जी का मत था कि सत्य के मार्ग पर चलने वाला हर व्यक्ति नैतिकता व कल्पना की भावना से ओतप्रोत है। उनके अनुसार सत्याग्रही के लिए यह आवश्यक है कि वह सत्य पर चलने वाला हो, अनुशासन में रहने का अभ्यस्त हो, तथा मनसा, वाचा और कर्मणा अहिंसा में आस्था रखता हो। सत्याग्रही किसी भी परिस्थिति में छल, कपट, झूठ, हिंसा, इत्यादि का आश्रय नहीं लेता। सत्याग्रही अपनी कमजोरियों व भूलों को छिपाने के बजाय खुले रूप में स्वीकार करने के लिए तत्पर रहता है। गाँधी जी ने 'हिन्द स्वराज्य' में लिखा कि अहिंसा सत्य अस्तेय, ब्रह्मचर्य, अपरिग्रह, शारीरिक श्रम, अस्वाद, निर्भयता सभी धर्मों को समान दृष्टि से देखना, स्वदेशी वस्तुओं का प्रयोग तथा अस्पृश्यता निवारण का पालन सत्याग्रही को अनिवार्य रूप से करना चाहिए।

सत्याग्रह का वर्गीकरण

गाँधी जी के अनुसार सत्याग्रह का प्रकटीकरण निम्नंकित स्वरूपों में होता है–

(1) असहयोग आन्दोलन–महात्मा गाँधी का मानना था कि अगर यदि जनता शासन का सहयोग न करे तो शासन जनता का शोषण नहीं कर सकती। गाँधी जी की इस सोच के कारण सन् 1919-21 में भारत में ब्रिटिश शासन का विरोध करने के लिए असहयोग का रास्ता अपनाया गया।

(2) सविनय अवज्ञा आन्दोलन–यह असहयोग आंदोलन से भी अधिक कारगर होता है क्योंकि इसमें नैतिकता का समावेश रहता है। बिना किसी हिंसक प्रदर्शन के कानून की अवमानना को सविनय अवज्ञा आन्दोलन कहा जाता है। कानूनों की यह अवज्ञा हिंसक रूप ग्रहण न कर ले, इसलिए उनका विचार था कि सविनय अवज्ञा का प्रयोग जनसाधारण द्वारा नहीं, वरन् कुछ चुने हुए विशेष व्यक्तियों द्वारा ही किया जाना चाहिए और किन कानूनों का उल्लंघन किया जाय, इसका निर्णय नेताओं द्वारा होना चाहिए। इस आंदोलन का सबसे अच्छा उदाहरण 1931 का दांडी मार्च है।

(3) हिजरत या प्रवजन—यह सत्याग्रह का वह रूप है जो सत्याग्रहियों द्वारा अपनाया जाता है। जो सत्याग्रही अपने आपको पीड़ित अनुभव करते हों, आत्मसम्मान रखते हुए उस स्थान में नहीं रह सकते हों और अपनी रक्षा के लिए हिंसक शक्ति नहीं रखते हों, उनके द्वारा हिजरत का प्रयोग किया जा सकता है। 1918 में बारदोली और 1939 में विटलगढ़ और लिम्बड़ी की जनता को गाँधी जी ने हिजरत का परामर्श दिया था।

(4) अनशन—महात्मा गाँधी इसे सत्याग्रह का अत्यधिक उग्र अस्त्र समझते थे और उनका विचार था कि इसे अपनाने में अत्यधिक सावधानी बंरती जानी चाहिए। अनशन केवल कुछ विशेष अवसरों पर आत्मशुद्धि या अत्याचारी के हृदय परिवर्तन के लिए ही किया जाना चाहिए। इस अस्त्र का प्रयोग सिर्फ आध्यात्मिक शक्ति सम्पन्न लोगों के द्वारा ही होना चाहिए क्योंकि इसके सफ़ल प्रयोग के लिए मानसिक शुद्धता, अनुशासन और नैतिक मूल्यों में आस्था की बहुत अधिक जरूरत होती है।

(5) हड़ताल—गाँधी जी के अनुसार हड़ताल आत्मशुद्धि के लिए किया जाने वाला एक स्वैच्छिक प्रयत्न है जिसका लक्ष्य स्वयं कष्ट सहन करते हुए विरोधी का हृदय परिवर्तन करना है। इनके अनुसार हड़ताल करने वाले व्यक्तियों की माँगें नितान्त स्पष्ट और उचित होनी चाहिएँ।

विदेशी आक्रमण के वक्त भी गाँधीजी हड़ताल को अमोघ अंस्त्र मानते थे। । हिटलर द्वारा इंग्लैण्ड पर आक्रमण किये जाने पर उन्होंने इंग्लैण्ड को यही परामर्श दिया था। इन परिस्थितियों में सत्याग्रह किस सीमा तक सफल हो सकता है, इस सम्बन्ध में अन्य विचारकों से उनकी राय अलग है।

सत्याग्रह का मूल्यांकन

गाँधीजी के सत्याग्रह के औचित्य पर जो आक्षेप किया गया उस पर संक्षिप्त प्रकार निम्न बिंदुओं में डाला जा रहा है—

(1) सत्याग्रह और अहिंसा में दोनों में सैद्धान्तिक अंतर—कतिपय आलोचकों ने इस सिद्धांत की यह कहकर आलोचना की है कि सत्याग्रह का सिद्धान्त अहिंसा की धारणा के अनुकूल नहीं है। अहिंसा का तात्पर्य न केवल हिंसा का निषेध, वरन् विरोधी के प्रति किसी प्रकार की दुर्भावना का अभाव भी है। अहिंसा का आशय है कि मनसा, वाचा, कर्मणा किसी भी रूप में हिंसा का प्रयोग नहीं किया जाना चाहिए और विरोधी के मन को भी दुख नहीं पहुंचाया जाना चाहिए। इस विषय में आलोचकों

का यह कहना है कि सत्याग्रह से उन व्यक्तियों को निश्चित रूप से मानसिक और अनेक बार शारीरिक कष्ट भी पहुंचता है जिनके विरुद्ध इसका व्यवहार किया जाता है। यही कारण था कि आर्बर मूर इसे मानसिक हिंसा कहते हैं। आलोचकों द्वारा सत्याग्रह के एक रूप उपवास को आतंकवाद और राजनीतिक दबाव को माना है।

(2) विस्तृत दशाओं में असंभव–कुछ आलोचकों का यह मानना है कि सम्याग्रह सिर्फ सीमित दशाओं में प्रयोग किया जा सकता है। स्वतन्त्र समाजों में, जहां विवेक, मानवता के प्रति आदर और न्याय विद्यमान हो वहाँ सत्याग्रह का भले ही सफलतापूर्वक प्रयोग किया जा सकता हो, परंतु निरंकुश शासनों और बौद्धिक तथा नैतिक दृष्टि से बहुत अधिक पिछड़े हुए लोगों के विरुद्ध सत्याग्रह की सफलता पूर्ण रूप से संभव नहीं है। शत्रु के विचारों में परिवर्तन करना काफी कठिन होता है। कई बार शत्रु इतना अक्रामक होता है कि वह इसे महत्व ही नहीं देता। इस संदर्भ में डॉ. बन्दुरा ने यह प्रकाश डाला है कि इस बात का सामान्यीकरण करना कि सत्याग्रह द्वारा कहीं भी और किसी भी प्रकार के लोग अन्यायी विरोधी का हृदय परिवर्तन कर सकते हैं, आत्मनाशक है।

(3) अन्तर्राष्ट्रीय विरोध में असंभव–हालांकि जर्मनी द्वारा इंग्लैण्ड पर आक्रमण किए जाने पर गाँधी जी ने इंग्लैण्ड को सत्याग्रह अपनाने की सलाह दी परंतु सामान्य अनुभव के आधार पर हम यह कह सकते हैं कि ऐसी स्थिति में सत्याग्रह सफल होना संभव नहीं है। कोई भी राष्ट्र नागरिकों की स्वतन्त्रता और सुरक्षा के लिए पूरी तरह से अहिंसात्मक साधनों के प्रयोग पर निर्भर नहीं रह सकता। आज के दौर में छोटे-बड़े देश अन्तर्राष्ट्रीय राजनीति में एक-दूसरे के विरुद्ध जिस प्रकार का व्यवहार कर रहे हैं, उसे देखते हुए सत्याग्रह की सफलता बहुत ही अधिक संदिग्ध हो जाती है। इस संदर्भ में आलोचकों का मानना है कि हवाई हमले और परमाणु युद्ध के युग में आक्रमण के प्रतिरोध हेतु सत्याग्रह की बात करना सबसे बड़ी भूल होगी।

(4) सामाजिक और आर्थिक बदलाव में असंभव–साम्यवादी अराजकतावादी तथा अन्य क्रान्तिकारी प्रकृति वाले व्यक्तियों का कहना है कि सत्याग्रह जैसे अहिंसक साधनों के आधार पर सामाजिक और आर्थिक स्थिति में पूर्ण रूप से बदलाव लाना संभव नहीं है। आलोचकों का मानना है कि वर्तमान समय में विशेष पद प्राप्त व्यक्ति अपनी विशेष स्थिति कभी भी स्वेच्छा से नहीं छोड़ेंगे और सामाजिक तथा आर्थिक जीवन की भीषण विषमताओं को दूर करने हेतु ताकत का इस्तेमाल करना जरूरी होगा।

(5) सत्याग्रह का दुरुपयोग—आलोचकों का मानना है कि वर्तमान समय में सत्याग्रह के नाम का बहुत अधिक दुरुपयोग किया जा रहा है। निजी स्वार्थों से प्रेरित आन्दोलन को लोग सत्याग्रह का नाम देते हैं और उसका गलत प्रयोग करते हैं।

उपर्युक्त वर्णित तथ्यों का अध्ययन करने से यह जरूर होता है कि सत्याग्रह का प्रयोग उसकी व्यावहारिकता पर निर्भर करता है। नैतिक दृष्टि से श्रेष्ठ व्यक्तियों द्वारा प्रयुक्त किये जाने पर यह निश्चित रूप से वीर पुरुषों द्वारा अन्याय के प्रतिरोध हेतु उपयोग में लाये जाने वाला अहिंसक शस्त्र है, लेकिन व्यवहार में अनेक बार अवांछित तत्वों द्वारा अपनी स्वार्थपूर्ति हेतु जो कार्यवाही की जाती है, उसे ही सत्याग्रह का नाम दे दिया जाता है और इस आधार पर सत्याग्रह की आलोचना की जाती है। यह सत्याग्रह के सही प्रयोग का परिणाम नहीं बल्कि इसके प्रयोगकर्ता के तरीकों पर निर्भर करता है। इस सम्बन्ध में यह स्मरणीय है कि स्वयं गाँधी जी के द्वारा सत्याग्रह के नियम और सत्याग्रही के गुणों पर प्रकाश डाला गया था और यदि उनका पालन किया जाय, तो सत्याग्रह निश्चित रूप से एक श्रेष्ठ, अहिंसक और अत्यधिक प्रभावशाली शस्त्र है।

गाँधी दर्शन पर अराजकतावाद का प्रभाव

अराजकतावादी दार्शनिक लियो टालस्टाय तथा क्रोपाटकिन के दर्शन का गाँधी जी के विचार व दर्शन पर अत्यधिक प्रभाव पड़ा था। नैतिक, ऐतिहासिक तथा आर्थिक तीनों की अवधारणाओं के आधार पर गाँधीजी ने राज्य की काफी निंदा की है। दृष्टिकोणों के आधार पर राज्य की कटु आलोचना की है। गाँधी जी राज्य को एक ऐसी हिंसक संस्था मानते हैं जिसका कार्य निर्धन वर्ग का शोषण करना है। इस विचार से उसका अर्थ यह है कि राज्य के द्वारा नैतिकता का हनन किया जाता है, अतः या तो राज्य को समाप्त ही हो जाना चाहिए, अन्यथा उसे व्यक्ति रूपी पुस्तक का अन्तिम अध्याय रहना चाहिए। स्वयं गाँधी जी ने यह लिखा है कि "राज्य केन्द्रित और संगठित रूप में हिंसा का प्रतिनिधित्व करता है। व्यक्ति एक सचेतन आत्मवाद प्राणी है, किंतु राज्य एक ऐसा आत्महीन यन्त्र है, जिसे हिंसा से पृथक् नहीं किया जा सकता, क्योंकि इसकी उत्पत्ति ही हिंसा से हुई है।" सिद्धान्त रूप में राज्य के अस्तित्व के विरुद्ध होने पर भी गाँधी जी वर्तमान परिस्थितियों में राज्य को समाप्त करने के पक्ष में नहीं थे। गाँधीजी का मानना था कि आज के समय में मानव जीवन इतना पूर्ण नहीं है कि वह स्वयं संचालित हो सके इसलिए समाज में राज्य और राजकीय शक्ति की आवश्यकता है, लेकिन इसके अलावा उनका यह भी

मानना था कि राज्य का कार्यक्षेत्र न्यूनतम होना चाहिए। इस संदर्भ में उनका विचार था कि अगर राज्य की कमियों को दूर कर दिया जाए तो एक आदर्श राज्य की स्थापना संभव है। इस प्रकार गाँधी जी के राज्य संबंधी विचारों को सैद्धान्तिक दृष्टि से अराजकतावादी तथा व्यवहार में व्यक्तिवादी की संज्ञा प्रदान की जा सकती है परंतु गाँधी जी क्रोपाटकिन और बाकुनिन की तरह हिंसा के आधार पर राज्य को समाप्त करने के संदर्भ में पाश्चात्य व्यक्तिवाद तथा पूंजीवाद की कटु आलोचना करते थे।

राज्य को एक आवश्यक बुराई के रूप में स्वीकार करते हुए गाँधी जी ने राज्य के प्रभाव और शक्ति को अधिक से अधिक कम करने का प्रयत्न किया जिससे राजसत्ता के होते हुए भी व्यक्ति वास्तविक रूप में स्वतन्त्रता प्राप्त कर सके। आदर्श राज्य की स्थापना के लिए गाँधी जी ने निम्नवत् सुझाव दिये–

(1) सत्ता का विकेन्द्रीकरण–महात्मा गाँधी के अनुसार आदर्श राज्य की स्थापना के लिए राजनीतिक सत्ता का विकेन्द्रीकरण किया जाना चाहिए तथा ग्राम पंचायतों को अपने गांवों के प्रबन्ध और प्रशासन के अधिकार दे दिये जाने चाहिएँ। गाँधीजी का यह भी विचार था कि सत्ता का केन्द्रीकरण सदैव हानिकारक ही होता है। इसके परिणामस्वरूप कुछ थोड़े से व्यक्ति राज्य की सत्ता पर एकाधिकार स्थापित कर लेते हैं और छल-कपट द्वारा उसके साधनों का प्रयोग अपनी स्वार्थ सिद्धि के लिए करते हैं, इसके समाधान के लिए विकेन्द्रीकरण अनिवार्य है। राजनीतिक और आर्थिक दृष्टि से स्वावलम्बी गांवों का उदाहरण देते हुए उन्होंने लिखा है, "मेरे ग्राम स्वराज्य का आदर्श यह है कि प्रत्येक ग्राम एक पूर्ण गणराज्य हो। अपनी आवश्यक वस्तुओं के लिए वह अपने पड़ोसियों पर निर्भर न रहे। इस प्रकार प्रत्येक गांव का पहला काम होगा खाने-पीने के लिए अन्न और कपड़ों के लिए रूई की फसल तैयार करना, गांव की अपनी नाट्यशाला, सार्वजनिक भवन और पाठशाला भी होनी चाहिए। प्रारम्भिक शिक्षा अन्तिम कक्षा तक अनिवार्य होगी। यथासंभव प्रत्येक कार्य सहकारिता के आधार पर किया जायेगा। गांव का शासन पांच व्यक्तियों की पंचायत द्वारा संचालित होगा। पंयायत ही गांव की व्यवस्थापिका, सभा, कार्यकारिणी व न्यायपालिका के अनुसार होगी।

(2) राज्य का सीमित हस्तक्षेप–गाँधी जी के अनुसार सत्ता का विकेन्द्रीकरण तभी संभव है जब जनता के कार्यों में राज्य का सीमित हस्तक्षेप हो। राजसत्ता की बुराइयों को दूर करने के लिए उनका दूसरा सुझाव यह था कि राज्य का कार्यक्षेत्र न्यूनतम होना चाहिए, उसके द्वारा व्यक्ति के जीवन में कम से कम हस्तक्षेप किया जाना चाहिए। वे हेनरी डी. थोरू के इस विचार के सहमत थे कि सर्वोतम सरकार

वह है, जो सबसे कम शासन करती है। उनका कहना था कि स्वराज्य का अर्थ यह है कि व्यक्ति को सरकार के नियन्त्रण से स्वतन्त्र होने का निरन्तर प्रयत्न करना चाहिए, चाहे वह सरकार विदेशी हो और चाहे राष्ट्रीय।

(३) राज्य साधन एवं साध्य दोनों है—गाँधी जी राज्य को साधन तथा व्यक्ति को साध्य मानते थे। वे हीगल या अन्य सर्वाधिकारवादियों के इस विचार से असहमत थे कि जनता का कल्याण करने के बाद ही राज्य को उससे अपनी भक्ति की अपेक्षा करनी चाहिए। गाँधी जी लिखते हैं कि राजभक्ति ऐसा सिद्धांत है जो उसके कार्यों के कारण किसी भी समय परिवर्तित हो सकती है। जैसे ही राज्य अपने कर्तव्य से विमुख हो जाता है, जनता पर अन्याय और अत्याचार करने लगता है, ऐसे कानूनों का निर्माण करता है जो व्यक्ति के अन्तःकरण के विरुद्ध हों, तो वह जनता की भक्ति प्राप्त करने का अधिकार खो बैठता है और जनता राज्य का विरोध करने लगती है।

गाँधी दर्शन का खंडन

भारत की राजनीति, जनसमुदाय तथा भारतीय प्रतिनिधियों पर गाँधीजी की राज्य की मानवता संबंधी विचारों का अत्यधिक प्रभाव पड़ा था, फिर भी निम्नलिखित तथ्यों के आधार पर उनके विचारों की कटु निंदा की गई—

(1) धर्म तथा राजनीति दोनों का समावेश—गाँधीजी के अनुसार धर्म और राजनीति में पारस्परिक संबंध है जबकि आधुनिक युग में इन दोनों के मिश्रण को बुरा समझा जाता है। आज के दौर में धर्म-निरपेक्ष राज्य का सिद्धान्त दिन-प्रतिदिन लोकप्रिय होता जा रहा है। साम्यवादी विचारक तो किसी भी स्थिति के धर्म को राजनीति के साथ मिलाने के पक्ष में हैं। राज्य के संबंध में धर्म की उपयोगिता को अस्वीकार करते हुए लेनिन ने यहाँ तक कहा है कि, "धर्म लोगों के लिए अफ़ीम है।" जैसा कि इतिहास का अध्ययन करने से यह पता चलता है कि धर्म के नाम पर लोगों पर अनेक अत्याचार किए गए हैं। लोगों को भाग्यवादी बनाकर पूँजीपतियों को उनके शोषण का अवसर प्रदान किया है।

(2) राज्य एक आवश्यक बुराई नहीं है—गाँधी जी के अनुसार राज्य की उत्पत्ति हिंसा से हुई है इसलिए यह कल्पना नहीं हो सकती परंतु परिस्थितियों के अनुसार राज्य को जनता के कार्यों में सीमित हस्तक्षेप का ही अवसर दिया जाना चाहिए, परंतु आज के दौर में यह विचार गलत है क्योंकि आज राज्य का स्वरूप धीरे-धीरे कल्याणकारी होता जा रहा है। वह व्यक्ति के बहुमुखी विकास के लिए

अनेक साधन जुटाता है तथा विकास के अवसर प्रदान करता है। राज्य के बिना व्यक्ति का विकास और अस्तित्व असंभव माना जाता है।

(3) सत्याग्रह का दुरुपयोग—परिवर्त्य सत्याग्रह के प्रयोग के प्रति गलत नजरिए के कारण इसका कानून व्यवस्था पर प्रतिकूल प्रभाव पड़ रहा है।

(4) पूँजीवाद का समर्थन—साम्यवादियों के अनुसार गाँधीजी का राजनीतिक दर्शन व्यक्तिगत सम्पत्ति तथा पूँजीवाद का समर्थन करता है। गाँधी जी राष्ट्रीयकरण में विश्वास नहीं रखते थे और वर्ग-संघर्षों के विरोधी थे। गाँधीजी का मानना था कि गाँधी जी जिस ट्रस्टीशिप के सिद्धान्त पर जोर देते हैं, वह कभी पूरा नहीं हो सकता। इससे तो पूँजीवाद की नींव और अधिक समृद्धशाली हो जाएगी।

(5) मौलिकता की कमी— कुछ आलोचकों का मानना है कि गाँधीजी का कोई मौलिक दर्शन नहीं है। आलोचकों का कहना है कि गाँधीवाद वस्तुतः विभिन्न राजनीतिक दर्शनों का सम्बन्ध मात्र है। गाँधीवाद में व्यक्तिवाद, समाजवाद, अनुदारवाद तथा आदर्शवाद का समन्वय देखने को मिलता है। आलोचकों के अनुसार गाँधीवाद नई बोतल में पुरानी शराब है।

(6) रूढ़िवादी दर्शन— कुछ आलोचकों का यह मानना है कि गाँधीवाद में रूढ़िवादी विचारों का समावेश है। उनका मानना है कि गाँधी जी के दर्शन में हमें उनके ऐसे तत्त्व मिलते हैं जिनके आधार पर यह कहा जा सकता है कि यह आधुनिक नवीन वातावरण के विपरीत है जैसे— ग्राम स्वराज्य, मशीनीकरण का विरोध, धर्म तथा राजनीति का सम्मिश्रण आदि गाँधीवाद के ऐसे तत्त्व हैं जिनके आधार पर गाँधीवाद को रूढ़िवादी दर्शन कहकर इसकी आलोचना की गई है।

(7) विरोधाभास का दर्शन—गांधीजी के विरुद्ध एक आरोप यह भी लगाया गया था कि गाँधीदर्शन एक ओर तो समाजवाद की भाँति यह विश्वास करता है कि प्रत्येक व्यक्ति को उसकी आवश्यकताओं के अनुसार सुविधा मिलनी चाहिए और दूसरी ओर वह राष्ट्रीयकरण तथा व्यक्तित्व सम्पत्ति की समाप्ति आदि का विरोध करता है। इस प्रकार एक स्थान पर तो गाँधी जी राज्य का विरोध करते हैं और दूसरे स्थान पर उसके अस्तित्व को स्वीकार कर लेते हैं जो कि विवादास्पद है। गाँधीवाद एक ओर तो राष्ट्रवाद का कट्टर समर्थन करता है और दूसरी ओर अन्तर्राष्ट्रीयवाद का भी समर्थन करता है। अतः स्पष्ट है कि गाँधीवाद विरोधाभास का दर्शन है।

गाँधीवाद की भूमिका

महात्मा गाँधी की दार्शनिक अवधारणा किसी एक सिद्धांत पर निर्भर नहीं थी।

भारतीय राजनीतिक परिस्थितियों के अनुसार इसमें परिवर्तन होने की संभाव्य थी। उन्होंने स्वयं कहा, ''गाँधीवाद नाम की कोई वस्तु नहीं है। मैं अपने पीछे कोई वाद नहीं छोड़ना चाहता। मैं किन्हीं नए सिद्धान्तों या किसी मत को चलाने का दावा नहीं करता। मैंने तो केवल अपने ढंग से आधारभूत सच्चाइयों को अपनी नित्यप्रति के जीवन में लागू करने का प्रयत्न किया है। मैंने जो मत बनाए हैं तथा निष्कर्ष निकाले हैं, वे सब अन्तिम नहीं हैं। मैं कल ही उन्हें बदल सकता हूँ। दुनिया को सिखाने के लिए मेरे पास कुछ नहीं है।'' लेकिन वास्तविकता यह है कि गाँधी जी का एक निश्चित जीवनदर्शन था। राष्ट्रीय जटिलताओं को समझने के लिए उनके कुछ विशिष्ट सिद्धान्त थे। जिसमें से कुछ प्रमुख सिद्धांतों पर संक्षिप्त प्रकाश नीचे डाला जा रहा है।

(1) उदार एवं मानवता का सिद्धांत—गाँधी जी एक महान् उदारवादी एवं मानवतावादी थे। वे सर्वहारा वर्ग के साथी थे। उन्होंने लिखा, ''अपनी सत्रह साल की उम्र से ही मैंने यह सबक सीखा कि सभी इन्सान, चाहे किसी भी कौम, रंग या मुल्क में क्यों न हों, मेरे अपने सगे हैं, रिश्तेदार हैं। अगर हम भगवान् के सेवक हैं तो हमें चाहिए कि उसकी सारी सृष्टि या ख़िलकत के भी सेवक बनें।'' वे इतने उदारवादी तथा सौहार्दपूर्ण विचारधारा के थे कि किसी भी दशा में गरीबों का शोषण देख पाना उनके लिए संभव नहीं था। गरीबों की उन्नति व प्रगति से ही देश का विकास होगा। अपने-आपको 'हरिजन' बनाकर उन्होंने इस वर्ग की सेवा की। गुरुदेव टैगोर की ये पंक्तियाँ कि, ''अज्ञान के अन्धकार में अपने हृदय को छिपाकर तू किस देवता की पूजा में निमग्न है।.....वे तो वहाँ हैं, जहाँ अधम-से-अधम और दीन-से-दीन रहते हैं। सबके पीछे, सबके नीचे सर्वहारा जन के बीच ही उनका निवास है''—गाँधी जी को सदैव याद रहती थी। गाँधी जी स्वन्त्रता, समानता, न्याय-बन्धुता तथा जनता की भलाई चाहते थे।

(2) राजनीति का आध्यात्मीकरण—मानवीय एवं नैतिकता का सिद्धांत जीवन के उच्च आदर्शों की प्राप्ति के लिए साधनों की पवित्रता पर विशेष ध्यान देने की जरूरत होती है। वे भारतीय संस्कृति के उपासक थे। गाँधीजी लिखते हैं कि आध्यात्मिकता, नैतिकता, मितव्ययिता एवं पवित्रता भारतीय संस्कृति के गुण हैं। उन्होंने भारतीय नैतिक मूल्यों की याद दिलाई, परंतु वे कोरे साधु नहीं थे; वे कर्मयोगी थे जो अपनी आदर्शों की प्राप्ति के लिए सदा कर्मयोग में लगे रहते थे। वे नैतिक, दार्शनिक तथा राजनीतिक नेता थे। गाँधीजी के विचार में ईश्वर को पाने के लिए किसी पर्वत या वन में जाने की जरूरत नहीं है। उसको इसी समाज में जीवन के

सामान्य कार्यों में ढूँढ़ा जा सकता है। श्रीमद्भगवद् गीता और श्रीरामचरित मानस में उद्घाटित रहस्यों से उनके विचार प्रभावित थे।

(3) एक राजनीतिक यथार्थवाद—चूंकि गाँधी जी एक राज्यविहीन अथवा आदर्श समाज की स्थापना करना चाहते थे। परंतु यथार्थवादी होने के नाते उनको मालूम था कि इस प्रकार के समाज की स्थापना करना तुरन्त संभव नहीं है। फिलहाल वे एक अहिंसात्मक राज्य की स्थापना करना चाहते थे। गाँधी जी लोगों की प्रभुसत्ता में विश्वास रखते थे। वे राज्य को कम-से-कम कार्य सुपुर्द करने के पक्ष में थे। उनके अनुसार राज्य अपने प्रति पूर्ण भक्ति का दावा नहीं कर सकता। यह भक्ति उस सीमा तक वाजिव है जहाँ तक राज्य व्यक्ति की सेवा करता है। इस प्रकार गाँधी जी के राज्य संबंधी विचार बहुवादियों से मिलते हैं। गाँधी जी प्रजातंत्र के पूर्ण समर्थक थे, परंतु वे पश्चिमी प्रजातंत्रीय प्रणाली में विश्वास नहीं रखते थे। वे 'बहुमत' के सिद्धान्त को भी नहीं मानते थे। वे स्वतन्त्रता प्राप्ति के लिए अंतःकरण की पवित्रता एवं सर्वोदय को विशेष रूप से आवश्यक मानते थे।

(4) सत्य तथा अहिंसा का सिद्धान्त—गाँधी जी अहिंसा के पुजारी थे। इनका यह विचार था कि सत्य व अहिंसा के प्रयोग से आत्म-शुद्धि होती है और विचारों में बदलाव आता है। उनका मानना है कि जहां हिंसा होगा वहां सत्य का विकास नहीं होगा। अहिंसा का गाँधी जी ने व्यापक अर्थ लिया। नकारात्मक रूप में इसका अर्थ था, "विचार, वाणी, कर्म द्वारा किसी को चोट पहुँचाना।" सकारात्मक रूप में इसका अर्थ था "सबके प्रति प्रेम, दयालुता और त्याग की भावना रखना।" गाँधी जी ने साधनों की पवित्रता एवं नैतिकता पर भी जोर दिया। इस बात में वे साम्यवादियों, फासिस्टवादियों, अराजकतावादियों और श्रमसंघवादियों से भिन्न थे। साधनों की नैतिकता के आधार पर गाँधी जी ने राजनीति का आध्यात्मीकरण कर दिया।

(5) सत्याग्रह का सिद्धान्त—सत्याग्रह गाँधीजी का मूलमंत्र था। इन्होंने सत्याग्रह को सुधारात्मक रूप में अपनाया। उनका उद्देश्य विरोधी को कुचलना अथवा किसी खास मामले में जीत हासिल करना नहीं, बल्कि हृदय परिवर्तन करने वाली शक्तियों को सक्रिय करना था। सत्याग्रह के द्वारा गाँधी जी राजनीति में धर्म का समावेश, धर्म की प्राण-प्रतिष्ठा करना चाहते थे। अभी तक राजनीति में केवल उपयुक्तता और वांछनीयता को ही प्रयोगनीय माना जाता था। गाँधी जी का सम्पूर्ण कृतित्व इस द्वैध आचरण के प्रति जीवित विद्रोह था।

(6) व्यक्तिवाद, आदर्शवाद एवं समाजवाद का सामन्वय—यद्यपि हालांकि

महात्मा गाँधी एक आदर्शवादी प्रकृति के व्यक्ति थे किंतु उनके भीतर समाजवादी दृष्टिकोण का अभाव भी नहीं था। वे आर्थिक समता का पुरजोर स्वागत करते थे। परंतु वे इस समानता को लाने के लिए वे हिंसात्मक विधियों का प्रयोग नहीं करना चाहते थे। वे क्रिश्चियन समाजवादियों की भाँति प्यार द्वारा पूँजीपतियों और भू-पतियों के हृदय-परिवर्तन में विश्वास रखते थे। उनका विचार था कि पूँजीपति और भूपति धरोहरी के रूप में काम करें। यह कार्य उत्पादन या लाभ की दृष्टि से नहीं, अपितु समाज के हित की दृष्टि से किया जाए। अपरिग्रह को वे विशेष महत्व देते थे। वे विशाल राष्ट्रीयकरण और शहरीकरण के विरोधी थे। वे गाँवों को भारत के आर्थिक संगठन का केन्द्र बिंदु कहते थे। वे लोगों को चरखे और लघु उद्योगों द्वारा अपनी जीविकोपार्जन हेतु प्रेरणा प्रदान करते थे। वे सत्ता को अधिक-से-अधिक विकेन्द्रीयकृत करना चाहते थे इस संदर्भ में गाँधीजी ने लिखा है कि इससे समाज में सादा जीवन एवं ग्रामीण सभ्यता की कल्पना पूरी होगी। विकेन्द्रीयकरण इस समाज की विशेषता होगी तथा प्रत्येक गाँव आत्म-निर्भर होगा।

(7) पूर्व तथा पश्चिम का सांस्कृतिक सामवय—महात्मा गाँधी ने भारतीय साहित्यों के अलावा पश्चिमी साहित्यों का भी अध्ययन किया। उन्होंने गीता और बुद्ध के सन्देशों की थोरे, रस्किन तथा टॉलस्टॉय के सन्देशों से तुलना की और एक नए दर्शन की स्थापना की। अभी तक पश्चिम को ही सभ्यता का केन्द्र माना जाता रहा है। गाँधी जी ने बतलाया कि जब तक पश्चिमी सभ्यता में भारतीय नैतिक मूल्यों का समावेश करके एक विश्व सभ्यता को जन्म नहीं दिया जाएगा, तब तक विश्व शान्ति स्थापित नहीं हो सकती। गाँधी जी ने 'नैतिक विश्ववाद' को पूर्ण करने के जो प्रयत्न किए, उनसे विश्व में एक नये युग का सूत्रपात हुआ। गाँधीजी की मृत्यु पर विश्व की महान् विभूतियों ने अपनी श्रद्धांजलि अर्पित की। सर स्टेफोर्ड क्रिस्प ने कहा, "मैं किसी काल के और वास्तव में आधुनिक इतिहास के ऐसे किसी दूसरे व्यक्ति को नहीं जानता, जिसने भौतिक वस्तुओं पर आत्मा की शक्ति को इतने जोरदार और विश्वासपूर्ण तरीके से सिद्ध किया हो।" विभिन्न धार्मिक ग्रन्थों या संस्कृतियों के परिशीलन के बाद गाँधी जी ने बतला दिया कि ईसा तथा कुछ ईसाई पादरियों, बुद्ध और कुछ ईरानी पैगम्बरों और यूनानी ज्ञानियों का अध्यात्म आधुनिक राजनीति पर लागू हो सकता है। गाँधी जी के इस विचार पर विद्वानों ने गहरा चिंतन किया। अमेरिका के प्रसिद्ध पादरी जॉन हैमान्स हेम्स ने एक बार कहा था, "मैं जब रोम्यां रोलां की याद करता हूँ, तो मेरी आँखों के सामने नेपोलियन बोनापार्ट की

जीवन-घटनाएँ नाचने लगती हैं किंतु जब मैं भारत के महात्मा गाँधी का स्मरण करता हूँ तो मुझे ईसा मसीह की याद आती है।"

आधुनिक परिप्रेक्ष्य में गाँधीवाद की व्यावहारिकता

सम्पूर्ण समीक्षकों के दृष्टिकोणों में गाँधी के जीवन दर्शन एवं चिंतन के संदर्भ में एक मत नहीं पाये जाते हैं। कुछ लेखकों ने गाँधी जी के सिद्धान्तों एवं विचारों को अव्यावहारिक और काल्पनिक बतलाया है। इन लेखकों का मानना है कि, गाँधी जी ने मानव स्वभाव का असली रूप न देखकर उसका आदर्श रूप ही देखा है। अहिंसा, सत्य निस्सन्देह मूल्यवादी सिद्धान्त है परंतु प्रश्न यह है कि आधुनिक परमाणु युग में ये सिद्धान्त कहाँ तक व्यावहारिक हैं। क्या इससे ऐसे देश की सुरक्षा हो सकेगी जिसमें अरबों की संख्या में लोग रहते हों। गाँधी जी मनुष्य से एक बहुत ऊँचे आचरण और आदर्श की माँग करते थे जो आधुनिक युग में असंभव है। व्यावहारिक राजनीति के लिए उनके सिद्धान्त अव्यावहारिक हैं। गाँवों के आत्मनिर्भर होने की कल्पना और तदनुरूप 'रामराज्य' का स्वप्न अवास्तविक है। अहिंसात्मक राज्य की स्थापना युद्ध-ग्रस्त संसार में किसी भी देश के लिए हानिकारक होगी। आज जनसंख्या में असीमित वृद्धि हुई है। लोगों की मांगों एवं आवश्यकताओं में तीव्र वृद्धि हुई है। ऐसी स्थिति में कुटीर उद्योगों के द्वारा इनकी पूर्ति की बात हास्यास्पद लगती है। आलोचकों का कहना है कि गाँधी जी ने राजनीतिक एवं कूटनीतिक तथ्यों की ओर ध्यान नहीं दिया है। आर्थिक क्षेत्र में भी उनके सुझाव व्यावहारिक नहीं हैं।

राजनीतिक एवं सामाजिक नियमों को स्वीकार करते हुए भी गाँधीजी सत्य और अहिंसा के मामले में कोई समझौता करने को भी तैयार नहीं थे। वे सदा इस बात पर ज़ोर देते रहे कि भय, लोभ और अहंकार हमारे सबसे बड़े शत्रु हैं। दूसरों को बदलने से पहले हमें अपने-आपको बदलना होगा। सत्य, प्रेम और उदारता के नियम सभी राष्ट्रों पर समान रूप से लागू होते हैं। प्रत्येक राष्ट्र प्रगति के लिए नवीन अवसर की तलाश में है। यह ठीक है कि आज के संसार में छल, कपट, हिंसा, झूठ और दुराचार का वातावरण है, परंतु यदि मानवता को जीवित रखना है और सभ्यता का संरक्षण करना है तो गाँधी जी द्वारा बतलाए गए सिद्धान्तों को अपनाना ही होगा। इस संदर्भ में लॉर्ड ब्रायड महोदय ने यह लिखा है कि ऑर ने कहा, "क्या यह संभव है कि ये महान् सिद्धान्त, आश्चर्यजनक आदर्श विश्वव्यापी पैमाने पर लागू हो सकते हैं? मेरे विचार में इनके लागू होने का समय आ गया है क्योंकि लोग महसूस करते हैं कि आधुनिक विज्ञान और वैज्ञानिकों द्वारा छोड़ी गई ध्वंसात्मक शक्तियों के आगे

जिन्हें फिर से नियन्त्रण नहीं किया जा सकता, और कोई आशा नहीं है। यदि विज्ञान हिंसा के लिए, विश्व-युद्ध हेतु यदि इस्तेमाल किया गया तो मानव का अस्तित्व इस पृथ्वी पर संभव नही हैं। यदि आप हिंसावादी राष्ट्रों की तरह आचरण करेंगे तो आपका अधिक समय तक जीवित रहना कठिन है। यदि आप जीवित रहना चाहते हैं तो अहिंसात्मक विधियों का प्रयोग किया जाना चाहिए। यदि अहिंसावादी विधियों को ईमानदारी से प्रयोग किया जाए तो आप एक नए संसार की रचना कर सकेंगे, एक ऐसे संसार की, जिसमें गरीबी नहीं होगी; बीमारियाँ नहीं होंगी और जिसमें समस्त मानव जाति, राष्ट्रों और सबसे अधिक गरीबों का भी सांस्कृतिक और आध्यात्मिक स्तर ऊँचा होगा।''

उपर्युक्त वर्णित तथ्यों का अध्ययन करने से यह निष्कर्ष निकलता है कि महात्मा गाँधी एक क्रांतिकारी थे जो सत्य के लिए जीवित थे। और सत्य के लिए उन्होंने मौत को गले लगा लिया। उनका दर्शन केवल मात्र राजनीतिक दर्शन ही नहीं है, यह तो सन्देश है, जीवन का दर्शन है, मानवीय सम्बन्धों को स्नातक मूल्यों के अनुसार नियोजित करने का प्रयास है। **डॉ. राधा कृष्णन** ने गाँधी जी के विचारों को आध्यात्मिकता से ओत-प्रोत बताते हुए यह लिखा है कि महात्मा गाँधी भारतीय स्वतंत्रता आंदोलन के ऐसे उन्नायक थे जिन्होंने अपने सहयोग और स्नेह से भारतीय जनमानस की भावनाओं को अभिभूत किया।

नेहरू के दार्शनिक विचार

पं. जवाहर लाल नेहरू के चिन्तन पर उनके पिता मोतीलाल नेहरू, महात्मा गाँधी, ऐनी बीसेन्ट, ब्रुक्स, रसेल, कार्ल मार्क्स, कॉन्ट, स्पेन्सर, आइन्सटीन, ऑक्करवाइल्ड, मिल, बर्नार्ड शॉ आदि लोगों के विचारों का आध्यात्मिक प्रभाव पड़ा था। मोतीलाल नेहरू अपने स्वभाव और विचारों से तार्किक और यथार्थवादी थे। पुत्र पर उनके विचारों की काफी छाप थी। नेहरू के चिन्तन और व्यवहार पर सबसे अधिक गाँधी जी के विचारों का प्रभाव पड़ा था। गाँधी से उन्होंने सत्याग्रह, अहिंसा, शान्ति और नैतिकता से परिपूर्ण राजनीति का पाठ पढ़ा। गाँधी की शिक्षाओं के प्रति उनमें जीवन भर गहरा आकर्षण रहा, फिर भी वे गाँधी की शिक्षाओं और आदर्शों को अटल सिद्धान्तों के रूप में ग्रहण नहीं कर सके। महात्मा गाँधी जैसी आस्तिकता उनमें विकसित नहीं हो पायी। अपने जीवन के अंतिम समय तक नेहरू मानवतावादी भावना से ओतप्रोत रहे, बड़े भावुक और संवेदनशील रहे, लेकिन गाँधी की आध्यात्मिकता उनमें पूरी तरह प्रवेश नहीं कर पाई। नेहरू विलक्षण बने रहे। न वे पूर्ण नास्तिक रहे न पूर्ण

आध्यात्मिकतावादी और न पूर्ण भौतिकवादी। कार्ल मार्क्स के भौतिकवादी विचारों का प्रभाव उन पर अवश्य पड़ा, लेकिन वे पूर्ण भौतिकवादी कभी नहीं बन सके। उन्होंने भौतिक पदार्थ को ही अन्तिम सत्य नहीं माना। भौतिक विज्ञान के प्रति, विज्ञान का एक छात्र होने के नाते, उनकी प्रारम्भ से ही रुचि थी। आइंस्टीन, प्लैंक तथा हैंसेनबर्ग के भौतिकवादी शोधों का प्रभाव उनके चिन्तन पर पड़ा, लेकिन दृष्टि से उन्हें हम कॉण्ट की अपेक्षा स्पेन्सर के अधिक निकट पाते हैं। नेहरू का इसमें विश्वास नहीं था कि कोई ऐसा जगत भी है जो हमारी दृष्टि अथवा हमारे मस्तिष्क के चिन्तन से परे है।

'भारत की खोज' में उन्होंने लिखा–नेहरू जी ने अपनी पुस्तक भारत की खोज में यह प्रकाश डाला है कि "प्रायः मैं इस विश्व की ओर देखता हूँ तो मुझे अज्ञात गहराइयों और रहस्यों का आभास होता है पर वह रहस्यमय चीज क्या है यह मैं नहीं जानता। मैं उसे ईश्वर नहीं कहता क्योंकि ईश्वर का बहुत कुछ अर्थ ऐसा है जिसमें मेरा विश्वास नहीं है। मैं किसी देवता अथवा किसी अज्ञात सर्वोच्च सत्ता जिसका स्वरूप मानव जैसा हो, की कल्पनाओं की क्षमता अपने में नहीं पाता। एक व्यक्तिगत और सगुण ईश्वर का विचार मुझे बड़ा अजीब लगता है। बौद्धिक दृष्टि से मैं कुछ सीमा तक अद्वैतवादी विचारधारा का समर्थन करता हूँ और वेदान्त के अद्वैतवाद की ओर भी मेरा आकर्षण है, किन्तु वेदान्त तथा इस प्रकार के अदृश्य जगत के विषय में विचार मेरे मानव में भय उत्पन्न करते हैं।"

नेहरू के चिंतन व विचारों पर बुद्ध और ईसा के विचारों का भी प्रभाव पड़ा। उन्होंने बुद्ध और ईसा के समान ही मानव आदर्शों और नैतिकता की शक्ति में विश्वास प्रकट किया। वास्तव में नेहरू जीवन पर्यन्त शान्ति और नैतिकता के उपासक रहे पर इसका यह आशय नहीं है कि उन्होंने जीवन में किसी निष्क्रियता की सीख ली। नेहरू तो एक संघर्षमय जीवन के उपासक थे जिन्होंने अपने जीवन में कर्म को सदैव प्रधानता दी। बौद्ध-दर्शन से प्रभावित होते हुए भी नेहरू ने इस तथ्य को कभी स्वीकार नहीं किया कि हम विश्व का परित्याग कर दें या मोक्ष की उपलब्धि हेतु शरीर को कष्ट दें।

"नेहरू किसी धर्म विशेष में विश्वास नहीं करते थे, लेकिन व्यवहार में बड़ी आध्यात्मिक वृत्ति के पुरुष थे। कभी-कभी वे अपने आप को प्रकृतिपूजक बताते थे और यह कहते हुए बड़ी प्रसन्नता का अनुभव करते थे। इसका केवल इतना ही अभिप्राय था कि वे धर्म के विधि-विधानपूर्ण स्वरूप, रूढ़िवाद और साम्प्रदायिक पक्ष के विरुद्ध थे। उनका दृष्टिकोण वैज्ञानिक था और वे सत्य को अनुभूति के माध्यम से प्राप्त करना चाहते थे।" अन्त में, नेहरू मूलतः एक राजनीतिज्ञ थे, हॉब्स या रूसो

या सिसरों की भाँति राजनीतिक दार्शनिक नहीं। राजनीतिक-शक्ति-सम्पन्न होने के कारण ही उन्हें इस बात के अवसर मिले कि अपने विचारों को व्यावहारिक जामा पहना सकें। फिर भी उन्होंने एक राजनीतिक दार्शनिक बनने की दिशा में कोई रुचि नहीं ली। डॉ. वी. पी. वर्मा के अनुसार, "अधिक से अधिक हम उन्हें एक सामाजिक आदर्शवादी कह सकते हैं जो साधारण व्यक्ति की भावनाओं के लिये एक जनतन्त्रीय दृष्टिकोण में आस्था रखता हो। नेहरू का गीता का भारी प्रभाव था, गीता के कर्म के सन्देश को उन्होंने अपने जीवन में उतारा था और निभाया था। नेहरू ने अपने जीवन, विचारों और कार्यों से देशवासियों और सम्पूर्ण मानव जाति को यही सन्देश दिया कि फलाफल की चिन्ता किए बिना हम यत्नपूर्वक अपने कर्म में लगे रहें।"

नेहरू का मानवतावाद

हालांकि नैतिक आदर्शवाद में पं. जवाहरलाल नेहरू की आस्था मृत्युपर्यंत कायम रही। पीड़ित और शोषित लोगों के प्रति उनके हृदय में अगाध प्रीति और सहानुभूति थी। "एक मानव के रूप में उनके चिन्तन में सुकुमारता, भावना की अद्वितीय कोमलता और महान् एवं उदार प्रवृत्तियों का अद्‌भुत सम्मिश्रण था।" नेहरू जीवन-पर्यन्त मानव जीवन के उच्चतर स्तरों के लिये संघर्षशील रहे। उनका सन्देश था कि व्यक्ति को व्यावहारिक और अनुभव प्रधान, नैतिक एवं सामाजिक, परोपकारी तथा मानवतावादी होना चाहिए। उनकी दृष्टि में मानवतावाद आधुनिक युग का सर्वोत्तम आदर्श होना चाहिए था। मेकियावलीय राजनीति, शोषण, अनाचार और अभाव को देखकर उनके हृदय को गहरी वेदना पहुँचती थी। नेहरू का मानव-अस्तित्व और उसकी सत्ता में गहन विश्वास था। उनकी अनुभूति थी कि मनुष्य को आत्म-बलिदान की शक्ति अपने भीतर विद्यमान किसी दिव्य तत्त्व से प्राप्त होती है। वास्तव में यदि नेहरू की अनुभूति आध्यात्मिक क्षेत्र की ओर मुड़ जाती तो वे एक बहुत बड़े योगी अथवा संत कहलाते।

पं. जवाहर लाल नेहरू मानव अथवा व्यक्ति के गौरव में आस्था रखते थे इसी कारण परिस्थितियों के अनुकूल होते हुए भी, वे एक तानाशाह बन जाने के प्रलोभन से बचे रहे। वे लोकतान्त्रिक समाजवादी बने रहे, मानवीय मूल्यों में उनकी आस्था कभी नहीं डगमगाई और साम्यवाद के हिंसक तथा अनैतिक साधनों के प्रति उन्हें कभी कोई आकर्षण नहीं रहा। जीवन भर उन्होंने अन्याय और शोषण से यथाशक्ति संघर्ष किया। नेहरू के मानवतावादी सेवावृत्ति जीवन प्रकाश डालते हुए डॉ. राधाकृष्णन ने लिखा है—"उन्होंने जनता के जीवन में ही अपने जीवन को खपा दिया

और उनके जीवन को समृद्ध तथा सम्पूर्ण बनाने का प्रयत्न किया। वे महान् आत्मा थे और असली महानता इसी बात को समझने में है कि व्यक्ति केवल अपने लिए पैदा नहीं होता बल्कि वह अपने पड़ोसियों तथा अपनी जनता के लिये भी होता है। नेहरू केवल देश के महान् मुक्तिदाताओं में ही नहीं थे बल्कि उसके महान् निर्माताओं में भी थे। उन्होंने अपने जीवन में हम लोगों की राजनीतिक स्वतन्त्रता के लिये ही प्रयत्न नहीं बल्कि सामाजिक और आर्थिक उन्नति के लिये भी प्रयत्न किया। उन्होंने कभी अपने आराम का ख्याल नहीं किया, सम्पदा-धन का ख्याल नहीं किया।"

नेहरूजी एक दूरदर्शी प्रकृति के महान पुरूष थे तथा अपने देश तथा विश्व की ऊँची नियति में उन्हें विश्वास था। जीवन-भर मानवता के लिये उन्हें गहरा स्नेह रहा। अन्धविश्वासों, धार्मिक संकीर्णताओं, ईर्ष्या-द्वेष आदि दुर्गुणों से वे सदैव मुक्त रहे। देश की राजनीतिक समस्याओं के लिये उन्होंने यथाशक्ति नैतिक सिद्धान्तों का उपयोग करने की कोशिश की। दीन-हीन जनता से उन्हें सदा प्यार रहा।

नेहरू और अहिंसा

गाँधीजी की भांति नेहरू जी की अहिंसा कट्टरपंथी नहीं थी। अहिंसा में उन्हें विश्वास था, लेकिन अहिंसा के सिद्धान्त को उन्होंने इस रूप में कभी स्वीकार नहीं किया कि किन्हीं भी परिस्थितियों में हिंसा का आश्रय लिया ही न जाए। नेहरूजी के अनुसार अहिंसा यद्यपि देश के लिये उपयोगी है, पर समय पड़ने पर अहिंसा का त्याग भी आवश्यक है। गाँधी के समय नेहरूजी ने यह स्वीकार किया कि अहिंसा ही सत्य है। नेहरू का मानना था कि एक सरकार के लिये पूर्ण अहिंसा का पालन करना सम्भव नहीं है। व्यक्ति अहिंसा को अपना धर्म बना सकता है, लेकिन सरकार नहीं। अहिंसा को एक ऐसी नीति के रूप में प्रयोग कर सकते हैं जिसमें जरूरत पड़ने पर परिवर्तन किया और उसका त्याग किया जा सके। अहिंसा की उपयोगिता को मानते हुए भी नेहरू इस बात से पूर्ण रूप में सहमत नहीं हुए कि अहिंसा के शस्त्र के माध्यम से सभी राष्ट्रीय और अन्तर्राष्ट्रीय समस्याओं का समाधान होगा। उनका दावा था कि राष्ट्रीय और अन्तर्राष्ट्रीय समस्याओं के निदान के लिये अहिंसा का प्रयोग उपयोगी साधन है, तथापि परिस्थितिवश हिंसा का आश्रय भी लिया जा सकता है। इस प्रकार महात्मा गाँधी की अहिंसा का सिद्धान्त जहाँ अडिग था, वहाँ नेहरू का अहिंसा का सिद्धान्त लचीला था। अहिंसा के प्रति नेहरू का आकर्षण आजीवन बना रहा, अहिंसा के नैतिक तत्त्व ने उन्हें बहुत अधिक आकृष्ट किया परंतु वे यह स्वीकार करते थे कि अहिंसा का एक अडिग तथा हमेशा सत्य सिद्धांत के रूप में अनुभव करना संभव नहीं है।

3

महात्मा गाँधी और पंडित नेहरू जी के राजनीतिक विचारों का तुलनात्मक अध्ययन

गाँधीजी सिर्फ भारतीय स्वतंत्रता आंदोलन में ही नहीं सक्रिय भूमिका का निर्वहन किया बल्कि वे सामाजिक, आर्थिक एवं राजनीतिक क्षेत्रों में भी सराहनीय भूमिका का निर्वहन किया था। इसी कारण गाँधी जी को एक महान राजनीतिक विचारक भी कहा जा जाता है। हालांकि गाँधी ने मानव के सभी क्षेत्रों में सक्रिय भूमिका अदा की। इसलिए–सामाजिक, धार्मिक, आर्थिक, राजनीतिक, राष्ट्रीय तथा अन्तर्राष्ट्रीय आदि पक्षों पर समयानुसार अपने विचारों प्रस्तुत किया किंतु वे अपने राजनीतिक विचारों को क्रमबद्ध रूप से नहीं रखा है। सन् 1936 में गाँधी जी ने गाँधी संघ के सदस्यों से कहा था, "गाँधीवाद नाम की कोई वस्तु नहीं है। मैं अपने बाद कोई मत या सिद्धान्त नहीं छोड़ना चाहता। मैं कभी यह दावा नहीं करता कि मैंने कोई नया सिद्धान्त चलाया है। मैंने तो सिर्फ अपने ढंग से सार्वभौमिक सत्य को दैनिक जीवन की समस्याओं के सम्बन्ध में समझने का प्रयत्न किया और जो मत मैंने बनाए हैं, जो परिणाम मैंने प्राप्त किए हैं ये अन्तिम नहीं हैं, चाहूँ तो मैं उन्हें कल ही बदल दूँ। सत्य तथा अहिंसा इतने पुराने सिद्धांत हैं जितना कि संसार। मैंने तो इन दोनों का इतना प्रयोग किया है जितना कि संभव था। ऐसा करनें में मैंने कई बार गलतियाँ भी की हैं और अपनी भूलों से मैंने सीखा भी है। मेरा सारा दर्शन-शास्त्र इसी में है। आप इसे गाँधीयाद नहीं कह सकते क्योंकि इसमें कोई वाद नहीं है।"

गाँधी जी का राजनीतिक एवं धर्म संबंधी दृष्टिकोण

महात्मा गाँधी जी के अनुसार राजनीति व धर्म एक दूसरे से जुड़े हैं। संभवतः इसलिए वे राजनीति को धर्म की आधारशिला पर खड़ा करना चाहते थे। महात्मा गाँधी के अनुसार, "धर्म के बिना राजनीति केवल मौत का एक फंदा है क्योंकि इससे आत्मा का हनन होता है।" गाँधी जी यह मानते थे कि धर्म समाज का अभिन्न अंग है और राजनीति को धर्म से अलग करना संभव नहीं है। वे राजनीति को धर्म की आधारशिला पर खड़ा करना चाहते थे। रोम्यां रोला महोदय ने इस संदर्भ में यह प्रकाश डालते हुए लिखा है, "गाँधी जी के क्रियाकलापों को समझने के लिए इस बात की अनुभूति होनी चाहिए कि उनका सिद्धान्त उस विशाल इमारत के समान है जो कि दो मंजिली है। नीचे धर्म की नींव है और इस विस्तृत एवं दृढ़ नींव पर उनका राजनीतिक और सामाजिक कार्यक्रम टिका हुआ है।" गाँधी जी कहा करते थे, "बहुत से धार्मिक व्यक्ति, जिनसे मैं मिला हूँ, छुपे हुए राजनीतिज्ञ हैं, परंतु मैं जो राजनीतिज्ञ दिखाई देता हूँ, वास्तव में धार्मिक हूँ।"

राज्य संबंधी दृष्टिकोण

महात्मा गाँधी राज्य के समर्थक नहीं थे क्योंकि वे राज्य को हिंसा और शक्ति का रूप स्वरूप मानते थे। इस विषय में गाँधी जी ने लिखा है कि "मैं राज्य को बड़े भय के साथ देखता हूँ, क्योंकि बाहर से तो वह शोषण को कम करके अच्छा काम करता दिखाई देता है, परंतु अन्दर से यह व्यक्ति का विनाश कर देता है जो सब प्रकार की उन्नति का आधार है।" गाँधी जी के इस विचार से स्पष्ट होता है कि वे राज्य को दैवी कृति या आवश्यक नहीं मानते थे। वे इसे हिंसा की प्रतिमा समझते थे, क्योंकि वे अहिंसा के पुजारी थे। अतः वे इसे 'स्वतन्त्रता की पूर्णता' नहीं समझते थे। इस विषय पर उन्होंने जिन विचारों को व्यक्त किया है वे आदर्शवादी विचारकों के दृष्टिकोण से भिन्न हैं।

गाँधी जी को दक्षिणी अफ्रीका की सरकार तथा भारत में अंग्रेज़ी सरकार के विरुद्ध आन्दोलन करने पड़े, जिनसे उन्हें यह विश्वास हो गया कि राज्य हिंसा और पाशविक बल का मूर्तिरूप है। वे राज्य की प्रभुसत्ता के विरोधी थे। हॉब्स, हीगल और ऑस्टिन की भाँति वे राज्य को प्रभु नहीं मानते थे। वे जनता की नैतिक शक्ति को प्रभुत्ता देने के पक्ष में थे। समाज में जनसमुदाय की नैतिक इच्छा ही प्रभु है, राज्य नहीं। लोगों की नैतिक इच्छा को प्रभु बनाने के प्रमुख तीन कारण थे जो इस प्रकार हैं–

प्रथम, गाँधी जी आध्यात्मिक शक्ति को सांसारिक शक्ति से उच्च मानते थे,

द्वितीय, गाँधी जी सत्याग्रही होने के नाते राज्य के अन्यायपूर्ण कानून का विरोध करना आत्मा का अधिकार मानते थे और

तृतीय, यह कि वे लोगों की नैतिक शक्ति के पैगम्बर थे।

अतः हम स्पष्ट रूप से यह कह सकते हैं कि गाँधी जी राज्य की प्रभुता का अन्त करने के पक्ष में थे। वे एक ऐसे राज्य-विहीन समाज की स्थापना करना चाहते थे जो आदर्श समाज कहलाए। परंतु वे व्यावहारिक चिंतक थे, अतः गाँधीजी इस बात को भी स्वीकार करते थे कि राज्य सत्ता का अंत करना संभव नहीं है इसी कारण वे एक अहिंसात्मक राज्य की स्थापना करना चाहते थे। उनका यह मानना था कि यदि जनता का बहुभाग अहिंसा को अंगीकार कर ले तो राज्य को भी अहिंसात्मक आधार पर चलाया जा सकता है लेकिन वे इस बारे में अधिक आशावादी नहीं थे परंतु वे बेकुनिन जैसे अराजकतावादी नहीं थे, वे सच्चे अहिंसावादी थे। अतः हिंसा के द्वारा राज्य को समाप्त नहीं करना चाहते थे। वे नैतिकता और अनुशासन पर ही हमेशा बल देते रहे। बेकुनिन के विचारों में नैतिक आदर्शों की कोई उपयोगिता नहीं थी। गाँधी के अनुसार मनुष्य धीरे-धीरे नैतिक नियमों का पालन करने में अभ्यस्त हो जाएगा और ऐसा हो जाने पर किसी प्रकार के राज्य की आवश्यकता नहीं रहेगी। इस प्रकार, गाँधी जी किसी हिंसात्मक क्रान्ति द्वारा राज्य को एकदम समाप्त करने के पक्ष में नहीं थे, वे सत्य और अहिंसा का पूर्ण पालन हो जाने पर ही राज्य की समाप्ति की कल्पना करते थे।

गाँधी जी के आदर्श समान हैं। यह व्यवस्था थी कि नागरिक ही सभी प्रकार की व्यवस्था करेंगे। वहाँ पुलिस व सेना की आवश्यकता नहीं होगी और राज्य में जनता सुख तथा शान्ति से अपना जीवन व्यतीत करेगी। राज्य में रेलगाड़ी होगी परंतु उसमें उच्च श्रेणी के लोगों के लिए अलग से व्यवस्था नहीं होगी। गाड़ियों में केवल एक ही श्रेणी होगी। कानून तथा न्यायालय जनता की भलाई के लिए होंगे। इस प्रकार राज्य वर्ग विहीन पूर्ण प्रजातंत्र तथा पूर्ण रूप से अहिंसात्मक होगा। अतः गाँधी जी के आदर्श राज्य में हिंसा का न तो महत्व होगा और न ही उसके लिए कोई स्थान।

सामाजिक दृष्टिकोण

महात्मा गाँधी जी एक सामाज सुधारक भी थे। गाँधी जी एक ऐसे समाज को स्थापित करने का स्वप्न देखा था, जो आधुनिक समाज के राज्य से पृथक् होगा और

उसे आदर्श समाज की संज्ञा दी जाएगी। अहिंसा पर आधारित इस समाज में सरकार का रूप क्या होगा, उसको निश्चित करने का अधिकार वे जनता पर ही छोड़ देना चाहते थे। उनका कहना था कि जिस सत्याग्रह आन्दोलन का वे उस समय संचालन कर रहे थे, वह केवल एक परीक्षण था, जो उस समय तक पूरा नहीं हुआ था। इसी कारण से उन्होंने यह उचित समझा कि अहिंसात्मक राज्य के स्वरूप का जनता स्वयं अपने नैतिक स्तर के अनुसार निश्चय करे। इस नवीन समाज के बारे में गाँधी जी के क्या विचार थे इस विषय में 11 फरवरी, 1939 के **'हरिजन'** नामक पत्रिका में "अहिंसा पर आधारित समाज में सरकार की रूपरेखा क्या होगी, मैं जानबूझकर इसका वर्णन नहीं कर रहा हूँ....जब समाज अहिंसा नियम के अनुसार स्वयं बन जाएगा तो उसका रूप आज के समाज के रूप में पूर्णतया भिन्न होगा परंतु मैं इस बात को पहले से ही नहीं बतला सकता कि पूर्ण रूप से अहिंसा पर आधारित सरकार कैसी होगी।" स्पष्ट है कि गाँधी जी ने अपने नवीन समाज की कोई स्पष्ट रूपरेखा नहीं छोड़ी है।

साधन तथा साध्य संबंधी दृष्टिकोण

'अच्छे साध्य की प्राप्ति अच्छे साधनों पर निर्भर करती है'। उन्होंने साधन को बीज व साध्य को फल की संज्ञा दी है। गाँधी जी का मानना था कि जिस प्रकार के बीज होंगे, उसी प्रकार का फल होगा। इस प्रकार यदि साधन अच्छा नहीं होगा तो साध्य (फल) अच्छा नहीं हो सकता। उसके अनुसार बुरे साधनों द्वारा अच्छे लक्ष्य की प्राप्ति नहीं की जा सकती। गाँधीजी अहिंसा के समर्थक थे और उन्होंने भारत की आजादी के लिए अहिंसक साधनों का प्रयोग किया।

अहिंसा संबंधी दृष्टिकोण

महात्मा गाँधी पूरे जीवन सत्य के मार्ग पर चले। विभिन्न प्रकार की समस्याएँ आने पर भी वे अपने उसूलों पर अडिग रहे। उन्होंने अहिंसा को अपने जीवन के कार्यक्रम का एक अंग बनाया था। सन् 1920 में गाँधी जी ने लिखा था, "अहिंसा मानव-जाति का नियम है, जबकि हिंसा पशुओं का नियम है.... मेरे लिए अहिंसा कोई दार्शनिक सिद्धान्त नहीं है। यह मेरे जीवन का नियम है।.... यह बुद्धि को नहीं, हृदय को प्रभावित करता है।" गाँधी जी के दृष्टिकोण में अहिंसा का अर्थ कायरता या हाथ पर हाथ रखकर बैठे रहना नहीं है। अत्याचार को चुपचाप सहन करने को भी वे अहिंसा नहीं मानते। अहिंसा आत्म-बलिदान करने, कठिनाइयाँ सहने

और दुःख उठाने के बाद भी सत्य और न्याय पर डटे रहने को ही कहा जा सकता है। यह ऐसी सकारात्मक शक्ति है जो बिजली से भी अधिक तेज और ईश्वर से भी अधिक शक्तिशाली है। महात्मा गाँधी के अनुसार अहिंसा के द्वारा किसी भी प्रकार की हिंसा का विरोध संभव है।

महात्मा गाँधी अहिंसा को सबसे शक्तिशाली हथियार मानते थे, जिसके द्वारा वे अन्याय तथा अत्याचारों का सामना कर सकते हैं। यह शास्त्र उन्हीं लोगों का है जो आर्थिक दृष्टि से कमजोर परंतु नैतिक दृष्टि से मजबूत व्यक्ति ही अहिंसा के मार्ग पर चल सकता है। उनका कहना है कि सत्य, प्रेम, आन्तरिक पवित्रता, निडरता, सच्ची लगन तथा निःस्वार्थ भावना इत्यादि अहिंसा के आधार हैं। इन गुणों के बिना व्यक्ति में वास्तविक अहिंसा की भावना पैदा होना संभव नहीं है।

सत्याग्रह

महात्मा गाँधी ने सत्याग्रह आंदोलन के माध्यम से अहिंसा को मूर्त रूप देने का प्रयास किया। सत्याग्रह का शाब्दिक अर्थ है, "सत्य के लिए आग्रह" अथवा "सत्य पर अड़े रहना"। इसका आधार है सत्य अथवा सत्य से उत्पन्न होने वाले प्रेम तथा अहिंसा की शक्ति। यह आत्मा की शक्ति है, जिसका संचालन आत्मिक शक्ति के आधार पर किया जाता है।

सत्याग्रह की शुरुआत गाँधी जी ने सर्वप्रथम दक्षिण अफ्रीका में की। वहाँ उन्हें इसमें विशेष सफलता मिली। बाद में उन्होंने भारत को स्वतन्त्र कराने के लिए इस सिद्धांत का प्रयोग किया। गाँधी जी के अनुसार एक सच्चा सत्याग्रही अपने विरोधियों को कष्ट नहीं देता; बुरे शब्दों अथवा गलत कार्यों से उसके हृदय को दुःखी नहीं करता, बल्कि तर्कों के आधार पर स्वयं कष्ट सहन करके विरोधी का हृदय परिवर्तन करता है तथा न्याय के लिए प्रोत्साहित करता है। गाँधी ने सत्याग्रह की कई विधियाँ बताई हैं जिनमें असहयोग, बहिष्कार, धरना देना, हड़तालें, व्रत रखना, सविनय अवज्ञा तथा हिजरत (देश-त्याग) आदि शामिल हैं। एक सच्चा सत्याग्रही इन सभी तरीकों को आत्मसात् करके अपने शत्रु पर विजय हासिल करने का प्रयत्न करता है।

लोकतांत्रिक विचार

महात्मा गाँधी प्रजातंत्र अथवा लोकतंत्र के पक्षधर थे परंतु वे ब्रिटिश ढंग के प्रजातंत्र के कठोर आलोचक थे। वे ब्रिटिश संसद को शक्तिहीन और बंजर कहते

थे; इसके सदस्यों की विमुखता तथा स्वार्थपरता की आलोचना करते थे। वे इसे 'बातचीत करने वाली सभा' के अतिरिक्त और कुछ नहीं समझते थे। उन्हें इस बात की पूर्ण जानकारी थी कि ब्रिटिश संसद प्रधानमंत्री के हाथों की कठपुतली है जो एक चालाक, पार्टीबाज, बेईमान और चरित्रहीन व्यक्ति होता है और संसद को अपने इशारों पर नचाता है। शासक वर्ग किसी भी कीमत पर अपनी स्वार्थ सिद्धि चाहता था। पश्चिमी प्रजातंत्र, साम्राज्यवादी और पूँजीवादी प्रकार के हैं। वे प्रजातंत्र के सच्चे रूप नहीं हैं। इसकी आलोचना करते हुए गाँधी जी ने लिखा है, "पश्चिमी प्रजातंत्र, जैसे वह आजकल है, शुद्ध नाजीवाद या फास्टिवाद के रूप हैं। साम्राज्यवाद की नाजी और फासिस्टवादी प्रवृत्तियों को ढकने वाला ढोंग है।" इससे आगे बढ़कर उन्होंने तो यहां तक कहा कि "मेरे विचार से यूरोप में प्रजातंत्र, प्रजातंत्र का उपहास है।"

महात्मा गाँधी लोकतंत्र में विद्यमान दोषों के लिए दल-प्रणाली और चुनाव प्रणाली को जिम्मेदार मानते थे। उनका मानना था कि पार्टीबन्दी लोगों को स्वार्थी और अन्धा बना देती है। उनकी विचार शक्ति का दमन करती है। राष्ट्रभावना के बजाय दलीय भावना को बढ़ावा देती है। पार्टी की सहायता बिना इसके लिए चुनाव लड़ना और जीतना दुष्कर है। अतः आज के प्रजातंत्र का प्रतिनिधि स्वयं को पार्टी के हाथों बेच देता है। पार्टी का संचालन सिर्फ सत्ता प्राप्त करने के उद्देश्य से किया जाता है। सत्ता के लालच में राजनेता इतने अंधे हो जाते हैं कि वे जनता को धोखा देते हैं और सत्ता प्राप्त करने के लिए अनैतिक साधनों का प्रयोग करते हैं। चुनाव के समय जनता से ढेर सारे वायदे करते हैं और सत्ता प्राप्त करने के बाद सब भूल जाते हैं।

आधुनिक लोकतंत्र बहुमत के सिद्धांत पर निर्भर है और उसी आधार पर कार्य करता है लेकिन गाँधी जी 'बहुमत के सिद्धान्त में कोई विश्वास नहीं करते थे क्योंकि वे यह मानते थे कि इसमें बहुमत के आगे अल्पमत दब जायेगा और बहुत मनमानी करेगा। गाँधी जी प्रजातंत्र के बाह्य रूप से सन्तुष्ट नहीं थे। गाँधी जी के अनुसार "बहुमत के द्वारा एक जीवित श्रद्धा का निर्माण नहीं हो सकता। बहुमत द्वारा निर्मित सरकारों का एक दुष्प्रभाव भ्रष्टाचार है।" जैसा कि पूर्व में स्पष्ट किया जा चुका है कि प्रजातंत्र की बुराइयों के बावजूद भी गाँधी जी प्रजातंत्र को ही सबसे अच्छी सरकार मानते थे। गाँधीजी का यह दावा था कि प्रजातंत्र में व्याप्त दोषों को दूर किया जा सकता है। वे प्रजातंत्र को नैतिक आधार पर संगठित करना चाहते थे। प्रजातंत्र के प्रति उनका दृष्टिकोण नैतिक था। वे प्रजातंत्र को स्वायत्तता तथा प्रगति का गढ़ बनाना चाहते थे। सैनिक बल पर आधारित प्रजातंत्र एक कमज़ोर प्रजातंत्र है।

विशुद्ध प्रजातंत्र को सैनिक बल की आवश्यकता नहीं होती। प्रजातंत्र और हिंसा साथ-साथ नहीं चल सकते। प्रजातंत्र बल-प्रयोग के स्थान पर नैतिक शक्ति में विश्वास करता है। जिस प्रजातंत्र में अहिंसा का बोलबाला होगा उसे एक आदर्श राज्य की संज्ञा प्रदान की जाएगी।

प्रजातंत्र को केवल बहुमत कहना उचित नहीं है क्योंकि यह व्यक्तियों के लिए भी होता है। इसमें अल्पमत के हितों की भी उतनी ही सुरक्षा होती है, जितनी बहुमत के हितों की। अल्पमत को दबाया नहीं जाता, अपितु उसके विचारों का सम्मान किया जाता है। अल्पमत को बहुमत के विचार के अनुरूप अहिंसात्मक ढंग से बदलने का प्रयत्न किया जाना चाहिए। उनके विचारों को कुचला नहीं जाना चाहिए। प्रजातंत्र में अल्पमत को भी अपने विचार प्रकट करने की स्वतन्त्रता बहुमत के समान है।

गाँधी जी ने उस प्रजातंत्र की कल्पना की थी जिसका निर्माण विकेन्द्रीयकरण के सिद्धान्त के आधार पर किया जा सके। ग्राम पंचायतें प्रजातंत्र का आधार होती थीं। गाँधी जी शासन की छोटी-छोटी इकाइयों का संगठन करना चाहते थे। उनका विचार था कि प्रजातंत्र छोटी इकाइयों से अधिक प्रभावी हो सकता है, क्योंकि इनमें सदस्य एक-दूसरे के साथ सीधे बातचीत कर सकते हैं। वे सत्ता के केन्द्रीयकरण के विरोधी थे। उनका विचार था कि जो सरकार सबसे कम-से-कम शासन करती है, वही सबसे अच्छी है। लोगों को अपना शासन स्वयं करना चाहिए।

अधिकार और कर्त्तव्य

जिन तथ्यों का उद्देश्य जनकल्याण हो, गाँधीजी प्रायः उन्हीं तथ्यों को महत्त्व प्रदान करते थे। साम्राज्यवाद का उन्होंने हमेशा विरोध किया। उन्होंने स्वतन्त्रता के अधिकार का सदा पक्ष लिया। वे मानव समानता में विश्वास करते थे। उनका सत्याग्रह का सिद्धान्त इस बात पर आधारित है कि व्यक्ति को अन्याय और शोषण का विरोध करने का अधिकार है। गाँधी जी ने स्वयं भारत की स्वतन्त्रता हेतु आंदोलन तथा ब्रिटिश साम्राज्य के द्वारा बनाये गये कानूनों का जमकर विरोध किया था।

समानता और स्वतन्त्रता के अधिकारों पर विशेष बल दिया। महात्मा गाँधी एक उदारवादी प्रवृत्ति के व्यक्ति थे। वे जनता के हित व कल्याण को राज्य का उद्देश्य मानते थे परंतु यह कल्याण केवल भौतिक ही नहीं बल्कि आध्यात्मिक भी था। गाँधी जी जातीय भेदभाव को समाज का कलंक मानते थे। उन्होंने इसको दूर करने के लिए काफी प्रयास किया। उनके अनुसार, मनुष्य कुछ आवश्यक अधिकारों के बिना ईश्वर

को प्राप्त नहीं कर सकता। इसी प्रकार, वे व्यक्तियों के स्वतन्त्रता के अधिकार के समर्थक थे। अल्पसंख्यकों को भी अपनी उन्नति के समान अवसर मिलने चाहिएँ। प्रत्येक व्यक्ति को अपने विचार प्रकट करने का अधिकार है। बहुमत को संख्या का आधार पर अल्पमत को दबाने का कोई अधिकार नहीं है। उन्होंने 'रौलट एक्ट' का खुलकर विरोध किया, जिससे नागरिकों में उनके विश्वास की पुष्टि होती है परंतु वे कर्त्तव्यों के बारे में पूर्णतः सजग थे। व्यक्तित्व का विकास करने के लिए अधिकार जरूरी है, परंतु इन अधिकारों का उपभोग करने के लिए नैतिक प्रशिक्षण पहली शर्त है। यदि मनुष्य अपने अधिकारों की मान्यता चाहता है तो उसके कार्य जीवन के मानदण्डों के अनुसार होने चाहिएँ। गाँधी जी का अधिकारों का सिद्धान्त मूल्यात्मक है। अतः अधिकारों और कर्त्तव्यों में समन्वय आवश्यक है। गाँधी जी ने कर्त्तव्यों के पालन पर विशेष बल दिया है। अधिकार प्राप्ति के संदर्भ में उनका विचार है कि मनुष्य को सिर्फ अपने कर्त्तव्य का पालन करना चाहिए, अधिकार उसे स्वयं मिल जाएँगे।

अधिकार सिर्फ किसी व्यक्ति विशेष के लिए नहीं होता है इसका सामाजिक महत्व भी है। सर्वोदय अर्थात् सबका कल्याण अधिकारों का आधार है। एक बार उन्होंने एच. जी. वैल्स (*H.G Wells*) को लिखा, "मनुष्य के कर्त्तव्यों से शुरू करो तो अधिकार ठीक उसी प्रकार चले जाएँगे जैसे शरद् ऋतु के बाद बसन्त आता है। जब मैं नवयुवक था तो मैंने अपना जीवन अधिकारों की माँग से शुरू किया और मुझे पता लगा कि मेरे कोई अधिकार नहीं हैं, अपनी पत्नी पर भी मेरा कोई अधिकार नहीं है। अतः मैंने अपनी पत्नी, अपने बच्चों, मित्रों, साथियों और समाज के प्रति कर्त्तव्यों का पालन शुरू कर दिया और आज मेरे पास किसी भी अन्य व्यक्ति से अधिक अधिकार हैं।" इस प्रकार गाँधी जी के अनुसार, सेवा से प्राप्त किए गए अधिकार ही सच्चे अधिकार हैं। अपने कर्तव्यों को भूलकर सिर्फ अधिकारों को ही प्राथमिकता देंगे तो समाज की एकता टूट जाएगी।

स्वतन्त्रता संबंधी विचार

गाँधी जी स्वतन्त्रता व नैतिकता एक दूसरे से अलग अवश्य हैं लेकिन इसका परस्पर संबंध काफी घनिष्ठ है। वे स्वतन्त्रता को मानव व्यक्तित्व का आवश्यक अंग मानते थे। उनके अनुसार स्वतन्त्रता का त्याग मानव की आत्मा का हनन होगा। स्वतन्त्रता सत्य को पाने का मार्ग है। यह सत्य का ही एक भाग है।

स्वतन्त्रता और नैतिकता में घनिष्ठ सम्बन्ध है। स्वतन्त्रता का अर्थ है—'नैतिक

रूप को प्राप्त करने के लिए इन्द्रियों की माँगों पर विजय, शारीरिक इच्छाओं पर काबू पा लेने से ही मनुष्य ईश्वर की प्राप्ति कर सकता है। गाँधी जी 'महाव्रत' (जीवन के ग्यारह नियमों) पर बल देते थे। इस महाव्रत के नियम थे—अहिंसा, सत्य, चोरी न करना, ब्रह्मचर्य, असंग्रह, शारीरिक श्रम, अस्वाद सर्वत्र-भय-वर्जन, सर्वधर्मसम्मान, स्वदेशी और अस्पृश्यता। इन नियमों का रोज प्रातः स्मरण करने से मनुष्य को नैतिक बल प्राप्त होगा। गाँधी जी के लिए स्वतन्त्रता एक सम्पूर्ण इकाई थी। इसे विभिन्न भागों; जैसे—राजनीतिक, आर्थिक, नागरिक, राष्ट्रीय आदि में विभाजित नहीं किया जा सकता। नैतिक स्वतन्त्रता का अर्थ है—इच्छाओं की दासता से मुक्ति; राष्ट्रीय आजादी का अर्थ है—विदेशी, शासकों और शोषणकर्त्ताओं की अधीनता से मुक्ति और आध्यात्मिक स्वतन्त्रता का अर्थ है—सत्य की प्राप्ति। नैतिक स्वतन्त्रता राजनीतिक स्वतन्त्रता का ही आधार है। गाँधी जी बाह्य स्वतन्त्रता और आन्तरिक स्वतन्त्रता में कोई भेद नहीं मानते थे। यहाँ तक वे वैयक्तिक स्वतन्त्रता और सामाजिक सत्ता को भी एक ही दृष्टि से देखते थे। स्वतन्त्रता नैतिक उद्देश्यों और कार्यों की पूर्ति के लिए एक मार्ग है। जो व्यक्ति अपनी इच्छाओं पर विजय पा लेता है, वह अपने पड़ोसियों के सामाजिक एकता, आर्थिक शोषण को सहन नहीं करेगा, क्योंकि वे स्वयं उसके सहयोगी हैं। गाँधी जी मानवतावादी विचारधारा के व्यक्ति थे। वह मनुष्यों से प्रेम करते थे। उनके हृदय में मानवों के प्रति सहानुभूति थी भारत के गरीब एवं दरिद्र वर्ग को देखकर वह भावविभोर हो जाते थे। वे किसी विशेष वर्ग या देश के नेता नहीं थे। सारा विश्व उनका अपना था। इस संदर्भ में उनका विचार है, "सभी इन्सान, चाहे वह किसी भी कौम, रंग या मुल्क का क्यों न हो, मेरे अपने सगे हैं, रिश्तेदार हैं। अगर हम भगवान के सेवक हैं, तो हमें चाहिए कि उसकी सारी सृष्टि या खिलकत के भी सेवक बनें।" सम्पूर्ण विश्व के प्रति प्रेम एवं मानव जाति के कल्याण हेतु यह कथन उदारवादी लेखकों की कृतियों में भी नहीं मिलते।

गाँधी जी ने स्वराज्य की प्राप्ति चाही। उनके शब्दों में, "हम इस सरकार की सत्ता को चैलेंज कर रहे हैं, क्योंकि हम इसे पूर्णतया एक इकाई समझते हैं। हम यह दिखाना चाहते हैं कि सरकार लोगों की सेवा करने के लिए होती है, लोग सरकार के लिए नहीं होते। इस सरकार के अधीन स्वतन्त्र जीवन असहनीय बन गया है।" भारत की राजनीतिक व आर्थिक व्यवस्था की दयनीय स्थिति का कारण अंग्रेजी शासन था। इसी कारण गाँधी उसको नकारते रहे। राजनीतिक स्वतन्त्रता के बिना कोई भी राज्य आर्थिक रूप से उन्नति नहीं कर सकता। राष्ट्रीय स्वतन्त्रता को गाँधी ने 'स्वराज्य' रच दिया। उनके स्वराज्य में किसी प्रकार का भेदभाव नहीं था। उनका

कथन है, "मेरे स्वराज्य में जाति या धर्म के भेदभाव नहीं होंगे। इसमें केवल कुछ पढ़े-लिखे लोगों या धनवानों का अधिकार नहीं होगा, यह सबके लिए है, कृषकों के लिए और विशेषतया भूखे-नंगे मेहनत करने वाले लाखों लोगों के लिए है।" वे लोकमान्य तिलक के इस विचार से कि, "स्वराज्य मेरा जन्म-सिद्ध अधिकार है।"

राजनीतिक व सामाजिक धन व्यक्ति की परम आवश्यकता है। धनहीन व्यक्ति के पास कितनी भी स्वतंत्रता हो उसके लिए व्यर्थ है। इसलिए गाँधी जी आर्थिक स्वतन्त्रता में भी विश्वास करते थे। उनके अनुसार "राजनीतिक स्वतन्त्रता उन लाखों व्यक्तियों के लिए कोई अर्थ नहीं रखती जो बेकार रहते हैं।" बेरोजगार व्यक्तियों के लिए राजनीतिक स्वतन्त्रता मात्र एक दार्शनिक भाव है। गाँधी जी समान वितरण के नियम में भी विश्वास रखते थे। वे डॉक्टर, इंजीनियर, अध्यापक एवं भंगी के लिए समान वेतन के पक्ष में थे। उनका मानना था कि यह आदर्श समाज का निर्माण में सहयोगी है। जब तक समान वितरण का यह स्वप्न साकार नहीं होता, तब तक प्रत्येक मज़दूर को जीवन निर्वाह हेतु उचित वेतन प्राप्त हो।

राष्ट्रवादी विचारधारा

गाँधी जी मानवतावादी विचारधारा के साथ-साथ राष्ट्रवादी विचारधारा भी रखते थे। उनका कहना था कि मनुष्य जाति के विकास में सामाजिक जीवन के अनेक स्तर सामने आते हैं, जैसे—परिवार, जाति तथा प्रदेश। देश और मनुष्य केवल उन्हें पार करने के पश्चात् ही अन्तर्राष्ट्रवाद के आदर्श पर पहुँच सकता है। उनका मानना था कि पहले सामाजिक कर्तव्यों का पालन करें तब मानव सेवा। उन्होंने लिखा है, "जब मैं अपने परिवार की सेवा करने के योग्य नहीं हूँ, तो ऐसी स्थिति में समस्त भारत की सेवा करने की बात करना कोरा अहंकार है।" इस प्रकार स्पष्ट है कि वे मानवता को राष्ट्र के बाद स्थान देते थे। उन्होंने मानव कल्याण के लिए राष्ट्रसेवा को नजरअंदाज नहीं किया। यही कारण है कि वे सभ्यता तथा संस्कृति के बहुत बड़े प्रेमी थे और वे भारत को स्वतन्त्र तथा समृद्ध देश के रूप में देखना चाहते थे। इस सम्बन्ध में उन्होंने उनके 'स्वदेशी' के सिद्धान्त पर बल दिया। 'स्वदेशी' शब्द स्व+देश से बना है जिसका अर्थ है अपना देश और स्वदेशी का अर्थ हुआ 'अपने देश से सम्बन्धित'। स्वदेशी शब्द का प्रयोग गाँधी जी ने राजनीतिक, धार्मिक तथा आर्थिक तीनों क्षेत्रों में किया।

गाँधी जी पूर्ण राष्ट्रवादी थे। इस संदर्भ में उन्होंने एक बार कहा था, "भारत में बनी हुई वस्तुओं की उपेक्षा करके विदेशों में बनी वस्तुओं का प्रयोग करना भारत

को धोखा देना है। यह एक अवांछनीय विलासिता है। विदेशी वस्तुओं का प्रयोग करके चूँकि हम स्वदेशी वस्तुओं को पसन्द नहीं करते, एक प्रकार से हम विदेशी बन जाते हैं। यह स्पष्ट है कि हम स्वदेशी वस्तुओं की उपेक्षा नहीं कर सकते, केवल इस कारण कि वह विदेशी हवा तथा विदेशी मिट्टी से निम्न स्तर की है।'' गाँधी जी ने नागरिकों से नागरिकों से स्वदेशी माल की उपयोग के गुजारिश की व प्रत्येक स्वदेशी माल के प्रयोग की सिफारिश की। उनका कहना था कि प्रत्येक भारतीय को अपने विचारों, भाषणों तथा कार्यों में पूर्ण रूप से स्वदेशी होना चाहिए। इसी वजह से गाँधी जी सभी स्वदेशी वस्तुओं का प्रयोग करते तथा नागरिकों से उन्हें अपनाने की मांग करते। वे हिन्दू-धर्म तथा इसकी धार्मिक पुस्तकों के प्रति भी समर्पित भावना रखते थे। **गीता के** बारे में उन्होंने लिखा है, ''आज गीता, बाईबल और कुरान ही नहीं, इससे भी ऊपर वह मेरी माँ है। मेरी सांसारिक जननी, जिसने मुझे जन्म दिया, मैंने उसे बहुत पहले खो दिया, पर इस शाश्वत जननी ने तभी से मेरी माँ के रिक्त स्थान की पूर्ति की है। वह कभी बदली नहीं, उसने कभी धोखा नहीं दिया। जब भी मैं संकट में होता हूँ तब उसकी शरण लेता हूँ।'' गाँधी जी ने हिन्दू-समाज में व्याप्त बुराइयों को प्रकाशित कर उन्हें दूर करने का अथक प्रयास किया। सन् 1925 में **'यंग इण्डिया'** में उन्होंने लिखा, ''मेरे विचार से एक व्यक्ति के लिए राष्ट्रवादी हुए बिना अन्तर्राष्ट्रीय बनना असंभव है। अन्तर्राष्ट्रीय तभी संभव है जब राष्ट्रवाद पहले एक तथ्य बन जाए अर्थात् जब विभिन्न देशों के लोग अपने को संगठित कर लें और एक व्यक्ति के रूप में कार्य करने लगें।''

अन्तर्राष्ट्रवाद की विचारधारा

गाँधी जी कठोर राष्ट्रवादी होने के बावजूद भी अंतराष्ट्रवादी थे। उन्होंने कहा है, ''बुराई वास्तव में राष्ट्रवाद में नहीं बल्कि आधुनिक राष्ट्रों की संकीर्णता (तंगदिली) तथा स्वार्थपरता में है, जो कि आधुनिक राष्ट्रों के लिए अभिशाप है।'' उनका यह भी कहना है कि "हम अपने देश के लिए स्वतन्त्रता चाहते हैं, परंतु यह दूसरों के शोषण के आधार पर नहीं। मैं अपने देश के लिए स्वतन्त्रता चाहता हूँ, ताकि अन्य देश मेरे स्वतन्त्र देश से कुछ ले सकें।" "राष्ट्रीयता के सम्बन्ध में मेरा विचार यह है कि मानव जाति के जीवित रहने के लिए आवश्यकता पड़ने पर मेरा भी बलिदान किया जा सकता है। इस सम्बन्ध में जातिगत घृणा के लिए कोई स्थान नहीं है।'' अतः स्वदेशी सिद्धांत कहीं न कहीं अन्तर्राष्ट्रीय भावना पर आधारित था। उन्होंने जिस स्वदेशी के सिद्धांत पर प्रकाश डाला वह अन्तर्राष्ट्रवाद पर आधारित था। स्वदेशी

माल के प्रयोग, उनके द्वारा वे जीवन के सभी क्षेत्रों में स्त्रियों द्वारा भी भाग लिए जाने की विचारधारा केवल भारतीय महिलाओं के लिए नही वरन् अन्य देश के नगरों के लिए भी थी। यद्यपि वह भारत से गरीबी को समाप्त करना चाहते थे, फिर भी उनके आर्थिक विचार सर्वव्यापी थे। यह ज्ञात होता है कि गाँधी जी राष्ट्रवादी होने के साथ-साथ अन्तर्राष्ट्रवादी विचारधारा से युक्त थे।

गाँधी जी एकता में विश्वास रखते थे इसलिए वे इस बात को मानने के लिए तैयार नहीं थे कि कोई एक देश संसार के अन्य देशों से बिल्कुल अलग रहकर अपनी उन्नति कर सकता है। उनका मानना था कि पृथक् स्वतन्त्रता व्यर्थ है। उनके शब्दों में, ''संसार आज इस बात की माँग नहीं करता कि ऐसे राज्य हों, जो पूर्ण रूप से एक-दूसरे से स्वतन्त्र हों तथा आपस में लड़ते-झगड़ते रहें। आज तो इस बात की माँग है कि मित्रतापूर्वक स्वतन्त्र राज्यों का संघ हो।'' जनहित हेतु एकता आवश्यक तत्व है। गाँधी जी के इन विचारों से यह उजागर होता है कि राष्ट्रवाद तथा अन्तर्राष्ट्रवाद गाँधी जी के लिए परस्पर विरोधी न होकर एक-दूसरे के सहायक व पूरक थे।

पुलिस एवं सेना

गाँधी जी के आदर्श राज्य में पुलिस, फौज एवं कारागार के लिए कोई स्थान नहीं दिया गया था लेकिन आज की इस विरोधाभास का दर्शन—गाँधीजी के विरुद्ध एक आरोप यह भी लगाया गया था कि गाँधीदर्शन एक ओर तो समाजवाद की भाँति यह विश्वास करता है कि प्रत्येक व्यक्ति को उसकी आवश्यकताओं के अनुसार सुविधा मिलनी चाहिए और दूसरी ओर वह राष्ट्रीयकरण तथा व्यक्तितत्व सम्पत्ति की समाप्ति आदि का विरोध करता है। इस प्रकार एक स्थान पर तो गाँधी जी राज्य का विरोध करते हैं और दूसरे स्थान पर उसके अस्तित्व को स्वीकार कर लेते हैं जो कि विवादास्पद है। गाँधीवाद एक ओर तो राष्ट्रवाद का कट्टर समर्थन करता है और दूसरी ओर अन्तर्राष्ट्रीयवाद का भी समर्थन करता है। अतः स्पष्ट है कि गाँधीवाद विरोधाभास का दर्शन है। आज की स्थिति को ध्यान में रखते हुए पुलिस तथा फौज़ की आवश्यकता को महसूस करते थे। गाँधी जी के अनुसार पुलिस तथा फौज़ के अधिकारी अहिंसावादी होंगे, उनके हथियार भी होंगे, परंतु उनका प्रयोग उधार कार्य के लिए किया जाएगा। फौज का प्रयोग केवल बाहरी आक्रमण से देश की रक्षा करने के लिए किया जाएगा। पुलिस का प्रयोग देश के अन्दर समाज विरोधी तत्वों को दबाने के लिए किया जाएगा। बदले की भावना नहीं अपितु समाज सुधार की भावना का कार्य करेगी।

न्याय और जेल

गाँधीजी के अनुसार न्याय शीघ्र होना चाहिए। उसमें देर नहीं होनीं चाहिए। न्याय में विलम्ब उचित नहीं मानते थे। उनके अनुसार न्याय शीघ्र और सस्ता होना चाहिए। राजसत्ता की भाँति न्याय का भी विकेन्द्रीकरण होना चाहिए। पंचायत को न्याय का अधिकार होना चाहिए। गाँधी जी न्यायाधीश और वकीलों को तिरस्कृत दष्टि से देखते थे। गाँधीजी के अनुसार वकील झगड़ों को समाप्त नहीं करता बल्कि लोभ हेतु बढ़ाता है। गाँधी जी के शब्दों में, "वकील तथा जज चचेरे भाई होते हैं। वकीलों का धन्धा ही ऐसा है जो उन्हें अनीति सिखाता है। वकील तो आमतौर पर झगड़ों को दबाने की बजाय बढ़ाने की सलाह देते हैं। वकीलों का स्वार्थ झगड़ों की वृद्धि में ही है।"

गाँधी जी दण्ड नाम की बुराई को अपने राज्य में स्थान देना नहीं चाहते थे। अपराध के विषय में उनका मानना था कि "अपराध व्याधि की भाँति ही एक रोग है और वह वर्तमान सामाजिक व्यवस्था का परिणाम है।" गाँधी जी के अनुसार अपराधियों को घृणा की नज़र से नहीं देखना चाहिए बल्कि उनके प्रति सहानुभूति और प्रेम प्रकट करना चाहिए। जेलों को अस्पताल और जेल के कर्मचारियों को अपराधियों के साथ डॉक्टर तथा नर्सों जैसा बर्ताव करना चाहिए। अपराधियों को अच्छे जीवन की शिक्षा देनी चाहिए ताकि अपराधी सजा समाप्त होने के पश्चात् अच्छा नागरिक बन सके। उनका कहना था कि अपराधियों को सुधारना चाहिए न कि उनसे घृणा करके अपराध की राह पर अग्रसर करना चाहिए। गाँधी जी जेल को दण्ड गृह नहीं सुधार गृह बनाना चाहते थे, जहाँ से अपराधी को एक अच्छे नागरिक में परिवर्तित कर सकें।

समाजवादी विचारधारा

गाँधी जी अहिंसावादी थे चूँकि अहिंसा पूँजीवाद से मुक्त हैं इसलिए वे इसका विरोध करते थे। उनके अनुसार पूंजीबाद गरीबों के शोषण का कारण है तथा समाज में धन की भूख बढ़ाता है। कतिपय व्यक्तियों के हाथों में पूँजी का संचय हो जाता है जो इसकी वृद्धि हेतु अनैतिक साधनों का प्रयोग करते हैं। पूँजीवाद समाज में अनैतिकता का बीजारोपण करता है और गलत मान्यताओं को स्थान देता है। गाँधी जी पूँजीवाद को अहिंसक ढंग से समाप्त करके दूरी बनाना चाहा। उनका दावा था कि अहिंसात्मक कार्यवाइयों से जिस प्रकार विदेशी शासन का अन्त किया जा सकता

है, उसी प्रकार पूँजीवाद को भी समाप्त किया जा सकता है। जिस प्रकार सरकार जनता के सहयोग के बिना नहीं चल सकती, उसी प्रकार पूंजीवाद में शोषण कार्य के बिना आर्थिक शोषण भी संभव नहीं होता। पूँजीपतियों के विरुद्ध भी सत्याग्रह का उसी प्रकार प्रयोग करना होगा; जैसे ब्रिटिश शासन के विरुद्ध।

गाँधी जी आर्थिक समानता पर भी बल देते हैं। उनके अनुसार, सारा धन समाज द्वारा उत्पादित किया जाता है। कोई भी व्यक्ति अकेले धन का उत्पादन नहीं कर सकता, क्योंकि धन समाज द्वारा उत्पादित वस्तु है, अतः इसका विभाजन उन सभी व्यक्तियों में समान रूप से होना चाहिए, जिन्होंने इसके उत्पादन हेतु कार्य किया है। इस विषय में वह कहते हैं कि, ''किसी भी व्यक्ति को भोजन और कपड़े का अभाव नहीं होना चाहिए। प्रत्येक व्यक्ति को अपना गुजारा करने के लिए यथेष्ट काम मिलना चाहिए। यह आदर्श तभी साकार हो सकता है जब उत्पादन के साधन नियन्त्रण में हों। जिस प्रकार पानी और हवा सबको खुले तौर पर प्राप्त है, उसी तरह उत्पादन के साधन भी सबको स्वतन्त्र रूप से प्राप्त होने चाहिएँ। किसी देश, राष्ट्र या समूह के द्वारा एकाधिकार अन्यायपूर्ण है।''

गाँधी जी समाजवादी विचारधारा रखते थे। उनका दावा था कि जहाँ तक समाजवाद का प्रश्न है, उसे वे दूसरे कई भारतीय समाजवादियों से बहुत पहले ही अपना चुके थे। इस विषय में उन्होंने लिखा है, ''मेरा समाजवाद किताबों का नकली समाजवाद नहीं अपितु, सहज और स्वाभाविक समाजवाद है। अहिंसा में मेरी दृढ़ आस्था है। अहिंसा का आचरण करने वाला ऐसा कोई आदमी हो ही नहीं सकता, जो सामाजिक अन्याय का विरोधी न हो।'' गाँधी जी सत्य के पुजारी थे। उन्होंने कहा, ''समाजवाद स्फटिक की भाँति निर्मल है, अतः इसे प्राप्त करने के साधन भी उसी तरह निर्मल होने चाहिएँ।'' पश्चिम का समाजवाद हिंसा के वातावरण में उत्पन्न हुआ है, इसका आधार भौतिक है, यह मशीनीकरण पर बल देता है। गाँधी जी के समाजवाद की नींव अहिंसा है, इसका आधार आध्यात्मिक है और उद्देश्य कुटीर उद्योगों का विकास।

नेहरू और राष्ट्रवाद

राष्ट्रीयता हेतु नेहरू जी ने पथ प्रदर्शक का कार्य किया। देश को एक सन्तुलित, संयमशील और आदर्श राष्ट्रवाद के मार्ग पर चलने हेतु नेहरू जी ने पथ प्रदर्शक का कार्य किया। राष्ट्रीयता सम्बन्धी उसकी मान्यता संकुचित नहीं थी। उनका कहना था कि मातृभूमि के प्रति भावुकता से भरे सम्बन्ध को 'राष्ट्रीयता' कहते

हैं। उन्होंने कहा "हिन्दुस्तान मेरे खून में समाया हुआ है और उसमें बहुत-कुछ ऐसी बातें हैं जो मुझे स्वभावतः उकसाती हैं।" पर मातृभूमि के प्रति नेहरू का प्यार अंधा नहीं था। वह देश का कल्याण मानवता के कल्याण द्वारा समझते थे। उनके ऊपर टैगोर की समयात्मक विश्ववाद एवं विश्व बंधुत्व की भावना का गहरा प्रभाव था।

नेहरू का विचार था कि राष्ट्रीयता एक परम्परागत शक्ति है जिसे प्रत्येक देशवासी स्वेच्छा से स्वीकार करता है। लोगों को यह नहीं समझना चाहिए कि राष्ट्रीयता की भावनाएँ उन्हें बोझिल कर रही हैं, क्योंकि राष्ट्रीयता एक मजबूत कड़ी है जो लोगों को आपस में जोड़ती है। राष्ट्रवाद को नेहरू ने एक भावात्मक वस्तु बताया और विश्वास प्रकट किया कि विदेशी शासन के विरुद्ध राष्ट्रीयता की भावना अधिक महत्त्वपूर्ण शक्ति है तथा राष्ट्रीय आन्दोलन को गतिशील बनाए रखने के लिये शक्तिशाली प्रेरणा का काम करती है। जब कभी किसी देश पर संकट उपस्थित होता है तो राष्ट्रवाद से वह देश संकट से उबरता है।

नेहरू धार्मिक राष्ट्रवाद के प्रति आकर्षित नहीं थे। दयानन्द, विवेकानन्द, पाल और अरविन्द के राष्ट्रवाद सम्बन्धी धार्मिक दृष्टिकोण का उन पर कोई प्रभाव नहीं था। 'धार्मिक राष्ट्रीयता' की धारणा उन्हें बेहूदा लगती थी। जिन्ना ने धर्म को लेकर 'मुस्लिम राष्ट्रीयता' के लिये पैरवी की थी और इस आधार पर उन्होंने भारत से अलग एक 'मुस्लिम राष्ट्रीयता' की माँग की थी। नेहरू को इस बात से चोट पहुंची थी और उन्होंने कहा था कि "यदि राष्ट्रीयता का आधार धर्म है तो भारत में न केवल दो वरन् तमाम राष्ट्र मौजूद हैं। भारत की राष्ट्रीयता न हिन्दू है, न राष्ट्रीयता है, न मुस्लिम, वरन् यह विशुद्ध भारतीय है।"

नेहरू अत्यधिक भावुक और संवेदनशील व भारत माता के प्रेमी थे। उनके लिये राष्ट्रवाद वास्तव में आत्म-विस्तार का ही एक रूप था। उनके अनुसार, "राष्ट्रवाद तत्वतः अतीत की उपलब्धियों, परम्पराओं और अनुभवों की सामूहिक स्मृति है, और राष्ट्रवाद जितना शक्तिशाली आज है उतना कभी नहीं था। जब कभी संकट आया है, तभी राष्ट्रवादी भावना का उत्थान हुआ है और लोगों में अपनी परम्पराओं से शक्ति तथा सांत्वना प्राप्त करने का प्रयत्न किया है। अतीत और राष्ट्र का पुनरान्वेषण वर्तमान युग की एक आश्चर्यजनक प्रगति है।"

नेहरू ने राष्ट्रीय आत्म-निर्णय (National Self-dermination) के सिद्धान्त को महत्व दिया और साम्राज्यवाद का प्रबल विरोध किया। उन्होंने कहा कि राष्ट्रीय स्वतन्त्रता के लिये संघर्षशील देश में एक स्वस्थ शक्ति होती है, लेकिन देश के स्वतन्त्र हो जाने के बाद वही राष्ट्रीयता प्रतिक्रियावादी और विकीर्ण भी बन सकती

है, अतः ऐसी संकीर्ण राष्ट्रीयता से सदैव बचना चाहिए। नेहरू ने राष्ट्रवादी एवं मानवतावादी विचारधारा का समावेश किया। उन्होंने कहा कि राष्ट्रवाद के नाम पर धर्म, जाति और संस्कृति का सहारा नहीं लेना चाहिए। नेहरू एक सच्चे राष्ट्रवादी थे। उन्होंने विश्व के प्रत्येक देश की आजादी को समर्थन दिया। उन्होंने मिस्त्र, मोरक्को, इन्डोनेशिया, अल्जीरिया, काँगों आदि देशों में आजादी के वास्ते हुए राष्ट्रीय आन्दोलनों का स्वागत किया। अरब राष्ट्रवाद के अभ्युदय को उन्होंने बहुत ही शुभ लक्षण बताया। उन्होंने कहा—"हर गुलाम देश के लिये राष्ट्रवाद की भावना से ओत-प्रोत होना सर्वथा स्वाभाविक है।" "एक पराधीन देश के लिये शान्ति का कोई अर्थ नहीं है क्योंकि शान्ति तो स्वतन्त्रता के बाद ही स्थापित हो सकती है। इसलिए साम्राज्यों को मिटाना ही चाहिए। उनका जमाना बीत चुका है।" नेहरू ने राष्ट्रवाद के आदर्श रूप को ग्रहण किया और अन्तर्राष्ट्रीय शान्ति में बाधक राष्ट्रवाद की उपेक्षा की तथा अपने स्वरूप को आक्रामक है। उनका यह विश्वास आजीवन बना रहा कि उग्र राष्ट्रवाद मानव हृदय को संकीर्ण बना देता है तथा देशभक्ति की भावना को इतना उभार देता है कि देशों में अलग-अलग रहने की प्रवृत्ति उत्पन्न हो जाती है। उग्र राष्ट्रवाद से जातिवाद, राष्ट्रों के प्रति घृणा, साम्राज्यवाद, हिंसा आदि बुराइयों का स्रोत है।

नेहरू की अन्तर्राष्ट्रीयतावादी विचारधारा

नेहरू का राष्ट्रवाद संकीर्ण और अनुदार नहीं था, वह तो अन्तर्राष्ट्रीयतावाद के पालनकर्ता भी थे। उन्होंने अपने देश को, काँग्रेस को और सम्पूर्ण मानव समाज को एक व्यापक अन्तर्राष्ट्रीय दृष्टिकोण प्रदान किया। उन्होंने काँग्रेस को अनुभव कराया कि आजादी हेतु भारतीय संघर्ष वास्तव में एक वैश्विक संघर्ष का भाग था, तथा अन्तर्राष्ट्रीय घटनाओं को ध्यान में रखते हुए इसे सफल बनाया जा सकता था। वास्तव में "विश्व शान्ति और विश्व सम्प्रदाय के विचार में नेहरू का बड़ा विश्वास था। उन्होंने संयुक्त राष्ट्र के उद्देश्य-पात्र के प्रति जितनी आस्था दिखाई उतनी शायद ही किसी और ने दिखाई हो।" अन्तर्राष्ट्रीय मामलों में नेहरू जी का विचार था कि "हम एक ऐसे समय में रह रहे हैं जबकि विदेशी मामले जैसा शब्द ही अप्रासंगिक है। हम एक-दूसरे पर अधिकाधिक अवलम्बित होते जा रहे हैं। जगत् में हम देश और उस देश जैसे संकीर्ण दृष्टिकोण के स्थान पर विश्व के दृष्टिकोण को अपना रहे हैं। संकीर्ण राष्ट्रीयता भी राजनीतिक कट्टरता का एक रूप है। उनका विश्वास था कि युद्ध अवश्यम्भावी नहीं है और न शान्ति ही अव्यावहारिक है। इसलिए उन्होंने

गुटों से अलग रहने की नीति को अपनाया।" पर गुटों से अलग रहने की नीति से नेहरू का आशय यह नहीं था कि 'पृथक्कतावाद' के मार्ग पर चला जाए। नेहरू विश्व शांति हेतु भारत की मुट्ठीभर शक्ति से भारत को विश्व के मामलों में सहायक बनाना चाहते थे। अन्तर्राष्ट्रीयता की भावना जाग्रत करने के लिए उन्होंने भरपूर कोशिश की।

सर्वोदय की भावना नेहरू के हृदय में कूट-कूट कर भरी थी। वे कहा करते थे—हम सबके मित्र है और हमारा कोई शत्रु नहीं हैं। उनकी अंतर्राष्ट्रीयता की भावना विश्व विदित थी। जून, 1955 में मास्को विश्वविद्यालय में उनका अभिनन्दन करते हुए कहा था कि नेहरू ने सदैव छोटे और बड़े राष्ट्रों के मूल अधिकारों की मान्यता के लिये अन्तर्राष्ट्रीय नियमों और सिद्धान्तों की रक्षा की है और वे एशिया तथा विश्व में तनाव को कम करने के लिये सच्चे दिल से प्रयत्नशील रहे हैं। नेहरू को अन्तर्राष्ट्रीयता की भावना विवेकानन्द, रवीन्द्रनाथ ठाकुर और महात्मा गाँधी जैसे महान् व्यक्तियों की विचारधारा जाग्रत हुई थी। गाँधी की भाषा बोलते हुए नेहरू ने कहा था—"मेरी राष्ट्रीयता अन्तर्राष्ट्रीयता पर आधारित है और आधुनिक विश्व, विज्ञान, व्यापार और यातायात के साधनों के कारण अन्तर्राष्ट्रीयता की नींव पर खड़ा है। कोई भी राष्ट्र विश्व से विमुख नहीं रह सकता।" पर, नेहरू का यह भी कहना था कि अन्तर्राष्ट्रीयता की भावना सिर्फ एक स्वतन्त्र देश में ही पनप सकती है, और उसकी वजह यह है कि किसी भी गुलाम देश का सारा दिमाग और सारी ताकत आजादी पाने के प्रयास में व्यस्त रहती है।

नेहरू महान् अन्तर्राष्ट्रीयतावादी थे। उन्होंने राजनीतिक क्षेत्र के साथ-साथ आर्थिक क्षेत्र में भी अन्तर्राष्ट्रीयतावादी आदर्श का समर्थन किया। उनके अनुसार कि "शायद जिस चीज को भली-भाँति नहीं समझा जाता वह उद्योगवाद का अन्तर्राष्ट्रीय स्वभाव है। उसने राष्ट्रीय सीमाओं को ध्वस्त कर दिया है और हर राष्ट्र को, वह कितना ही बड़ा क्यों न हो, दूसरे देशों पर आश्रित बना दिया है। राष्ट्रवाद की भावना आज भी लगभग उतनी ही प्रबल है जितनी कि पहले थी, और उसके पवित्र नाम पर युद्ध लड़े गए हैं तथा दसियों लाख लोगों की हत्या की गई है, किन्तु वह एक मिथ्या विश्वास है जिसका वास्तविकता से कोई सम्बन्ध नहीं है। विश्व का अन्तर्राष्ट्रीयकरण हो चुका है, उत्पादन अन्तर्राष्ट्रींय है, बाजार अन्तर्राष्ट्रीय है तथा परिवहन अन्तर्राष्ट्रीय है। केवल मनुष्य के विचारों पर उन मदमातों का शासन है जिनका आज कोई अर्थ नहीं रह गया है, कोई राष्ट्र वास्तव में स्वाधीन नहीं है, सभी एक-दूसरे पर निर्भर हैं।"

नेहरू केवल अन्तर्राष्ट्रीयतावादी दृष्टिकोण नहीं रखते थे। उन्होंने उसे व्यवहार में लागू करना चाहा। उन्होंने अपनी विश्व प्रसिद्धि के साथ-साथ अन्तर्राष्ट्रीय विचारों को मूर्त रूप दिया। उन्होंने अन्तर्राष्ट्रीय क्षेत्र में राज्यों के आचरण का एक नया मौलिक सिद्धान्त दिया जो 'पंचशील' के नाम से विख्यात है। इसमें पाँच सिद्धान्त शामिल थे जैसे—एक-दूसरे की प्रादेशिक अखण्डता और सर्वोत्तम सत्ता के लिये पारस्परिक सम्बन्ध, अनाक्रमण, एक-दूसरे के आन्तरिक मामलों में हस्तक्षेप, समानता और पारस्परिक लाभ, एवं शान्तिपूर्ण सहअस्तित्व तथा आर्थिक सहयोग।

विश्व के लगभग सभी राज्यों ने (अपवादस्वरूप कुछ राष्ट्रों को छोड़कर) पंचशील के सिद्धान्तों को अपनाया। पंचशील द्वारा नेहरू ने स्पष्ट कर दिया कि अन्तर्राष्ट्रीय राजनीति में वे नैतिक मार्ग का अनुसरण करने में विश्वास करते हैं। इस सिद्धान्त द्वारा उन्होंने मेकियावलीय राजनीति और शक्ति-राजनीति में अपनी अनास्था प्रकट की और राष्ट्रों के मस्तिष्क में यह बात बैठाने की कोशिश की कि यदि अन्तर्राष्ट्रीय क्षेत्र से हम बल प्रयोग को समाप्त नहीं कर सकते परंतु कम तो कर सकते हैं। पंचशील के सिद्धान्त का मुख्य उद्देश्य यह था कि राष्ट्र एक-दूसरे के दृष्टिकोण को समझने का प्रयत्न करें और एक-दूसरे के अधिकारों तथा दावों का शान्तिपूर्वक और सच्चाई के साथ मूल्याँकन करें। किन्तु "नेहरू किसी भी रूप में शक्ति के सामने झुकने को तैयार नहीं थे। फिर भी नेहरू के कुछ आलोचकों का कहना था कि कश्मीर, गोआ, पाकिस्तान तथा तिब्बत के सम्बन्ध में नेहरू का नैतिक और मानवतावादी अन्तर्राष्ट्रीयवाद विकृत होकर तुष्टिकरण की नीति में परिवर्तित हो गया।" राजनीतिक क्षेत्रों में भारत पर पाकिस्तान और चीन के आक्रमण के आधार पर पंचशील सिद्धान्त को व्यवहारिकता में लाना पड़ा। लेकिन हम इस सिद्धान्त को गलत या अनुचित नहीं ठहरा सकते। सच बोलना सही है परंतु सच के सिद्धांत का अनुसरण अस्पष्ट है। आज के आणविक युग में शान्तिपूर्ण सहअस्तित्व ही एकमात्र ऐसा विकल्प है जिससे मानव सभ्यता की रक्षा हो सकती है। एक ऐसा मार्ग है जिस पर चलकर कलह, संघर्ष और अन्तर्राष्ट्रीय तनाव दूर हो जायेंगे। परन्तु उसके लिए इसका अनुसरण सत्यता की भावना से करना होगा। तभी तनाव से मुक्ति तथा संघर्षों से मुक्ति संभव है।

नेहरू के अन्य राजनीतिक विचार

फ्रेंक मोरेस के अनुसार, "नेहरू गाँधीजी के साथ इस बात में सहमत थे कि स्वतन्त्रता पहले विजय करने वाला और बाद में सहयोग और बन्धुता के ऊँचे आदर्श

के लिये भुला देने वाला आदर्श है। यह उनके आर्थिक और राजनीतिक चिन्तन में स्पष्ट है।''

जवाहरलाल नेहरू युगदृष्टा के साथ कर्म प्रधान व्यक्ति भी थे। उन्होंने इस देश को स्वाधीनता, समृद्धि, सौहार्द और सुरुचि का स्वरूप देना चाहा। नेहरू के अनुसार राजनीतिक स्वतन्त्रता ही देश के लिए पर्याप्त नहीं, उसके साथ आर्थिक स्वावलम्बन और बौद्धिक विकास की भी आवश्यकता है। उन्होंने इस बात पर बारम्बार बल दिया कि आर्थिक स्वावलम्बन और साँस्कृतिक विकास के बिना राजनीतिक स्वतन्त्रता लंगड़ी है। नेहरू देश को, एक चतुर कर्णधार की तरह, लोकतन्त्र और समाजवाद की दिशा में खेते रहे। उन्होंने युद्ध का तिरस्कार करते हुए शान्ति और असंलग्नता की नीति में अपना गहन विश्वास प्रकट किया। स्वतन्त्र भारत में उन्होंने एक कल्याणकारी राज्य की नींव डाली। नेहरू के राष्ट्रीयता, अन्तर्राष्ट्रीयता आदि से सम्बन्धित विचारों का उल्लेख हम कर चुके हैं। उनके राजनीतिक विचारों के अन्य पहलुओं का अध्ययन करते समय, हमें यह सदैव ध्यान रखना होगा कि नेहरू एक राजनीतिज्ञ थे, राजनीतिक विचारक या राजनीतिक दार्शनिक नहीं। उन्होंने किसी व्यवस्थित राजनीतिक चिन्तन को प्रस्तुत नहीं किया। उनके भाषणों, लेखों और उनके कार्यों में हमें उनके राजनीतिक चिन्तन के बिखरे हुए पक्ष मिलते हैं।

युद्ध, शान्ति और तटस्थता (असंलग्नता) पर नेहरू के विचार

नेहरू ने युद्ध का तिरस्कार करते हुए विश्व-शान्ति को मानव-कल्याण का एकमात्र मार्ग बताया। अपने प्रधानमन्त्रित्व काल में उन्होंने अपने विचारों और कार्यकलापों से विश्व-शान्ति के प्रसार की दिशा में बड़ा प्रभावशाली और सराहनीय कार्य किया। इतिहास में नेहरू ने गहरी रुचि ली थी। उन्होंने उन कारणों की खोज की जो युद्धों को जन्म देते हैं। उनका कहना था कि किसी न किसी कारणवश हर देश, काल और परिस्थिति में युद्ध होते रहे हैं। नेहरू ने युद्ध के कारणों और स्वरूप का जो चित्र खींचा वह संकेत रूप में इस प्रकार है—

(1) एक समय वह था जब मनुष्य की धर्मान्धता युद्ध का स्त्रोत थी। यूरोप के धर्म युद्ध (Crusades) इसके प्रमाण हैं। भारत पर मुस्लिम आक्रमण भी बहुत कुछ धार्मिक भावना से ही प्रेरित था। बहुत से यूरोपीय देशों में प्रोटेस्टेंट और कैथोलिक मतावलम्बियों के बीच जो संघर्ष हुए उनका स्वरूप भी धार्मिक ही था।

(2) युद्धों का दूसरा स्वरूप सामन्तवादी रहा था। उदाहरणार्थ, भारत में राजदूत नरेशों के बीच होने वाले युद्ध अपने चरित्र में मुख्यतः सामन्तवादी ही थे।

(3) मानव इतिहास में प्रत्येक युग में राजनीतिक सत्ता और गौरव के लिये युद्ध होते रहे हैं तथा आज भी हो रहे हैं।

(4) युद्ध का एक प्रमुख कारण राजनीतिक भी रहा है। उदाहरण के लिए, सिकन्दर महान् की विजय का स्वरूप धार्मिक या आर्थिक अथवा सामन्तवादी न होकर राजनीतिक ही था। ऐथेन्स और स्पार्टा के बीच जो युद्ध हुए वे भी अपने चरित्र में विशेष रूप से राजनीतिक ही थे।

(5) आज के दौर में युद्धों का एक विशिष्ट कारण आर्थिक को भी कहा जा सकता है हालांकि राजनीतिक तथा अन्य कारण भी पर्याप्त प्रभावकारी हैं तथापि आर्थिक कारणों के समक्ष अन्य सभी कारण गौण हैं। राष्ट्रवाद और साम्राज्यवाद आर्थिक परिस्थितियों से जितने प्रभावित रहे हैं, उतने अन्य किसी कारण से नहीं।

(6) विभिन्न राजनीतिक और आर्थिक व्यवस्थाओं के बीच उपस्थित वैचारिक मतभेद भी युद्धों का एक महत्वपूर्ण कारण हैं। इन वैचारिक और सैद्धान्तिक मतभेदों के फलस्वरूप ही शीतयुद्ध इतना प्रबल है कि वह कभी भी सशस्त्र युद्ध का रूप ले सकता है। नेहरू जी के अनुसार में, "शीत युद्ध का अभिप्राय सदैव युद्ध का चिन्तन करना है, युद्ध की तैयारी करना है जो कर्म युद्ध की विद्यमानता है।"

युद्ध के इतिहास पर प्रकाश डालते हुए नेहरू जी ने यह लिखा है कि चाहे कुछ व्यक्ति युद्ध के अभिलाषी हों लेकिन वास्तव में कोई भी राष्ट्र युद्ध नहीं चाहता। नेहरू ने कहा कि विभिन्न राजनीतिक और आर्थिक व्यवस्थाओं वाले देश परस्पर शान्ति और सहयोग से न रह सकें—इसका कोई तर्कसंगत कारण नजर नहीं आता। विभिन्न राष्ट्रों में शान्तिपूर्ण सहअस्तित्व की भावना मुख्यतः इसलिए नहीं पनप पाती कि प्रत्येक राष्ट्र के मन में दूसरे राष्ट्र के प्रति सन्देह और भय है। यदि हम इस भय, सन्देह और घृणा का परित्याग कर दें तो वास्तव में विश्व में शांति कायम होगी। नेहरू ने आग्रह किया कि संसार के सभी राष्ट्र एक-दूसरे को समझने का प्रयास करें और अन्तर्राष्ट्रीय झगड़ों का निर्णय शक्ति के स्थान पर वार्ता तथा पंच निर्णय के शान्तिपूर्ण उपायों से किया जाए। नेहरू ने युद्धों की निरर्थकता में विश्वास प्रकट करते हुए संविधान सभा में अपने एक भाषण में कहा कि वास्तव में इस बात का कोई महत्त्व नहीं है कि विश्व-युद्ध में विजय किसकी होती है क्योंकि ऐसे किसी भी युद्ध का परिणाम ऐसा घोर विनाश होगा जिसमें उन सभी बातों का अन्त होगा जिन्हें हम मानवता की उन्नति और प्रगति के लिये आवश्यक मानते हैं। नेहरू को यह

विश्वास था कि युद्ध-नीति से साम्राज्यवादी प्रभुत्व और शासक जाति के विचारों को सहारा मिलता है। अपनी शान्तिवादी नीति के कारण ही नेहरू ने अन्तर्राष्ट्रीय क्षेत्र में गुटों से अलग रहने की नीति को स्वतन्त्र भारत की विदेश नीति की आधारशिला बनाया। उनका यह भी मानना था कि तटस्थता अथवा असंलग्नता की नीति पर चलकर ही अन्तर्राष्ट्रीय तनाव को कम किया जा सकता है, सहयोग का वातावरण उत्पन्न कर संसार में शान्ति स्थापित करने की दिशा में ठोस योग दिया जा सकता है। नेहरू ने यह भी कहा कि–"हमारी दृष्टि में शान्ति तथा स्वतन्त्रता अविभाज्य हैं और किसी भी स्थान में स्वतन्त्रता को दबाए जाने से दूसरे स्थान की स्वतन्त्रता को संकट उपस्थित हो जाता है और इसके परिणामस्वरूप मतभेद तथा युद्ध की स्थिति उत्पन्न होती है। औपनिवेशिक तथा पराधीन देशों एवं लोगों को मुक्त कराने और सिद्धान्त तथा व्यावहारिक रूप से सभी जाति के लोगों के लिये समान अवसरों को मान्यता देने में हमारी विशेष रुचि है। हम दूसरों पर शासन करना नहीं चाहते और न हम अन्य लोगों से अधिक ऊँचे स्थान का दावा करते हैं।"

नेहरू ने युद्ध और शान्ति के विषय में जो विचार प्रकट किए, शान्तिपूर्ण सहअस्तित्व और असंलग्नता की नीति की जो वकालत की, उसका अर्थ हमें यह नहीं लगाना चाहिए कि वे एक ऐसे शान्तिवादी थे जो शस्त्रों के प्रयोग को हर परिस्थिति में ठुकराने का उपदेश देते थे। नेहरू का आदर्शवाद यद्यपि बहुत ऊँचा था लेकिन एक यथार्थवादी राजनीतिज्ञ के रूप में उन्होंने अवसर पड़ने पर शत्रु का अथवा विद्रोह का यथासम्भव अपनी सम्पूर्ण शक्ति से मुकाबला करने में विश्वास प्रकट किया। पाकिस्तानी आक्रमण का, चीनी आक्रमण का मुकाबल करने में नेहरू ने जिस नीति का और जिस दृढ़ता का परिचय दिया उसे भारत कभी भी भुला नहीं सकता है । नेहरू ने एक ओर तो सम्पूर्ण सैनिक शक्ति के बल पर आक्रमण का सामना किया और दूसरी ओर बुराई का प्रतिकार करने के लिये बुरे मार्ग का सहारा नहीं लिया। उनका कोई भी कदम नैतिकता से गिरा हुआ नहीं रहा, उनकी निष्ठा समस्या सम्मानपूर्ण और शान्तिपूर्ण समाधान में बनी रही। नेहरू की विचारधारा का सही चित्रण हमें उन्हीं के इन शब्दों से होता है कि–"हमें अपनी रक्षा करनी है और अपने आपको प्रत्येक संकटकालीन स्थिति के लिये तैयार रखना है। हमें आक्रमण और अन्य प्रकार के अनाचार का सामना करना है। बुराई के सामने झुकना सदा बुरा होता है किन्तु बुराई का प्रतिरोध करते समग हमें मरितष्क का सन्तुलन नहीं खो देना चाहिए और भावावेश तथा उत्तेजना में आकर या भयभीत होकर कोई ऐसा कार्य नहीं करना चाहिए जो स्वयं बुरा हो। बुराई और आक्रमण का प्रतिरोध करते समय भी

हमें सदैव शान्ति के स्वभाव को बनाए रखना चाहिए और अपने विरोधियों के सामने मित्रता का हाथ बढ़ाए रखना चाहिए।"

पं. जवाहर लाल नेहरू भारत के एक ऐसे सपूत व महान व्यक्ति थे जिन्होंने ऐसी शान्ति का उद्देश्य कभी नहीं दिया जो हमें कर्त्तव्य से विमुख करती हो। उनका दृष्टिकोण कितना व्यावहारिक और सन्तुलित था—इसका आभास हमें नेहरू के उन शब्दों से होता है जो उन्होंने 12 जून, 1945 को भारत की शान्तिवादी नीति के सन्दर्भ में कहे थे—"हमारी पहली नीति तो यह होनी चाहिए कि हम ऐसी भीषण आपत्ति (तृतीय महायुद्ध जैसी) को घटित होने से रोकें। दूसरी नीति इससे बचने की होनी चाहिए और तीसरी नीति ऐसी स्थिति बनाने की होनी चाहिए कि यदि युद्ध छिड़ जाए तो हम इसे रोकने में समर्थ हो सकें।" इस सन्दर्भ में नेहरू की चिन्तनधारा का और भी स्पष्टीकरण हमें उनके विभिन्न भाषणों के अवतरणों से होता है जिसका कुछ अंश नीचे दिया गया है।

"प्रत्येक सरकार को देश की रक्षा के काम को सबसे अधिक महत्त्व देना चाहिए, किन्तु रक्षा से तात्पर्य क्या है ? अधिकांश लोग समझते हैं कि रक्षा से मतलब असंख्य लोगों के बन्दूकें लिए हुए एक स्थान से दूसरे स्थान को आने-जाने से हैं। यह सच है कि सशस्त्र व्यक्ति तथा अस्त्र आदि रक्षा के अंग है, किन्तु रक्षा का सम्बन्ध अन्य अनेक चीजों से भी हो सकता है। इसके अन्तर्गत देश की औद्योगिक क्षमता, देश का नैतिक चरित्र आदि भी आते हैं। इन सबके और देश की क्षमता तथा संसाधनों के बीच सन्तुलन स्थापित करना होता है और आप इन सन्तुलन को बहुत अधिक अस्त-व्यस्त नहीं कर सकते।"

पुनश्च, "हमें आक्रमण का सामना और प्रतिकार करना है तथा इसके लिये लगाई गई शक्ति पर्याप्त होनी चाहिए, किन्तु आक्रमण का सामना करने की तैयारी करते समय भी हमें अपना उद्देश्य—शान्ति-समझौता तथा मेल-मिलाप का उद्देश्य—कभी नहीं भुलाना चाहिए और हमारा हृदय तथा मस्तिष्क इसी महान् उद्देश्य की पूर्ति में लगा रहना चाहिए, न कि यह घृणा अथवा भय से घिरा हुआ अथवा आच्छादित रहे।"

नेहरू और लोकतन्त्र

पं. जवाहरलाल नेहरू स्वतंत्र भारत के प्रथम प्रधानमंत्री थे। अतः नेहरू के प्रधानमंत्रित्व कार्यकाल इस तथ्य के गवाह हैं कि वे एक महान लोकतांत्रिक थे नेहरू और लोकतंत्र को हम अलग-अलग करके उनका विश्लेषण नहीं कर सकते है। नेहरू ने लोकतन्त्र को केवल राजनीतिक क्षेत्र तक सीमित नहीं रखा, अपितु आर्थिक और

सामाजिक क्षेत्र को भी लोकतन्त्र की परिधि में लिया। नेहरूजी का यह मानना था कि नागरिकों को केवल राजनीतिक स्वतन्त्रता देना ही पर्याप्त नहीं है, उन्हें अवसरों की समानता दी जानी चाहिए, आर्थिक विषमताओं का अन्त किया जाना चाहिए। सामाजिक अस्पृश्यताओं और घोर आर्थिक असमानताओं से पूर्ण समाज कभी लोकतान्त्रिक नहीं हो सकता। भूखे व्यक्ति के लिये कोरा मताधिकार कोई महत्त्व नहीं रखता। यदि समाज में ऊँच-नीच, छुआछूत व भेदभाव हो, दरिद्रों की कतार हो, धन का न्यायपूर्ण वितरण न हो, वर्गभेद का प्रसार हो और मुट्ठी भर शिक्षित लोग निरक्षर जन-साधारण को अपने पैरों तले दबाए हों तो ऐसे देश या समाज में लोकतन्त्र का कोई महत्व एवं स्थान नहीं होता।

नेहरू जी पर गाँधी जी के विचारों का काफी प्रभाव पड़ा था हालांकि नेहरू महात्मा गाँधी की राजनीतिक उत्तराधिकारी थे, साधनों की पवित्रता के सिद्धान्त में श्रद्धा रखते थे। "उन्हें सत्तावाद तथा हिंसा से घृणा थी। फासीवाद, नाजीवाद तथा कठोर नियन्त्रण के साथ जिस उजड्डपन और कमीनेपन का संयोग पाया जाता है उससे उनके संवेदनशील मन को आघात पहुँचता था। वे चाहते थे कि भारत पश्चिम के उन्नत औद्योगिक राष्ट्रों के समकक्ष स्थान प्राप्त कर ले, किन्तु इस आदर्श को साक्षात्कृत करने के लिये उन्होंने अधिनायकतन्त्रीय यन्त्रीकृत हिंसा के मार्ग को नहीं अपनाया भारतीय स्वतंत्रता आंदोलन के समय उन्हें ब्रिटिश साम्राज्यवाद का जो अनुभव हुआ था, उसने नागरिक विमुखता के प्रति उनके प्रेम तथा गम्भीर अनुराग की ओर भी दृढ़ कर दिया था।" नेहरू को जनता से प्यार था, जन-सम्पर्क को वे लोकतान्त्रिक प्रक्रिया का महत्त्वपूर्ण हिस्सा मानते थे। अपने प्रधानमन्त्रित्व काल में भी नेहरू ने अविराम यात्राओं द्वारा अगणित भाषाओं द्वारा जनता से सम्पर्क स्थापित करने की प्रणाली विकसित की। उन्होंने, इस प्रकार, यह बताया कि शासकों और शक्तियों के मध्य निरन्तर खुला और निकट सम्बन्ध लोकतान्त्रिक प्रक्रिया के लिये अत्यन्त लाभकारी सिद्ध होता है। नेहरू ने जनता को निरन्तर अनुशासन और भ्रातृत्व की प्रेरणा दी। उनका उद्देश्य था कि जनता में उस सामुदायिक भावना को दृढ़ किया जाए जिसे मेकाइवर ने लोकतान्त्रिक व्यवस्था का आधार बताया है।

पं. जवाहरलाल नेहरू लोकतन्त्र को मान्यताओं की योजना मानते थे। उन्होंने यह लिखा था कि "मेरे विचार में गणतन्त्र का अर्थ अमुक प्रकार की सरकार तथा किसी सम-कानून-संस्था से कुछ अधिक है। यह आवश्यक रूप से जीवन के नैतिक मानदण्डों तथा मान्यताओं की एक योजना है। आप गणतान्त्रिक हैं अथवा नहीं, यह इस बात पर निर्भर करता है कि आप एक व्यक्ति अथवा एक वर्ग के रूप में किस

प्रकार से आचरण तथा चिन्तन करते हैं। गणतन्त्र के लिये अनुशासन, सहिष्णुता तथा पारस्परिक सद्भावना अत्यन्त आवश्यक है। अपनी स्वतन्त्रता के लिये दूसरों की स्वतन्त्रता के प्रति आदर-भाव होना आवश्यक है। गणतन्त्र में परिवर्तन पास्परिक विचार-विमर्श तथा समझाने-बुझाने से किए जाते हैं, हिंसक उपायों से नहीं। गणतन्त्र का अर्थ यदि कुछ है तो समानता है, समानता केवल मत देने के अधिकार की ही नहीं, बल्कि आर्थिक तथा सामाजिक क्षेत्र की भी समानता।" पुनश्च, "मैं किसी भी मत-मतान्तर अथवा धर्म से जकड़ा हुआ नहीं हूँ, किन्तु मैं मानव की नैसर्गिक आध्यात्मिकता में विश्वास अवश्य करता हूँ—इसको कोई चाहे धर्म कहे, अथवा न कहे, मैं व्यक्ति की सहज गरिमा में विश्वास रखता हूँ। मेरा यह विश्वास है कि प्रत्येक व्यक्ति को समान अवसर दिया जाना चाहिए। मुझे ऐसे सम-समाज में पूरा विश्वास है (एक आदर्श के रूप में इस उद्देश्य को पूरा करना हो सकता है), जिसमें अधिक भिन्नता न हो, धनी व्यक्तियों की बेहूदगी और साथ ही निर्धनों की दरिद्रता नहीं भाती।"

उपर्युक्त वर्णित तथ्यों का अध्ययन करने से यह निष्कर्ष रूप में कहा जा सकता है कि लोकतन्त्र से उनका आशय 'समाज का आत्मानुशासन' था। अपने भाषण में उन्होंने कहा कि "आप लोकतन्त्र की सैकड़ों परिभाषाएँ दे सकते हैं किन्तु इसकी एक परिभाषा निश्चित रूप से ही समाज का आत्मानुशासन है। ऊपर से थोपा गया अनुशासन जितना कम होगा, आत्मानुशासन उतना ही ज्यादा होगा।" समाज में आत्मानुशासन के विकास के लिये ही नेहरू ने शिक्षा-व्यवस्था पर पूरा बल दिया। उनका विचार था कि कोई भी राजनीतिक अथवा सामाजिक ढाँचा या संगठन तब तक सफल नहीं हो सकता जब तक कि नागरिकों का मानसिक स्तर ऊँचा न उठे और यह मानसिक स्तर समुचित शिक्षा के प्रसार से ही ऊँचा उठ सकता है।

नेहरू एक लोकतन्त्रवादी प्रकृति के होने के कारण वे व्यक्ति या मानव को अत्यधिक महत्व देते थे। मानवता के कूड़े-करकट के ढेर पर किसी भी व्यक्ति को नहीं फैक देना चाहिए। उसे महत्त्वपूर्ण, उद्देश्यपूर्ण माना जाना चाहिए और किसी को भी—चाहे वह राज्य हो अथवा कोई संगठन—व्यक्ति को दबाने का प्रयत्न नहीं करना चाहिए। उनका यह मानना था कि राज्य व्यक्ति के लिए है व्यक्ति राज्य के लिये नहीं। नेहरू अपने विरोधियों के विचारों के प्रति सहनशीलता और सम्मान की भावना रखते थे। उनकी दृष्टि में हठवादिता और रूढ़िवादिता की प्रवृत्ति लोकतन्त्र के लिये घातक थी। लोकतन्त्र तो एक गतिशील विचाराधारा है और समयानुकूल परिवर्तनों तक लचक के साथ-साथ लोकतन्त्र का क्षेत्र भी अधिकाधिक विकसित होता जाता

है। लोकतान्त्रिक भावना की माँग है कि हम अपनी समस्याओं का निराकरण आपसी विचार-विमर्श, तर्क-वितर्क और शान्तिपूर्ण उपायों से करें। नेहरू संसदीय सरकार को अधिक अच्छा इसलिए समझते थे कि वह समस्याओं का समाधान करने की एक शान्तिपूर्ण प्रविधि है इस संदर्भ में उनका यह विश्वास था कि "इस प्रकार की सरकार में वाद-विवाद, विचार-विमर्श और निर्णय करने की, और उस निर्णय को तब भी स्वीकार करने की पद्धति अपनाई जाती है, जबकि कुछ लोग असहमत होते हैं। फिर भी, संसदीय सरकार में अल्पसंख्यकों को बहुत महत्त्वपूर्ण भाग रहता है। यह स्वाभाविक है कि बहुसंख्यकों को, केवल इस कारण कि वे बहुसंख्यक हैं, अपने मार्ग पर चलने की स्वतन्त्रता होनी चाहिए, किन्तु अल्पसंख्यकों की उपेक्षा करने वाला बहुसंख्यक दल अपना काम संसदीय गणतन्त्र की सही भावना के साथ नहीं कर रहा होता।" नेहरू प्रत्येक कार्य को को लोकतान्त्रिक विधि से करने के पक्ष में थे। वे समुचित साँविधानिक साधनों द्वारा अपनी माँगें मनवाने और निर्णयों में परिवर्तन कराने के प्रयत्नों के पक्ष में थे, लेकिन प्रत्यक्ष कार्यवाही (Direct Action) जैसी कोई भी आन्दोलनात्मक तकनीक उनकी दृष्टि में अलोकतान्त्रिक थी। सर्वाधिकारवाद और हिंसात्मक साधनों के प्रति उनका विरोध इतना उग्र था कि उन्होंने एक ऐसे समय मुसोलिनी और हिटलर से मिलने तक से इन्कार कर दिया जब विश्व के बड़े से बड़े राजनीतिज्ञ इन तानाशाहों से मिलने में अपना गौरव समझते थे।

पं. जवाहर लाल नेहरू का यह दावा था कि इस तंत्र की समस्याएँ ऐसी नहीं हैं जिन्हें दूर नहीं किया जा सकता। यदि उत्कृष्ट नैतिक चरित्र का पालन किया जाए तो लोकतन्त्र के सफल संचालन में कोई सन्देह नहीं। एक व्यक्ति के लोकतन्त्रीय होने की कसौटी यह है कि वह अपने जीवन में कैसा सोचता है, कैसा व्यवहार करता है, समाज और राष्ट्र के प्रति उसका कैसा आचरण है।

नेहरू जी का एकता और धर्म निरपेक्षवाद

नेहरू जी का देश के प्रति अगाध प्रेम व स्नेह था इन्होंने भारत के इतिहास का विशेष रूप से अध्ययन किया और यह निष्कर्ष निकाला कि भारत ने, आन्तरिक कलहों में डूब कर अपनी महान् शक्ति को गँवा दिया था। उनका यह दावा था कि एकता के अभाव में देश अपनी स्वतन्त्रता को सुरक्षित नहीं रख सकता। एकता को खोने का अर्थ है देश को खोना और देश को भुलाना। यदि हम दल-राज्य, भाषा, जाति जैसी अन्य बातों को महत्त्व देंगे और देश अपने देश को भूल जाएँगे तो हम निश्चय ही अपने सर्वनाश को आमन्त्रित करेंगे। इन सब बातों का अपना-अपना

उचित स्थान है लेकिन यदि हम राज्य-भाषा और दल को देश से अधिक महत्त्व देंगे तो यह राष्ट्र का विनाश होगा। नेहरू ने देश के राजनीतिक एकीकरण को अपर्याप्त मानते हुए देश की भावात्मक एकता पर बल दिया। विविधता का उन्मूलन करना कोई जरूरी नही है परंतु छोटे-छोटे पारस्परिक कलहों में उलझ कर अपनी शक्ति को खो देना मूर्खता है। विविधता में एकता को बनाए रखने में ही समाज ओर देश का हित है। जो गतिविधियाँ लोगों को एक करती हैं, उनके प्रसार का प्रयत्न किया जाना चाहिए और जो गतिविधियाँ लोगों में फूट डालती हैं उनका परित्याग कर देना चाहिए। भारत में अनुशासन और एकता को पहला स्थान दिया जाना आवश्यक है—''केवल पैरों के अनुशासन को नहीं बल्कि दिल और दिमाग के अनुशासन को, दिल और दिमाग की एकता को।''

पं. जवाहर लाल नेहरू ने देशवासियों की सोई हुई शक्ति को जगाया और एकता की समस्या का चुनौतिभरा मुकाबला करने का सन्देश दिया। उन्होंने कहा—''निश्चित रूप से वह समय आ गया है जब प्रत्येक भारतीय को अपने हृदय को टटोलना चाहिए तथा स्वयं से यह प्रश्न करना चाहिए कि वह राष्ट्र के साथ है अथवा किसी विशेष दल के साथ। यह हमारे समय की एक चुनौती है जिससे हर पुरुष, महिला तथा बच्चे को निपटना है।'' स्पष्ट है कि नेहरू अस्वस्थ दलबन्दी को देश के लिये विघटनकारी मानते थे। उनका कहना था कि देशवासियों की निष्ठा किसी गुट, वर्ग या दल विशेष के प्रति न होकर राष्ट्र के प्रति होनी चाहिए। अपना-अपना दल होता है, अपना-अपना वर्ग होता है, लेकिन जहाँ इनके प्रति निष्ठा और अपने राष्ट्र के प्रति निष्ठा में टकराहट आई वहाँ राष्ट्र के प्रति निष्ठा को सर्वोपरि महत्त्व देना होगा। नेहरू ने राजनीतिक एकीकरण की अपेक्षा भावनात्मक एकीकरण पर अधिक बल दिया। उन्होंने कहा कि—''राजनीतिक एकीकरण कुछ सीमा तक हो ही चुका है, किन्तु मैं जो चाहता हूँ वह इससे अधिक है—भारतीय लोगों का भावनात्मक एकीकरण, जिससे हम सब मिलकर संयुक्त हो सकें और एक शक्तिशाली राष्ट्रीय इकाई बन जाएँ।''

जवाहरलाल नेहरू ने धर्म-निरपेक्षता के प्रति अपनी गहन निष्ठा रखी। उनका अभिमत था कि धर्म-निरपेक्षता का मार्ग एकता को सुदृढ़ करने वाला है। धर्म-निरपेक्षता पर विचार व्यक्त करते हुए अपने एक भाषण में उन्होंने कहा—''भारत एक धर्म-निरपेक्ष राज्य है, इसका अर्थ धर्म-हीनता नहीं, इसका अर्थ सभी धर्मों के प्रति समान आदर भाव तथा सभी व्यक्तियों के लिये समान अवसर है—चाहे कोई भी व्यक्ति किसी भी धर्म का अनुयायी क्यों न हो। इसलिए हमें अपने दिमाग, अपनी

संस्कृति के इस आदर्शमय पहलू को ही सदा ध्यान में रखना चाहिए जिसका आज के भारत में सबसे अधिक महत्त्व है।" पुनश्च, "हम देश में किसी भी प्रकार साम्प्रदायिकता सहन नहीं करेंगे। हम एक ऐसे स्वतन्त्र धर्म निरपेक्ष राज्य का निर्माण कर रहे हैं जिसमें प्रत्येक धर्म तथा मत को पूरी स्वतन्त्रता तथा समान आदर भाव प्राप्त होगा और प्रत्येक नागरिक को समान स्वतन्त्रता तथा समान अवसर की सुविधा प्राप्त होगी।"

नेहरू की धर्म निरपेक्षता से यह अर्थ निकालना भ्रामक होगा कि वे अधार्मिक थे अथवा धर्म और ईश्वर—इन शब्दों से उन्हें घृणा थी। नेहरू की प्रवृत्ति सत्य को ग्रहण करने की, संकीर्णता और अन्धविश्वास से मुक्त रहने की थी। धर्म और ईश्वर के सही अर्थों में उन्हें विश्वास था और यही कारण था कि सत्य तथा करुणा के आध्यात्मिक मूल्यों में उनकी निष्ठा जीवन पर्यन्त रही। नेहरू के सम्पूर्ण जीवन-दर्शन में उन तत्त्वों की प्रधानता रही जिन्हें महात्मा गाँधी ने धर्म का सार बताया था। धर्म के वैज्ञानिक और स्वस्थ दृष्टिकोण से उन्हें कोई चिढ़ न थी। पर उन्हें यह देखकर अवश्य ही कष्ट होता था कि धर्म के नाम पर मानव-द्वेषी रुख अपनाया जाए, संगठित धर्म की अवधारणा पर चलकर असहिष्णुता का प्रसार किया जाए। स्पष्ट है कि एक औपचारिक अथवा संस्थाबद्ध धर्म में नेहरू को आस्था न थी। उनके जीवन-दर्शन में अन्धविश्वास, कट्टरता, कर्मकाण्ड और संस्कारवाद को स्थान न था। धर्म को वे सामाजिक हितों का महान् साधन मानते थे। धर्म से उनका आशय था निष्ठापूर्वक सत्य की खोज करना, सत्य के लिये सब कुछ बलिदान करने को उद्यत रहना। धर्म का स्वरूप बताते हुए नेहरूजी ने उसे व्याकुल आत्माओं की महान औषधि की संज्ञा दी है। —ऐसा नेहरू का विश्वास था। नेहरू का मन्तव्य उनके इन शब्दों में स्पष्ट है—"मैं कोई धार्मिक व्यक्ति नहीं हूँ, परन्तु मैं किसी वस्तु में विश्वास अवश्य करता हूँ—आप उसे धर्म कह सकते हैं या जो चाहे सो कह सकते हैं—जो मनुष्य को उसके सामान्य स्तर से ऊँचा उठाती है और मनुष्य के व्यक्तित्व को आध्यात्मिक गुण तथा नैतिक गहराई का एक नवीन प्रमाण प्रदान करती है। अब जो भी वस्तु मनुष्य को उसकी क्षुद्रताओं से ऊपर उठाने में सहायता देती है, चाहे वह कोई देवता हो अथवा कोई पाषाण प्रतिमा हो, वह शुभ है और उसे ठुकराया नहीं जाना चाहिए।"

4

सामाजिक एवं आर्थिक विचारों का तुलनात्मक अध्ययन

महात्मा गाँधी का जन्म उस समय हुआ जब उनके राष्ट्र में चारों ओर संकीर्णता की भावना विद्यमान थी। सब जातिधर्म अपने को श्रेष्ठ बनाने के चक्कर में दूसरों का शोषण करने के लिए हमेशा तैयार रहते थे। इस तरह का माहौल देखकर गाँधीजी का हृदय विदीर्ण होने लगा और वे एक ऐसे राष्ट्र की स्थापना करना था जिसमें सभी लोग समन्वयात्मक भावनाओं के आधार पर जीवन निर्वाह से ऊपर उठकर आध्यात्मिक और नैतिक जीवन जी सकें। इसके लिए उन्होनें नवीन समाजार्थिक विचारों का प्रवर्तन किया। उस समय देश की तत्कालीन परिस्थिति कुछ प्रकार थी कि किसी भी दशा में समाज को व्यवस्थित करना स्वयं में एक चुनौती थी क्योंकि इस समय पूरा समाज छूआछूत, सांप्रदायिकता, नशाखोरी, पाश्चात्य संस्कृति तथा शोषण आदि समस्याओं में उलझा था। ऐसी स्थिति में गाँधी जी ने जिन सामाजिक–आर्थिक विचारों का प्रवर्तन किया, उनका उल्लेख निम्नलिखित है :

सामाजिक दृष्टिकोण

गाँधीजी ने भारतीय समाज में फैली कुरीतियों को दूर करने का प्रयास किया, जिससे समाज के नैतिक मूल्यों का पराभव हो रहा था। एक समाज सुधारक के रूप में गाँधी जी ने निम्नवत् समस्याओं पर अपने सुझाव दिए–

(1) भेदभाव–गाँधी जी ने छुआछूत की समस्या से निपटने के लिए

1928-1929 में अछूतोद्धार आंदोलन चलाया जो उनके भाषणों का मुख्य विषय रहा करता था। उन्होंने एक बार कहा, "मेरा तो दावा है कि भारत के बहुसंख्यक अछूतों का भी मैं प्रतिनिधि हूँ। हम चाहते हैं कि अछूतों का एक पृथक् जाति के रूप में वर्गीकरण किया जाए। सिक्ख हमेशा के लिए सिक्ख, मुसलमान हमेशा के लिए मुसलमान और ईसाई हमेशा के लिए ईसाई रह सकते हैं, लेकिन क्या अछूत भी सदा के लिए अछूत रहेंगे।" गाँधी जी द्वारा मान्य वर्णाश्रम व्यवस्था का अर्थ यह नहीं था, वे अस्पृश्यता को पाप मानते थे। यह प्रजातंत्र की भावना के विरुद्ध है। यह मानव श्रम की महत्ता का उल्लंघन है। यह कुछ आर्थिक समस्याओं को भी जन्म देता है। अछूतों के पास रोजगार के साधनों का अभाव है जिससे उनकी आर्थिक स्थिति कमजोर है। इस कारण उनको समाज में सम्मान नहीं मिल पाता है।

अस्पृश्यता के संदर्भ में उन्होंने सवर्ण हिंदुओं को सचेत करते हुए कहा, "अस्पृश्यता का निवारण सवर्ण हिन्दुओं के लिए एक पश्चाताप है। अछूतों के शुद्धिकरण की नहीं, बल्कि ऊँची कहलाने वाली जातियों के शुद्धिकरण की आवश्यकता है। ऐसी कोई बुराई नहीं है जो केवल अछूतों के लिए विशेष तौर से हो। हम अपने अहंकार में अंधे हो गये हैं और हम दलित भाइयों, जिनको हमने कुचला और दासता में रखा है, की बुराइयों को बढ़ा-चढ़ाकर कहते हैं। ईश्वर की कृपा और उसके दर्शन पर किसी जाति या राष्ट्र का एकाधिकार नहीं है। वे सबको, जो ईश्वर की भक्ति करते हैं, समान रूप से प्राप्त हैं। जो धर्म और राष्ट्र अन्याय, असत्य और हिंसा में विश्वास रखता है, उसका पृथ्वी पर अस्तित्व खत्म हो जाएगा। समाज में व्याप्त छूआछूत को अभिशाप मानते हुए कहा कि "अस्पृश्यता के गम्भीर रूप ने सदा मुझको बड़ा कष्ट पहुँचाया है, क्योंकि मैं स्वयं को पक्का हिन्दू धर्म का अनुयामी होने में विश्वास करता हूँ तो मुझे स्वयं हिन्दू धर्म को छोड़ देने में कोई झिझक नहीं होगी।" मैं कभी भी अपने मन को अस्पृश्यता के साथ नहीं मिला सका हूँ। मैंने इसे सदा ही हिन्दुत्व की रसौली समझा है। यह ठीक है कि यह सदियों से चली आ रही है, परंतु ऐसी बुराइयाँ तो अनेक हैं।"

हिंदू धर्म की पावनता अस्पृश्यता ऐसी कड़ी है जो उसकी व्यापकता में संकीर्णता लाती है। उन्होंने अछूतों को 'हरिजन' कहा और हरिजनोद्धार को अपने सामाजिक सुधार कार्यक्रम प्रथम वरीयता प्रदान की।

(2) सांप्रदायिकता—गाँधीजी ऐसे धर्म में आस्था रखते थे जिसमें प्राणिमात्र के कल्याण की भावना हो। वे चाहते थे कि सभी धर्मों के लोग भारत में भाई-भाई बनकर रहें। गाँधी जी किसी एक जाति के नहीं, वरन् 'सर्व-धर्म-समन्वय' के उपासक

थे। उन्होंने अपने आपको एक हिन्दू और साथ ही साथ एक मुसलमान और एक ईसाई भी बतलाया। वे अपनी प्रार्थना में सभी धर्मों को महत्व देते थे। उन्होंने लिखा, "विभिन्न धर्मों में समन्वय तभी स्थापित हो सकता है, जबकि विभिन्न धर्मों के अनुयायी एक-दूसरे के धर्म के प्रति क्रियात्मक रूप से सम्मान का भाव प्रकट करें।" उन्होंने असहयोग आंदोलन के माध्यम भारत विभाजन का विरोध किया। विभाजन के बाद उत्पन्न सांप्रदायिक दंगों से उन्हें गहरा आघात पहुँचा। उन्होंने कहा, "हमारी स्वतन्त्रता तभी पूर्ण होगी जब इसमें जाति, पद या धर्म के भेदभाव के बिना राजकुमार को भी उतनी ही स्वतन्त्रता मिलेगी-जितनी किसान को, भू-स्वामी को उतनी-जितनी भूमिहीन कृषक को, हिन्दुओं को उतनी-जितनी मुसलमानों को, ईसाइयों को उतनी-जितनी जैनियों को, यहूदियों को उतनी-जितनी सिक्खों को।" वे अल्पसंख्यकों की सामाजिक स्थिति सुधारने के लिए वचनबद्ध थे।

(3) नशाबन्दी–गाँधीजी नशीले पदार्थों के प्रबल विरोधी थे। इस सम्बंध में उनके यह वाक्य थे–"यदि मुझे एक घण्टे के लिए भी भारत का तानाशाह बना दिया जाए तो सबसे पहला काम जो मैं करूँगा वह होगा– शराब की सभी दुकानों को बिना मुआवजे के बन्द करना।" गाँधी जी शराब को नैतिक, आर्थिक एवं बौद्धिक पतन का कारण बताते थे तथा कहते थे कि जो पैसा बच्चों की शिक्षा और उनके स्वास्थ्य पर खर्च होना चाहिए वह शराब में नष्ट किया जाता है। शराबी का परिवार सदा गरीबी में पलता है। शराब अनेक मामलों में लोगों की बुद्धि को भी कुंठित कर देती है और उनके बौद्धिक विकास को रोकती है। जब किसी ने उनसे कहा कि शराबबन्दी के लिए अभी देश को इन्तजार करना पड़ सकता है तो वह नाराज हो उठे और बोले, "किसी शराबी की औरत से जाकर इन्तजार करने के लिए कहो, फिर देखना वह तुम्हारी क्या गत बनाती है। मैं तो हजारों शराबियों की औरतों को देख रहा हूँ और इसलिए एक मिनट का भी इन्तजार करने का धीरज मुझमें नहीं रहा।" सरकार को बड़ी मात्रा में कर प्राप्त होता था। उस विषय में उन्होंने कहा कि, "स्मरण रहे कि शराब से प्राप्त आय निकृष्ट प्रकार का टैक्स है। टैक्स तभी ठीक हो सकता है जब उसके बदले में करदाता को दस गुना अधिक सेवा प्राप्त हो। एक्साइज लोगों की नैतिक और मानसिक गिरावट लोगों को कर अदा करने पर मजबूर करती है और वह भी उन पर, जो इसे सबसे कम सहन करने योग्य हैं और जिन पर यह भारी बोझ के समान है।" 1938 में उन्होंने कहा, "काँग्रेस सरकारें जो राजस्व के लिए नशाबन्दी करने में देरी करती हैं, अपनी शपथ को यदि शब्दों में नहीं तो भावना में भंग करने की दोषी है।"

(4) नारी कल्याण—गाँधी जी महिलाओं को भी पुरुषों के समान अधिकार दिलवाने के पक्षधर थे। इसके अतिरिक्त, प्रत्येक कार्य सामाजिक दृष्टि से महत्त्वपूर्ण है, चाहे वह घरेलू कार्य है या दफ़्तरी। गाँधी जी ऐसा अनुमान लगाते थे कि भारतीय समाज में महिलाओं के अधिकार सीमित होने के कारण उनका समाज में निम्न स्थान था। अतः उन्होंने स्त्रियों के समान अधिकारों का प्रबल समर्थन किया और अपने आन्दोलनों में उनको क्रियात्मक रूप से शामिल किया लेकिन वे यह भी कहते थे कि स्त्रियों को पुरुषों के समक्ष प्रतिस्पर्धा न करके अपने निर्धारित कार्यों में निष्णात होना चाहिए।

गाँधीजी समाज में फैली हुई कुप्रथाओं जैसे विधवा विवाह निवेध, पर्दाप्रर्था इत्यादि का घोर विरोध करते थे। वे संस्कारों को सरल बनाना चाहते थे। वे स्त्रियों को नम्र, सुशील और सच्चरित्र देखना चाहते थे। वे महँगे कपड़ों और गहनों को भी पसन्द नहीं करते थे। नारी के संबंध में उनका विचार था कि वह श्रद्धा की प्रतिमूर्ति है; धैर्य की संवाहिक है, इससे भी आगे उन्होंने लिखा कि, "स्त्री अहिंसा की मूर्ति है। अहिंसा का अर्थ है असीम प्यार, जिसका अर्थ है कष्ट सहने की असीम क्षमता वह पुरुषों की माता है, उसके अतिरिक्त और किसी में इतने अधिक कष्ट सहने की क्षमता नहीं है। वह बच्चे को नौ महीने तक पेट में पालती है और इस कष्ट में निहित सुख की अनुभूति करती है। बच्चे के जन्म के समय उसे जो कष्ट होता है, उसका मुकाबला कौन कर सकता है? और रोज के कष्टों को उठाना किसी दूसरे के बस की बात नहीं, वह जो केवल जन्म की खुशी में सब कुछ भूल जाती है, ताकि उसका बच्चा दिन-पर-दिन बड़ा होता रहे। स्त्री अपने इस प्यार को सारी मानवता पर बिखेरती है। वह भूल जाती है कि वह पुरुष की वासना का खिलौना है या कभी थी और वह मनुष्य के साथ अपना गौरवपूर्ण पद उसकी माँ, निर्माता और मौन नेता के रूप में ग्रहण करती है। युद्ध से त्रस्त संसार को शान्ति का पाठ पढ़ाना उसका ही काम है।"

(5) शिक्षा—शिक्षा के पश्चिमीकरण के प्रभाव से नैतिक मूल्यों का प्रतिदिन ह्रास होता जा रहा है। इस शिक्षण का परिणाम यह है कि भारतीयों में 'बाबू' बनने की बू आ रही है और वे शारीरिक श्रम से घृणा करने लगे हैं। अंग्रेज़ी पढ़े-लिखे लोग अपने-आप को जनता से एक अलग वर्ग समझते हैं। बेसिक शिक्षा की नींव गाँधीजी ने ही रखी। गाँधी जी ने 'बेसिक शिक्षा' को श्रममूलक शिक्षा कहा, जिसका उद्देश्य छात्रों को हस्तकौशल और उनके उपकरणों के द्वारा शिक्षा देना था। वह मौजूदा पुस्तकीय शिक्षा से सर्वथा भिन्न थी। गाँधी जी ने इस बात को स्पष्ट कर दिया था

कि बेसिक शिक्षा का उद्देश्य छात्रों का वैज्ञानिक तरीके से मानसिक और शारीरिक विकास करना है।

आर्थिक विचार

महात्मा गाँधी ने रस्किन बांड की पुस्तक 'अनटू द लास्ट' तथा बाइबिल के अध्ययन के बाद अपने सामाजिक प्रथा आर्थिक विचारों में परिवर्तन किया। 'भारत छोड़ो आन्दोलन' के दौरान जब वे जेल में थे तो उन्होंने 'मार्क्स' की पुस्तक पढ़ी। गाँधी जी ने अर्थशास्त्र के किसी अमुक विषय पर न लिखकर भारत की समस्याओं पर अपने विचार प्रकट किए हैं, जिनसे हम उनके आर्थिक विचारों को पता लगा सकते हैं। आर्थिक विषयों में गाँधी जी जिस व्यावहारिक सिद्धांत के समर्थक थे उनका उल्लेख नीचे किया जा रहा है–

(1) सादा जीवन व उच्च विचार–गाँधीजी जीवन में कुछ जरूरी आवश्यकताओं को पूर्ण करना चाहते थे, वे संग्रह की वृत्ति में विश्वास नहीं करते हैं, बल्कि इनको कम करने के पक्ष में थे। जीवन की कुछ मौलिक आवश्यकताओं का पूरा होना जरूरी है। प्रत्येक मनुष्य को रहने के उचित साधन मिलने चाहिएँ, भोजन, कपड़ा और मकान की जरूरत पूरी होनी चाहिए। यह तीनों चीजें सबको एक समान प्राप्त होनी चाहिए। आवश्यकताओं को बढ़ाते जाना दुःख को निमन्त्रण देना है। उन्होंने लिखा है, "आवश्यकताओं की वृद्धि हमारे जीवन की अंतरात्मा को कमजोर बना देती है। वे हमारे आन्तरिक जीवन को मृत कर देती है। शारीरिक सुख और आराम कुछ सीमा तक जरूरी है, लेकिन उस सीमा से ऊपर यह मानव-प्रगति में सहायक न होकर बाधक बन जाता है। अतः आवश्यकताओं के अनगिनत रूप से बढ़ाने का आदर्श मुझे तो एक धोखा और फंदा दिखाई देता है अत्यधिक गरीबी भी व्यक्ति के नैतिक पतन का कारण बनती है। उन्होंने लिखा है, "किसी ने यह नहीं कहा कि घोर गरीबी नैतिक पतन के अतिरिक्त अन्य किसी दशा में ले जा सकती है। प्रत्येक मानव को जीवित रहने का अधिकार है और इसलिए उसे यथेष्ट मात्रा में भोजन, वस्त्र तथा मकान मिलने चाहिएँ। इस सीधी-सी-बात को समझने के लिए किसी अर्थशास्त्री या अर्थशास्त्र के नियमों की आवश्यकता नहीं है।" आधुनीकीकरण के समय अपनी प्राथमिक आवश्यकताओं की पूर्ति करना चाहिए न कि दूसरे देशों की नकल करनी चाहिए। उन्होंने लिखा है, "मैं इस बात में विश्वास नहीं करता कि आवश्यकताओं की बहुलता तथा इनको पूरा करने के लिए बनाई गई मशीनें संसार को उन्नति के

पथ पर आगे ले जा रही हैं। मैं फासले और समय की दूरी को समाप्त करने की होड़ का, पशुवत् इच्छाओं को बढ़ाने का और इसको पूरा करने के लिए धरती-आसमान एक कर देने का पूरी तरह से विरोध करता हूँ।'' मानव इच्छाओं के संबंध में मन को अंततः को स्वीकार किया। ''मस्तिष्क एक बेचैन चिड़िया की तरह है, जितना इसको मिलता है, उतना ही अधिक यह असन्तुष्ट रहता है। जितना अधिक हम इच्छाओं की पूर्ति में व्यस्त रहते हैं, उतना ही इस पर हमारा नियंत्रण कम हो जाता है। इसलिए हमारे पूर्वजों ने इच्छापूर्ति पर एक सीमा लगा दी। उन्होंने देखा कि सुख तो मन की दशा का नाम है। यह बात नहीं थी कि उन्हें मशीनों को बनाना नहीं आता था, अपितु हमारे पूर्वज मानते थे कि यदि हम इच्छाओं को बढ़ाने के पीछे पड़ गए तो हम गुलाम हो जाएँगे और अपना नैतिक स्तर खो देंगे।''

(2) काम का अधिकार—गाँधीजी श्रम में अधिक विश्वास रखते थे इसलिए नवीन शिक्षा प्रणाली में श्रम के महत्व को स्वीकार किया। बेकारी की समस्या और विशेषकर भारत के गाँवों में बढ़ती बेकारी गाँधी जी के चिन्तन का मुख्य विषय रहा। उन्होंने इस समस्या को मिटाने के लिए ग्रामीण कुटीर उद्योगों के प्रसार का सुझाव दिया। उन्होंने मशीनों को की उपयोगिता का अध्ययन करके इस लक्ष्य पर पहुंचे कि इससे धन का केंद्र कुछ लोगों के पास होगा। जिससे ग्रामीण विकास का सपना पूरा नहीं होता दिखता, इससे तो बेरोजगारी की समस्या घटने के बजाय बढ़ जाएगी। एक ऐसे देश में, जहाँ काम कम और काम करने वाले ज्यादा लोग हों, मशीनों से आम जनता की गरीबी और बेकारी बढ़ती ही जाती है परंतु इसका अर्थ यह नहीं है कि गाँधी जी मशीनीकरण के विरोधी थे क्योंकि एक स्थान पर उन्होंने लिखा है, ''मेरी इच्छा है, वह यह है कि भारत के प्रत्येक नागरिक को, जो काम करने के लिए तैयार है, अपनी रोजी कमाने के लिए काम मिलना चाहिए। यदि बिजली अथवा अणुशक्ति का प्रयोग बेकारी को बढ़ाए बिना किया जा सकता है तो इसका विरोध नही करूंगा। परंतु मुझे इस बात पर विश्वास कराना होगा कि भारत जैसे देश में, जहाँ आबादी अधिक और पूँजी कम है, ऐसा संभव है।'' मशीनों के आविष्कार एवं प्रयोग के संबंध में गरीबी दूर करने के लिए लघु मशीनों के प्रयोग के समर्थक थे। चरखा भी एक तरह से मशीन है। सिलाई की मशीन, तेल निकालने का कोल्हू, करघा आदि सब यन्त्र ही तो हैं, परंतु ये यन्त्र हानि पहुँचाने वाले नहीं हैं। वे गाँवों में बिजली पहुँचाने के भी विरोधी नहीं थे। गाँधी जी का विचार था कि ग्रामीण कुटीर उद्योगों के विकास के बिना भारत में बेकारी की समस्या को हल नहीं किया जा सकता। विशालकाय कारखानों की जगह वे कुटीर उद्योगों के विकास के समर्थक

थे। उनका कहना था कि यदि ग्रामोद्योगों के द्वारा स्विट्ज़रलैण्ड और जापान के हजारों-लाखों ग्रामीण को उनके घरों में काम दिया जा सकता है तो हमारे देश में भी ऐसी व्यवस्था लागू होनी चाहिए।

(३) स्वदेशी—गाँधीजी स्वदेश में निर्मित वस्तुओं के उपयोग के पक्षधर थे। उनका मानना था कि विदेशी सहायता पर अत्यधिक निर्भरता हमारी शक्तियों को क्षीण कर देगी और आत्म-सहायता की भावना को मिटा देगी। हमें अपने पैरों पर खड़ा होना सीखना होगा। गाँधीवादी अर्थशास्त्र में चरखे का महत्त्वपूर्ण स्थान है। चरखा उनके लिए केवल गाँवों की बेकारी मिटाने का यन्त्र ही नहीं था, अपितु वह राष्ट्रीय एकता का प्रतीक भी था। इससे भी अधिक वह ईश्वर का साक्षात्कार करने का साधन भी था। गाँधी जी ने एक स्थान पर लिखा है, "चरखे के द्वारा मैं दरिद्रनारायण का अनुसंधान करता हूँ और ईश्वर का साक्षात्कार करता हूँ। मेरी बुद्धि का विकास उनके द्वारा होता है और आजन्म होता रहेगा।" एक सच्चे राष्ट्रवादी के रूप में गाँधी जी ने कहा था, विदेशी वस्तुओं के अधिक प्रयोग से व्यक्ति में विलासिता की भावना जाग्रत होती है। चूँकि हम स्वदेशी वस्तुओं को पसन्द नहीं करते, इसलिए एक प्रकार से हम विदेशी बन जाते हैं। यह बात स्पष्ट है कि हम स्वदेशी वस्तुओं की उपेक्षा नहीं कर सकते। जिस प्रकार हम स्वदेशी हवा तथा स्वदेशी मिट्टी की उपेक्षा नहीं कर सकते, केवल इस धारणा से कि यह विदेशी हवा तथा विदेशी मिट्टी निम्न स्तर की है।"

(4) श्रम-पूँजी सम्बन्ध—गाँधी जी मार्क्स के वर्ग संघर्ष का समर्थन नहीं करते थे। उनका मानना था कि श्रमिक और पूंजीपति संबद्ध हैं। दोनों ही दोनों ही मिलकर विकास तथा उत्पाद को सुनिश्चित करें। इसी में उन दोनों का भी हित है। सन् 1928 में **'यंग इण्डिया'** में उन्होंने लिखा था, "मैंने सदा यह कहा है कि मेरा आदर्श यह है कि पूँजीपति तथा मज़दूर एक-दूसरे की सहायता करके एक-दूसरे के पूरक बनें। उन्हें एक विशाल परिवार के रूप में एकता और सद्भावना के साथ रहना होगा जिसमें पूँजीपति न केवल मज़दूरों के भौतिक सुख की चिन्ता करें, बल्कि यह भी देखें कि उनका नैतिक विकास भी हो सके। पूँजीपतियों को यह भी ध्यान रखना कि उनके अधीन काम करने वाले मज़दूरों के वे ट्रस्टी हैं।"

(5) राष्ट्रीयकरण—महात्मा गाँधी निजी क्षेत्र में शासन के हस्तक्षेप अनुचित मानते थे। यद्यपि वे बड़े उद्योगों के विरोधी थे परंतु तत्कालीन स्थिति के परिशीलन के बाद वे इस परिणाम पर भी पहुँचे थे कि कुटीर उद्योगों के साथ-साथ देश में कुछ बड़े उद्योगों का होना भी आवश्यक है। ऐसे उद्योगों का राष्ट्रीयकरण आवश्यक है,

जिससे पूंजी कुछ विशेष लोगों तक की सीमित न रहे और श्रमिकों का भी शोषण न हो पाए।

(6) औद्योगिकीकरण—गाँधी जी का कहना था कि वर्तमान समय में प्रचलित औद्योगिक तथा बड़ी-बड़ी मशीनों का प्रयोग ठीक नहीं है क्योंकि इससे काफी संख्या में लोग बेरोज़गार हो गए हैं।

(7) ट्रस्टीशिप—गाँधीजी ने किसानों तथा मजदूरों का शोषण रोकने के लिए ट्रस्टीशिप सिद्धांत लागू किया। ट्रस्टीशिप का नियम सभी क्षेत्रों में लागू होता है। माता-पिता बच्चों के ट्रस्टी हैं। सरकार जनता की ट्रस्टी है। प्रतिनिधि अपने मतदाताओं के ट्रस्टी हैं। मालिक ट्रस्टी नहीं होता। मालिक वह होता है, जिसके हितों की ट्रस्टी रक्षा करता है। यदि ट्रस्टी मालिक के हितों की परवाह नहीं करता तो उसके विरुद्ध सत्याग्रह किया जा सकता है। कारखानों के मालिक मज़दूर हैं और जमीन के मालिक किसान हैं। जमींदारों और पूंजीपतियों के धन का महत्व श्रमिकों के श्रम के सामने फीका है। पूँजीपतियों और जमींदारों में हृदय परिवर्तन द्वारा उनमें ट्रस्टी की भावना का विकास करना होगा। गाँधी जी 'निजी स्वामित्व' के सिद्धान्त में तब तक विश्वास नहीं करते थे जब तक कि इस प्रकार के स्वामित्व की समाज ने स्वकल्याण के लिए आज्ञा न दी हो।

इससे समझा जा सकता है कि गाँधी जी जनता के आत्मनिर्भर बनने तथा विकास के लिए हमेशा प्रयत्नशील रहे। खाद्य संकट के समय वे फूलों की जगह अन्न उपजाने के पक्ष में थे। वे नियन्त्रणों के अधिक पक्ष में नहीं थे उनका मानना था कि केवल वही नियन्त्रण रखे जाएँ जो साधारण व्यक्ति के आर्थिक हितों की सुरक्षा के लिए जरूरी हों। गाँधी जी ने श्रमिकों के कर्त्तव्यों एवं अधिकारों दोनों पर बल दिया और उत्पाद के आधार पर ही उनको वेतन मिलना चाहिए। परंतु यदि मज़दूर उत्पादन को बढ़ाए बिना वेतन की माँग करेंगे तो इससे कीमतें बढ़ेंगी। पशुपालन, गो-सेवा तथा जैविक खादों को उन्होंने किसानों के विकास में सहायक माना।

नेहरू और आर्थिक स्तर पर कल्याणकारी राज्य

जन-कल्याणकारी राज्य के प्रति नेहरू का चिन्तन और व्यवहार शैली क्या थी—इसका संक्षिप्त किन्तु सुन्दर चित्र फ्रैंक मोरेस ने अपनी पुस्तक 'जवाहरलाल नेहरू : जीवनी' में किया है। भारत को एक आदर्श जनकल्याणकारी राष्ट्र बनाने के लिए पूरे जीवन काल में प्रयासरत रहे। समाजवादी ढंग का कल्याणकारी राज्य वर्षों

से, निश्चय ही 1927 से, नेहरू का भारत के लिये आदर्श रहा। लेकिन प्रारम्भ से ही उनकी यह धारणा रही कि उनकी कल्पना का समाजवादी ढंग का समाज मुक्त विचारों के आदान-प्रदान से संभव हो सकता है उसको जबरदस्ती थोपना गलत है। नेहरू चाहते थे कि इसके लिये लोगों को समझाना होगा, उसमें रचनात्मक कार्यों के प्रति तीव्र आकर्षण पैदा करना होगा, नियोजित मार्ग अपनाना होगा और देशवासियों को इसका विश्वास कराना होगा कि ये सभी योजनाऐं समस्त मानव जाति एवं राष्ट्र के हित में हैं। पंचवर्षीय योजनाओं को चालू करने में नेहरू की सरकार ने लोकतान्त्रिक प्रक्रियाओं का सावधानी से पालन किया।

ब्रिटिश शासन से मुक्ति मिलने के बाद नेहरू ने राष्ट्र को चेतावनी दी कि या तो हमें उत्पादन बढ़ाना होगा या कि विनाश के मार्ग की ओर जाना होगा। भारत की सबसे बड़ी सम्पत्ति जनशक्ति है और इसका पूरा उपयोग करना चाहिए। 1948 में नेहरू ने अपने देशवासियों से अनुरोध किया "हमें काम में लगे रहना चाहिए, कड़े काम में। हमें उत्पादन करना चाहिए, लेकिन हम जो उत्पादन कर रहे हैं कि वह विशेष क्षेत्रों के लिये नहीं, किन्तु राष्ट्र के लिये, लोगों और साधारण आदमी के स्तर को उठाने के लिये होना चाहिए। इस तरह से काम की भावना से हमारी वर्तमान समस्याओं का हल निकाला जा सकता है। भारत का पुनर्निर्माण हमारे लिये सरल कार्य नहीं है। यह बहुत बड़ी समस्या है, यद्यपि हम संख्या में बहुत हैं और भारत में साधनों की कमी नहीं है, क्षमता वाले, समझदार और कड़ी मेहनत करने वाले लोगों की कमी नहीं है। हमें इन साधनों का और इन जनबल का भारत में उपयोग करना चाहिए।" नेहरू जी ने जनता की इच्छाओं को साकार किया। राजनीतिक रूप से भारत स्थायित्व से प्रगति की और बढ़े उसी प्रकार नेहरू ने आर्थिक रूप से प्रक्रिया को उन्हीं ढंगों से सोचा था। "यदि प्रथम पंचवर्षीय योजना स्थायित्व का प्रतिरूप थी तो द्वितीय प्रगति को उपस्थापित करती थी।" 1952 में प्रथम पंचवर्षीय योजना के सन्दर्भ में नेहरू ने कहा था कि—"हमारे आदर्श ऊँचे और हमारे लक्ष्य महान् हैं। उनकी तुलना में पंचवर्षीय योजना साधारण शुरुआत लगती है, लेकिन हमें स्मरण रहे कि यह अपने ढंग का अपना महान् प्रयत्न है और यह आज की वास्तविकताओं पर आधारित है, न कि हमारी इच्छाओं पर। इसलिए इसे हमारे वर्तमान साधनों से सम्बन्धित रखना होगा, नहीं तो यह अवास्तविक रहेगी। यह भविष्य से अधिक बड़ी और अच्छी योजना की शुरुआत है। हमें अच्छी तरह नींव डालना है और शेष चीजें अनिवार्यतः आएँगी।" नेहरूजी की चिंतन शैली से व्यावहारिक ज्ञान का संकेत मिलता है।

भारत को जनकल्याणकारी बनाने के लिए पं. जवाहर लाल नेहरू ने औद्योगीकरण का समर्थन किया। पर साथ ही वे औद्योगिकरण की बुराइयों के प्रति भी सजग थे। नेहरू की दृष्टि में भारत की समस्या थी—पूँजी का अभाव और श्रमिकों का बाहुल्य। उनका कहना था कि उस जन-शक्ति का, जो कुछ भी उत्पादन नहीं कर रही है, उपयोग किया जाए। मशीनों का बड़े पैमाने पर उपयोग श्रमिकों को काम में लगाये नहीं तो बेकारी की समस्या उत्पन्न हो जायेगी। नेहरू ने देश में व्याप्त अनुचित आत्म-सन्तोष को कभी उचित नहीं माना। अपने प्रधानमन्त्रित्व काल के प्रारम्भिक वर्षों में ही दिसम्बर, 1952 में नेहरू ने संसद में चेतावनी दी कि—"हमारा औद्योगीकरण कितना ही तेज क्यों न हो उसमें दस, बीस या तीस वर्षों में इस देश की थोड़ी-सी आबादी से अधिक सम्भवतः खप नहीं सकती। लाखों लोग ऐसे रह जायेंगे जिन्हें प्रमुखतः खेती में लगाना होगा। इसके सिवा, इन लोगों को कुटीर उद्योग आदि के समान छोटे उद्योगों में काम देना होगा। यही गाँवों और कुटीर उद्योगों का महत्त्व है। प्रायः बड़े उद्योगों और कुटीर उद्योगों के मुकाबले के बारे में जो चर्चा सुनी जाती है वह गलत तरीके से सोची गई है। मुझे इस बात में सन्देह नहीं है कि इस देश में प्रमुख उद्योगों के विकास से हम लोगों के जीवन का स्तर ऊँचा नहीं कर सकते हैं। मैं वास्तव में और आगे बढ़ कर कहूँगा कि बिना उनके हम स्वतन्त्र देश के रूप में भी नहीं बन सकते। पर्याप्त प्रतिरक्षा के समान कहूँ चीजें स्वाधीनता के लिये अनिवार्य हैं और हम इन्हें बिना प्रमुख रूप से उद्योगों के विकास के नहीं रह सकते। लेकिन हमें यह स्मरण रहे कि भारी उद्योगों का विकास ही इस देश में लाखों लोगों की समस्या हल करने में सक्षम नही है। हमें ग्रामोद्योग और कुटीर उद्योग को बड़े पैमाने पर विकसित करना होगा। साथ ही साथ छोटे-बड़े उद्योगों का विकास करने में हमें मानवता को नहीं भूल जाना होगा। हमारा उद्देश्य अधिक धन कमाना और अधिक उत्पादन ही नहीं है, हमारा अन्तिम लक्ष्य अच्छे इन्सान है। अपने देशवासियों के लिये हम बड़े-बड़े अवसर चाहते हैं। न केवल आर्थिक या भौतिक दृष्टिकोण से लेकिन अन्य स्तरों पर भी।"

देश को आर्थिक स्तर पर जन-कल्याणकारी रूप देने से नेहरू ने सामुदायिक योजना को पर्याप्त महत्त्व दिया। गाँधी के जन्म दिन के अवसर पर 2 अक्टूबर, 1952 को गांवों के विकास के लिए सामुदायिक विकास योजना प्रारंभ की गयी। किसानों की एक भारी भीड़ को सम्बोधित करते हुए उन्होंने कहा, "आज जो काम यहाँ आरम्भ हुआ है, यह उस क्रान्ति का प्रतिफलन है जिसके बारे में लोग इतने दिनों से शोर मचा रहे थे। यह अव्यवस्था और सर फोड़ने पर आधारित क्रान्ति नहीं

है, किन्तु गरीबी दूर करने के लगातार प्रयत्न पर आधारित है। यह भाषणों का अवसर नहीं है। हमें भारत को अपनी मेहनत से महान् बनाना है।'' नेहरू जी जब इन बातों का अवलोकन करते थे तो उनको बड़ा आनंद आता था। ''सुधरे हुए स्वास्थ्य, बेहतर शिक्षा और समाज सेवा के बढ़ते हुए भाव से भारत धीरे-धीरे नवजीवन और विस्तृत दिगंत की ओर अग्रसर हो रहा है।'' पं. जवाहर लाल नेहरू ने ऐसे राष्ट्र के रूप में भारत को देखना चाहते थे जिसमें गरीबी , 'पिछड़ेपन' का नामो-निशान न हो। अपने विचारों की एक झाँकी उन्होंने मई, 1952 में सामुदायिक योजना सम्मेलन में दी थी। उन्होंने कहा था–

''वास्तव में जिस बात के लिये हम प्रतिबद्ध हैं वह थोड़े से सामुदायिक केन्द्र नहीं हैं, लेकिन भारत के लोगों के सबसे बड़े समुदाय के लिये, विशेषतः उन लोगों के लिये जो फटेहाल हैं, जो पिछड़े हुए हैं। इस देश में बहुत ही अधिक पिछड़े हुए लोग हैं। परिगणित जाति और परिगणित वर्ग के संगठनों के अतिरिक्त पिछड़े हुए वर्गों की लीग नाम का एक संगठन है। असल में आप आसानी से कह सकते हैं कि भारत के 96% लोग आर्थिक रूप से बहुत पिछड़े हुए हैं। सही बात यह है कि मुट्ठी भर आदमियों को छोड़कर बहुसंख्यक लोग पिछड़े हुए हैं। जो भी हो, हमें उन लोगों के बारे में अधिक विचार करना है जो ज्यादा पिछड़े हुए हैं, क्योंकि हमें अवसर और दूसरी चीजों के क्रमशः बराबरी उत्पन्न करने वाला मानदण्ड सोचना है। आज के आधुनिक संसार में आप उन लोगों के बीच जो ऊपर हैं और जो नीचे हैं बहुत दिनों तक बड़ी दूरी नहीं रख सकते। यह सही है कि आप सबको बराबर नहीं कर सकते। लेकिन कम से कम हम सबको अवसर की समानता तो दे सकते हैं।''

फ्रैंक मोरेस ने लिखा है कि ''काँग्रेस ने अव्यवस्थित और उलझे हुए चिन्तन के ताने-बाने में नेहरू का आर्थिक चिन्तन पक्के धागे की तरह एक-सा चलता रहता था। तीस से भी अधिक वर्षों से उनके अर्थ-सम्बन्धी विचार अपने पथ से अधिक नहीं हटे, यद्यपि कभी-कभी उन्होंने अपना जोर व्यापक या संकुचित कर दिया। गाँधी को छोड़कर, स्वतन्त्रता आने के समय नेहरू ही अकेले ऐसे नेता था जिन्होंने अपने आप सोचकर एक निश्चित राजनीति, आर्थिक और सामाजिक दर्शन बना लिया था और जिसे सम्पन्न करने के लिये सत्ता ने उन्हें अपूर्व अवसर दिया।'' मार्क्सवाद ने इनके आर्थिक चिन्तन पर प्रभाव डाला, नेहरूजी ने भारत को समाजवादी राष्ट्र बनाने का प्रयास किया इसके लिये अवाड़ी प्रस्ताव के प्रयोजन को समझाते हुए मार्च, 1955 में 'फैडरेशन ऑफ इण्डियन चेम्बर ऑफ कॉमर्स एण्ड इण्डस्ट्री' के समक्ष अपने भाषण में कहा–

"कल के नारों का आज बहुत कम अर्थ रह गया है, चाहे वे नारे पूँजीवादी, समाजवादी या साम्यवादी हों। इन सबको परमाणु युग के अनुसार बनना होगा। यह बात नहीं है कि वे गलत हैं। उसमें सच्चाई का कुछ अंश है, लेकिन उन्हें फिर से सोचना और युग के अनुकूल बनाना होगा। पूँजीवाद, समाजवाद, मार्क्सवाद सभी औद्योगिक क्रान्ति की सन्तानें हैं। हम लोग औद्योगिक क्रान्ति या शायद और बड़ी किसी चीज के पहले हैं। वह उत्पादन, वितरण, चिन्तन और शेष सभी चीजों पर प्रभाव डाल रहा है। इस सन्दर्भ में समाजवादी ढंग के समाज का निर्णय क्यों लिया गया? यह लक्ष्य और उसके उपागम के निर्देश के लिये लिया गया है। हमें भारत को अणु युग के अनुकूल बनाना है और ऐसा जल्दी करना है। दूसरे देशों में शिक्षा ग्रहण करते हुए हमें यह भी याद रखना चाहिए कि प्रत्येक देश अपने अतीत पर बना है। भारत को जिन तत्त्वों ने बनाया है उन सबको याद रखना होगा।"

पं. जवाहर लाल नेहरू ने अपना सारा जीवन भारत को समृद्धशाली, आर्थिक विषमताओं से जनकल्याणकारी योजनाओं को लागू करने में अपना सर्वस्व अर्पण कर दिया। इस उद्देश्य के मार्ग में आने वाली प्रत्येक बाधा का दूर करने का उन्होंने प्रयत्न किया–चाहे सौहार्दपूर्ण तथा सरकारी ढंग से अथवा सरकारी दबाव अथवा कानून से। उनका कहना था कि–"आपके तथा सामाजिक उद्देश्य की प्राप्ति के बीच कैसी भी रुकावट नहीं आने देनी चाहिए।" पर रुकावटों को दूर करने में उन्होंने मार्क्सवादी-साम्यवादी, हिंसात्मक और क्रान्तिपूर्ण साधनों को कभी नहीं अपनाया और न ऐसा करने की प्रेरणा ही दी। भौतिक स्तर पर लोगों की समृद्धि के साथ ही उन्होंने लोगों की सांस्कृतिक तथा आध्यात्मिक समृद्धि भी चाही। अपने एक भाषण में उन्होंने कहा–"आज हमारी समस्या जनता के जीवन स्तर को उन्नत करने, उसकी आवश्यकताओं को पूरा करने, सुन्दर तथा स्वस्थ जीवन व्यतीत करने के लिये, उसे आवश्यक सुविधाएँ देने के लिये, केवल भौतिक वस्तुओं के सम्बन्ध में ही नहीं बल्कि सांस्कृतिक और आध्यात्मिक दृष्टि से उसे जीवन में प्रगति और विकास करने में सहायता देने की है।"

5

साम्यवाद सम्बन्धी विचारों का तुलनात्मक अध्ययन

साम्यवाद के सम्बन्ध में गाँधी जी के विचार

मार्क्सवाद के जनक कार्ल मार्क्स हैं, इसी से साम्यवाद का उदय हुआ। जिसका राजनीति में महत्वपूर्ण स्थान है, मार्क्सवाद की मान्यता है कि साभाजिक परिवर्तन का मूल आधार आर्थिक है। रूस में इसी प्रकार की शासन प्रणाली है। जब कभी उत्पादन-प्रणाली में कोई परिवर्तन हुआ तो इससे सामाजिक व्यवस्था प्रभावित हुई। पूँजीवाद का जन्म उत्पादन की वर्तमान प्रणाली के कारण हुआ। इसने गरीबों के शोषण को जन्म दिया है। आज पूँजीवाद का इतना ज्यादा प्रभाव है कि राज्य पूँजीपतियों के हाथों का खिलौना बन गया है। गरीब और अमीर के बीच खाई बढ़ती जा रही है। समाज को शोषक और शोषित दो वर्गों में बँट गया है। पूँजीवाद को समाप्त करके समाजवाद लाने के लिए क्रान्तिकारी साधनों का उपयोग करना पड़ेगा। वर्गहीन समाज की स्थापना से पूर्व कुछ समय तक सर्वहारा (*Proletariat*) वर्ग की तानाशाही पर नजर जरूर रखनी होगी। इतिहास की व्याख्या को मार्क्स ने समाजवाद का आधार स्वीकार किया है।

विश्व में हिंसा की प्रवृत्ति साम्यवादी आंदोलन का परिणाम है। लाखों व्यक्तियों की जानें गईं और हजारों को शारीरिक एवं मानसिक यातनाएँ सहनी पड़ीं। घृणा और हिंसा के वातावरण में भाईचारे की भावना समाप्त हो गई। हमेशा अपनी सत्ता की सुरक्षा के लिए चिंतित रहते हैं। साम्यवादी शासन तानाशाही शासन है।

इसमें प्रजातंत्र का कोई लक्षण नहीं होता। लोगों को समानता और स्वतन्त्रता प्राप्त नहीं होती। साम्यवाद युद्ध का जनक है। इसके तहत शांतिपूर्ण गतिविधियों को कम महत्व दिया गया है। साम्यवाद एक ऐसा सिद्धान्त है जो कुछ विशेष साधनों तथा दृष्टिकोणों के आधार पर श्रमिकों के अधिनायकवाद की स्थापना करना चाहता है। गाँधीवाद व साम्यवाद का तुलनात्मक अध्ययन करने से निम्नलिखित बातें स्पष्ट होती हैं–

1. दोनों ही राज्य के वर्तमान रूप की कड़ी आलोचना करते हैं, क्योंकि वह हिंसा पर आधारित है और व्यक्तियों का शोषण करने का साधन है।
2. दोनों का विचार है कि पूँजी कुछ ही व्यक्तियों के हितों को सुरक्षित करने तथा उनकी भलाई के लिए ही खर्च न होकर समस्त समाज के कल्याण के लिए खर्च होनी चाहिए।
3. कार्ल मार्क्स तथा गाँधी जी दोनों ही पिछड़े हुए वर्गों की उन्नति की ओर विशेष ध्यान देने के पक्ष में थे। दोनों के विचारों में इस प्रकार की समानताओं के आधार पर कुछ व्यक्ति गाँधीवाद तथा साम्यवाद में कोई अन्तर नहीं मानते और यह कहा जाता है कि गाँधीवाद हिंसा-रहित साम्यवाद है।
4. गाँधीवाद समाज में एक वर्ग के द्वारा दूसरे वर्ग के शोषण का घोर विरोध करता है। वह यह भी प्रयत्न है कि समस्त मनुष्यों के अधिकारों की सामान्य रूप से रक्षा की जाए।
5. गाँधीवाद तथा साम्यवाद दोनों एक ऐसे वर्ग-विहीन समाज की स्थापना के पक्ष में हैं, जिसमें धनी और निर्धन के भेदभाव को समाप्त कर दिया जाए और प्रत्येक व्यक्ति को अपनी योग्यता तथा काम करने की शक्ति के आधार पर स्थान मिले।

उपर्युक्त विचारों मे संतुष्टि नहीं मिलती है। इन दोनों विचारधाराओं को एक-दूसरे से भिन्न मानते हुए **श्री मशरूवाला** ने लिखा है– "प्रायः यह कहा जाता है कि साम्यवाद से हिंसा को अलग कर दिया जाए तो गाँधीवाद और साम्यवाद एक ही वस्तु है या गाँधी जी अहिंसक साम्यवादी थे। गाँधीवादियों और साम्यवादियों के बीच साध्य का कोई अन्तर नहीं है, केवल साधन का ही अन्तर है। गाँधी जी ने 'सत्य' और 'अहिंसा' के साधनों पर ही बल दिया। यदि साम्यवादी भी इस शर्त को मंजूर कर लें तो गाँधीवाद और साम्यवाद एक ही वस्तु हो जाते हैं परंतु यह तुलना बिलकुल भ्रमात्मक है। यह तुलना उतनी ही बेकार है, जितना यह कहना कि लाल का अर्थ हरे में से पीले और नीले रंग को निकाल देना है या कीड़े का अर्थ बिना

विष का साँप है।" मौलिक रूप से देखा जाए तो दोनों में काफी अंतर है फिर भी कुछ समानताऐं हैं। स्पष्ट करने हेतु इसकी समानताओं व असमानताओं पर निम्न प्रकार से प्रकाश डाला गया है–

समानताएँ–गाँधीवाद तथा साम्यवाद में निम्नलिखित समानताएँ हैं–

1. इन दोनों विचारधाराओं में सामाजिक सम्पत्ति को लेकर काफी समानता है। दोनों ही इस बात का समर्थन करते हैं कि समाज की सम्पत्ति किसी एक वर्ग विशेष के लिए खर्च न होकर सम्पूर्ण समाज के हित में सामान्य रूप से प्रयुक्त की जानी चाहिए। दोनों ही आर्थिक समानता की स्थापना करने के पक्ष में थे। गाँधी जी का मत था, "अहिंसात्मक राज्य में प्रत्येक से उनकी शक्ति के अनुसार काम लो तथा प्रत्येक को उसकी आवश्यकता के अनुसार दो, यह विचार साम्यवादियों के द्वारा भी पेश किया गया है। दोनों विचारधाराएँ ही इस बात में विश्वास रखती हैं कि प्रत्येक व्यक्ति को श्रम करना चाहिए और किसी अन्य व्यक्ति का शोषण नहीं करना चाहिए।
2. गाँधीवाद के इस विचार का कि राज्य हिंसा का प्रतीक होता है, साम्यवादी भी समर्थन करता है। दोनों ही धीरे-धीरे राज्य को उस स्तर पर लाना चाहते थे, जहाँ राज्य न रहे और समाज में प्रत्येक व्यक्ति अपना उत्तरदायित्व स्वयं समझ सके।
3. इस बात को लेकर विचारधाराएँ एकमत हैं कि समाज में एक वर्ग का दूसरे वर्ग द्वारा शोषण समाप्त करके उनमें समानता की स्थापना की जानी चाहिए। गाँधी जी ने दलित तथा निर्धन जनता की दशा से प्रभावित होकर अपनी विचारधारा का प्रतिपादन किया था और मार्क्स ने भी पूँजीपतियों के द्वारा मज़दूरों के शोषण को देखकर पूँजीवादी व्यवस्था के विरुद्ध आवाज उठाई। मशरूवाला ने लिखा है, "दोनों के दिल में मानव जाति के करोड़ों नंगे, भूखे, दलित, शोषित, साधनहीन, ज्ञानहीन, पशुओं तथा जंगली जानवरों की तरह हाँकने व मारे जाने वाले बेजान लोगों के प्रति गहरी सहानुभूति तथा चिन्ता थी।"

असमानताएँ–गाँधीवाद तथा साम्यवाद में पायी जाने वाली प्रमुख असमानताएँ निम्नलिखित हैं–

1. गाँधीवाद तथा साम्यवाद दोनों का मानना है कि साध्य एक है लेकिन साधन अलग-अलग हैं। गाँधी जी जहाँ अपने उद्देश्य की प्राप्ति के लिए सत्य तथा अहिंसा पर दृढ़तापूर्वक डटे रहने के पक्षपाती थे, वहाँ मार्क्स साधनों के महत्व

को स्वीकार नहीं करते थे। वास्तव में वे अपने उद्देश्य की प्राप्ति के लिए प्रायः क्रान्ति व हिंसा के प्रयोग की सलाह देते थे। लेकिन गाँधीजी इसका खंडन करते हैं। सन् 1924 में 'यंग इण्डिया' में उन्होंने लिखा था, "सफलता-प्राप्ति के लिए मैं हिंसा के छोटे रास्ते पर विश्वास नहीं करता। वह बोल्शेविक साथी, जो अपना ध्यान मेरी ओर दे रहे हैं, महसूस करें कि मैं उनके कुछ आदर्शों से कितनी सहानुभूति रखूँ और उनका कितना भी आदर करूँ, पर मैं महान् से महान् उद्देश्य की प्राप्ति के लिए भी हिंसा के प्रयोग का दृढ़प्रतिज्ञ विरोधी हूँ। इसलिए मेरे तथा हिंसात्मक विचार में कहीं भी मिलाप नहीं हो सकता।" इस प्रकार हम देखते हैं कि जहाँ गाँधीवाद क्रान्तियों तथा षड्यन्त्रों से घृणा करता है, वहाँ साम्यवाद इन साधनों को अपनाने के लिए सदा तैयार रहता है। वे गाँधीवादी अहिंसा में विश्वास नहीं रखते।

2. गाँधीवाद में धर्म की प्रधानता थी। धर्म से पृथक् राजनीति मृत्यु के फंदे के समान है जो आत्मा का हनन करती है। गाँधी जी प्रायः कहा करते थे कि मैं पहले एक धार्मिक पुरुष हूँ और बाद में एक राजनीतिज्ञ हूँ। उन्होंने कहा है, "मेरी भावना पूर्ण रूप से धार्मिक रही है। मैं तब तक धार्मिक जीवन व्यतीत नहीं कर सकता, जब तक मैं अपने आपको सम्पूर्ण मानव समाज के साथ एकाकार नहीं कर लेता और यह मैं तब तक नहीं कर सका जब तक मैंने राजनीति में भाग नहीं लिया।" एक अन्य स्थान पर उन्होंने कहा है, "यदि मैं राजनीति में भाग लेता हूँ तो इसका कारण यह है कि आज राजनीति ने हमें साँप की कुंडली की भाँति घेर रखा है, जिससे कोई बाहर नहीं निकल सकता, चाहे वह कितना ही प्रयत्न क्यों न करे।" दूसरी ओर साम्यवादी धर्म को अफीमची का नशा मानते हैं, वे कहते हैं, "यह धर्म पंडितों तथा धनी पुरुषों द्वारा जनसाधारण को खिलाया जाता है और जब वे नशे से चूर हो जाते हैं, तो पूँजीपति अपना स्वार्थ सिद्ध कर लेते हैं।" मार्क्स ईश्वर में विश्वास नहीं करते वो तो मनुष्य को ही अपना भाग्य निर्माता मानते थे लेकिन गाँधी जी ईश्वर में पूर्ण श्रद्धा रखते थे।

3. गाँधी जी अपने उद्देश्यों की पूर्ति के लिए अहिंसा का मार्ग छोड़ने के लिए तैयार नहीं थे। जबकि साम्यवादी अपने उद्देश्य की प्राप्ति के लिए हिंसा का प्रयोग करने के लिए हमेशा तत्पर रहते थे। गाँधी जी के अनुसार अहिंसा उनके विश्वास का पहला चरण ही नहीं, बल्कि अन्तिम चरण भी है, वे हिंसा के इतने विरोधी थे कि एक बार उन्होंने कहा था, "यदि भारत ने हिंसा को

अपने विश्वास के रूप में अपनाया, तो मुझे भारत में रहने की तनिक भी इच्छा नहीं होगी। तब भारत के सम्बन्ध में मेरे मन में किसी भी प्रकार की वर्ग की भावना की समाप्ति हो जाएगी।'' हिंसा मनुष्य में घृणा, भय, क्रोध को जन्म देती है, जबकि अहिंसा सत्याग्रही तथा उसके विरोधी दोनों की ही भलाई करते हैं। उनका ऐसा मानना था कि हिंसा द्वारा मानव सत्ता का नियम होता तो पृथ्वी पर मनुष्यों का अस्तित्व ही समाप्त हो चुका होता। इस प्रकार जहाँ गाँधीवाद प्रेम का दर्शन है, वहीं साम्यवाद लड़ाई व घृणा पर आधारित है। गाँधी जी पूँजीपतियों के धन अथवा सम्पत्ति को हिंसा के प्रयोग से छीनने का समर्थन नहीं करते थे। उनका कहना था कि अहिंसा तथा प्रेम से ही पूँजीपतियों के हृदय को बदलना चाहिए। इसके विपरीत साम्यवादी इस कार्य को करने के लिए हिंसा को सबसे अच्छा समझते हैं।

4. गाँधीजी विकेंद्रीकरण के पक्ष में थे। साम्यवादी अपने उद्देश्य की प्राप्ति अर्थात् सर्वहारा का अधिनायकत्व की स्थापना के लिए केंद्रीयकरण को आवश्यक मानते हैं। विज्ञान की नई खोजों का मार्क्स पूर्ण रूप से लाभ उठाने के पक्ष में थे, जिसके कारण वे बड़े-बड़े उद्योगों तथा औद्योगिकीकरण का समर्थन करते थे। इसके विपरीत गाँधी जी लघु तथा कुटीर उद्योग-धंधों को अधिक महत्त्व देते थे। उनका कहना था कि कारखाना केवल कुछ व्यक्तियों को काम देता है लेकिन बहुत अधिक लोगों को बेरोजगार कर देता है। सन् 1935 में 'हरिजन' में उन्होंने लिखा है, ''भारत में सात लाख गाँवों में बिखरे हुए लाखों प्राणवान मशीनों के विरुद्ध निष्प्राण मशीन को नहीं रखा जाना चाहिए। मशीनों का आधुनिक प्रयोग धन को अधिकतर मुट्ठी भर लोगों के हाथों में इकट्ठा करने की ओर प्रवृत्त होता है, उन लाखों स्त्री-पुरुषों की पूर्णतया उपेक्षा करता हुआ, उनके मुँह की रोटी यह छीन लेता है।'' रूस के औद्योगिकीकरण को देखते हुए गाँधी जी ने कहा था, ''जब मैं रूस पर दृष्टि डालता हूँ जहाँ औद्योगिकीकरण अपने चरम पर पहुँच गया है, तब मुझे वहाँ का जीवन प्रभावित नहीं कर पाता।''

5. गाँधीजी प्रजातंत्र के नेतृत्व को स्वीकार करते हैं जबकि मार्क्स साम्यवाद तानाशाही के नेतृत्व को स्वीकार करते हैं। गाँधी जी एक वास्तविक प्रजातंत्रवादी थे और उनका विश्वास था कि जनता के कल्याण के लिए प्रजातंत्र आवश्यक है, परंतु साम्यवादी प्रजातंत्र के विरोधी थे वे मानते थे। कि यह प्रणाली निम्न वर्ग के लिए लाभदायक नहीं है क्योंकि इसमें उनका शोषण होता है।

साम्यवाद निम्न वर्ग अर्थात् सर्वहारा वर्ग की तानाशाही की स्थापना का समर्थक है।

6. साम्यवादी वर्ग संघर्ष को बढ़ावा देते थे वहीं गाँधीजी सामंजस्य पर बल देते थे। कार्ल मार्क्स का कहना था कि जब से समाज स्थापित हुआ है, तब से प्रत्येक समाज में दो वर्ग रहे हैं—एक शोषकों का तथा दूसरा शोषितों का। चाहे इन वर्गों के नाम भिन्न-भिन्न देशों तथा कालों में भिन्न-भिन्न रहे हों परंतु इनमें सदा संघर्ष चलता रहा है। आधुनिक युग में पूँजीपति शोषक वर्ग है और मज़दूर शोषित वर्ग है। मार्क्स के अनुसार इन दोनों वर्गों में कभी मेल नहीं हो सकता परंतु गाँधी जी का कहना है वर्ग-युद्ध से उत्पादन घट ज़ाता है और देश की हानि होती है, उसके नष्ट होने का भी भय रहता है। उनका कहना था कि पूँजीपतियों को देश का ट्रस्टी मानना चाहिए। वे देश के उत्थान के लिए सभी वर्गों को मिलाकर उत्पादन वृद्धि करें। गाँधी जी का कहना था कि "पूँजीपतियों तथा श्रमिकों को एक-दूसरे का पूरक बन जाना चाहिए। उनको एक ऐसे विशाल परिवार के समान रहना चाहिए, जिसमें वे एकता तथा समानता के साथ निवास करें। अतः गाँधीवादी दर्शन में मौलिकता की कमी है जबकि साम्यवाद में इसकी पर्याप्तता होती है।

7. साम्यवाद घृणा का परिचायक है जबकि गाँधीवाद प्रेम का परिचायक है। गाँधी जी की प्रसिद्ध कहावत है, "यदि तुम्हारे दाहिने गाल पर कोई थप्पड़ मारता है तो अपना बायाँ गाल भी उसकी ओर कर दो।" उनका कहना था, "तुम अपने पड़ोसी से ऐसा ही प्रेम करो जैसे तुम स्वयं से करते हो।" वे पूँजीपति को बलपूर्वक बदलना नहीं चाहते थे वरन् धीरे-धीरे उनका हृदय परिवर्तन करना चाहते थे जिससे वे "धन को गरीबों की धरोहर समझने लगें।" परंतु साम्यवादी घृणा का प्रचार करते हैं। **स्टालिन** के शब्दों में, "तुम अपने शत्रु को जीत नहीं सकते जब तक तुम उससे अपनी आत्मा की शक्ति से नफ़रत नहीं करते।" **केटलिन** ने कहा, "मार्क्सवाद ने वर्गीय घृणा, धर्म, जाति, वर्ग एवं रंग संबंधी घृणा का उपदेश दिया जिसके विरोध में महात्मा गाँधी ने एक ऐसे मार्ग का सुझाव दिया जिसके द्वारा मानव-जाति अपने शक्ति-विकास के सिलसिले में और आगे तक जाएगी। अहिंसा का अर्थ वस्तुतः प्रेम और दूसरों के लिए अनुभव करने की क्षमता है। दूसरी तरफ साम्यवाद वर्ग-युद्ध फैलाने में घृणा और धर्म को आवश्यक मानता है।"

गाँधीवाद व साम्यवाद का तुलनात्मक विश्लेषण करके आचार्य विनोबा भावे

ने यह स्पष्ट किया कि, "दोनों विचारधाराएँ आमने-सामने हैं, जिनमें से प्रत्येक एक-दूसरे को निगलने के लिए तैयार है। ऊपर से भले ही ऐसा प्रतीत होता है कि मंच को घेरने वाले दोनों प्रतिद्वन्द्वी रूस के नेतृत्व में साम्यवादी तथा प्रजातंत्र का नकाब पहने हुए पूँजीपति हैं, जिनका नेतृत्व संयुक्त राज्य अमेरिका कर रहा है, किंतु सिद्धान्त अथवा आदर्शों की दृष्टि से पूँजीपति वर्ग अपनी सारी शक्ति खो चुका है। यद्यपि ऐसा भले ही अपनी सैनिक शक्ति के कारण संदिग्ध प्रतीत हो, मैं इसे वास्तव में साम्यवाद के विरुद्ध प्रतिद्वंद्वी होना स्वीकार नहीं करता।.....मेरा विश्वास है कि अन्त में यह गाँधीवाद ही होगा, जिसके विरुद्ध साम्यवाद को अपनी शक्ति की परीक्षा करनी पड़ेगी।" गाँधीवाद व साम्यवाद का तुलनात्मक विश्लेषण करने से यह परिणाम निकलता है कि यद्यपि गाँधीवाद तथा साम्यवाद में कुछ समानताएँ हैं, परंतु मूलतः ये दोनों विचारधाराएँ एक-दूसरे के विपरीत हैं। यह कहना उचित नहीं है कि यदि हिंसा को अलग कर दिया जाय तो गाँधीवाद हिंसा को छोड़कर साम्यवाद ही है, क्योंकि गाँधी जी के विचारों तथा मार्क्स के विचारों में मौलिक भिन्नता है।

समाजवाद के सम्बन्ध में नेहरू जी का विचार

पं. जवाहर लाल नेहरू ने समाजवाद की एक नवीन (अपने स्तर से) विचारधारा प्रस्तुत की 1955 में अवाड़ी काँग्रेस-अधिवेशन में उन्होंने स्पष्ट किया कि उनका समाजवाद रूसी साम्यवाद या अन्य देशों के समाजवाद का अनुकरण नहीं है। "समाज का अर्थ धन का वितरण नहीं है और न ही केवल जन कल्याणकारी राज्य का निर्माण है। समाजवादी अर्थ-व्यवस्था मात्र से ही लोक कल्याणकारी राज्य सम्भव नहीं बन सकता। आवश्यकता इस बात की है कि देश में उत्पादन बढ़ाया जाए, धन की वृद्धि हो, और फिर अर्जित धन का समुचित ढंग से वितरण किया जाए।" एक अन्य स्थल पर उन्होंने कहा—संसार की तथा भारत की समस्याओं का समाधान केवल समाजवाद द्वारा ही सम्भव दिखाई देता है, और जब मैं इस शब्द का प्रयोग करता हूँ तब केवल मानवीय नाते से ही नहीं, बल्कि वैज्ञानिक-आर्थिक दृष्टि से भी करता हूँ। किन्तु समाजवाद आर्थिक सिद्धान्त से भी अधिक महत्त्वपूर्ण है। यह एक जीवन-दर्शन है और इसलिए मुझे जँचता है। मेरी दृष्टि से मैं निर्धनता, चारों ओर फैली हुई बेरोजगारी, भारतीय जनता का अधःपतन तथा दासता को समाप्त करने का मार्ग समाजवाद को छोड़कर अन्य सभी प्रकार से सम्भव नहीं दीखता।

अपनी समाजवादी विचारधारा से प्रेरित होकर नेहरूजी ने नियोजित विकास की मिश्रित अर्थव्यवस्था प्रस्तुत की। तीव्र आर्थिक विकास के लिये न केवल

औद्योगिक विकास को गति दी वरन् कृषि और भूमि सुधार द्वारा जमींदारों के शोषण, ग्रामीण अर्थव्यवस्था को मुक्त करने का सफल प्रयास किया। उनका उद्देश्य एक ऐसे आर्थिक ढाँचे का निर्माण करना था जो बिना व्यक्तिगत एकाधिकार तथा पूँजी के केन्द्रीयकरण के अधिकतम उत्पादन प्रदान कर सके और शहरी और ग्रामीण अर्थ-व्यवस्था में उपयुक्त सन्तुलन पैदा कर सके। नेहरू ने जीवन, समाज और सरकार के सम्बन्ध में समाजवाद तथा लोकतान्त्रिक साधनों को संयुक्त किया और 'मध्यम मार्ग' अपनाया। सन् 1958 में 'समाजवाद' पर विचार प्रकट करते हुए खुले शब्दों में कहा– "मैं उस उग्र प्रकार का समाजवाद नहीं चाहता जिसमें राज्य सर्वशक्ति सम्पन्न होता है और प्रायः सब कार्य-कलापों का संचालन करता है। राजनीतिक दृष्टि से राज्य बहुत शक्ति-सम्पन्न होता है अतः मैं आर्थिक शक्ति के विकेन्द्रीयकरण की योजना के आदर्श रूप को भारतीय जन-जीवन के लिये व्यावहारिक स्वरूप प्रदान करना चाहता हूँ।" नेहरूजी के समाजवाद में हिंसात्मक साधनों का निषेध था। "हमारे सामने प्रश्न यह है कि शान्तिपूर्ण तथा न्यायोचित उपायों से गणतन्त्र और समाजवाद को एक साथ कैसे संयुक्त किया जाए। भारत के सामने यही समस्या उपस्थित है। हम इस उद्देश्य को बलपूर्वक अथवा दबाव से पूरा नहीं कर सकते। हमें लोगों की सद्भावना तथा सहयोग प्राप्त करना है।"

नेहरूजी के समाजवाद में जीवन के सभी दुःख-दर्दों को स्थान प्राप्त था। नेहरू ही के शब्दों में, "हमारा उद्देश्य भारत में समाजवादी समाज की स्थापना करना है। हमारा उद्देश्य यह है कि भारत में प्रत्येक पुरुष, महिला तथा बच्चे को समान अवसर प्राप्त हों और बड़ी-बड़ी विषमताएँ दूर हो जायें। यह कोई सरल उद्देश्य नहीं है, क्योंकि इससे हमारा तात्पर्य प्रशिक्षण, शिक्षा तथा अन्य सैकड़ों उपायों से मानव का सुधार करने से है। समाजवाद इस बात पर निर्भर करता है कि हम किस प्रकार सोचते तथा विचारते हैं, हम अपने पड़ोसी के साथ कैसा आचरण करते हैं और मिल-जुल कर एक साथ काम करने के लिये अपनी क्षमता का किस प्रकार विकास करते हैं।"

राज्य और व्यक्ति के सम्बन्ध में नेहरू के विचार

पं. जवाहरलाल नेहरू को गाँधीजी का शिष्य समझा जा सकता है। लेकिन उनमें गाँधी के समान अराजकतावाद से कोई सहानुभूति न थी। राज्य की अनिवार्यता पर उनका अटूट विश्वास था। नेहरू की मान्यता थी कि व्यक्ति और समाज के लिये राज्य का अस्तित्व अपरिहार्य है। मानव स्वभाव अच्छाइयों का घर है, लेकिन जो कुछ बुराइयां हैं उन पर राज्य का नियंत्रण अनिवार्य है। मानव स्वभाव में अन्तर्निहित हिंसा

और स्वार्थपरता की व्यवस्थित सीमा के भीतर रखने वाली शक्ति केवल राज्य ही है। केवल थोड़े से ही व्यक्ति जो एक उच्च आध्यात्मिक स्तर पर पहुँच चुके हों, मानव स्वभाव की बुराइयों के अपवाद हो सकते हैं, अन्यथा बहुसंख्यक सामान्य जनता तो इन बुराइयों की शिकार है और इस बात का पूरा भय है कि यदि राज्य रूपी संस्था के अस्तित्व को स्वीकार न किया जाए जो मानव जीवन की सुरक्षा में बाधा उत्पन्न हो सकती है। राज्य ही वह संस्था है जो अपनी बाध्यकारी सत्ता द्वारा मनुष्य में व्याप्त घृणा, स्वार्थपरता, अराजक प्रवृत्ति और हिंसा पर नियन्त्रण लगा सकती है। हमारे जीवन में संघर्ष और हिंसा की प्रधानता है, इसको नियंत्रित करने का एकमात्र साधन राज्य है। राज्य की बाध्यकारी सत्ता के बिना कर वसूल नहीं होंगे, जमींदारों को उनका लगान नहीं मिलेगा और व्यक्तिगत सम्पत्ति का लोप हो जायेगा। "कानून, अपनी सशस्त्र सेनाओं की सहायता से दूसरों को व्यक्तिगत सम्पत्ति का प्रयोग करने से रोकता है। राष्ट्रीय राज्य का अस्तित्व ही आक्रामक और सुरक्षात्मक हिंसा पर आधारित है।" राज्य के मूल में हिंसा छिपी है, इस तर्क के आधार पर वे राज्य का परित्याग करने को तैयार न थे। नेहरू का विश्वास था कि हिंसा आधुनिक राज्य और सामाजिक व्यवस्था का प्राण है। आमूलचूल अहिंसा की बात करना अव्यावहारिक है, हिंसा के पूर्णतः परित्याग का विचार एक नकारात्मक विचार को जन्म देता है जो स्वयं जीवन से सर्वथा दूर है।

नेहरू इस व्यक्तिवादी विचार से सहमत नहीं थे। वही सरकार सबसे अच्छी है जो सबसे कम शासन करें। वे राज्य को केवल बाह्य आक्रमण, आंतरिक व्यवस्था, समाज की सुरक्षा का साधन मानते हैं। नेहरू का कहना था कि राज्य का कार्य केवल रक्षात्मक ही नहीं है वरन् व्यक्ति और सामज के पोषण का भार भी बहुत-कुछ राज्य पर है। नेहरू कल्याणकारी राज्य के सिद्धान्त के प्रति निष्ठावान थे। तद्नुसार राज्य को केवल पुलिस कार्यों तक ही सीमित न रख कर वे जीवन के हर क्षेत्र में राज्य के कार्यों का समर्थन करते हैं। नागरिकों के जीवन को सुखी बनाने के लिये आधुनिक राज्यों को विविध उत्तरदायित्वों और कार्यों को वहन करना चाहिए, राष्ट्रीय धन के न्यायपूर्ण वितरण की व्यवस्था करनी चाहिए, व्यक्ति और समाज के कल्याण के लिए सभी आवश्यक और अधिकाधिक कार्य करना चाहिए—इस प्रकार के विचार नेहरू के थे।

आधारभूत और भारी उद्योगों के राष्ट्रीकरण का समर्थन इसलिए करते थे कि इनके बगैर राज्य अपने असली स्वरूप को स्वीकार नहीं कर सकता है। पर नेहरू राष्ट्रीयकरण के दोषों को भी जानते थे। वे जानते थे कि राष्ट्रीयकरण शासन में

अत्यधिक केन्द्रीयकरण को जन्म देता है। नेहरू शासन के केन्द्रीयकरण को इस हद तक नहीं बढ़ाना चाहते थे कि वह व्यक्ति की स्वतन्त्रता के लिये खतरा बन जाएँ। इस समस्या के समाधान के लिये ही उन्होंने सामुदायिक विकास योजना और पंचायती राज का समर्थन किया ताकि लोकतान्त्रिक विकेन्द्रीकरण के क्षेत्र का प्रसार हो सके और व्यक्ति की स्वतन्त्रता को संरक्षण मिले। नेहरू को प्रशासन के अलोकतान्त्रिक तरीके से बड़ा कष्ट होता था। शक्ति का केन्द्रीयकरण तब निश्चित रूप से व्यक्तिगत स्वतन्त्रता के लिये भारी खतरा बन जाता है जब शासन-व्यवस्था अलोकतान्त्रिक हो। नेहरू की मान्यता थी कि यदि निष्ठापूर्वक इस सिद्धान्त का अनुपालन किया जाए कि–"राज्य व्यक्तियों के लिये है, व्यक्ति राज्य के लिये नहीं" तो सत्ता के केन्द्रीयकरण से भी व्यक्ति की स्वतन्त्रता पर कोई प्रभाव नहीं पड़ेगा। यदि नागरिक सतर्क होकर अपने अधिकारों के लिये लड़ने की क्षमता रखें, तो केन्द्रीयकरण चाहे वह कितना ही प्रबल हो, नागरिकों की स्वतंत्रता पर कोई असर नहीं पड़ेगा।

जवाहरलाल नेहरू ने नागरिकों के अधिकारों को महत्त्वपूर्ण मानते हुए कहा नागरिकों को भी राज्य के प्रति कर्त्तव्यनिष्ठ होना चाहिए। बिना कर्त्तव्यों के अधिकारों का कोई मूल्य नहीं रह जाता। यदि राज्य व्यक्तियों को अपनी महानता और शक्ति के लिये साधन मात्र नहीं बना सकता तो व्यक्ति भी राज्य को अपनी इच्छा पूर्ति का साधन मात्र नहीं मान सकते। राज्य और व्यक्ति साध्य और साधन दोनों हैं, दोनों के हित और लक्ष्य परस्पर एक-दूसरे पर आधारित हैं। यौगिक रूप में राज्य और व्यक्ति एक सम्पूर्ण इकाई हैं। समुचित और स्वस्थ रूप से संगठित राज्य और उसके नागरिकों के बीच कोई संघर्ष नहीं हो सकता। राज्य तो "सामाजिक रूप से कार्य करने वाला एक अवयव है", जिसे ऐसी संस्था या समुदाय नहीं माना जाना चाहिए जो केवल ऐसे व्यक्तियों से मिलकर बना हुआ हो जिसमें प्रत्येक व्यक्ति अपनी व्यक्तिगत इच्छा की पूर्ति को अपना लक्ष्य मानता हो। नेहरू ने किसी भी सरकार की अच्छाई और कुशलता का मापदण्ड यही माना कि वह जनता के जीवन-स्तर को कितना ऊँचा उठाती है। इस 'जीवन स्तर' में केवल भौतिक वस्तुएँ ही नहीं वरन् जीवन के बौद्धिक और नैतिक मूल्य भी समाविष्ट हैं। जीवन का सर्वांगीण विकास करना एक अच्छे राज्य की कसौटी है। पर इस उद्देश्य में राज्य की सफलता अपने नागरिकों की चारित्रिक श्रेष्ठता पर निर्भर है क्योंकि मानव जीवन से सम्बन्धित सभी समस्याओं का समाधान अन्तिम रूप में मानव-चरित्र पर ही निर्भर करता है। राज्य का निर्माण व्यक्तियों से होता है और यदि ये निर्णायक इकाइयाँ ही चरित्रवान न होंगी

तो उनके द्वारा स्थापित राजनीतिक संस्था की सफलता की आशा नहीं की जा सकती।

नेहरू और मार्क्सवाद-साम्यवाद

विश्वनाथ प्रसाद वर्मा के विचार से "नेहरू के मन में मार्क्सवाद और साम्यवाद के प्रति ब्रिटिश साम्राज्यवाद के विरुद्ध प्रतिक्रिया के रूप में अथवा उसके विरोध में जो मानसिक सांत्वना मिलती थी उसके कारण जो संवेगात्मक अनुराग उत्पन्न हो गया था, वह आयु की वृद्धि तथा समय के परिवर्तन के साथ-साथ बहुत-कुछ क्षीण हो गया।"

नेहरू में मोटे रूप में द्वितीय विश्वयुद्ध तक मार्क्सवाद अथवा साम्यवाद के प्रति विशेष श्रद्धा थी परंतु महायुद्ध के परिणाम के बाद उनका इससे लगाव कम हो गया। "जैसे-जैसे नेहरू की आयु बढ़ी, प्रशासन की जिम्मेदारियाँ आईं और अन्तर्राष्ट्रीय साम्यवाद की विनाशकारी कार्य-प्रणाली प्रकट हुई, वैसे-वैसे उनके मन में ब्रिटिश साम्राज्यावाद के विरुद्ध उनकी प्रतिक्रिया के कारण साम्यवाद के प्रति जो लगाव था वह हमेशा के लिए लगभग गायब हो गया। इसलिए पश्चिम के अनेक उत्तरदायी राजनीतिज्ञ नेहरू को भारत तथा एशिया के अन्य भागों में साम्यवाद की प्रगति के विरुद्ध सबसे बड़ा अवरोध मानने लगे थे।"

उपरोक्त विवरण से स्पष्ट है कि नेहरू ने मार्क्सवादी-साम्यवादी चिन्तन पर हमें दो भागों में विचार करना होगा—प्रथम द्वितीय महायुद्ध तक का चिन्तन एवं दूसरे, महायुद्ध का उत्तरवर्तीय चिन्तन।

द्वितीय महायुद्ध तक मार्क्सवाद-साम्यवाद के प्रति नेहरू का आकर्षण बहुत अधिक रहा और यदि हम 'विश्व इतिहास की झलक', 'भारत की खोज' आदि ग्रन्थों को लें तो हमें नेहरू पर मार्क्सवादी विचारधारा का प्रभाव काफी अधिक दिखाई देता है। 'नेहरू और मार्क्सवाद' के लेखक शशि भूषण के अनुसार, "मार्क्सवाद में यकीन करने वाली किसी पार्टी का सदस्य न होने के बावजूद नेहरू ने मार्क्सवादी विचारधारा के प्रचार के लिये इतना अधिक काम किया जितना काम तथाकथित मार्क्सवादी पार्टियाँ मिलकर भी नहीं कर सकीं।" नेहरू ने मार्क्सवाद की ऐतिहासिक भूमिका के सम्बन्ध में लिखा—"यह इतिहास, राजनीति, अर्थशास्त्र, मानव जीवन और मानव उमंगों की व्याख्या करने का तरीका है। यह मत भी है और असली कार्यवाही करने का एक तरीका भी है।" नेहरू ने मार्क्स की विश्व तथा अन्धविश्वास विरोधी दृष्टिकोण ने उन्हें विशेष रूप से प्रभावित किया। ऐतिहासिक व्याख्या का मार्क्सवादी

सिद्धान्त और उसका विकास सम्बन्धी दृष्टिकोण ने नेहरूजी को प्रभावित किया। नेहरू ने मार्क्सवादी दर्शन के एकात्मक तथा चिन्तन और पदार्थ की अद्वैतता, पदार्थ की निरन्तर गतिशीलता, तत्त्वों के पारस्परिक संघर्ष एवं संयोग, घटनाओं के कारण तथा उनके व्यापक प्रभाव, क्रिया, प्रतिक्रिया और उनके संयोग के माध्यम से उनके क्रमिक विकास तथा छलांग भरे परिवर्तनों द्वारा समाज में आने वाली क्रान्तियों का मूल्यांकन करके द्वन्द्वात्मकता के सिद्धान्तों के प्रति अपनी आस्था प्रकट की।"

यद्यपि मार्क्सवादी दर्शन के इन विभिन्न तत्वों ने नेहरू को काफी अधिक प्रभावित किया, परंतु उनको संतुष्ट करने में असफल रहा। स्वयं नेहरू ही के शब्दों में—'मेरे मन में प्रायः अनजाने एक अस्पष्ट प्रत्ययवादी चिन्तन पद्धति कार्य करने लगती थी जो बहुत कुछ वेदान्ती दृष्टिकोण के सदृशय थी। इसके अतिरिक्त आचार नीति की पृष्ठभूमि भी थी। मैंने अनुभव किया कि नैतिक धारणा विकासशील मन पर तथा अग्रगामी सभ्यता पर निर्भर होती है, वह बहुत कुछ युग के मानसिक वातावरण से निर्धारित होती है। किन्तु इसके अतिरिक्त कुछ और भी है, कुछ आधारभूत प्रेरणाएँ हैं जो अधिक स्थाई हैं। अन्य लोगों की भाँति साम्यवादियों के व्यवहार तथा इन आधारभूत प्रेरणाओं अथवा सिद्धान्तों के बीच सामान्यतः जो अन्तर देखने को मिलता है वह मुझे पसन्द नहीं है। .....सामान्य मार्क्सवादी दृष्टिकोण ने, जो वैधानिक जानकारी की वर्तमान स्थिति के न्यूनाधिक अनुरूप है, मुझे बहुत कुछ सहायता दी। किन्तु उस दृष्टिकोण को स्वीकार करते हुए भी उनके निष्कर्ष तथा उनके आधार पर की गई अतीत तथा वर्तमान की घटनाओं की व्याख्या कभी स्पष्ट रूप से मेरी समझ में नहीं आई। सामाजिक विकास के सम्बन्ध में मार्क्स का सामान्य विश्लेषण असाधारण तौर पर सही जान पड़ता है, फिर भी बाद में अनेक ऐसी ही घटनाएँ घटी हैं, जो निकट भविष्य को ध्यान में रखते हुए उसके दृष्टिकोण से भिन्न हैं।"

नेहरू जी की समाज व्यवस्था और वर्गों की राजनीति पर मार्क्सवाद का प्रभाव है। शोषण और वर्ग संघर्षों की चर्चा करते हुए उन्होंने लिखा, "हम में से बहुतेरे चारों तरफ अन्याय को देखकर क्रोध और आवेश में भर जाते हैं। पर मार्क्स के मतानुसार न तो यह बात गुस्सा करने की है और न नेक सलाह देने की है। शोषण की व्यवस्था में शोषण करने वाले व्यक्ति का कसूर नहीं है। एक वर्ग पर दूसरे वर्ग की प्रभुता इतिहास की प्रगति का एक उदाहरण है। वक्त आने पर दूसरी व्यवस्था उसकी जगह ले लेती है। अगर कोई आदमी प्रभुताधारी वर्ग का है और उस हैसियत से दूसरों का शोषण करना स्वाभाविक है, वह एक ढाँचे का अंग है और उसे गालियाँ देना फिजूल

की बात है। व्यक्तियों और ढाँचे के बीच का यह भेद हम बहुत करके भूल जाते हैं। भारत में ब्रिटिश साम्राज्यशाही हैं मगर जो अंग्रेज आज भारत में इस ढाँचे को थामे हुए हैं, उनका कसूर नहीं है, वे बिचारे तो एक बड़ी सारी मशीन के सिर्फ छोटे-छोटे पुर्जे हैं। जमींदारी प्रथा को हम पुराने जमाने की चीज और किसान वर्ग के लिये बहुत ज्यादा नुकसान पहुँचाने वाली समझ सकते हैं क्योंकि इससे ही उनका शोषण सम्भव हो रहा है। मगर इसका भी यह मतलब नहीं कि कोई जमींदार निजी तौर पर कसूरवार है। पूँजीपतियों पर अक्सर शोषक होने का दोष लगाया जाता है। मगर उनकी बात भी ऐसी ही है। कसूर सदा ढाँचे का होता है, व्यक्तियों का नहीं।" इससे समझा जा सकता है कि नेहरू जी कट्टर मार्क्सवादी हैं।

नेहरू ने मार्क्स के वर्ग संघर्ष के सिद्धान्त की पैरवी करके यह साबित करने की कोशिश की कि मार्क्सवाद एक वैज्ञानिक दृष्टिकोण है जो समाज में घटने वाली हलचल का सही मूल्याँकन करता है। जो लोग मार्क्सवाद के ऊपर यह लाँछन कभी नहीं लगाते कि वह समाज में अशान्ति पैदा करता है या वर्ग-संघर्ष को जन्म देता है तो प्रश्न का उत्तर देते हुए नेहरू जी ने कहा कि–"मार्क्स ने वर्ग-संघर्ष का विचार नहीं किया, उसने यह साबित किया है कि असल में वर्ग-संघर्ष तो पहले से मौजूद है और किसी न किसी रूप में सदा चला आ रहा है। अपनी लिखी हुई पुस्तक 'पूँजी' में उसका उद्देश्य था, आजकल के समाज की गति के आर्थिक नियम को नंगा करके दिखा देना और ऊपर की चादर हटा देने से समाज की हमेशा वर्ग-संघर्षों जैसी दिखाई न देने वाली ये जबर्दस्त लड़ाइयाँ सामने आ गईं। ये लड़ाइयाँ हमेशा वर्ग-संघर्षों जैसी दिखाई नहीं देतीं, क्योंकि प्रभुत्ताधारी वर्ग हमेशा अपने वास्तविक रूप को जनता के सामने प्रकट नहीं करता है। लेकिन जब यह चालू व्यवस्था खतरे में पड़ जाती है तो वह अपने सारे आडंबरों को उतार फेंकता है। उसका असली रूप जाहिर हो जाता है। फिर वर्गों के बीच खुला युद्ध होने लगता है। जब यह होता है तब लोकतन्त्र के रूप में, और मामूली कानूनी व कायदे सब ताक में रख दिए जाते हैं। कुछ लोग कहते हैं कि ये वर्ग-संघर्ष गलतफहमी से या बैचेनी फैलाने वालों की शरारत से होते हैं मगर इसके खिलाफ ये तो समाज के भीतर ही छिपे हुए होते हैं और जब लोग स्वार्थों की टक्कर को अच्छी तरह समझने लगते हैं तब तो वर्ग-संघर्ष वास्तव में और भी बढ़ जाते हैं।" नेहरू ने यह भी मान्यता प्रकट की कि भारत का स्वाधीनता संगाम भी साम्यवाद और पूंजीवाद की भावना से ही प्रेरित है।

विश्व युद्ध के परिणाम ने नेहरू जी को मार्क्सवाद के प्रति घृणा का भाव जागृत हो गया। 1952 में उन्होंने यह घोषणा करके साम्यवादियों को लगभग पागल बना

दिया था कि दर्शन-विज्ञान तथा आर्थिक चिन्तन के क्षेत्र में पिछले 100 वर्षों की प्रगति ने मार्क्सवाद को पुराना सिद्ध कर दिया है। मार्क्सवादियों की सहानुभूति पाने के लिये उन्होंने कभी उनका अन्धा समर्थन नहीं किया और न ही साम्यवादियों ने उन्हें अपनी आलोचना से सर्वथा परे रखा। वास्तव में मार्क्स के वाक्य नेहरू के लिये श्रद्धा के वाक्य कभी नहीं बने। साम्यवादी रूप में हिंसा को जो नग्न प्रदर्शन हुआ उससे नेहरू के मन और मस्तिष्क को बड़ा आघात पहुँचा। रूस में मानव-जीवन को जिस तरह कठोर शिंकजे में जकड़ दिया गया उसे नेहरू का लोकतान्त्रिक हृदय बर्दाश्त नहीं कर सका। नेहरू के मन और मस्तिष्क में गहरी प्रतिक्रिया हुई और वे मार्क्सवाद-साम्यवाद के पूर्ववर्ती प्रभाव से मुक्त होते चले गए। साम्यवादी दर्शन की इतिहास के व्याख्या के प्रति उनका आकर्षण बना रहा, रूस की महान् उपलब्धियों का उन्होंने सम्मान किया, लेकिन साम्यवादियों की मतान्धता, हिंसात्मक और क्रान्तिप्रियता उन्हें कभी नहीं भायी। नेहरू आजीवन यह कभी विश्वास न कर सके कि शुभ साध्यों की प्राप्ति के लिये बुरे साधनों का आश्रय लिया जाये अथवा बुराई का दमन बुराई से किया जाये। साम्यवादियों के हिंसा और हथकण्डों की पद्धति से उन्हें भारी चिढ़ मची रही। पूँजीवाद के प्रति उनके मार्क्सवादी दृष्टिकोण में भी महत्त्वपूर्ण परिवर्तन आया। और उन्हें यह देखकर बड़ा सन्तोष हुआ कि पूंजीवाद अधिकाधिक सभ्य बनता जा रहा है, उसकी शोषण प्रवृत्ति संयत हो गई हैं। यथा 'यद् भाव्यम् (Laissez Faire) पर आधारित पूँजीवाद मर रहा है। और उसमें वास्तविक लोकतन्त्र के लक्षण प्रकट हो रहे हैं। उन्होंने यह भी देखा कि अनेक पूँजीवादी देशों की अर्थव्यवस्था में समाजवादी पुट दिया जा रहा है। और औद्योगिक क्षेत्र में सरकार का पक्ष नियन्त्रित होने लगा है। इन सभी बातों को देखकर पूँजीवाद के प्रति नेहरू का विरोध बहुत कुछ हल्का पड़ गया और स्वतन्त्र भारत के प्रधानमंत्री के हैसियत से उन्होंने मिश्रित अर्थव्यवस्था (Mixed economy) को भारत के लिए सबसे अधिक समयानुकूलित माना। वह जन-कल्याणकारी राज्य की स्थापना के लिये निरन्तर प्रयत्नशील रहे। उन्होंने इस बात पर बल दिया कि राज्य का उद्देश्य लोगों को कुछ देना है, वंचित करना नहीं। राज्य का कर्त्तव्य है कि वह वर्तमान अभाव को भावी समृद्धि में बदल दें। समाज के प्रगति में जो बाधाएँ आएँ उन्हें राज्य से दूर करने का प्रत्यत्न करें।

साम्यवाद के प्रति नेहरू का यह क्षोभ भी मुखरित हुआ कि उन्होंने वैज्ञानिकता पर आधारित मार्क्सवादी दर्शन को एक कट्टर सिद्धान्त का रूप दे दिया है तथा मार्क्स के शब्दों में ऐसे ईश्वरीय शब्द मान लिया है जिन्हें चुनौती नहीं दी जा सकती।

नेहरू ने यह भी कहा कि आज के आणविक युग मार्क्स के अनेक आर्थिक विचार अपना महत्व खो बैठे हैं। मार्क्स के अनेक आर्थिक सिद्धान्त ऐसे हैं जो भारत जैसे अर्द्ध-विकसित देशों की समस्याओं के समाधान में विशेष सहायक नहीं हो सकते। नेहरू ने मार्क्स के इस तर्क से भी असहमति प्रकट की कि साम्यवाद द्वन्द्ववादी प्रक्रिया का तार्किक परिणाम है और ऐतिहासिक शक्तियों की उपज है तथा इसलिए अपरिहार्य है। नेहरू ने कहा कि साम्यवाद जनसाधारण के कष्टों और धनिकों द्वारा सामान्य जनता के शोषण की उपज है। इसके प्रतिरोध का उपाय उन कष्टों का निवारण करना है जिन्होंने इसे जन्म दिया है। शस्त्रास्त्रों की शक्ति से इसे कुचला नहीं जा सकता।

नेहरू अपने जीवन के सन्ध्याकाल में मार्क्सवाद-साम्यवाद से एक और दृष्टि से भी दूर हो गए। अपनी धर्म-निरपेक्षता के बावजूद, मानव जीवन के नैतिक और आध्यात्मिक मूल्यों के महत्त्व में उनका विश्वास बढ़ता गया, जबकि साम्यवाद में इन मूल्यों का कोई महत्त्व नहीं है। अपने मानवतावादी दृष्टिकोण के फलस्वरूप और जीवन में नैतिक तथा आध्यात्मिक आकांक्षाओं को मान्यता देने के कारण नेहरू गाँधीवाद के अधिकाधिक निकट आते गए और मार्क्सवाद-साम्यवाद के प्रभाव से दूर हटते गए। सिंगापुर में अपने एक भाषण में उन्होंने कहा कि एशिया में साम्यवादी आन्दोलन राष्ट्रवाद का शत्रु है। भारतीय स्थिति के सन्दर्भ में नेहरू ने वर्ग-संघर्ष के समाजशास्त्र में विश्वास करना छोड़ दिया और गाँधीजी की भांति वे कहने लगे कि वर्ग-संघर्षों को शान्तिमय तरीकों से सुलझाया जा सकता है।

6

शैक्षिक विचारों का तुलनात्मक अध्ययन

किसी भी चिंतक का हृदय अपने अतीत एवं वर्तमान स्थितियों से ही प्रभावित होता है। या उसका हृदय परिवर्तन सामाजिक परिस्थितियों के परिवर्तन के अनुरूप होता है। उसके विचारों एवं इच्छा के निर्माण का आधार उसका अनुभव होता है। राष्ट्रपिता महात्मा गाँधी की मान्यता थी कि, "जो शिक्षा चित्त की शुद्धि न कर, निर्वाह का साधन न बनाए तथा स्वतन्त्र रहने का हौसला और सामर्थ्य न उपजाए, उस शिक्षा में चाहे जितनी जानकारी का खजाना हो, तार्किक कुशलता और भाषा पांडित्य समाहित हो वह सच्ची शिक्षा नहीं।" गाँधीजी ने शिक्षा प्रधान कृति की रचना नहीं की परंतु अपने विचारों की अभिव्यक्ति विभिन्न सभाओं एवं 'हरिजन' पत्रिका में की थी कि सामाजिक, राजनैतिक, आर्थिक और नैतिक प्रगति का आधार शिक्षा ही है। गाँधी जी एक जननेता होने के साथ-साथ एक शिक्षाविद् और राजनीतिक चिंतक भी थे। गाँधी जी की यह हार्दिक इच्छा थी कि हर भारतवासी शिक्षित हो। इसका अर्थ यह नहीं था कि वह मात्र शिक्षित ही रह जाएँ, क्योंकि गाँधी जी साक्षरता को शिक्षा नहीं मानते थे। वे इसे ज्ञान या ज्ञान का माध्यम भी मानते थे। गाँधी जी के अनुसार–"साक्षरता न तो शिक्षा का अन्त है और न प्रारंभ। यह केवल एक साधन है, जिसके द्वारा पुरुष और स्त्री को शिक्षित किया जा सकता है।" इस प्रकार, शिक्षा से गाँधी जी का अभिप्राय न तो साक्षरता था और न ज्ञान तो फिर वह शिक्षा का क्या तात्पर्य समझते थे इसका अंतर उन्होंने स्वयं इस प्रकार दिया। "शिक्षा से मेरा अभिप्राय है कि बालक और मनुष्य के शरीर, मस्तिष्क और आत्मा में पाए जाने वाले सर्वोत्तम गुणों का चतुर्मुखी विकास।"

शिक्षा का उद्देश्य

राष्ट्रपिता महात्मा गाँधी ने जीवन के सम्पूर्ण पहलुओं पर विचार कर शिक्षा का अर्थ एवं औचित्य स्पष्ट किया। उनकी शिक्षा का प्रमुख उद्देश्य स्वावलम्बन था। प्राचीन भारतीय दर्शन की भांति 'सा विधा या विमुक्तये' गाँधी जी का आदर्श था। वह व्यक्ति की स्वतन्त्रता के साथ उसे एक सामाजिक प्राणी के रूप में भी देखते हैं। गाँधी जी ने शिक्षा के उद्देश्यों को प्रमुख दो वर्गों में विभाजित किया है जो संक्षिप्त रूप में निम्न प्रकार है–

(1) तात्कालिक उद्देश्य–गाँधी जी के अनुसार शिक्षा के प्रमुख तात्कालिक उद्‌देश्य विभिन्न हैं जैसे–बालक को पवित्रता प्रदान करके उसके चरित्र का निर्माण करना, बालक को बड़े होने पर जीविका उपार्जन करने के योग्य बनाना, व्यक्ति को सब प्रकार की दासता से मुक्त करके उसकी आत्मा को उच्चतर जीवन की ओर ले जाना, बालक को अपने व्यवहार में अपनी संस्कृति को व्यक्त करने का प्रशिक्षण देना तथा बालक की शारीरिक, मानसिक और आध्यात्मिक शक्तियों का विकास करके उसके व्यक्तित्व का सामंजस्यपूर्ण विकास करना आदि।

(2) अन्तिम उद्‌देश्य–"गाँधी जी ने शिक्षा के अन्तिम उद्देश्य को इस प्रकार उल्लेखित किया है–"अन्तिम वास्तविकता का अनुभव, ईश्वर और आत्मानुभूति का ज्ञान है।"

शिक्षा के अंतर्गत पाठ्यक्रम

वर्तमान शिक्षा प्रणाली का मुख्य उद्देश्य मस्तिष्क से शिक्षित करना है शारीरिक एवं धार्मिक शिक्षा का न्यून महत्व है। जबकि गाँधी जी के अनुसार पाठ्यक्रम ऐसा नहीं होना चाहिए जो बालक का केवल बौद्धिक विकास करे। गाँधी जी ने मुख्यतः 'क्रिया-प्रधान पाठ्यक्रम' को महत्त्व दिया है। उनकी 'बुनियादी शिक्षा' का पाठ्यक्रम हस्तकौशल, कृषि आदि से ही सम्बन्धित है। उनके अनुसार देश की आधारभूत आवश्यकताओं को ध्यान में रखकर 'क्रिया-प्रधान' पाठ्यक्रम को ही शिक्षा में समावेश होना चाहिए।

गाँधी जी ने मातृभाषा, गणित, आधारभूत शिल्प (कृषि, कताई-बुनाई, गत्ते का काम, लकड़ी का काम, धातु का काम, चमड़े का काम आदि), सामान्य विज्ञान (जीव-विज्ञान, वनस्पति-विज्ञान, शरीर विज्ञान, रसायन-शास्त्र, स्वास्थ्य-विज्ञान, प्रकृति-अध्ययन, भौतिक-संस्कृति, नक्षत्र-ज्ञान), सामाजिक अध्ययन (इतिहास, भूगोल

और नागरिक शास्त्र), कला (ड्राइंग और संगीत), शारीरिक शिक्षा (खेल-कूद और व्यायाम) एवं हिन्दी (जहाँ यह मातृभाषा न हो) को प्राथमिक शिक्षा के पाठ्यक्रम में स्थान दिया।

शिक्षण-प्रणाली

गाँधीजी व्यावहारिकता शैक्षिक प्रयोग में निपुण थे परंतु शिक्षण के सैद्धांतिक पक्षों का उन्हें ज्ञान नहीं था। शिक्षण के क्षेत्र में ये सबसे अधिक बल क्रिया पर देते थे। इनके अनुसार सीखना और स्वयं के अनुभव से सीखना ही उत्तम होता है। उन्होंने कथन, व्याख्या एवं प्रश्नोत्तर विधि प्रणाली को भी प्राथमिकता दी। उपनिषद् एवं वेदान्त द्वारा प्रतिपादित श्रवण, मनन और निदिध्यासन की विधि में भी इनका विश्वास था। ज्ञान को पूर्ण इकाई के रूप में प्रस्तुत करना और उसे किसी क्रिया के माध्यम से विकसित करना इनकी शिक्षण विधि के मुख्य आधार थे। इसे सह-सम्बन्ध विधि कहते हैं पर गाँधी जी इन सब शिक्षण विधियों को व्यावहारिक जीवन में लाने पर बल देते थे। 'जाकिर हुसैन समिति' के अनुसार--"गाँधी जी ने अपनी शिक्षण-विधि में सहयोगी क्रिया, नियोजन, यथार्थता, पहलकदमी और व्यक्तिगत उत्तरदायित्व पर बल दिया है।"

अध्यापक

गाँधी जी ने शिक्षक पर आधारित शिक्षा पद्धति के स्थान पर बल्कि बच्चों पर आधारित शिक्षा पद्धति को महत्व दिया। गाँधी जी के अनुसार अध्यापक को बच्चे का मित्र और मार्गदर्शक होना चाहिए। उसे मैत्रीपूर्ण ढंग से बालक के मनोभावों के प्रति प्रतिक्रिया करनी चाहिए। उसे बालक की चिन्ताओं के प्रति ध्यान केंद्रित करके उनका समाधान बताना चाहिए। उसे बालक की समस्याओं को सुलझाने में पथ-प्रदर्शक एवं मित्र का कार्य करना चाहिए। गाँधी जी ने जिस विद्यालय की कल्पना की है, उसमें शिक्षक के कार्य सामान्य विद्यालय के शिक्षक के कार्यों से बिल्कुल भिन्न हैं। इन कार्यों के संबंध में रंगा ने लिखा है कि "जो कार्य शिक्षक कर सकता है वह है--प्रकाश-स्तम्भ, संकेत-बोर्ड, शब्द-कोश, द्रावक और शिक्षा की जटिल प्रक्रिया को गति देने का कार्य।"

गाँधी जी की मान्यता थी कि "अध्यापक को समाज का आदर्श व्यक्ति, ज्ञान का पुंज और सत्य आचरण करने वाला होना चाहिए। इनकी दृष्टि से इस व्यवसाय

को केवल व्यवसाय के रूप में स्वीकार करने वाला व्यक्ति कभी आदर्श अध्यापक नहीं हो सकता। एक अध्यापक आदर्श अध्यापक तभी हो सकता है जब वह इस व्यवसाय को सेवा कार्य के रूप में स्वीकार करे। उसे बच्चे के पिता, मित्र, सहयोगी और पथ-प्रदर्शक, अनेक रूपों में कार्य करना होता है। इसलिए उसे सहिष्णु, उदारचेत्ता और धैर्यवान होना चाहिए।''

छात्र को शिक्षा प्रक्रिया का केन्द्र बिन्दु कहा जाता है। गाँधी जी का मानना है कि शिक्षार्थी को अनुशासित रहना चाहिए और उसे ब्रह्मचर्य का पालन करना चाहिए। गाँधी जी बच्चों के वैयक्तिक विकास अधिक से उनके सामाजिक एवं आध्यात्मिक विकास को दृष्टिगोचर करते हैं। गाँधी जी प्रारंभ से ही बच्चों में शारीरिक, मानसिक, बौद्धिक और आध्यात्मिक द्वारा आत्मनिर्भर होने को कहते हैं। इनके विचार से ऐसा ही व्यक्ति अपना और संसार और समाज का भला कर सकता है। गाँधी जी के अनुसार विद्यार्थी को संयमी के साथ-साथ जिज्ञासु, उत्साही और आत्मबल रखनेवाला होना चाहिए।

गाँधी जी और वर्धा शिक्षा योजना

प्राथमिक शिक्षा के दोषों को दूर करने हेतु गाँधी जी ने वर्धा में एक सभा आयोजित की। इस सभा में शिक्षाशास्त्री और शिक्षामंत्री भी शामिल थे। सम्मेलन के उपरांत जिन नवीन शिक्षा नीतियों का विकास हुआ, उसी को बुनियादी शिक्षा अथवा वर्धा शिक्षा योजना कहते हैं। इस योजना पर विचार करने के उद्देश्य से वर्धा में शिक्षाशास्त्रियों और प्रान्तीय शिक्षामन्त्रियों का एक सम्मेलन महात्मा गाँधी ने 22 और 23 अक्टूबर, 1937 ई. को किया। गाँधी जी ने तत्कालीन शिक्षा प्रणाली की कटु आलोचना करते हुए कहा था कि "यह विदेशी संस्कृति पर आधारित है और भारतीय संस्कृति को इसने पूर्णतया बहिष्कृत कर दिया है। इसका एकमात्र उद्देश्य मानसिक विकास करना है। इसका हृदय पर कोई प्रभाव नहीं पड़ता है और इसमें हाथ के कार्य का कोई स्थान नहीं है, इसमें शिक्षा का माध्यम अंग्रेजी है और वास्तविक विदेशी माध्यम द्वारा असंभव है।"

भारत की वर्तमान परिस्थितियों एवं नागरिकों की आवश्यकताओं के अनुरूप सन् 1937 में वर्धा में आयोजित अखिल भारतीय सम्मेलन में गाँधी जी ने अपने शिक्षा सम्बन्धी विचार प्रस्तुत किए तथा शिक्षा सम्मेलन में सम्मिलित शिक्षाविदों व विद्वानों ने गाँधी जी के शैक्षिक विचारों पर विचार-विमर्श करके एक प्रस्ताव पारित किया। इस प्रस्ताव के अंतर्गत निम्न तथ्य थे–

1. इस पद्धति से धीरे-धीरे शिक्षक का वेतन-व्यय निकल जाने की आशा की जानी चाहिए।
2. शिक्षा का माध्यम मातृभाषा होनी चाहिए।
3. सात वर्ष की सम्पूर्ण अवधि में शिक्षा का केन्द्र बिन्दु कोई हस्तशिल्प होना चाहिए।
4. बालकों को केन्द्रीय हस्तशिल्प पर आधारित शिक्षा दी जानी चाहिए, उनका चुनाव बच्चों के वातावरण को दृष्टिगत रखकर किया जाना चाहिए।
5. राष्ट्र के सभी बच्चों को सात वर्ष की निःशुल्क एवं अनिवार्य शिक्षा दी जानी चाहिए।

प्रचलित शिक्षा पद्धति

गाँधीजी के अनुसार प्रचलित शिक्षा पद्धति उपयुक्त नहीं है। वे इसको दोषरहित करना चाहते थे। वह इसे भारत के लिए हानिकारक मानते थे। उन्होंने इसके दोषों की ओर दृष्टि डालने पर देखा कि यह भारत हेतु सर्वथा अनुपयुक्त प्रणाली है। बुनियादी शिक्षा के जन्म के समय जो शिक्षा-पद्धति चल रही थी उसमें विभिन्न दोष व्याप्त हैं, जिनमें से कुछ कमियों को इस प्रकार दृष्टिगोचर किया है–

1. वर्तमान शिक्षा प्रणाली पुस्तकीय, साहित्यिक तथा शास्त्रीय होने के कारण बालक का केवल बौद्धिक विकास कर सकती है। वस्तुतः यह शिक्षा बुद्धि का भी विकास नहीं कर पाती, क्योंकि बुद्धि का विकास इन्द्रियों के उपयोग के द्वारा होता है। वर्तमान शिक्षा हाथ, पैर, आँख, कान आदि का उपयोग करना सिखाती ही नहीं।
2. महात्मा गाँधी के अनुसार एक अच्छी शिक्षा की कसौटी स्वावलम्बन है। उनके अनुसार शिक्षा स्वावलम्बी होनी चाहिए। वर्तमान शिक्षा पद्धति स्वावलंबन रहित है।
3. तत्कालीन शिक्षा प्रणाली के द्वारा भारतीय समाज में वर्गभेद उत्पन्न हुआ है। समाज शिक्षित-अशिक्षित, गरीब-अमीर, बाबू-गैरबाबू आदि वर्गों में बँट गया है। शहरों का शिक्षित वर्ग भोली-भाली ग्रामीण जनता का शोषण करने लगा। यह देश के विकास को बाधित करता है।
4. वर्तमान शिक्षा छात्रों को सभ्य नागरिक बनाने में असमर्थ रही है। इस शिक्षा ने स्वार्थपरता को जन्म दिया है। सार्वजनिक स्थानों और सार्वजनिक कार्यों की ओर उपेक्षा के भाव को जन्म दिया है। शिक्षित टिकट बाबू अशिक्षित यात्री

से पैसा ऐंठने में संकोच नहीं करता। व्यक्तिगत स्वार्थ हेतु सामाजिक कल्याण को तिलांजलि दे दी जाती है। प्रचलित शिक्षा-प्रणाली सामाजिकता तथा नागरिकता के विकास हेतु व्यर्थ है।

5. आज की शिक्षा प्रणाली का सबसे बड़ा दोष यह है कि हर वर्ष असंख्य छात्र फेल हो जाते हैं और एक ही कक्षा में कभी-कभी छात्र को दो-तीन वर्ष पढ़ना पड़ जाता है। ऐसी शिक्षा विधि से ऊबकर कभी-कभी छात्र शिक्षा से मुंह मोड़ लेते हैं।

6. सम्पूर्ण भारतीय बालक को शिक्षा प्राप्त करना अनिवार्य है। जिस देश का हर बालक शिक्षित होगा उस देश का विकास अवश्य होगा। इसके लिए कुछ स्तर तक शिक्षा अनिवार्य कर दी जाती है। ब्रिटिश शासन काल में अनिवार्य शिक्षा को नजरअंदाज कर दिया गया, फलस्वरूप में निरक्षरता बढ़ती ही गई।

7. शिक्षा अनिवार्य के साथ-साथ निःशुल्क भी होनी चाहिए। तत्कालीन शिक्षा प्रणाली भारतीय निर्धन किसानों हेतु महँगी पड़ती थी, इसलिए वे अपने बच्चों को शिक्षालय भेजने में असमर्थ रहते थे।

8. यदि इस तरह की दूषित शिक्षा तीन-चार वर्ष तक बालक को मिल भी जाती तो वह स्थायी नहीं रह पाती थी। गाँधी जी ने स्पष्ट किया कि जब तक चौदह वर्ष की आयु तक शिक्षा अनिवार्य नहीं की जाती तब तक निरक्षरता दूर नहीं हो सकती। प्राइमरी स्कूल की चार कक्षाओं को पास करने के उपरांत बालक जब और किसी काम में लग जाता है तो वह अपनी पढ़ाई लिखाई भूलकर पुनः निरक्षर हो जाता है। चार वर्ष की अवधि की शिक्षा साक्षर बनाने की दृष्टि से भी बहुत कम है।

9. वर्तमान शिक्षा जीवन से दूर है। छात्र विद्यालय में जो कुछ पढ़ता है, उसे वह घर में प्रयोग नहीं करता। घर में कुछ सिखाया जाता है, पाठशाला में कुछ और। इस तरह के विरोधी वातावरण में बालक का विकास ठीक से नहीं हो पाता। पढ़ी-लिखी लड़कियाँ विवाह के उपरांत घर का काम भी ठीक से नहीं कर पातीं।

10. शिक्षा का आदर्श व्यापक न होकर बल्कि संकुचित है। छात्रों का विकास करना ध्येय न होकर क्लर्क बनाना ही शिक्षा का उद्देश्य हो गया।

11. वर्तमान शिक्षा पद्धति में रचनात्मक कार्यों की तरफ कोई विशेष बल नहीं दिया जाता है। गणित में एम. ए. पास छात्र दुकानदार से पहले हिसाब नहीं कर पाता। एम. एस. सी. पास छात्र बिजली का बल्ब नहीं लगा सकता, कृषि में

स्नातकोत्तर शिक्षा प्राप्त छात्र जौ के पौधे को गेहूँ बताता है और अर्थशास्त्र में एम. ए. आय से अधिक व्यय कर जाता है।

12. लोकमान्य तिलक ने कहा था—स्वतन्त्रता हमारा जन्मसिद्ध अधिकार है। पेस्तालात्सी ने कहा था—शिक्षा हमारा जन्मसिद्ध अधिकार है तो शिक्षा प्राप्त करने का सभी को अधिकार है, लेकिन तत्कालीन शिक्षा प्रणाली के अनुसार प्रत्येक बालक प्राथमिक स्कूल तक की भी शिक्षा नहीं प्राप्त कर सकता था।

13. प्रचलित शिक्षा-प्रणाली में अंग्रेजी के पढ़ाने पर ही विशेष ध्यान था क्योंकि शिक्षा का माध्यम अंग्रेजी था। ब्रिटिश शासनकाल में अंग्रेजी को शिक्षा का माध्यम स्वीकार करने का उद्देश्य भारत का विकास नहीं था। यह सब तो भारतीय संस्कृति को मिटाने का प्रयास था। अंग्रेजी को बढ़ावा दिया गया, भारतीय भाषाओं का कोई ध्यान नहीं किया गया। यह एक सर्वमान्य सिद्धान्त बन गया है कि शिक्षा का माध्यम मातृभाषा होनी चाहिए। तत्कालीन शिक्षा-प्रणाली का यह दोष गाँधी जी को बहुत खटक रहा था।

14. आज जिस शिक्षा का प्रचलन है, उसके अंतर्गत बालकों की योग्यताओं तथा अभिरुचियों की ओर कोई ध्यान नहीं दिया गया था। शिक्षा-जगत में अब यह बात निर्विरोध है कि शिक्षा बाल-केन्द्रित होनी चाहिए। तत्कालीन शिक्षा में बालक की भावनाओं को कोई स्थान नहीं दिया गया था। बालक को आत्माभिव्यक्ति का मौका नहीं दिया जाता था। इससे बहुत से बालकों को विद्यालय एक जेल के समान दिखाई पड़ता था। छात्रों तथा शिक्षकों के मध्य उचित सम्बन्ध नहीं था।

15. वर्तमान शिक्षा पद्धति बालक को अपंग बनाती है। आज का शिक्षित बालक तोते की भाँति कविता रट लेगा और सुना देगा, थोड़ी अंग्रेजी भी बोल लेगा, किंतु टूटी कुर्सी नहीं ठीक कर सकेगा अथवा फटा कपड़ा सीना हो तो नहीं सी सकेगा।

16. वर्तमान शिक्षा पद्धति सामाजिक शोषण को बढ़ावा देने में प्रमुख भूमिका निभाती है। बालक को ईमानदारी से पैसा कमाने की शिक्षा नहीं दी जाती। आज का शिक्षित बालक यही सोचने लगता है कि किसी प्रकार धन कमाए। स्पष्ट है कि इससे सामाजिक शोषण को प्रोत्साहन मिलता है।

17. वर्तमान शिक्षा ने विद्यार्थियों में हाथ से काम करने की भावना नहीं भरी। छात्र पढ़-लिखकर बाबू बनना अधिक पसन्द करता है, लेकिन खेती का काम करने में उसे लज्जा आती है। वह श्रम से घृणा करने लगता है। अगर किसी गरीब

देश के छात्र हाथ के काम को घटिया समझने लगें तो उस देश का विकास नहीं होगा।

18. वर्तमान शिक्षा प्रणाली नगरीय जीवन को बढ़ावा देती है। फलतः एक किसान का बालक भी जब शिक्षा प्राप्त कर लेता है तो गाँव में नहीं रहना चाहता। गाँवों के विकास की ओर कोई ध्यान भी नहीं देता। भारत में गाँवों की संख्या ही अधिक है। राष्ट्र के विकास में यह दृष्टिकोण रुकावट उत्पन्न करता है।
19. अंग्रेजों ने अपने शासन काल में स्त्री शिक्षा की ओर थोड़ा भी ध्यान नहीं दिया। अशिक्षित नारी योग्य पत्नी और सक्षम माता नहीं हो सकती। उसकी शिक्षा की व्यवस्था भी होनी चाहिए। अशिक्षित नारी शिक्षित नागरिक को जन्म नही दे सकती। इसलिए देश का समाज अशिक्षित एवं अपंग होगा।
20. अंग्रेजी शासन में शिक्षा का एकमात्र उद्देश्य पाश्चात्य सभ्यता में भारतीय बालकों को शिक्षित करना था। भारतीय शिक्षा की रूपरेखा निश्चित करते समय लार्ड मैकॉले ने स्पष्ट शब्दों में घोषणा की थी कि अंग्रेजी शासन को एक ऐसा वर्ग बनाने का प्रयत्न करना चाहिए, जो अंग्रेजी सरकार और भारतीय जनता के बीच दुभाषिये का काम कर सके और जो केवल रंग-रूप में भारतीय रहे, लेकिन मस्तिष्क, रीति-नीति और आचार-विचार अंग्रेजी रंग में रंग जाय। मैकॉले की धारणा सत्य प्रमाणित हुई। प्रचलित शिक्षा पद्धति में भारतीय संस्कृति की उपेक्षा की गई है।

वर्धा शिक्षा योजना का जन्म

गाँधी जी तत्कालीन शिक्षा प्रणाली से असहमत थे। उन्होंने इस शिक्षा के परिवर्तन हेतु विचार-विमर्श किया। गाँधी जी जिस दौरान दक्षिण अफ्रीका में थे, उस दौरान सत्याग्रह आन्दोलन चलाने हेतु उन्होंने जोहांसबर्ग से कुछ मील दूर पर एक फार्म किराए पर ले लिया था। इस टाल्स्टाय फार्म में सत्याग्रही सपरिवार रहते थे। इनमें हिन्दू, मुसलमान, पारसी आदि विभिन्न सम्प्रदायों के लोग थे। इन बच्चों को शिक्षा देना प्रारंभ किया गया। यहाँ पर बच्चों को कुछ हाथ का काम करना पड़ता था और शिक्षा हेतु तीन घंटे का समय निर्धारित था। शिक्षा मातृभाषा द्वारा प्रदान की जाती थी। पुस्तकों की मदद बहुत कम ली जाती थी। गाँधी जी का यह कार्यक्रम सन् 1911 ई. से सन् 1914 ई. तक चलता रहा। शिक्षा संबंधी गाँधी जी के विचार प्रयोग पर आधारित थे। दक्षिण अफ्रीका से लौटने पर भारत में सन् 1915 में इस आश्रम की स्थापना की।

गाँधी जी ने अपनी शिक्षा संबंधी विचारों का प्रसार-प्रचार सन् 1936 में 'हरिजन पत्र'' द्वारा आरंभ किया। सन् 1937 ई. में जब देश के नौ प्रान्तों में कांग्रेसी मन्त्रिमण्डल स्थापित हुए तो गाँधी जी ने अपनी शिक्षा योजना को लागू करने का विचार किया। अक्टूबर सन् 1937 ई. में नवीन शिक्षा पर विचार करने हेतु वर्धा में शिक्षाशास्त्रियों का एक अखिल भारतीय सम्मेलन आयोजित किया गया, जिसके सभापति गाँधी जी थे। गाँधी जी ने शिक्षा सम्बन्धी अपने विचार इस सम्मेलन व्यक्त किये। सम्मेलन ने इस विषय पर पर्याप्त विचार-विमर्श किया और कुछ प्रस्ताव पारित किये। यही प्रस्ताव बुनियादी शिक्षा के आधारभूत सिद्धांत हैं, जो निम्न हैं–

1. उद्योग केन्द्रित शिक्षा।
2. स्वावलम्बन।
3. सात वर्ष तक निःशुल्क एवं अनिवार्य शिक्षा।
4. शिक्षा का माध्यम मातृभाषा।

इन सिद्धांतों के आधार पर भारत की राष्ट्रीय शिक्षा का शिलाविन्यास किया गया। इस शिक्षा को गाँधी जी नई तालीम या बुनियादी शिक्षा कहते थे। वर्धा योजना, आधारभूत शिक्षा, नेशनल एजूकेशन, मौलिक शिक्षा, बेसिक एजूकेशन आदि। इसी शिक्षा के विभिन्न नाम हैं परंतु उद्देश्य एक ही है।

वर्धा शिक्षा योजना का इतिहास पृष्ठभूमि

शिक्षा को व्यवहार में लाने हेतु आचार्य डॉ. जाकिर हुसैन के तत्वावधान में एक समिति बनायी गयी। इस समिति ने एक व्यापक योजना बनायी। समिति ने अपनी रिपोर्ट में बुनियादी शिक्षा के उद्देश्य शिक्षकों की शिक्षा, निरीक्षण परीक्षा, आदि पर चर्चा करने के साथ परिशिष्ट में कताई-बुनाई का पाठ्यक्रम भी प्रस्तुत किया। समिति ने अध्ययन हेतु मूलोद्योग, गणित, मातृभाषा, समाजशास्त्र, सामान्य विज्ञान, चित्रकला, राष्ट्रभाषा और संगीत शामिल किये। अध्ययन के विषय के रूप में प्रस्तावित किया। इस समिति की रिपोर्ट को प्रस्तुत किया गया। इस अधिवेशन में रिपोर्ट पर बहुत वाद-विवाद हुआ। प्रथम तीन नियमों को स्वीकृत कर लिया गया और चतुर्थ नियम पारित न हो सका। इस योजना को शुरू करने के लिए अप्रैल सन् 1939 ई. सेवाग्राम में हिन्दुस्तानी तालीम संघ की स्थापना की गयी। इस संघ ने प्राथमिक शिक्षा विस्तार में महत्वपूर्ण भूमिका निभाई।

सन् 1938 में वर्धा शिक्षा योजना को देश के अन्य राज्यों में लागू किया गया, विशेष रूप से जहाँ कांग्रेसी मन्त्रिमण्डलों की स्थापना हो गई थी। प्रान्तों की इस दिशा

में रुचि देखकर केन्द्रीय सरकार भी इस ओर ध्यान देने लगी। केन्द्रीय सरकार की केंद्र शिक्षा सलाहकार परिषद् ने इस नई योजना पर विचार-विमर्श हेतु मुम्बई के तत्कालीन मुख्यमंत्री श्री बी. जी. खेर की अध्यक्षता में एक समिति श्री बी. जी. खेर की अध्यक्षता में ही दूसरी समिति का गठन अगले वर्ष किया गया।। दोनों खेर समितियों ने वर्धा योजना का अध्ययन किया और उसमें सुधार करने हेतु कई सुझाव दिए, जिनमें से कुछ प्रमुख सुझाव संक्षिप्त में अग्रलिखित हैं—

1. हिन्दी की शिक्षा अनिवार्य हो और उसकी लिपि अरबी और देवनागरी दोनों हों।
2. बेसिक शिक्षा छः से चौदह वर्ष तक आयु के बच्चों हेतु अनिवार्य होनी चाहिए।
3. ग्यारह वर्ष की आयु पर अथवा पाँचवीं कक्षा के उपरांत दूसरे प्रकार के विद्यालयों में बालकों को जाने की छूट होनी चाहिए।
4. सर्वप्रथम वर्धा शिक्षा-योजना ग्रामीण क्षेत्रों में लागू होनी चाहिए।
5. किसी बाह्य परीक्षा की जरूरत नहीं। आन्तरिक परीक्षा ही पर्याप्त होगी।
6. शिक्षा का माध्यम मातृभाषा हो।

केन्द्रीय शिक्षा परामर्शदात्री परिषद् ने खेर समितियों के सुझावों को अपनाया तथा सार्जेण्ट शिक्षा योजना में उनको क्रियाशील बनाया। भारत सरकार एवं प्रान्तीय सरकारों ने खेर समिति को क्रियान्वित किया। सन् 1938 में वर्धा में विद्या मन्दिर प्रशिक्षण विद्यालय स्थापना की गई। उड़ीसा, बिहार, उत्तर प्रदेश, कश्मीर, मुम्बई और मध्य प्रदेश में इसी वर्ष दक्ष प्रशिक्षण की स्थापना की गयी तथा प्राथमिक शिक्षा बोर्ड का भी गठन किया गया। पुराने स्कूलों का परिवर्तन बेसिक विद्यालयों में हो गया। संयुक्त प्रान्त में सात अल्पकालीन शिक्षा शिविर भी स्थापित किये गये।

प्राथमिक शिक्षा को प्रभावशाली बनाने के लिए विभिन्न प्रयास किए गए। अध्यापकों को प्रशिक्षित करने के लिए कुछ प्रमुख केन्द्रों की स्थापना भी की गयी। जैसे सन् 1938-39 ई. के मध्य में वर्धा में एक ट्रेनिंग कॉलेज खोला गया जिसमें नार्मल स्कूल के शिक्षकों एवं बेसिक शिक्षा के निरीक्षकों की दीक्षा की व्यवस्था की गई। मध्य प्रदेश, मद्रास और मुम्बई में तीन प्रशिक्षण केन्द्रों की और स्थापना की गयी। प्राथमिक स्तर के विद्यालयों की संख्या में वृद्धि की गयी। देश में चौदह प्रशिक्षण केन्द्र भी खुल गए। वर्धा शिक्षा की प्रगति 1940 से 1942 के समयान्तराल में मंद हो गई। विद्यामन्दिर प्रशिक्षण संस्थान बन्द हो गया। हिन्दुस्तानी तालीमी संघ

ने कुछ निरीक्षण कार्य प्रारंभ कर दिया। सन् 1942 से 45 तक पुनः बेसिक शिक्षा में प्रगति हुई। सन् 1945 में सेवाग्राम में एक राष्ट्रीय सम्मेलन हुआ, जिसमें विशेषज्ञों की एक समिति बनाई गई। समिति की सुलह थी कि पाठ्यक्रम में सुधार होना चाहिए। जनवरी सन् 1947 में दिल्ली में अखिल भारतीय शिक्षा सम्मेलन आयोजित किया गया, जिसमें शिक्षामन्त्री मौलाना अबुल कलाम आजाद ने अनिवार्य शिक्षा की गति तीव्र करने पर बल दिया। बेसिक शिक्षा के कार्यक्रम के निर्धारण के लिए एक समिति का गठन किया गया। इस समिति के सुझावों को स्वीकृति प्राप्त हुई, 15 अगस्त 1947 को भारत अंग्रेजों की आधीनता से आजाद हुआ।

वर्धा शिक्षा योजना का क्रियान्वयन

प्राथमिक शिक्षा को राष्ट्रीय शिक्षा की शाखा की स्वीकृति देश की आजादी के बाद मिली। महात्मा गाँधी की विचारधारा कुछ परिवर्तित की गई। स्वावलम्बन के अर्थ में विशेष रूप से परिवर्तन हुआ है। यह बदली विचारधारा ही अब बेसिक शिक्षा की विशेषता है। प्राथमिक शिक्षा के साधनों में भी विशेष रूप से बदलाव किया गया। प्रारंभ में हाथ के काम को ही बुनियादी शिक्षा का माध्यम माना गया था। अब अन्य उद्योगों को भी इसमें शामिल कर लिया गया है। अब कागज का काम, बागवानी, टोकरी बनाना आदि को भी बेसिक शिक्षा में शामिल कर लिया गया है।

स्वतन्त्रता के पश्चात् प्राथमिक शिक्षा के विकास के लिए स्वैच्छिक और सरकारी दोनों स्तरों पर प्रयास शुरू हुए। नये-नये बेसिक स्कूल खोले गए। बेसिक पद्धति में भी परिवर्तन किया गया। बेसिक शिक्षकों के प्रशिक्षण का कार्य भी शुरू किया गया। इस क्षेत्र में हिन्दुस्तानी तालीम संघ, विश्वभारती तथा जामिया मिलिया ने सन् 1948 से ही उल्लेखनीय कार्य करना आरंभ कर दिया।

1948 ई. में केन्द्रीय शिक्षा परामर्शदात्री परिषद् की बेसिक शिक्षा समिति ने बेसिक स्कूलों के मकान के बारे में अनेक उपयोगी सुझाव दिए थे। इसी वर्ष से ही केन्द्रीय परामर्शदात्री परिषद् ने भारत सरकार को सुझाव देते हुए विभिन्न तत्वों की ओर प्रशासन का ध्यान केंद्रित करवाया, जो अग्रलिखित हैं–

1. बेसिक शिक्षकों के प्रशिक्षण की सुविधा देना।
2. बेसिक स्कूलों के भवनों हेतु सरल व सस्ता तरीका निकालना।
3. नवीन प्राथमिक अथवा बेसिक विद्यालयों की स्थापना।
4. वर्तमान प्रारम्भिक स्कूलों को बेसिक स्कूलों में परिवर्तित करना।

बेसिक शिक्षा में समरूपता लाने हेतु 1949 ई. में केन्द्रीय शिक्षा परामर्शदात्री परिषद् के विभिन्न परामर्श निम्न हैं–

1. छः माह का प्रशिक्षण प्राप्त अध्यापक को तीन माह का रिफ्रेशर कोर्स दिया जाना चाहिए।
2. नये बेसिक स्कूल तब तक न खोले जाएँ जब तक कि कम से कम एक और दो कक्षाओं हेतु बेसिक प्रणाली में प्रशिक्षित अध्यापक न मिल जायें।
3. प्रत्येक स्कूल के पास क्राफ्ट की शिक्षा का साधन हो और पर्याप्त भूमि हो।
4. पाठ्य-पुस्तकों तथा निर्देश पुस्तिकाओं के प्रकाशन का समुचित व्यवस्था किया जाय।
5. जूनियर बेसिक स्कूलों की शिक्षा की अवधि पाँच वर्ष हो। प्रधानाध्यापक एक वर्ष का प्रशिक्षण प्राप्त किए हों।
6. इन स्कूलों के अधिकांश शिक्षकों को एक वर्ष या छः माह का प्रशिक्षण दिया जाना चाहिए।

स्वतंत्रता के उपरान्त भारत सरकार ने प्रथम पंचवर्षीय योजना लागू की जिसमें बुनियादी शिक्षा की प्रगति के लिए एक योजना सन् 1951 में बनाई। इस योजना में स्नातकोत्तर बेसिक प्रशिक्षण महाविद्यालय की स्थापना करने का प्रावधान था। इन महाविद्यालयों के पाठ्यक्रम प्रयोगात्मक कार्य आदि का उल्लेख योजना में शामिल था। जिस चुने हुए क्षेत्र में योजना थी, वहां योजना के तहत सामाजिक शिक्षा संस्थाओं को भी योजना में शामिल कर लिया गया। देहातों अथवा ग्रामीण क्षेत्रों में परिस्थितियों के आधार पर बेसिक शिक्षा में परिवर्तन भी इस योजना का ध्येय था। सन् 1954-55 में बेसिक शिक्षा प्रसार नाम से एक नई योजना आरंभ की गई। इस योजना की निम्न विशेषताएँ थीं–

1. प्राथमिक विद्यालयों में हस्तकला के शिक्षण का प्रारंभ।
2. हस्तकला के शिक्षकों का प्रशिक्षण।
3. बेसिक स्कूलों हेतु पाठ्य-सामग्री की व्यवस्था करना।
4. तत्कालीन प्राथमिक विद्यालयों को बेसिक प्रणाली में ढालना।
5. नवीन बेसिक स्कूलों की स्थापना।
6. नवीन बेसिक प्रशिक्षण संस्थाओं की स्थापना।
7. वर्तमान प्रशिक्षण संस्थाओं को बेसिक प्रणाली में ढालना।

राष्ट्र के विभिन्न प्रान्तों में बेसिक शिक्षा के अध्ययन हेतु केंद्रीय सरकार द्वारा एक समिति का गठन किया गया। केन्द्रीय शिक्षा परामर्शदात्री परिषद् ने भी बेसिक शिक्षा हेतु एक स्थायी समिति गठित की जिसका काम बेसिक शिक्षा के बारे में परिषद् को परामर्श देना है। प्रथम योजना के अन्त में केन्द्रीय शिक्षा मन्त्रालय के द्वारा की गई बेसिक शिक्षा की उन्नति हेतु राष्ट्रीय बेसिक शिक्षा अनुसन्धान केन्द्र की स्थापना।

द्वितीय पंचवर्षीय योजना में भी प्राथमिक शिक्षा की उन्नति के लिए विशेष रूप से योजना बनाई गयी। इस योजना के आधार पर पूरे भारत में 48 हजार प्राथमिक स्कूलों की स्थापना की गयी। अनेक जूनियर बेसिक स्कूलों को सीनियर बेसिक स्कूलों में बदल दिया गया। साधारण प्रारम्भिक स्कूल तथा जूनियर स्कूल में भी बेसिक शिक्षा पद्धति लागू की गई। लगभग तीन सौ आदर्श बेसिक स्कूलों की स्थापना विभिन्न राज्यों में की गई। राष्ट्रीय बेसिक शिक्षा अनुसन्धान केन्द्र ने बेसिक शिक्षा हेतु उपयोगी साहित्य का निर्माण भी किया। केन्द्र से बुनियादी तालीम नाम से एक पत्रिका भी निकली गई थी। अखिल भारतीय ऐंग्लो-इण्डियन शिक्षा मण्डल ने अपने स्कूलों में बेसिक शिक्षा आरंभ कर दी। पब्लिक स्कूल सम्मेलन में भी बेसिक शिक्षा में विशेष रूप से ध्यान दिया गया। पब्लिक स्कूलों में बेसिक शिक्षा को लागू करने के संदर्भ में भारत सरकार ने एक समिति गठित की थी। समिति ने सिफारिश की कि धीरे-धीरे इन स्कूलों में भी बेसिक शिक्षा प्रारंभ की जाए और इस दिशा में सबसे पहला कदम यह हो कि पब्लिक स्कूलों में भारतीय संस्कृति पर विशेष ध्यान दिया जाए।

चौथी पंचवर्षीय योजना समाप्त होने के बाद भारत सरकार ने प्राथमिक शिक्षा को राष्ट्रीय शिक्षा की शाखा माना। पंचवर्षीय योजनाओं में अनिवार्य एवं निःशुल्क शिक्षा की व्यवस्था हेतु बेसिक शिक्षा प्रणाली ही स्वीकृत की गई। बेसिक शिक्षा में संतोषजनक नहीं परंतु विकास अवश्य हुआ।

प्राथमिक शिक्षा के संदर्भ में विचारों में मतभेद होने के कारण अपेक्षित सफलता नहीं मिल पायी। सरकारी उत्साह में भी कुछ कमी थी। भारत सरकार ने सन् 1956 में इस समस्या को दूर करने हेतु कान्सेप्ट ऑफ बेसिक शिक्षा की प्रगति का मूल्यांकन किया और कई महत्वपूर्ण सुझाव दिये। समिति की एक मुख्य सिफारिश यह थी कि प्रत्येक राज्य के एक विशेष चुने हुए क्षेत्र में बेसिक प्रशिक्षण महाविद्यालय आदि की स्थापना की योजना अब सही नहीं है। समिति ने सुझाव दिया था कि सम्पूर्ण प्रारम्भिक शिक्षा को बेसिक बनाया जाए।

बेसिक शिक्षा प्रणाली के प्रमुख तथ्य

वर्धा शिक्षा योजना के प्रमुख तथ्य हैं–

1. ब्रिटिश शिक्षा प्रणाली में बालक श्रम से घृणा करना सीख जाते थे। बेसिक स्कूल में प्रत्येक छात्र को हाथ से काम करना पड़ता है। इसलिए बालकों में श्रम से घृणा नहीं बल्कि प्रेम हो जाता है।
2. प्राथमिक शिक्षा सैद्धान्तिक शिक्षा नहीं बल्कि अनुभव है। अनुभव काम करने से ही होता है। काम करके सीखना स्थायी होता है। प्राथमिक शिक्षा में बालक काम करत-करते ज्ञानार्जन करते हैं। छात्र तकली चलाते जाते हैं और उसी समय कपास की खेती, सूती उद्योग-धन्धों का इतिहास आदि का ज्ञान भी प्राप्त कर लेते हैं।
3. प्राथमिक शिक्षा में इस बात पर बल दिया जाता है कि बालक जो कुछ घर पर देखता है, उसी के आधार पर विद्यालय में शिक्षा प्राप्त करें। ऐसा नहीं होना चाहिए कि घर एक बात सिखा रहा है और विद्यालय दूसरी बात। गाँव का बालक खेती-बाड़ी के निकट रहता है। इस खेती-बाड़ी के माध्यम द्वारा शिक्षा प्राप्त करना उसके लिए सरल होगा। बेसिक शिक्षा इस तथ्य की ओर ध्यान देती है।
4. बालक के सामाजिक गुणों का विकास प्राथमिक शिक्षा में किया जाता है। शिक्षा में पुस्तकों की अपेक्षा व्यावहारिक ज्ञान आवश्यक है। समस्त विषयों की शिक्षा किसी हस्तकला के चारों ओर केन्द्रित रहती है। हस्तकला द्वारा बालकों में आज्ञापालन, सहिष्णुता, सहयोग आदि गुणों का विकास किया जाता है। भारतीय समाज के विकास के लिए जिस प्रकार के सदस्यों की जरूरत है, बेसिक शिक्षा उस प्रकार के सदस्य निर्मित करने का दावा करती है।
5. यह शिक्षा मनोविज्ञान के सिद्धांत पर निर्भर है, जिसमें बालक को प्राथमिकता प्रदान की जाती है। बालक को इस शिक्षा में प्रतिदिन आत्म-प्रकाशन का अवसर दिया जाता है। बालक उद्योगों में अच्छा काम करके दूसरों को प्रभावित कर सकता है। इसमें बालक की शक्तियों का विकास किसी कार्य के द्वारा किया जाता है।
6. प्राथमिक शिक्षा भारतीय संस्कृति की पृष्ठभूमि में बालक को शिक्षा देती है। विश्व को आज अहिंसा की जरूरत है। आज ऐसे नागरिकों की जरूरत है जो विज्ञान को सांस्कृतिक नियमों से समन्वित कर सकें। बेसिक शिक्षा ऐसी ही

सांस्कृतिक विचारधारा की पोषक है। बेसिक शिक्षा के समर्थक इसे अहिंसक क्रान्ति का बिगुल मानते हैं।

7. बेसिक शिक्षा का आधार आर्थिक भी है क्योंकि प्राथमिक विद्यालयों में समस्त विद्यार्थियों को हस्तकला की शिक्षा प्रदान की जाती है। उनके द्वारा बनाई गई वस्तुओं की बिक्री से विद्यालय को कुछ आय हो सकती है। बालक किसी उद्योग को सीखकर भावी जीवन में सुगमता से जीविकोपार्जन भी कर सकता है।

8. शिक्षा देने की एक विधि समवाय पद्धति है। आधुनिक विदेशी शिक्षा पद्धतियाँ भी समन्वय पर आधारित हैं। यह बात दूसरी है कि किसी पद्धति में सामाजिक वातावरण का सहारा लिया गया है तो किसी में प्राकृतिक का। प्राथमिक शिक्षा में समवाय प्रमुख रूप के तीन तरह के हैं, जिनमें प्रथम, एक विषय का, दूसरे विषय से सम्बन्ध स्थापित करके दूसरा, प्रत्येक प्रकार के ज्ञान को जीवन से सम्बन्धित करके तथा तीसरा, एक विषय के भिन्न-भिन्न भागों का आपस में सम्बन्ध स्थापित करके।

   समन्वय के मुख्यतः दो प्रकार हैं--पहला प्रत्यक्ष तथा दूसरा अप्रत्यक्ष, जैसे--सामाजिक अध्ययन के समय मातृभाषा के शब्दों का उच्चारण करना प्रत्यक्ष समवाय पद्धति से पढ़ाते हुए कुछ बातों का ध्यान रखना जरूरी है। इसके लिए विषयों की शिक्षा आवश्यकतानुसार ही हो और शिक्षण के समय का खूब उपयोग किया जाय। समन्वय में अस्वाभाविकता नहीं आनी चाहिए। समन्वय का आधार हस्तकला हो। हस्तकला का चुनाव स्थानीय वातावरण पर निर्भर होना चाहिए। पाठ में बालक की क्रियाशीलता का ध्यान रखना चाहिए। समवाय पद्धति में शिक्षक को प्रत्येक अवसर का उपयोग करने के लिए सावधान रहना पड़ता है।

9. प्राथमिक शिक्षा में सबसे महत्वपूर्ण बात यह थी कि इस शिक्षा में व्यवसाय से संबंधित शिक्षा दी जाती थी। यहाँ बेसिक शिक्षा में उद्योग की शिक्षा न होकर उद्योग के द्वारा शिक्षा होती है। हाथ के काम द्वारा शिक्षा दी जाती है, हाथ का काम केवल माध्यम है। अतः बेसिक स्कूल को कारखाना नहीं समझना चाहिए। हाथ के कामों में तीन मुख्य हैं--कातना, बुनना, खेती का काम और मिट्टी का काम। गाँधी जी के अनुसार इन तीन कामों से मानव जीवन का परिचय बहुत पुराना है।

10. प्राथमिक विद्यालयों के संदर्भ में उन परिस्थितियों में गाँधी जी की यह बात सही थी देश में निरक्षरता व्याप्त थी। निर्धनता की जंजीर में सम्पूर्ण देश जकड़ा

हुआ था। गाँधी जी ने देखा कि देश को साक्षर बनाना तब तक कठिन है जब तक कि स्कूल आर्थिक दृष्टि से स्वावलम्बी नहीं बनते। इसीलिए उन्होंने प्राथमिक शिक्षा में स्वावलम्बन को मुख्य स्थान दिया। किंतु प्रारंभ से ही इस सिद्धान्त का विरोध किया गया। विरोध के कुछ तथ्य निम्न हैं–

(i) बालकों की बनाई वस्तुएँ अच्छी नहीं होंगी। उनकी बिक्री हेतु बाजार मिलना कठिन होगा।

(ii) कुछ अभिभावकों ने आपत्ति की कि ग्रामीण उद्योग-धन्धे सिखाकर बालकों के ज्ञान प्राप्त करने में बाधा डाली जा रही है।

(iii) स्वावलम्बन से बालकों का शोषण होगा।

(iv) शिक्षा में कमाने की प्रवृत्ति का आना दुर्भाग्य की बात है। स्वावलम्बन सिद्धान्ततः उपयोगी नहीं है।

(v) कोई उद्योग ऐसा नहीं है जिससे विद्यालय का सारा खर्च आ सके।

(vi) स्वावलम्बन सिद्धान्त को अपनाने से उद्योग माध्यम न रहकर साध्य हो जायेगा।

(vii) बालकों द्वारा बनाई वस्तुओं में टूट-फूट होना स्वाभाविक है। उद्योग द्वारा शिक्षा देने में कुछ और खर्च करने हेतु तैयार रहना है, खर्च निकालना तो बहुत दूर है।

इन तथ्यों के आधार पर शिक्षा के सिद्धांत परिवर्तित हुए। प्राथमिक शिक्षा के समर्थक भी अब यह मानने लगे हैं कि स्वावलम्बन का अर्थ पाठशाला का पूरा खर्च निकालना न होना चाहिए। परंतु कुछ आय हेतु स्कूल स्वावलंबन को अपना सकते हैं।

प्राथमिक विद्यालयों के संचालन हेतु पूर्ण स्वावलंबन अब आंशिक बन गया है अर्थात् स्कूल अपना खर्च यथासंभव निकालें और सरकार से भी कुछ मदद लें। कुछ लोग इस आंशिक स्वावलम्बन का भी विरोध करते हैं। किंतु यदि प्राथमिक शिक्षा में आर्थिक तत्व को पूर्णरूपेण उपेक्षित कर दिया जायेगा तो बेसिक शिक्षा का बालक के जीवन से सम्बन्ध नहीं रहेगा, बालक हाथ के काम की ओर ध्यान नहीं देंगे, स्कूल के सामान हेतु अतिरिक्त व्यय की जरूरत पड़ेगी और बालकों में स्वावलम्बन की भावना जाग्रत न हो सकेगी। वर्तमान दौर में प्राथमिक शिक्षा के अंतर्गत स्वावलम्बन के सिद्धांत को ही आंशिक तथा मर्यादित रूप दिया गया है।

वर्धा सम्मेलन

महात्मा गाँधी के अनुसार स्वावलंबन शिक्षा का प्रमुख उद्देश्य है। इसी कारण

उन्होंने इस संदर्भ में 'हरिजन' पत्र में अनेक महत्वपूर्ण लेख लिखे। इन लेखों का बहुत असर हुआ। परिणामतः सेठ जमनालाल बजाज के मारवाड़ी विद्यालय में (वर्धा नामक नगर में) अक्टूबर 1937 ई. में एक शिक्षा सम्मेलन आयोजित किया गया। इस सम्मेलन में पारित प्रस्तावों को निम्न प्रकार उल्लेखित किया गया है–

1. शिक्षण प्रक्रिया का केन्द्र कोई हस्तोद्योग हो। अन्य विषयों की शिक्षा हस्तोद्योग के माध्यम द्वारा दी जानी चाहिए।
2. शिक्षा को इतना स्वावलम्बी अवश्य बना दिया जाय कि उससे अध्यापकों का वेतन निकल सके।
3. 7 वर्ष से 14 वर्ष की अवस्था तक के प्रत्येक बालक को निःशुल्क एवं अनिवार्य शिक्षा प्रदान की जानी चाहिए।
4. शिक्षा का माध्यम मातृभाषा होना चाहिए।

सम्मेलन में नौ सदस्यों की समिति का गठन किया गया जिसका अध्यक्ष डा. जाकिर हुसैन को चुना गया। इन नौ सदस्यों में आर्य नायकम्, काका कालेलकर, जे. सी. कुमारप्पा, किशोरीलाल मशरूवाला, प्रोफेसर के. टी. शाह, आचार्य विनोबा भावे प्रमुख सदस्य थे। जाकिर हुसैन के नाम पर इस समिति का नाम जाकिर हुसैन समिति रखा गया।

जाकिर हुसैन समिति

8 फरवरी सन् 1897 ई. को डॉ. जाकिर हुसैन का जन्म हैदराबाद के एक सम्भ्रान्त मुस्लिम परिवार में हुआ था। उनके पिता पेशे से वकील थे और "आइन-ए-डक्कन" नामक कानून सम्बन्धी पत्रिका के सम्पादक भी थे। डॉ. जाकिर हुसैन की प्राथमिक शिक्षा हैदराबाद में एक अंग्रेज शिक्षक की देख-रेख में हुई थी। जब ये 9 वर्ष के थे तभी उनके पिता की मृत्यु हो गयी। इसके बाद पितृग्राम लौट आये। वहीं फर्रुखाबाद में इनकी माध्यमिक शिक्षा पूरी हुई। उसके उपरांत इन्होंने "मोहम्मडन ऐंग्लो ओरियण्टल कॉलेज" से बी.ए. की शिक्षा पास की। पुनः इन्होंने वहीं एम. ए. में दाखिला लिया। 12 अक्टूबर 1920 में राष्ट्र सेवा हेतु गाँधी जी के असहयोग आन्दोलन में कूद पड़ने से इनका अध्ययन पूरा न हो सका। विद्यार्थी जीवन में ही 18 वर्ष की किशोरावस्था में इनका विवाह शाहजहाँ बेगम से हुआ। कॉलेज छोड़ते ही इन्होंने अलीगढ़ में जामिया मिलिया इस्लामिया राष्ट्रीय शिक्षा संस्था की स्थापना की। 1925 ई. में यह संस्था दिल्ली स्थानान्तरित हो गयी। इस बीच ये सफल शिक्षक के रूप में यहीं कार्यरत रहे।

सन् 1924 में अर्थशास्त्र की उच्च शिक्षा की उपाधि लेने की दृष्टि से ये जर्मनी गए। वहीं से उन्होंने पी.एच.डी. किया। 1926 ई. में वे भारत लौटे और 29 वर्ष की अवस्था में ही वे जामिया मिलिया के उपकुलपति बनाये गए। 1926-48 ई. तक वे इस पद पर आसीन रहे। 1938 ई. से 1950 ई. तक डॉ. हुसैन ने "हिन्दुस्तान तालीमी संघ" सेवा ग्राम के अध्यक्ष रहे और गाँधी जी के शैक्षिक विचारों के विकास हेतु महती भूमिका निभाई। 1948 से 1949 तक ये विश्वविद्यालय अनुदान आयोग के सदस्य रहे। 1948 से 1956 तक डॉ. जाकिर हुसैन अलीगढ़ विश्वविद्यालय में कुलपति पद पर रहे। 1952 से 1954 ई. तक इन्होंने भारतीय प्रेस आयोग के सदस्य के रूप में कार्य किया। इन्हें 1954 ई. में "पद्‌म भूषण" उपाधि से नवाजा गया। 1955 से 1958 ई. तक इन्होंने पेरिस में यूनेस्को की कार्यकारिणी की सदस्यता का भार संभाला। 1957 ई. से 1962 ई. तक ये बिहार के राज्यपाल रहे। 1962 ई. में ये भारत के उपराष्ट्रपति बनाये गए। सन् 1967 ई. में डॉ. जाकिर हुसैन भारत के राष्ट्रपति बने एवं भारतीय जनता के अल्पसंख्यक वर्ग का प्रतिनिधित्व किया। इनकी विद्वता के सम्मान में कलकत्ता, काहिरा, अलीगढ़, दिल्ली एवं प्रयाग विश्वविद्यालयों ने इन्हें डी. लिट. की मानद उपाधि से सम्मानित किया। भारतीय धरा और संस्कृति की ऐसी महान् विभूति और अधिक दिनों तक सेवा न कर सकी क्योंकि 3 मई, 1969 ई. को राष्ट्रपति भवन में इस महान आत्मा ने अपने प्राण त्याग दिए और 5 मई, 1969 ई. को इनका पार्थिव शरीर जामिया मिलिया के प्रांगण में दफन कर दिया गया।

डॉ. जाकिर हुसैन की अध्यक्षता में एक समिति गठित की गयी थी, उस समिति के समस्त सदस्य गाँधी के विचारों से प्रभावित थे। उनमें काका कालेलकर भी थे। गाँधीवाद पर इनकी अटूट आस्था थी। इससे संबंधित इन्होंने कई किताबें लिखी हैं। आर्य नायकम् के गाँधीवादी विचारों ने देश को इतना प्रभावित किया कि स्वयं गाँधी जी ने आर्य नायकम् की प्रशंसा की। आचार्य विनोबा भावे के सर्वोदय आन्दोलन से सभी परिचित हैं। गाँधी जी के परम शिष्य आचार्य विनोबा भावे पवनार के सन्त कहे जाते थे। भूदान आन्दोलन द्वारा जिस अहिंसक क्रान्ति का उन्होंने सूत्रपात किया था उसकी चर्चा विश्वविख्यात थी।

जाकिर हुसैन समिति के समस्त सदस्य सत्य और अहिंसा पर विश्वास करते थे तथा गाँधीवादी शिक्षा पद्धति के विकास में सहयोगी थे। इन सभी सदस्यों ने गम्भीर विचार-विमर्श से जो निष्कर्ष निकाला उससे सभी सदस्य सहमत थे और एकमत होकर उन्होंने प्रतिवेदन प्रस्तुत किये। दिसंबर 1937 में प्रथम प्रतिवेदन और अप्रैल 1938 में दूसरा प्रतिवेदन प्रस्तुत किया गया था। प्रथम प्रतिवेदन वर्धा शिक्षा योजना

के मूल सिद्धान्तों पर आधारित था और इसके उद्देश्यों अध्यापक, अध्यापक प्रशिक्षण, विद्यालय प्रबन्ध, निरीक्षण, कताई-बुनाई सहित अन्य शिल्प आदि को शामिल किया गया है। द्वितीय प्रतिवेदन में कृषि, धातुकर्म, काष्ठ कला और अन्य शिल्पों को शामिल किया गया है और इन सब विषयों का विस्तृत पाठ्यक्रम प्रस्तुत किया गया है। इस प्रतिवेदन में विषयों में साहचर्य कैसे स्थापित करने के तरीके को भी स्पष्ट किया गया था। शिल्प को केन्द्र बनाकर पाठ्यक्रम कैसे पढ़ाया जाए, इसका भी उल्लेख इस प्रतिवेदन में किया गया है।

कांग्रेस के हरिपुरा अधिवेशन में प्रस्तुत किया गया जहां उसको स्वीकृति भी मिल गई। जाकिर हुसैन समिति के इस तरह देश ने इस समिति के प्रतिवेदन को स्वीकार कर लिया।

वर्धा शिक्षा योजना द्वारा स्वीकृत पाठ्यक्रम

वर्धा शिक्षा योजना में निम्न विषयों को स्थान दिया गया—चित्रांकन, हिन्दुस्तानी, गृह-विज्ञान, मातृभाषा, सामाजिक अध्ययन, सामान्य विज्ञान, अंकगणित, संगीत इसके अलावा इस योजना में कातना, बुनना, गत्ते का काम, चमड़े का काम, काष्ठ कर्म, फल-सब्जियाँ उगाना, खेतीबाड़ी या स्थानीय भौगोलिक परिस्थितियों के अनुसार कोई भी अन्य हस्तोद्योग जिसमें शिक्षा देने की सम्भावनाएँ हों, को भी शामिल किया गया।

इस शिक्षा योजना के अनुसार पाँचवीं कक्षा तक सह-शिक्षा होगी। इसलिए इस प्रक्रम तक बालकों तथा कन्याओं का पाठ्यक्रम एक समान होगा। छठी कक्षा से पाठ्यक्रम परिवर्तित होगा और लड़कियों को गृह-विज्ञान की शिक्षा दी जायेगी।

प्रशिक्षण के तरीके

वर्धा शिक्षा योजना में पाठन विधि पर बल दिया गया। पठन-पाठन की किसी भी नवीन विधि को अस्वीकृत किया गया। आम तौर पर छात्र-छात्राओं के प्रशिक्षण में विभिन्न पाठन विधियों को प्रयोग में लाया गया जिनमें से कुछ प्रमुख विधियाँ निम्न हैं–

1. अभिव्यक्ति के अन्य साधन—जैसे नाटकीयकरण आदि।
2. समवाय अथवा अनुबन्ध—यहाँ केन्द्रीय विषय के रूप में किसी हस्तोद्योग, सामाजिक वातावरण अथवा भौतिक वातावरण को ग्रहण किया जाता है।
3. क्रिया द्वारा ज्ञानार्जन—इस योजना में केवल उत्पादक एवं लाभप्रद क्रियाओं को ही चुना जाता है।

4. वास्तविक वस्तुओं का प्रदर्शन।

वर्धा शिक्षा योजना के गुण

भारतीय संस्कृति के मूल्यों को अपनाना तथा विद्यार्थियों को स्वावलम्बी बनाना इस योजना के मुख्य गुण थे। इसके अलावा जीवन से सम्बन्ध, मनोवैज्ञानिक नियमों पर आधारित, सामाजिक भावना का विकास, नागरिकता की शिक्षा, श्रम के प्रति आस्था, गृह उद्योगों को प्रोत्साहन देना, समवायी शिक्षा तथा बालक की क्रियाशीलता को महत्व देना आदि वर्धा शिक्षा योजना की प्रमुख विशेषएँ थीं।

वर्धा शिक्षा योजना की कमियाँ

वर्धा शिक्षा योजना में मुख्य कमी यह थी कि इस योजना में सम्पूर्ण शिक्षा को उद्योग केन्द्रित कर देने से बौद्धिक शिक्षा का सन्तुलन बिगड़ जायेगा और समाज में जुलाहों, कुम्हारों आदि की संख्या बहुत बढ़ जायेगी। यह योजना शिक्षा उद्योग-केन्द्रित है, न कि बाल-केन्द्रित। यह योजना विशेषकर गांवों में लागू होती है। नगर में रहने वाले बालकों हेतु इसका प्रयोग सीमित है। स्वावलम्बन से पाठशालाएँ कारखानों का रूप धारण कर लेंगी और अध्यापक अपने वेतन का खर्च निकालने हेतु बालकों का शोषण करेंगे। वर्तमान युग में नये-नये आविष्कार हो रहें हैं। अतएव तकली, चरखा, कताई-बुनाई आदि पर बल देना, देश की उन्नति में अवरोधक है। छोटे-छोटे बालक हस्तोद्योग का ठीक से चयन नहीं कर सकते क्योंकि उनकी रुचियों का विकास नहीं हुआ होता। इस योजना में नैतिक और धार्मिक शिक्षा की व्यवस्था नहीं की गयी है। इसके अलावा इस योजना का एक दोष यह था कि उसमें छात्र-छात्राओं को स्वाध्याय का बहुत कम अवसर प्राप्त होता है। इस योजना में शारीरिक शिक्षा की उपेक्षा की गयी है तथा पाठ्य पुस्तकों की जरूरतों को नजरअंदाज किया गया है, परंतु बालकों को सभी विषयों का ज्ञान व्यावहारिक रूप से नहीं कर सकते।

वर्धा शिक्षा योजना का मूल्यांकन

भारतीय स्वतंत्रता के बाद गाँधी जी के विचारों व अन्य सिद्धांतों की भांति प्राथमिक शिक्षा योजना को अनदेखा कर दिया गया। 1966 में कोठारी आयोग का गठन हुआ। आयोग ने इसको समाप्त करने पर बल दिया। बुनियादी शिक्षा के नाम पर प्रचुर धनराशि को स्कूल प्राप्त कर उसका दुरुपयोग करने लगे। रातों-रात साइनबोर्ड बदलकर परम्परागत स्कूल बेसिक स्कूल बन गए लेकिन उनमें वर्धा शिक्षा

योजना के मूलभूत सिद्धान्तों की ही उपेक्षा होने लगी। जिस शिक्षा को गाँधी जी ने देश हेतु अपनी सर्वोत्तम भेंट कहा था, उसकी दुर्गति को देखकर स्वयं जाकिर हुसैन को कहना पड़ा कि जिस ढंग से बुनियादी शिक्षा का क्रियान्वयन हो रहा है, वह एक प्रवंचना मात्र है। भारतीय शिक्षा आयोग ने अपने 1966 ई. के प्रतिवेदन में इसके विरुद्ध अपनी सिफारिश प्रस्तुत की। अब देश में वर्धा शिक्षा योजना केवल ऐतिहासिक योजना है।

नेहरू और शिक्षा

नेहरू जी के समय में भारत शिक्षा के क्षेत्र में पिछड़ा हुआ था अतः पं. जवाहरलाल नेहरू जी ने अपनी उच्च शिक्षा विदेशों में प्राप्त की थी। क्योंकि शिक्षा के मामले में उस समय भारत की दयनीय स्थिति थी। जो उनके लिए अयोग्य व असह्य थी। गुलामी के दिनों में भारतीय लोगों को साक्षर एवं शिक्षित करने का प्रयास न के बराबर हुआ। मुसलमानों और मुगलों के समय कुछ मदरसे अवश्य खोले गये, पर इनमें पढ़ाई उर्दू, फ़ारसी तक सीमित थी। अंग्रेज़ों ने जब अपने शासन को सुव्यवस्थित कर लिया, तो उन्होंने अपनी भाषा अंग्रेज़ी के प्रचलन के लिए शिक्षा का विकास किया, जैसे कुछ विश्वविद्यालय, विद्यालय, कॉलेज एवं निचले स्तर की शिक्षा के लिए कुछ विद्यालयों की स्थापना की। कुछ उत्साही, धनी एवं समाजसेवी व्यक्तियों ने कुछ शहरों और कस्बों एवं गिने-चुने गाँवों में उच्च विद्यालय, मध्य विद्यालय एवं प्राथमिक विद्यालयों की स्थापना की।

ब्रिटिश के माध्यम से इंगलिश की शिक्षा केवल सरकारी नौकरी हेतु दी जाती थी। ऐसी स्थिति में उच्च शिक्षा की व्यवस्था नाममात्र की थी। उदाहरण के लिए, बंगाल, उड़ीसा और बिहार के लिए मात्र एक विश्वविद्यालय कलकत्ता में था। यही स्थिति सभी प्रान्तों को लेकर थी। बाद में पटना विश्वविद्यालय की स्थापना जो बिहार और उड़ीसा दोनों के लिए। यह स्थिति बहुत दिनों तक बनी रही। उस समय उड़ीसा से सीधे बिहार आना कठिन था। कलकत्ता होकर ही पटना तक ही यात्रा करनी पड़ती थी।

ब्रिटिश शासन ने शिक्षा पर कोई ध्यान नहीं दिया फलतः स्थिरता बढ़ती गयी। सन् 1951 में देश की साक्षरता मात्रा 16.5% थी, अर्थात् इसमें से अधिकांश केवल थोड़ा-बहुत लिख-पढ़ सकते थे। सभी पूर्णतया शिक्षित नहीं थे। केवल ग्रामीण क्षेत्रों की बात करें, तो साक्षरता की संख्या चौंकाने वाली, अर्थात् मात्र 6% थी। यह बात

सर्वविदित है कि भारत ग्राम प्रधान देश है। उस समय तो शहरों में कोई विशेष सुविधा नहीं होने के कारण गाँवों के लोग गाँव में ही रह जाते थे। वर्तमान काल में ग्रामीण नौकरी के लिए शहर की ओर प्रस्थान करते हैं।

पं. जवाहरलाल नेहरू शिक्षा की इस दयनीय स्थिति से पूर्णतः अवगत थे उन्होंने विकास हेतु ध्यान केंद्रित किया। सभी लोगों का ध्यान इस तरफ किया और शिक्षा के विकास में अपनी विशिष्ट भूमिका निभाई। 1961 में राष्ट्रीय विकास परिषद् को सम्बोधित करते हुए उन्होंने कहा था–'मैं यह अनुभव करने लगा हूँ कि सब कुछ शिक्षा पर ही आधृत है और किसी भी वजह से यदि हमारे मस्तक ही काट लिये जायें और हम कार्य ही नहीं कर सकें, तो पृथक् बात है, पर हमें शिक्षा को किसी प्रकार क्षति नहीं पहुँचने देना चाहिए।' पंचवर्षीय योजनाओं के प्रारम्भिक काल से ही शिक्षा बजट में पर्याप्त वृद्धि की गयी। संविधान में यह व्यवस्था थी कि 1961 तक 14 वर्ष की उम्र तक के हर बच्चे को निःशुल्क और अनिवार्य शिक्षा सरकार द्वारा दी जायेगी। बाद में इसे बढ़ाकर 1966 कर दिया गया।

नेहरू जी के समय से शिक्षा के क्षेत्र में विकास होना शुरू हो गया परंतु पूर्ण विकास वर्तमान में भी नहीं हुआ। कई कारणों में एक कारण यह भी है कि शिक्षा मूलतः राज्यों का विषय है और राज्यों ने इस पर पर्याप्त ध्यान अब तक नहीं दिया है। मात्र केरल भारत का एक ऐसा राज्य है, जहाँ साक्षरता दर 100% है।

नेहरू जी ने शिक्षा की उन्नति हेतु संभवतः प्रयास किये। शिक्षा पर धनराशि बढ़ाई गयी और 1951-52 में जहाँ शिक्षा के ऊपर व्यय मात्र करीब 20 करोड़ रुपये था, वहीं 1964-65 में यह 146 करोड़ से ज्यादा हो गया। स्वतन्त्रता की प्राप्ति के समय पूरे देश में विश्वविद्यालयों की संख्या प्रायः कम ही थी। कॉलेजों की संख्या भी बहुत थोड़ी थी। नेहरू के प्रयासों के फलस्वरूप विश्वविद्यालयों की संख्या में तीन गुनी वृद्धि हुई और यह 54 हो गयी। महाविद्यालयों की संख्या 2500 पहुँच गयी थी। इसके फलस्वरूप छात्रों की संख्या में आशातीत वृद्धि तथा स्नातक एवं स्नातकोत्तर छात्रों की संख्या 6 लाख से अधिक हो गयी।

नेहरू ने लड़कियों की शिक्षा पर विशेष रूप से ध्यान दिया। यह इससे ही स्पष्ट होता है कि स्वतन्त्रता संग्राम के दौरान ही उन्होंने अपनी पुत्री इन्दिरा को विदेश तक पढ़ने को भेजा था। 1964 तक छात्राओं की संख्या में आश्चर्यजनक रूप में वृद्धि हुई, अर्थात् वह बढ़कर 6 गुना हो गयी।

हालांकि एक ही समय में प्रत्येक बालकों को निःशुल्क और अनिवार्य शिक्षा का उद्देश्य अभी कुछ भी निश्चित नहीं था। यह लक्ष्य अत्यधिक दूर था। 1964 में नेहरू

का देहान्त हो जाने के कारण शिक्षा के क्षेत्र में विकास की गति मंद हो गई। आँकड़े के अनुसार 1965-66 के दौरान 6 से 14 वर्ष के बालकों का मात्र 61% ही विद्यालय जाता था। छात्राओं के लिए यह संख्या केवल 43% थी। चौंकाने वाली बात यह है कि विद्यालयों में, विशेषकर प्राथमिक स्तर के विद्यालयों में पढ़ाई सम्बन्धी सुविधाएँ न के बराबर थीं। अधिकांश स्कूलों में पक्का भवन भी नहीं था। ब्लैक-बोर्ड, चॉक, डस्टर तो थे ही नहीं, साथ ही बैठने की व्यवस्था भी नहीं थी। पीने का पानी तो दूर की बात थी, अधिकांश ग्रामीण स्कूलों में लड़के स्कूलों में ज़मीन पर बैठने के लिए अपने घर में ही कोई सामान लाते थे, जैसे—दरी का टुकड़ा आदि। अत्यन्त ग़रीब परिवार के बच्चों के पास यह भी नहीं होता था। वे ठिठुरती ठण्ड में मिट्टी की सतह पर ही बैठते या दूसरे बच्चों के साथ किसी प्रकार बैठ लेते। कड़ी गर्मी में पीने के लिए पानी भी नहीं था। यह स्थिति गुलामी के काल से ही चली आ रही थी। अधिकांश प्राइमरी विद्यालयों में एक ही शिक्षक एक ही कमरे में तीन-तीन कक्षाओं के छात्रों को बैठाकर पढ़ाया करता था।

इस दयनीय व कमजोर स्थिति का इन पंक्तियों के लिखने वाले को खुद मालूम है। वह गाँव के जिस प्राइमरी स्कूल की तीसरी कक्षा में पढ़ा था, वहाँ वह अपने बैठने के लिए घर से कम्बल की एक छोटी आसनी ले जाता था, जो पूजा घर से निकाली गयी होती थी। एक ही किराये के कमरे में पहली से तीसरी तक के छात्र ज़रा-ज़रा सी दूरी बनाकर बैठते थे। एक ही शिक्षक थे। वह भी रविवार और अन्य छुट्टियाँ तो करते ही थे, प्रत्येक मंगलवार और शुक्रवार को आधे दिन की छुट्टी करते थे; क्योंकि उन्हें संझौली स्थित बाज़ार को जाना होता था। बाज़ार के दिनों में अक्सर वे घर से कोई तेल का बर्तन या झोला लेकर आते थे। यह देखते ही छात्रों में खुशी की लहर फैल जाती थी और सब सोचने लगते थे कि आज दोपहर के बाद छुट्टी निश्चित है। शनिवार को नियमपूर्वक आधे दिन ही पढ़ाई होती थी। वह आधा दिन भी 'शनिस्चरा' अर्थात् एक पाव से आस-पास प्रत्येक छात्र से चावल वसूलने में जाता था। यह स्पष्टतः भ्रष्टाचार और शोषण का उदाहरण था। जो ग़रीब लड़का शनिवार को चावल नहीं ला सकता, उसकी दोनों तलहथियों पर शिक्षक महोदय की छड़ी इस रूप में पड़ती थी कि कई बार रक्त निकल आता था। इस शिक्षक की मनमानी देखने वाला कोई नहीं था, अतः उसका मनमाना व्यवहार चलता रहता। यह 1944-45 की बात है। ग्रामीण विद्यालयों की स्थिति अथक प्रयासों से भी सुधर नही सकती। नेहरू जैसी भव्य आत्मा ने पुनः धरा पर जन्म नहीं लिया जो शिक्षा में सर्वस्व अर्पित कर दे। वर्तमान में भी ग्रामीण बच्चे पाठशाला में पेड़ ही छांव में तथा दरी के टुकड़े पर बैठ कर पढ़ते हैं।

7

रचनात्मक कार्यों का तुलनात्मक अध्ययन

रचनात्मक कार्य का तात्पर्य किसी वस्तु का निर्माण एवं गुणों के विकास से होता है।गाँधीजी के कार्य जनहित के लिए थे। इन्होंने सत्य अहिंसा पर आधारित आदर्श राज्य की कल्पना की। गाँधीजी के प्रमुख 18 रचनात्मक कार्यक्रम हैं परंतु गाँधीजी ने इनकी संख्या में अनिश्चितता जताई है। यदि अहिंसक समाज-रचना के लिए अन्य कार्यक्रमों की जरूरत है तो वे जोड़े जा सकते हैं। अहिंसा के लिए गाँधी जी पूरे तन-मन के साथ लगे रहते थे।

रचनात्मक कार्यक्रमों की पूर्ति हेतु गाँधी जी ने पूर्ण स्वराज्य को महत्व दिया। पूर्ण स्वराज्य के लिए कई शब्दों का उपयोग किया था। पूर्ण-स्वराज, रामराज और ग्रामस्वराज्य इन शब्दों का अभिप्राय अहिंसक समाज-रचना की है। इन सभी शब्दों के पीछे एक नयी समाज-रचना की कल्पना है। इस कल्पना को व्यावहारिक रूप देने का प्रयास गाँधी जी ने किया और इस प्रयास से ही रचनात्मक कार्य और रचनात्मक संस्थाओं का गठन किया गया। कालक्रम के अनुसार इस कार्यक्रम को दो भागों में बांटा है—(1) गाँधी जी के जीवनकाल में प्रारंभ किये गए कार्यक्रम एवं उनकी पूर्ति के लिए बनी संस्थाएँ, (2) गाँधी जी के बाद किये गए नये प्रयास।

स्वराज्य

भारत की 80% जनसंख्या गांव में निवास करती है जिसके कारण भारत गांवों का देश कहा जाता है। इसलिए गाँधी जी गांवों के विकास पर अधिक बल देते थे। गाँधी जी ने पूर्ण स्वराज्य को ग्राम स्वराज्य के रूप में देखा। अतः जब गाँव के हर

व्यक्ति के पास पूर्ण स्वराज्य की किरण पहुँच जायेगी तभी गाँधी जी की, पूर्ण स्वराज्य की कल्पना साकार होगी। उन्होंने जिस प्रकार के स्वराज्य की कल्पना की थी वह मात्र राजनैतिक अधिकार प्राप्त करने तक सीमित नहीं था।

सही अर्थों में गाँधी जी की कल्पना में राजनैतिक, आर्थिक, नैतिक इन तीनों तत्वों पर आधारित थी। गाँव-गाँव में ऐसी व्यवस्था होनी चाहिए जिससे गाँव में अपना राज्य कायम हो सके। गाँव के पास सत्ता और स्वयं की ताकत होनी चाहिए। अर्थात् प्रत्येक गांव आत्मनिर्भर हो। इसका तात्पर्य यह है कि हर गाँव अपने पाँव पर खड़ा होगा और अपनी जरूरतें स्वयं पूरी करने का प्रयास करेगा ताकि परनिर्भरता कम हो सके। वह अपनी आत्मशक्ति से अंतः एवं बाह्य दोनों संकटों का सामना कर सके। हर व्यक्ति अपने अधिकार और कर्तव्य को समझेगा तथा व्यक्तिगत स्तर पर उसे अपने लक्ष्य की ओर बढ़ने की सुविधा मिलेगी। व्यक्ति समाज की बुनियाद है। जब तक व्यक्ति को विकास का पूरा अवसर प्राप्त नहीं होगा, तब तक समाज का पूर्ण रूप से विकास नहीं होगा इसलिए व्यक्ति का विकास बहुत जरूरी है।

सत्य और अहिंसा को अपनाकर ही ऐसे समाज का निर्माण हो सकता है। फिर ऐसा समाज अनगिनत गाँवों का बना होगा। गाँधी जी के शब्दों में–उसका फैलाव एक के ऊपर एक के अंग पर नहीं, बल्कि लहरों की तरह एक के बाद एक की शक्ल में होगा। जिंदगी मीनार की शक्ल में नहीं होगी, जहाँ ऊपर की तंग चोटी को नीचे के चौड़े पाये पर खड़ा होना पड़ता है। वहाँ तो समुद्र की लहरों की तरह जिन्दगी एक के बाद एक घेरे की शक्ल में होगी, व्यक्ति का स्थान इसमें केन्द्रीय बिंदु की तरह होगा।

ग्रामस्वराज्य

ग्रामराज एक ऐसा राज्य होगा जहां लोग अपना कार्य स्वयं कर सकें। गाँधी जी ने पूर्ण स्वराज्य की जो कल्पना की थी वह उनके ग्रामस्वराज्य के विचार से स्पष्ट हो जाती है। उसके संबंध में उनका कहना था कि, "ग्रामस्वराज्य की मेरी कल्पना यह है कि वह एक पूर्ण प्रजातंत्र होगा, जो अपनी अहम् जरूरतों के लिए अपने पड़ोसियों पर भी निर्भर नहीं रहेगा और फिर भी बहुतेरी दूसरी जरूरतों के लिए–जिनमें दूसरों का सहयोग अनिवार्य होगा–वह परस्पर सहयोग से काम लेगा। इस तरह हर एक गाँव का पहला काम यह होगा कि वह अपनी जरूरत का तमाम अनाज और कपड़े के लिए कपास खुद पैदा कर ले। उसके पास इतनी फाजिल जमीन होनी चाहिए, जिसमें ढोर चर सकें और गाँव के बड़ों व बच्चों के लिए खेलने

के लिए समुचित स्थान का प्रबंध हो, जिसमें वे अपने खाली समय का समुचित उपयोग कर सकें। इसके बाद भी जमीन बचे, तो उसमें वह ऐसी उपयोगी फसलें बोयेगा, जिन्हें बेचकर आर्थिक लाभ उठा सके, यों वह गाँजा, तम्बाकू, अफीम वगैर की खेती से बचेगा। हर एक गाँव में गाँव की अपनी एक नाटकशाला, पाठशाला और सभा भवन रहेगा। पानी के लिए उसका अपना इन्तजाम होगा। वाटर वर्क्स होंगे, जिससे गाँव के सभी लोगों को शुद्ध पानी मिला करेगा। अगर गाँव वालों को शुद्ध पानी मिलेगा तो उनका स्वास्थ्य अच्छा रहेगा। बुनियादी शिक्षा के अंतर्गत सबके लिए शिक्षा की व्यवस्था होगी। जहाँ तक हो सकेगा, गाँव के सारे काम सहयेाग के आधार पर किये जायेंगे। जात-पाँत और क्रमागत अस्पृश्यता जैसे भेद आज हमारे समाज में पाये जाते हैं, वैसे इस ग्राम-समाज में बिलकुल न रहेंगे। सत्याग्रह और असहयोग अस्त्र के साथ अहिंसा की सत्ता ही ग्रामीण समाज का शासन-बल होगी। गाँव की रक्षा के लिए ग्राम-सैनिकों का ऐसा दल रहेगा, जिसे लाजिमी तौर पर बारी-बारी से गाँव के चौकी पहरे का काम करना होगा। ग्रामीण क्षेत्रों में शासन व्यवस्था के संचालन के लिए पाँच व्यक्तियों की एक पंचायत गठित की जायेगी। इसके लिए नियमानुसार एक खास निर्धारित योग्यता वाले गाँव के बालिग स्त्री-पुरुषों को अधिकार होगा कि वे अपने पंच चुने लें। इस ग्राम-शासन में व्यक्तिगत स्वतंत्रता पर आधार रखने वाला सम्पूर्ण प्रजातंत्र काम करेगा।"

रचनात्मक कार्य की संरचना

रचनात्मक कार्यों की रूपरेखा तैयार करने के लिए गाँधी जी ने 18 रचनात्मक कार्यक्रमों का निर्माण किया था। उनका मानना था कि यदि ये कार्यक्रम पूरे होते हैं तो हम पूर्ण स्वराज्य की मंजिलें सहज ही तय कर सकते हैं। उनके अनुसार "रचनात्मक कार्यक्रम को दूसरे शब्दों में और अधिक उचित रीति से सत्य और अहिंसात्मक साधनों द्वारा पूर्ण स्वराज्य की यानी पूरी-पूरी आजादी की रचना कहा जा सकता है।"

गाँधीजी ने रचनात्मक कार्य की रूपरेखा योजना बनाकर तैयार नहीं की थी। वास्तव में तो ये रचनात्मक कार्य उनके जीवन के प्रयोगों में से ही उत्पन्न हुए। उन्होंने जो भी कार्यक्रम हाथ में लिये उन पर से जो समस्याएँ सामने आयीं तथा जिस प्रकार के कार्यक्रम हाथ में लेने की जरूरत उनको लगी, उसे कार्यक्रम के रूप में उन्होंने प्रस्तुत किया। उनके लिए पूर्व योजना का निर्धारण नहीं किया, जैसे, कौमी एकता की समस्या सबसे अधिक प्रखर थी। प्रारंभ से ही गाँधी जी ने कौमी एकता

की बात कही और यह उनके कार्यक्रम का मुख्य अंग था, परंतु इस काम के लिए उन्होंने कोई संस्था नहीं बनायी। इसी प्रकार मद्यनिषेध की बात भी प्रारंभ से करते आये और इसके लिए 'पिकेटिंग' आदि भी किये गए। स्त्रियों के कल्याण की बात भी काफी पहले ही उनके कार्यक्रम का अंग थी, परंतु कस्तूरबा के निधन के बाद ही एक संस्था बनी जिसने इस काम को फैलाया। इस प्रकार हमें यह कहना चाहिए कि गाँधी जी ने रचनात्मक कार्यक्रम की, कभी भी एक जगह बैठकर योजना नहीं बनायी। समय व परिस्थिति के अनुसार कार्यक्रम का निर्माण ही उसकी नीति थी।

तत्कालीन एव वर्तमान परिस्थितियों में बहुत भिन्नता है। रचनात्मक कार्यक्रम का प्रारंभ जिस सामाजिक, आर्थिक एवं राजनीतिक परिस्थिति में हुआ वह आज से सर्वथा भिन्न थी। उस समय हमारा देश अंग्रेजी शासन के अधीन था। हम दूसरे के गुलाम रहते थे। अतः राजनीतिक स्वतंत्रता प्राप्त करना उस समय के कार्यक्रमों का प्रमुख लक्ष्य था, यद्यपि गाँधी जी ने कभी राजनीतिक स्वतंत्रता को एकमात्र लक्ष्य नहीं माना था। इसका कारण यह था कि पूर्ण स्वराज्य की कल्पना में राजनीतिक स्वराज्य एक महत्त्वपूर्ण कड़ी है और पूर्ण स्वराज्य प्राप्त करने के लिए राजनीतिक स्वराज्य प्राप्त करना ही पड़ेगा। गाँधी जी के इन रचनात्मक कार्यों में राजनीतिक स्वराज्य को भी सम्मिलित किया गया था। राजनीतिक स्वतंत्रता-प्राप्ति के संदर्भ में उनके रचनात्मक कार्यक्रम की–पूर्ण स्वराज्य-प्राप्ति की दृष्टि से दो भूमिकाएँ थीं–(1) राजनीतिक स्वतंत्रता-प्रक्रिया की दृष्टि से स्वतंत्रता संग्राम के कार्यक्रमों में मदद करना; (2) अहिंसक समाज की रचना करना। इसे पूर्ण स्वराज्य की प्रक्रिया कहना चाहिए। गाँधी जी ने उस समय की परिस्थिति को ध्यान में रखकर जो रचनात्मक कार्यक्रम सुझाये उनका अलग-अलग अपना स्थान होते हुए भी वे एक दूसरे से जुड़े हैं। जैसे–कौमी एकता, अस्पृश्यता-निवारण, मद्य-निषेध, खादी, दूसरे ग्रामोद्योग, गाँवों की सफाई, नयी या बुनियादी तालीम, बड़ों की तालीम, स्त्रियाँ, आरोग्य के नियमों की शिक्षा, प्रान्तीय भाषाएँ, राष्ट्रभाषा, आर्थिक समानता, किसान, मजदूर, आदिवासी, कोढ़ी तथा विद्यार्थी आदि ।

गाँधी ने इन रचनात्मक कार्यक्रमों को व्यावहारिक रूप देने के लिए जो तरीका अपनाया था उसे दो रूप में स्पष्ट किया जा सकता है–

(क) रचनात्मक कार्य की पूर्ति हेतु स्वतंत्र संस्थाओं का गठन किया जाना चाहिए। जैसे खादी-कार्य के विस्तार के लिए 'अखिल भारतीय चरखा संघ,' हिन्दुस्तानी तालीमी संघ,' 'हरिजन-सेवक-संघ,' 'कस्तूरबा गाँधी राष्ट्रीय स्मारक ट्रस्ट' आदि की स्थापना की गयी। ये सभी स्वतंत्र संस्थाएँ स्वायत्त इकाई के रूप में अपने

प्राथमिक लक्ष्य की ओर बढ़ती थीं। किंतु विचार एवं अन्तिम लक्ष्य की दृष्टि से वे एक दूसरों से सम्पर्क करती थीं। इन सभी संस्थाओं का सम्बन्ध स्वाधीनता-संग्राम के साथ था, स्वतंत्रता-संग्राम की घटनाओं का प्रत्यक्ष प्रभाव इन संस्थाओं पर पड़ा।

(ख) कुछ ऐसे भी रचनात्मक कार्यक्रम थे जिनके लिए पृथक् स्वायत्त संस्था की जरूरत नहीं पड़ी। परंतु उससे उनका महत्त्व कम नहीं होता था। वे सीधे कांग्रेस एवं गाँधी जी द्वारा संचालित होते थे। जैसे कौमी एकता के लिए कोई स्वतंत्र संगठन नहीं था, परंतु यह कांग्रेस का प्रमुख कार्यक्रम था। कांग्रेस के कार्यक्रमों के साथ उसका अभिन्न सम्बन्ध था। वास्तविकता तो यह थी कि सभी रचनात्मक कार्यक्रमों को कांग्रेस का समर्थन एवं सहयोग प्राप्त था। साथ ही स्वतंत्रता-संग्राम के साथ जुड़े होने के कारण सभी कार्यक्रमों में जनता का विशेष योगदान था। इन सभी कार्यक्रमों को राष्ट्रीय कार्यक्रम के रूप में स्वीकृति मिली थी।

(1) अन्य ग्राम उद्योग—ग्रामीण क्षेत्रों में कुटीर उद्योगों के विकास से ग्रामोद्योग को विकसित किया जा सकता है। ग्रामस्वराज्य की स्थापना के लिए आवश्यक है कि गाँव स्वयं में पूर्ण घटक हो। यह तभी हो सकता है जब गाँव अपने जीवन की प्रमुख आवश्यकताओं का उत्पादन स्वयं करे अर्थात् प्रमुख ग्रामोद्योग आटा-पिसाई, चावल-बुनाई, साबुन बनाना, दियासलाई बनाना, चमड़े का काम, तेल पेरना आदि गाँव में चलाने होंगे। भारत गाँवों में बसा है और भारत की समस्याओं को सुलझाने या विकास के लिए जरूरी है कि यहाँ की श्रमशक्ति को गाँवों में ही काम दिया जाय। अतः यहाँ की नीति लोगों को उनके घरों में काम देने की होनी चाहिए। श्रम-प्रधान तकनीकी को अपनाकर इस कार्यक्रम को सफल बनाया जा सकता है।

(2) ग्राम स्वच्छता—अशिक्षा के कारण गाँवों में अस्वच्छता है। हमारे देश में जगह-जगह सुहावने और मनभावने छोटे-छोटे गाँव के बदले में हमें घूर जैसे गाँव देखने को मिलते हैं। गाँव के बाहर और आस-पास इतनी गंदगी होती है कि अक्सर गाँव में जाने वाले को आँख मूंदकर और नाक दबाकर जाना पड़ता है। स्वच्छ जीवन व्यतीत करने के लिए व्यक्तिगत सफाई के साथ-साथ सार्वजनिक सफाई अति आवश्यक है।

लोगों को इस बात की प्रेरणा देने के लिए गाँधी जी स्वयं गाँवों में जाकर सफाई करते, ऐसे लोगों की संख्या काफी थी जो गाँव-गाँव घूमकर गाँधी जी के उदाहरण का अनुकरण करते थे।

(3) नयी तालीम— हिंदुस्तानी तालीमी संघ की स्थापना इस उद्देश्य की पूर्ति

के लिए की गई। गाँधी जी नई तालीम के माध्यम से लोगों को शिक्षित करना चाहते थे। वे बच्चे का संतुलित विकास चाहते थे। इसके लिए बौद्धिक ज्ञान के साथ-साथ शारीरिक विकास का ध्यान रखा जाना जरूरी है। साथ ही यह भी आवश्यक है कि किसी उद्योग में निपुण हो जाय और अपनी जीविका चलाने में सक्षम हो जाय। नयी तालीम के विस्तार के लिए हिन्दुस्तानी तालीमी संघ की स्थापना की गयी थी।

(4) प्रौढ़ शिक्षा –प्रौढ़ शिक्षा का अपना महत्त्व है और उसको भी गाँधी जी ने अपने रचनात्मक कार्यक्रमों में स्थान दिया था। इस तालीम का तात्पर्य केवल साक्षरता से नहीं है। अपितु देशवासियों को देश की भौगोलिक, सामाजिक एवं राजनीतिक परिस्थिति और समस्याओं का पूरा-पूरा ज्ञान करना है। उनको यह भान होना चाहिए कि विशाल देश में रहने वाले करोड़ों लोग इसी देश के हैं। प्रौढ़ शिक्षा के माध्यम से व्यक्ति को उद्योगों में भी सहायता होगी। इससे व्यक्ति के उद्योगों में सुदृढ़ता प्राप्त होगी। इस प्रकार के व्यापक काम को पूरा करने के लिए व्यापक शक्ति की जरूरत है। इसके लिए स्वतंत्र संस्था बनाने की आवश्यकता नहीं समझी गयी। यह काम उस समय कांग्रेस के स्वयंसेवक एवं रचनात्मक कार्यकर्त्ताओं द्वारा किया जाता था।

(5) धर्म निरपेक्षता–भारत में विभिन्न धर्मावलम्बियों के लोग रहते हैं। ये जन्म से ही भारतीय हैं किंतु इनमें सदैव धार्मिक मतभेद रहा। इसका अंग्रेजी शासकों ने लाभ उठाया और इसको और भी प्रोत्साहन दिया। धारासभाओं में धर्म के नाम पर प्रतिनिधित्व दिया जाने लगा और अन्ततः परिणाम यह हुआ कि राजनीतिक स्वतंत्रता तो मिली परंतु देश का विभाजन हिंदुस्तान एवं पाकिस्तान में हो गया।

भारत में रहने वाले सभी धर्म के लोगों को समानता प्राप्त है। चाहे वे हिन्दू हों, मुस्लिम हों, सिक्ख हों, या ईसाई हों, सबको समग्र दृष्टिकोण से देखा जाता है। उन्हें भारत में एक परिवार की भांति प्रेम से रहना चाहिए। कौमी एकता का कार्यक्रम ऐसा वातावरण बनाने के लिए हाथ में लिया गया था। इस कार्यक्रम को प्रस्तुत करते हुए गाँधी जी ने कांग्रेसजन से कहा था कि वे हिन्दुस्तान के करोड़ों वाशिन्दों में से हर एक के साथ अपनेपन का एवं आत्मीयता का अनुभव करें, अच्छे-बुरे दिनों में लोगों का सहयोग करें। इस तरह की आत्मीयता को सिद्ध करने के लिए हर एक कांग्रेसी को चाहिए कि वह अपने धर्म से भिन्न धर्म का पालन करने वाले लोगों के साथ निजी दोस्ती कायम करें और अपने धर्म के लिए उसके मन में जैसा प्रेम हो, वैसी ही प्रेम व सद्भाव अन्य धर्मों के साथ करें।

स्वतंत्रता के समय हिन्दू व मुस्लिम तनाव बढ़ने लगा तथा देश विभाजन की बातें सामने उभरकर आने लगीं। इस तनाव को कम या समाप्त करने हेतु विभिन्न

धर्मों में एकता के लिए प्रयास किये जाएँ। अतः इस एकता को कायम करना उस समय कांग्रेस का मुख्य कार्यक्रम था। गाँधी जी ने अन्तिम दिनों में इस कार्य की पूर्ति हेतु भरपूर प्रयास किये। नोआखली की ऐतिहासिक यात्रा से इस कार्यक्रम का महत्त्व साफ होता है। गाँधी जी का मानना था कि जब तक सभी धर्म के लोग प्रेमपूर्वक रहना नहीं सीखेंगे तब तक सच्ची आजादी का सुख प्राप्त नहीं हो सकता है। इसलिए सबको इस दिशा में प्रयत्न करना होगा।

आज भी धर्म के नाम पर तनाव और संघर्ष होते रहते हैं। हमने धर्म निरपेक्षता की नीति अवश्य स्वीकार की है और संविधान के अनुसार किसी प्रकार का धार्मिक भेद नहीं है, फिर भी सामान्य जीवन एवं व्यवहार में आज भी धार्मिक स्तर पर प्रेम कायम नहीं हो सकता है। राजनीति में धर्म के नाम का रुपया भुनाया जाता है। अतः कौमी एकता की स्थापना में देश के प्रत्येक नागरिक के सहयोग की अपेक्षा रखी जाती है। जिस प्रकार लोग अपने धर्मों के साथ प्रेम करते हैं उसी तरह दूसरे धर्मों को महत्व दें।

(6) खादी—खादी से रचनात्मक कार्यों का बोध होता है। गाँधी की दृष्टि में खादी का मतलब है कि देश के सभी लोगों की आर्थिक स्वतंत्रता और समानता का आरंभ। खादी में स्वदेशी की भावना छिपी है। खादी-वृत्ति का अर्थ है, जीवन के लिए जरूरी चीजों की उत्पत्ति और उनके बंटवारे का विकेन्द्रीकरण, हर एक गाँव अपनी मुख्य जरूरत की चीजें पैदा करे और वह इस मात्रा में कि शहर के लोगों की जरूरतें भी पूरी हों। खादी के माध्यम से गाँधी जी ने नयी विकेन्द्रित अर्थ रचना का चित्र प्रस्तुत किया है।

गाँधी जी ने इसके विस्तार के लिए भारत में चरखा संघ की स्थापना की। पूरे देश में खादी का कार्य इसी संस्था के माध्यम से बहुत फैला है। गाँधी स्वयं चरखा संघ के अध्यक्ष थे। खादी लोकवस्त्र के रूप में फैले इसके लिए उन्होंने कहा था कि 'जो काते वह पहने और जो पहने वह अवश्य काते।' फिर भी खादी एक उद्योग है और उसे उद्योग के रूप में ही विकसित किया गया। परंतु इसका सम्बन्ध एक जीवन-पद्धति से है और उसे उद्योग के रूप में ही विकसित किया गया। परंतु इसका सम्बन्ध एक जीवन पद्धति से है और इस कारण इसका खास महत्व है। नेहरूजी ने खादी को हिन्दुस्तान की आजादी की वर्दी कहा था। गाँधी जी के अलावा देश के अन्य नेताओं ने भी इसका समर्थन किया था।

खादी के माध्यम से गाँधी जी ने ग्राम स्वराज्य की विचारधारा प्रस्तुत की है। स्वतंत्रता संग्राम के दौरान खादी का जो रूप था उससे स्पष्ट है कि खादी जनजागरण

एवं सामाजिक आर्थिक क्रान्ति का संदेशवाहक थी। इसके माध्यम से गाँधी-विचार घर-घर पहुँचाने का प्रयास किया जाता था। इस कार्यक्रम को सफल बनाने में गाँधी जी ने महत्वपूर्ण योगदान दिया।

(7) छुआछूत निवारण—इसमें छूआछूत का विचार उत्पन्न होता है। समाज के उच्च वर्ग के लोग निम्न वर्ग के लोगों को अपने से नीचा मानते हैं। गाँधी जी ने इस अस्पृश्य समुदाय को 'हरिजन' नाम दिया। किसी हरिजन को छूने मात्र से सवर्ण अपवित्र हो जाता था। उठना-बैठना, मंदिर, कुआँ, मकान, बोल-चाल आदि जीवन के हर स्तर पर हरिजन के साथ अमानुषिक व्यवहार किया जाता था। जातिगत संकीर्णता के कारण उनमें अलगाव है, समाज में उन्हें हेय की दृष्टि से देखा जाता है। सामाजिक स्वाधीनता के लिए जातिभेद या छूआछूत से स्वतंत्र होना जरूरी है। जब तक हरिजनों एवं सवर्ण और अन्ततः विभिन्न जातियों के बीच सामाजिक भेद समाप्त नहीं होते तब तक सामाजिक समानता की ओर बढ़ना संभव नहीं है। इस स्थिति को सुधारने हेतु व्यापक प्रयासों की आवश्यकता है।

इस संदर्भ में गाँधी जी कहते हैं कि, "ऐसा कौन है जो आज इस बात से इंकार करेगा कि हमारे हरिजन भाई-बहनों को बाकी हिन्दू अपने से दूर रखते हैं, और इसकी वजह है हरिजनों को जिस भयावनी व राक्षसी अलहदगी का सामना करना पड़ता है, उसकी मिसाल तो दुनिया में कहीं ढूंढ़ने पर भी नहीं मिलेगी। यह काम कितना कठिन है, सो मैं अनुभव से जानता हूँ। लेकिन स्वराज्य की इमारत को उठाने का जो काम हम ले बैठे हैं, उसी का यह एक हिस्सा है।

अस्पृश्यता निवारण के संदर्भ में गाँधी जी ने विभिन्न प्रकार के कार्यक्रम का आयोजन किया जैसे हरिजनों के लिए मन्दिर खुलवाना, हरिजन आश्रम (अहमदाबाद) की स्थापना, 'हरिजन सेवक संघ' की स्थापना, हरिजन कल्याण के लिए धन एकत्रित करना आदि। रोजमर्रा के जीवन में अस्पृश्यता की बुराई कैसे कम हो, इसका अभ्यास आश्रमों में किया जाता था। वहाँ हरिजन-सवर्ण का भेद नहीं था और सभी एक साथ रहते एवं खाते-पीते थे। गाँधी जी ने कामों को सामाजिक प्रतिष्ठा प्रदान की जिन्हें केवल हरिजन करते रहे हैं टट्टी सफाई जैसे कार्य को आश्रम के सभी सदस्य, चाहे वे किसी भी जाति एवं धर्म के हों, करते थे। उन्होंने अस्पृश्यता-निवारण के कार्य को व्यापक बनाने के लिए ही 'हरिजन सेवक संघ' नाम की संस्था का निर्माण किया था। यह संस्था आज भी कार्य कर रही है।

(8) मद्य-निषेध— समाज के संतुलन विकास हेतु मद्यनिषेध जरूरी है। मद्य पान पर प्रतिबंध लगा कर सामाजिक एवं नैतिक सुधार किया जा सकता है। इसके

लिए शराब तथा अन्य मादक द्रव्यों का सेवन बंद करना जरूरी है। 1920 में कांग्रेस ने शराबबंदी को अपने कार्यक्रम में शामिल किया। स्वतंत्रता-संग्राम के दौरान शराबबंदी कराना, उसके लिए 'पिकेटिंग' करना कांग्रेस का एक मुख्य कार्यक्रम होता था।

गाँधी जी शराब से घृणा करते थे, इनका कहना था कि अगर सत्ता हमारे हाथ में आती तो सभी शराब के ठेके बंद करवा देता। शराब का उपयोग बंद करने में दो प्रकार के कदम उठाये जा सकते हैं। एक तो जो लोग शराब पीते हैं उन्हें समझाना, शराब की बुराइयों को बताना तथा उससे मुक्ति पाने के लिए उनको प्रोत्साहित करना और शराब की लत के शिकार लोगों को अन्य सुविधाएँ देना जिससे उनकी रुचि शराब से हट सके। इसका दूसरा पक्ष शराब के व्यापार से सम्बद्ध है। किसी भी स्वतंत्र देश में शराब का धन्धा नहीं चलना चाहिए और जनकल्याण के लिए सरकार को शराब बन्द करने के लिए कदम उठाने चाहिएँ। सरकार शराब से कोई आर्थिक लाभ उठाये यह तो बिलकुल ही गलत है। यही कारण है कि गाँधी जी ने हमेशा कांग्रेस के साथ शराबबंदी के काम को जोड़ा। कांग्रेस स्वतंत्र भारत में शराब के प्रचलन को समाप्त करेगी, ऐसी अपेक्षा गाँधी जी की थी। मद्य-निषेध में अफीम, गाँजा आदि नशीली वस्तुओं का निषेध भी लक्षित है। अगर लोग इसका सेवन करते रहेंगे तो देश का कल्याण नहीं हो सकता।

(9) श्रमिक—कारखानों में काम करने वाले मजदूर अपनी समस्याओं को जिसका आधार हिंसा है, सुलझाने के लिए ट्रेड यूनियन बनाते हैं। गाँधी जी ने अहमदाबाद के लिए मजदूरों का एक अहिंसक संगठन 'भारतीय मजदूर संघ' बनाया था। इसने उनकी समस्याओं को अहिंसक सत्याग्रह के माध्यम से सुलझाने का प्रयास किया था। इस प्रकार गाँधी जी ने मजदूर संगठन को एक रचनात्मक दिशा दी थी। इस मजदूर संघ ने उनकी समस्याओं को सुलझाने के अतिरिक्त उनके कल्याण के लिए भी काफी काम किया है। मजदूर संगठन वास्तव में अहिंसक समाज की ओर बढ़े इस दिशा में भारतीय मजदूर संघ के प्रयास मजदूरों के बीच काम करने वालों के लिए मार्गदर्शक के रूप में हैं।

(10) स्त्रियाँ—स्त्रियों के विषय में गाँधी जी ने लिखा है—"स्त्री-जाति की सेवा के काम को मैंने रचनात्मक कार्यक्रम में जगह दी है, क्योंकि स्त्रियों को पुरुषों के साथ बराबरी के दरजे से और अधिकार से स्वराज्य की लड़ाई में शामिल करने के लिए जितना कुछ करना चाहिए, वह सब करने की बात अभी कांग्रेस वालों के दिल में बसी नहीं है।" व्यावहारिक जीवन में स्त्री-पुरुष दोनों को समान अधिकार

प्राप्त हों इसके लिए जरूरी है कि स्त्रियों में जो अज्ञान है उसे समाप्त किया जाय। पहले महिलाओं को पुरुषों के बराबर दर्जा नहीं दिया जाता था। इसका प्रमुख कारण उनका आरक्षित होना था। जिस समय गाँधी जी ने काम आरंभ किया था उस समय तो स्त्री-शिक्षा नहीं के बराबर थी। सामाजिक दृष्टि से वह चारदीवारी में कैद थी, घर के निर्माण में उसका कोई महत्व नहीं था। इसके विपरीत स्थिति यह होनी चाहिए कि जीवन की योजना में जितना और जैसा अधिकार पुरुष को अपने भविष्य को बनाने का है, उतना और वैसा अधिकार स्त्री को भी हो। इस काम के लिए कस्तूरबा गाँधी स्मारक ट्रस्ट की स्थापना की गयी जो कि आज भी देशभर में स्त्रियों के सर्वांगीण विकास के काम में कार्यरत है।

(11) राष्ट्रभाषा–किसी भी राष्ट्र के विकास में उस राष्ट्र की भाषा का महत्वपूर्ण स्थान होता है। गाँधी जी की राय में सरल हिन्दी (हिन्दुस्तानी) ही ऐसी भाषा है। वे इस भाषा के लिए नागरी और उर्दू लिपियों के चलन के पक्ष में थे। गाँधी जी ने इस राष्ट्रभाषा के प्रसार के लिए काफी काम किया। उनके ही प्रयास के कारण कांग्रेस के अधिवेशनों में भारतीय भाषा का प्रयोग होने लगा। उन्होंने हिन्दी में पत्र निकाले तथा हिन्दी के प्रसार के लिए दक्षिणी भारत में एक संस्था का भी गठन किया। कुछ समय तक वे हिन्दी साहित्य सम्मेलन के अध्यक्ष भी रहे थे। उनकी प्रेरणा से 'दक्षिण भारत हिन्दी प्रचार सभा' के अतिरिक्त राष्ट्रभाषा प्रचार समिति, वर्धा आदि की स्थापना हुई थी। वह जानते थे कि स्वतंत्र राष्ट्र के रूप में संगठित होने के लिए यह नितांत आवश्यक है केन्द्रीय कार्य के लिए हमें ऐसी भाषा की जरूरत है जिससे हमारे देश की जनसंख्या परिचित हो, जो सहजतापूर्वक सीख सके।

(12) क्षेत्रीय भाषाएँ–मातृभाषा के माध्यम से शिक्षा देकर बालक के मानसिक विकास व व्यक्तित्व में निखार लाया जा सकता है। सच्चे लोकतंत्र में प्रदेश का राजकाज प्रादेशिक भाषा में ही चलना चाहिए। किसी विचार को मातृभाषा में अधिक सरलता से समझा जा सकता है। फिर मातृभाषा के साथ व्यक्ति का संस्कार एवं धरती का गुण जुड़ा होता है। भारत में अनेक भाषाएँ हैं और इन भाषाओं का उपयोग सामान्यजन करता है। इसलिए प्रत्येक प्रान्तीय भाषा के विकास के लिए पूरा अवसर एवं सुविधा मिलनी चाहिए तभी व्यक्तित्व का सर्वांगीण विकास हो पायेगा।

(13) कृषक–भारत एक ग्राम प्रधान देश है। इसलिए भारत को गांवों का देश कहा जाता है। जब तक गाँवों में बसने वाले लोगों का विकास नहीं होगा, तब तक देश का विकास संभव नहीं है। रचनात्मक कार्यक्रम में किसान को स्थान दिया

गया है ताकि देश का सामान्य नागरिक ग्रामस्वराज्य की दिशा में कदम बढ़ाये। गाँधी जी का मानना था कि किसानों के अंदर छुपी हुई अहिंसात्मक शक्ति का अनुमान उन्हें कराना चाहिए। उन पर जो अत्याचार और शोषण होता आया है वह समाप्त होना चाहिए। गाँधी जी ने किसानों की समस्याओं को सुलझाने के लिए कई सफल आन्दोलन चलाये थे। सबसे पहले आन्दोलन चम्पारन (बिहार) का था। उस अहिंसक सत्याग्रह का परिणाम यह हुआ था कि वहाँ के किसान निलहो (नील की खेती कराने वाले अंग्रेज) के अत्याचार से मुक्त हुए। इसके अतिरिक्त खेड़ा, बारडोली और बोरसद में भी किसानों का आन्दोलन चला था। करोड़ों किसानों की समस्याओं को सुलझाने के लिए उनके बीच काम करने की आवश्यकता है ताकि वे अहिंसक मार्ग पर चलकर अपनी समस्याओं का समाधान करके देश के विकास में योगदान दे सकें।

(14) आरोग्य के नियमों की संख्या—अपने शरीर की हिफाजत करना और आरोग्य के नियमों को जानना एक अलग ही विषय है। भारत का सामान्य नागरिक आरोग्य के सामान्य नियमों से अनभिज्ञ है। आरोग्य का तात्पर्य यह नहीं कि हम दवाओं के बारे में जानकारी रखें। सच्चा आरोग्य तो मन और शरीर को शुद्ध रखने में है। आरोग्य जीवन का अर्थ शरीर एवं मन की स्वस्थता है। इसके लिए गाँधी जी ने प्राकृतिक चिकित्सा की बात कही है। उसमें संयम और संतुलित जीवन की प्रधानता दी जाती है। इससे शरीर और मन दोनों शुद्ध होते हैं।

(15) आर्थिक समानता—देश के सभी लोगों के बीच पूंजी में समानता से ही आर्थिक समानता लाई जा सकती है। देश की अधिक जनसंख्या गरीबी रेखा के नीचे जीवनयापन कर रही है तथा देश के मुट्ठी भर लोग ही धनाढ्य हैं। उनकी सम्पत्ति को कम करना और दूसरी ओर जो करोड़ों लोग आधा पेट खाते और नंगे रहते हैं, उनकी सम्पत्ति तथा आय में वृद्धि करना। जब तक मुट्ठीभर धनवानों और करोड़ों भूखे रहने वालों के बीच जमीन-आसमान का अन्तर बना रहेगा, तब तक अहिंसा पर आधारित राज्य-व्यवस्था का निर्माण संभव नहीं है। आर्थिक समानता के विचार को मूर्तरूप देने के लिए गाँधी जी ने ट्रस्टीशिप का विचार रखा था। ट्रस्टीशिप का आशय यह है कि व्यक्ति के पास जो भी सम्पत्ति है, उसे वह समाज की समझे तथा उसका उपयोग समाज के कल्याण के लिए करे, व्यक्तिगत लाभ के लिए नहीं। व्यक्ति के व्यक्तिगत जीवन में उसका उतना उपयोग करने का अधिकार है जितना उसके लिए परम आवश्यक है। गाँधी जी ने देश के धनवानों से अपील की थी कि वे स्वेच्छा से ट्रस्टीशिप के विचार को स्वीकार करें

और आर्थिक समानता लायें, जिससे देश के अन्य लोगों को भी आर्थिक लाभ मिल सके। उनका कहना था कि "अगर धनवान लोग अपने धन को और उसके कारण मिलने वाली सत्ता को खुद राजीखुशी से छोड़कर और सबके कल्याण के लिए सबके साथ मिल कर बरतने को तैयार न होंगे तो यह समझिए कि हमारे देश में हिंसक और खूंखार क्रान्ति हुए बिना न रहेगी।"

(16) कोढ़ी—हमारे देश में कोढ़ियों को हेय घृणापूर्वक देखा जाता है। समाज में इनकी उपेक्षा की जाती है। गाँधी जी ने लिखा था कि "अगर हिन्दुस्तान में सचमुच ही नवजीवन का संचार हुआ है, और हम सब सत्य और अहिंसा के मार्ग में कम से कम समय में पूर्ण स्वराज्य पाने के लिए अन्तर से आकुल हैं, तो हिन्दुस्तान में एक भी कोढ़ी या एक भी भिखारी ऐसा न होना चाहिए, जिसका नाम हमारे पास दर्ज न हो और जिसकी सार-संभाल हमने न की हो। एक कोढ़ी की सेवा गाँधी जी ने स्वयं की थी। इस कार्य में ईसाई मिशनरीज तो बहुत दिनों तक संलग्न रहे हैं, किंतु हिंदुओं में मनोहर दिवाण प्रथम व्यक्ति थे जिन्होंने वर्धा के निकट कोढ़ियों की सेवा के लिए एक संस्था बनायी जिसको विनोबाजी का मार्गदर्शन प्राप्त रहा है। कोढ़ियों को समाज में समान दर्जा दिया जाए इसके लिए गाँधी जी ने बहुत कोशिश की।

(17) आदिवासी—उस दौरान हमारे देश में आदिवासियों की संख्या भी कम नहीं थी। ये लोग प्रायः जंगलों में या जंगलों के आस-पास निवास करते थे। इनमें साक्षरता की कमी होती है तथा ये लोग आर्थिक रूप से पिछड़े हुए माने जाते हैं। आज भी उनके कई क्षेत्र ऐसे हैं जहाँ शिक्षा एवं सामान्य जीवन के तौर-तरीके नहीं पहुँच सके हैं। सदियों से इनका शोषण होता आया है अतः इनकी सेवा एवं विकास करना गाँधी जी ने आदिवासी सेवा को एक प्रमुख रचनात्मक कार्यक्रम माना था। इस कार्य में काफी लोगों ने सहयोग दिया। श्री ठक्करबापा पूरी जिन्दगी आदिवासी सेवा में लगे रहे। आदिवासियों की, उनके आर्थिक एवं सामाजिक शोषण से मुक्ति के लिए उनमें जाकर निःस्वार्थ सेवा करने की जरूरत है। आदिवासियों के उत्थान के लिए आज भी कई संस्थाएँ चल रही हैं।

(18) विद्यार्थी—किसी भी देश के विकास एवं निर्माण में विद्यार्थियों का सर्वश्रेष्ठ योगदान है। भारतीय स्वतन्त्रता-संग्राम में विद्यार्थियों की भूमिका हमारे सामने है। हजारों विद्यार्थी पारम्परिक कॉलेज की शिक्षा का बहिष्कार कर आजादी की लड़ाई में भाग लेते रहे हैं। गाँधी जी ने विद्यार्थियों का अहिंसक सत्याग्रह की लड़ाई में सहयोग प्राप्त करके एक अनोखा उदाहरण प्रस्तुत किया था।

विद्यार्थी के जीवन में ज्ञान की भूख के अतिरिक्त जनकल्याण का भी महत्व

हो। गाँधी जी विद्यार्थियों से बहुत अपेक्षा रखते थे और उन्होंने उनके लिए कुछ नियम सुझाये थे, उनमें से कुछ इस प्रकार हैं–विद्यार्थी को विद्या और ज्ञान की खोज करनी चाहिए, दलगत राजनीति से दूर रहना चाहिए, राजनीतिक हड़तालें नहीं करनी चाहिएँ, शास्त्रीय तरीके से कताई करनी चाहिए, खादी और ग्राम में बनी वस्तुओं का उपयोग करना चाहिए, सांप्रदायिकता एवं अस्पृश्यता से दूर रहना चाहिए, दुखी पड़ोसियों की सहायता तथा ग्रामीणों में शिक्षा और सफाई का काम करना चाहिए, राष्ट्रभाषा हिन्दुस्तानी नगरी तथा उर्दू दोनों लिपियों में सीखनी चाहिए, जो सीखें वह गाँव में पहुँचायें, कोई भी कार्य छिपा कर न करें, साथ पढ़ने वाली बहनों के प्रति शुद्ध एवं सभ्यतापूर्ण व्यवहार रखें।

समाज सुधार

समाज सुधार हेतु, गाँधी जी ने अथक प्रयास किए जो अवर्णनीय हैं। यह उनके राजनीतिक कार्यक्रम का महत्वपूर्ण हिस्सा था। इस क्षेत्र में उन्होंने हरिजनों तथा दलित वर्गों के उद्धार पर बहुत बल दिया। हिंदू समाज में उन्हें अछूत कहा जाता था। इस अत्याचारी तथा अमानवीय संस्था को दूर करने का गाँधी जी का साधन भी विचित्र था। उनका कहना था कि हरिजन उद्धार के लिए हरिजनों की अपेक्षा हिंदुओं को ही प्रयत्न करना चाहिए। उच्च जातियों के हिंदुओं ने शताब्दियों से हरिजनों पर अत्याचार किए हैं इसलिए उन्हें ही इसको दूर करने के लिए प्रयत्न करना पड़ेगा। पहले हरिजनों को मंदिर में प्रवेश नहीं करने दिया जाता था। हरिजनों के लिए अन्य हिंदुओं के साथ समानता प्राप्त करने के लिए गाँधी जी ने 'मंदिर प्रवेश' कार्यक्रम को सबसे अधिक प्राथमिकता दी। इस कार्यक्रम की सफलता से आध्यात्मिक स्तर पर समानता स्थापित हो जाएगी। उनके प्रयत्नों का ही परिणाम है कि स्वतंत्र भारत के संविधान ने 'अछूत' परंपरा को वैधानिक और व्यावहारिक रूप से समाप्त कर दिया है।

गाँधी जी के समाज सुधार कार्यक्रम का दूसरा मुख्य अंग हिंदू-मुस्लिम एकता था। वह हिंदू-मुस्लिम मतभेदों को भारत की स्वतंत्रता प्राप्ति में एक बाधा मानते थे। उन्होंने 1919 ई. में खिलाफत को देशव्यापी आन्दोलन का आधार इसीलिए बनाया था कि देश के दोनों संप्रदायों में सद्भावना पैदा हो सके। यह दुर्भाग्य की बात है कि गाँधी जी के अथक प्रयत्नों के बावजूद राजनीति में ये दोनों संप्रदाय मिलकर कार्य नहीं कर सके जिसके कारण भारत का विभाजन होकर पाकिस्तान एक अलग राष्ट्र बन गया।

स्त्रियों की स्थिति सुधारने के लिए भी गाँधी जी ने अथक प्रयत्न किया। वह बालविवाह के विरुद्ध थे। वे विधवा पुनर्विवाह के भारी समर्थक थे। पर्दा प्रथा के वह बड़े आलोचक थे। वह स्त्रियों के सार्वजनिक जीवन में पुरुषों की भाँति काम करने के समर्थक थे। अहिंसात्मक संघर्ष के लिए उनके अनुसार स्त्रियाँ पुरुषों से भी अधिक उपयुक्त हैं क्योंकि उनमें दुःख और कष्ट सहन करने की अपार क्षमता है और स्नेह, प्रेम, सद्भावना स्त्रियों में पुरुषों से कहीं अधिक होता है। दहेज प्रथा के वह बहुत आलोचक रहे और शादी-विवाह में वह कम से कम खर्च में विश्वास रखते थे। राष्ट्रीय आन्दोलन में स्त्रियों की सहभागिता का प्रमुख श्रेय गाँधी जी को जाता है। इन्हीं से प्रेरणा पाकर इन्होंने देश के विकास में योगदान दिया।

भारत में मद्यपान पर निषेध लगाने के लिए गाँधी जी ने काफी प्रयास किये विशेषकर शराबबंदी के पक्षधर थे। वह नियमों द्वारा इसे बंद करवाना चाहते थे। वह जानते थे कि श्रमिकों और गरीबों के लिए वह बुरी लत विनाश का कारण थी। भारत की परिस्थितियों को जानते हुए वह समझते थे कि यहाँ नियम बनाकर शराबबंदी लागू करना सरल था क्योंकि यहाँ शराब पीने को न तो सामाजिक मान्यता उपलब्ध थी और न धार्मिक समर्थन था। गाँधी जी का चिंतन भारतीय परिस्थितियों से अधिक प्रभावित था। वह सिद्धांतवादी विचारक न होकर व्यावहारिक तथा प्रयोगात्मक थे। वे किसी कार्य को व्यावहारिक रूप में देखना चाहते थे। उनका आश्रम उनके विचारों की सार्थकता की जाँच करने वाली प्रयोगशाला था। वह स्वतंत्रता के पुजारी थे और उनके चिंतन में मनुष्य के सर्वांगीण विकास की ओर ध्यान दिया गया था। वह राजनीतिक, सामाजिक सत्ता और व्यक्ति के अधिकारों में कोई मतभेद नहीं मानते थे। भारत सचिव मोंटेग्यू ने गाँधी जी को हवा में रहने वाला शुद्ध दार्शनिक कहा था लेकिन उसी दार्शनिक ने अंग्रेजी साम्राज्य की जड़ें हिला दीं, समाज में मौलिक परिवर्तन कर दिया और देश की असहाय जनता को शक्ति प्रदान की। गाँधी जी ने देश के लिए जो भी कार्य किया उसे भुलाया नहीं जा सकता। उन्होंने त्याग व कर्तव्यनिष्ठा के साथ अपने को देश के विकास व स्वतंत्रता के लिए साथ दिया। ऐसा लगता है कि इस महापुरुष की प्रतिछाया आज भी हमारे सामने सजीव दिखलाई पड़ती है।

महात्मा गाँधी और सर्वोदय

सर्वोदय का अर्थ है सभी लोगों का कल्याण। चाहे वह किसी जाति, धर्म का हो, सर्वोदय समाज पूंजीवाद व बुर्जुआ तत्वों से घृणा करता है। सर्वोदय धनी, मध्यम

व निर्धन सभी का कल्याण चाहता है। सर्वोदय की विचारधारा को सही ढंग से समझने के लिए अन्य विचारधाराओं—संघवाद, साम्यवाद, उपयोगितावाद में अंतर जानना आवश्यक है। 'सर्वोदय' शब्द और विचार भारतीय संस्कृति के लिए नवीन नहीं हैं। सैकड़ों वर्षों से भारतीय ऋषिगण अपनी तपभ्रूत वाणी में सर्वे भवन्तु सुखिनः का संदेश देते रहे हैं। इसी प्रकार लगभग 2,000 वर्ष पूर्व जैनाचार्य संमतभद्र करते हैं। सर्वापदामंतकर निरंत सर्वोदय तीर्थमिदं तदैव अर्थात् सर्वोदय अन्तर्हित और सब आपत्तियों का विनाशक है, यह तेरा तीर्थ निस्तारक ही है। गीता के सर्वभूते हिते रताः का तात्पर्य भी सर्वोदय ही है, आज से नहीं वैदिक काल से ही भारतीय संस्कृति में सर्वोदय शब्द जुड़ा हुआ है। लेकिन विधिवत् रूप से इसे एक आधुनिक विचारधारा का रूप प्रदान करने का कार्य बीसवीं सदी के प्रमुख मनीषी महात्मा गाँधी के द्वारा किया गया और इस विचार को लोगों तक पहुँचाने का कार्य राष्ट्रपिता महात्मा गाँधी ने किया।

- गाँधी जी आदर्शवाद तथा अध्यात्मवाद में विश्वास करते थे, जिन्होंने उस समय की परिस्थितियों की विवशता के कारण मानव मात्र की सेवा के लक्ष्य को सामने रखकर सार्वजनिक जीवन में कदम रखा। महात्मा गाँधी ने जिस समय सार्वजनिक जीवन में प्रवेश किया, उस समय यह विचारधारा थी कि सत्य और अहिंसा के नैतिकवादी सिद्धान्त तो केवल व्यक्ति जीवन के लिए ही हैं, जिन्हें सार्वजनिक जीवन में भी सफलतापूर्वक नहीं अपनाया जा सकता। लेकिन महात्मा गाँधी इस धारणा के विपक्ष में थे। इस सम्बन्ध में उनका विचार था कि व्यक्ति की दो अन्तरात्माएँ नहीं हो सकतीं। एक व्यक्तिगत एवं सामाजिक और दूसरी राजनीतिक मानवीय कार्यों के सभी क्षेत्रों में एक ही नैतिक संहिता का पालन किया जाना चाहिए। इन्होंने सत्य व अहिंसा को सर्वोपरि माना। हमें सत्य और अहिंसा को केवल व्यक्तिगत व्यवहार ही नहीं वरन् संघों, समुदायों और राष्ट्रों के व्यवहार सिद्धान्त बनाता है।

गाँधी जी के अनुसार नैतिक समस्या ही मनुष्य जाति की सम्पूर्ण समस्या है। ऐसी स्थिति में मनुष्य यदि सभी अर्थों में मनुष्य बन जाए और अपने सारे सामाजिक, आर्थिक तथा राजनीतिक कार्यों को अन्तरात्मा की पुकार के अनुसार करे, तो समाज अथवा विश्व में दुख, संकट तथा समस्या जैसी कोई चीज रह ही नहीं सकती है। एक स्वस्थ राजनीतिक समाज तथा विवेकशील व्यक्ति के प्रत्येक कार्य के पीछे एक नैतिक बल अथवा प्रेरणा होनी चाहिए क्योंकि जिस समय व्यक्ति कोई कार्य स्वार्थ के दृष्टिकोण से करता है तो उसमें उस समय पशु प्रवृत्ति का विकास होने लगता है। अपने इसी नैतिक दृष्टिकोण के आधार पर गाँधी जी

ने सार्वजनिक जीवन और विशेषतया राजनीति में सत्य और अहिंसा के सिद्धान्त का प्रतिपादन और इनका सफलतापूर्वक प्रयोग किया। इस दृष्टिकोण को अपनाने की आवश्यकता है।

गाँधीवादी विचारधारा अपने आप में पूर्णतया ठोस और व्यावहारिक होते हुए भी इसे सफलतापूर्वक अपनाने के लिए यह नितान्त आवश्यक है कि व्यक्तियों का नैतिक चरित्र उच्च होना चाहिए। चरित्र से ही व्यक्ति का आकलन किया जाता है। यह कहा जाने लगा कि गाँधीवादी विचारधारा एक ऐसे आदर्श का प्रतिपादन करती है, जिसे व्यवहार में अपना सकना संभव नहीं है। ऐसी स्थिति में भारतवासियों के द्वारा एक ओर तो गाँधी जी का गुणगान किया गया, लेकिन दूसरी ओर महात्मा गाँधी तथा उनके विचारों को एक ऐसी वस्तु मान लिया गया, जो पूजा की वस्तु ही हो सकती है, अपनाने की नहीं। ऊँचे से ऊँचे स्वर में महात्मा गाँधी की जय बोलने वाले भारतवासी व्यवहार में महात्मा गाँधी के जीवन दर्शन को बिल्कुल ही भूल गए। इस विचारधारा को बहुत से लोगों ने अपने जीवन में अपनाया है और ऐसे कुछ व्यक्तियों में प्रमुख थे, विनाबा भावे। गाँधी जी की मृत्यु के बाद सन्त विनोबा जैसे कुछ व्यक्तियों के द्वारा महात्मा गाँधी की सर्वोदयी विचारधारा का अधिक से अधिक प्रचार और प्रसार करने तथा इसे क्रियात्मक रूप प्रदान करने का निश्चय किया गया।

सर्वोदय विचारधारा का विस्तार भारत में ही हुआ था। विभिन्न लोगों ने इस विचारधारा को अपनाया। सर्वोदयी विचारकों में विनोबा भावे, जयप्रकाश नारायण, काका कालेलकर, शंकरराव देव, दादा धर्माधिकारी सिद्धराज और ठाकुरदास बंग आदि के नाम प्रमुख हैं।

सर्वोदय का तात्पर्य तथा उन्नति

सर्वेदय का अर्थ समाज के सभी वर्गों के कल्याण से है, चाहे वह किसी भी धर्म या जाति के हों। गाँधी जी रस्किन की किताब से बहुत प्रभावित हुए। गाँधी जी में यह पुस्तक मेरे जीवन का मोड़ बिन्दु लक्षित करती है। गाँधी जी ने रस्किन की पुस्तक का गुजराती भाषा में अनुवाद किया तथा उसका नाम सर्वोदय रखा। इस पुस्तक में प्रमुख रूप से तीन विचारों को उल्लेखित किया—

1. सबके हित में ही व्यक्ति का हित निहित है,
2. एक नाई का कार्य भी वकील के कार्य के समान ही महत्वपूर्ण है,

क्योंकि सभी व्यक्तियों को अपने कार्य से स्वयं की आजीविका प्राप्त करने का अधिकार होता है,

3. श्रमिक का जीवन ही एकमात्र जीने योग्य जीवन है।

उपर्युक्त वर्णित तीनों विचारों के अलावा गाँधी जी पर रस्किन के एक विचार ने भी अत्यधिक प्रभावित किया जिसमें कहा गया था कि, सम्पत्ति जल की भांति निर्धनों की ओर बहनी चाहिए। गाँधी जी ने इस विचार को अपने जीवन का मूलमंत्र बना लिया। तीनों विचारों का गाँधी जी के ऊपर अधिक प्रभाव पड़ा। सर्वोदय के नाम से गाँधी जी ने एक मासिक पत्रिका का प्रकाशन किया जिसमें उन्होंने अपने विचार प्रस्तुत किये थे।

धनी वर्ग में अपरिग्रह और त्याग की भावना उत्पन्न कर उन्हें आत्मिक कल्याण की ओर आगे बढ़ाना। सर्वोदय का प्रमुख लक्ष्य था। नागरिकों को सुख प्रदान करने की दृष्टि से सर्वोदय उपयोगिता से भी आगे जाता है। जहां उपयोगितावाद अधिकतम लोगों को सर्वाधिक सुख देना चाहता है परन्तु सर्वोदय इसके विपरीत है। यह सभी के सुख की तरफ समर्थन करता है। इस संदर्भ में आचार्य विनोबा भावे ने लिखा है कि अच्छी राज-व्यवस्था उसे ही कहा जा सकता है, जहां समस्त जनता सुखी हो। सर्वोदय उपयोगितावाद से एक और दृष्टि से भी आगे है। उपयोगितावाद का लक्ष्य व्यक्तियों का भौतिक कल्याण है, लेकिन सर्वोदय का लक्ष्य व्यक्तियों का भौतिक, मानसिक और आध्यात्मिक सभी प्रकार का कल्याण है। यह व्यक्ति के सर्वांगीण उन्नति पर अधिक जोर देता है।

विनोबा लिखते हैं कि, सर्वोदय कुछ का या बहुत का या अधिकतम का उत्थान नहीं चाहता। हम अधिकतम के अधिकतम सुख से सन्तुष्ट नहीं हैं। हम तो केवल एक की और सबको, ऊँचे और नीचे की, सबल और निर्बल की बुद्धिमानी तथा बुद्धिहीन की भलाई से ही सन्तुष्ट हो सकते हैं। 'सर्वोदय' शब्द इस उत्कृष्ट और सर्वव्यापक भावना को अभिव्यक्त करता है। इन्होंने आगे लिखा है कि जो दूसरे के दुःखों के समझता है तथा उसकी भलाई चाहता है, जिसमें केवल स्वयं का सुख न हो।

सर्वोदय का मूल अर्थ स्वयं श्रम व मेहनत करके जीविकोपार्जन करना चाहिए। हमें दूसरों की कमाई पर निर्भर नहीं रहना चाहिए, अंपना भार दूसरे पर नहीं डालना चाहिए। यहां पर कमाई का अर्थ है, प्रत्यक्ष उत्पादन से लगाया गया है।

25 दिसम्बर, 1975 को पवनार आश्रम में आयोजित सर्वोदय सम्मेलन में सर्वोदय क्या है? इस प्रश्न का एक बार और उत्तर देते हुए विनोबा ने कहा कि

सर्वोदय सार्वजनिक क्षेत्र में स्वच्छ और कुशल प्रशासन, सर्वोदय, सामाजिक व्यवस्था का आधार विकेन्द्रीकरण, सर्वोदय समस्त शक्ति जनता को प्राप्त होना, सर्वोदय अधिकारी वर्ग द्वारा अपने आपको जनता का स्वामी नहीं, वरन् सेवक समझना।

आचार्य विनोबा भावे का विचार था कि मानव को सार्वजनिक क्षेत्र में सहनशील होना चाहिए। कितने भी गहरे मतभेद हों, लेकिन उनका व्यक्तिगत सम्बन्धों पर विपरीत प्रभाव नहीं पड़ना चाहिए। हम किसी व्यक्ति द्वारा कही गयी बात से असहमत हो सकते हैं, लेकिन प्रत्येक व्यक्ति किस बात को उचित समझता है, उसे वह करने का अधिकार है। इसी प्रकार हम अन्याय से लड़ेंगे लेकिन अन्यायी के प्रति हमारे मन में कोई दुर्भावना नहीं होनी चाहिए। विरोधी को भी प्रेम व सद्भाव के साथ देखेंगे, यह एक साहसपूर्ण कार्य है।

शंकराव देव ने सर्वोदय के आदर्श को इन शब्दों में व्यक्त किया है, सर्वोदय के आदर्श को स्पष्ट करते हुए शंकरावदेव ने लिखा है कि अहिंसा और सत्य के आधार पर स्थापित वर्गविहीन और जातिविहीन तथा जिसमें किसी का कोई भी शोषण नहीं कर सकता और जिसमें प्रत्येक व्यक्ति तथा समूह को अपना सर्वांगीण विकास करने के लिए समुचित साधन और पर्याप्त अवसर उपलब्ध हो। ऐसे समाज की स्थापना पर सर्वोदयी समाज बल देता है।

सर्वोदय की परिभाषा

विभिन्न सुधारकों ने सर्वोदय को निम्न प्रकार से परिभाषित किया है। सर्वोदय की परिभाषा समाजसेवियों ने अलग-अलग ढंग से दी है–

दादा धर्माधिकारी के अनुसार, सर्वोदय का आदर्श है, अद्वैत और उसकी नीति है। समन्वय...सर्वोदय ऐसे वर्गविहीन, जातिविहीन और शोषणविहीन समाज की स्थापना करना चाहता है, जिसमें प्रत्येक व्यक्ति और समूह को अपने सर्वांगीण विकास के साधन और अवसर मिलेंगे। यह क्रान्ति अहिंसा और सत्य द्वारा ही संभव है। सर्वोदय इसी का प्रतिपादन करता है।

श्री कुमारम्पा के अनुसार सर्वोदय को निम्न प्रकार से परिभाषित किया है– सभी के कल्याण के रूप में सर्वोदय गाँधी जी के अनुसार, आदर्श सामाजिक व्यवस्था का प्रतिनिधित्व करता है। इसका आधार सभी के लिए प्रेम है। इसमें बिना किसी अपवाद के सभी के लिए स्थान है, चाहे कोई युवराज हो या साधारण कृषक, हिन्दू हो या मुसलमान, सवर्ण हिन्दू हो या हरिजन, गोरा या काला, सन्त हो या पापी। किसी व्यक्ति या समुदाय को दबाने, शोषित करने या भंग करने का इसमें भाव ही

नहीं है। सभी इस सामाजिक व्यवस्था में समान रूप में भागीदार होंगे, सभी अपने श्रम का प्रयोग करेंगे, सबल निर्बलों की रक्षा और उनके संरक्षक के रूप में कार्य करेंगे और सभी सबके कल्याण का कार्य करेंगे।

सर्वोदयी समाज—30 जनवरी 1948 को गाँधी जी की मृत्यु होने के उपरांत सर्वोदयी समाज को अग्रसर करने में विनोबा भावे का नाम विशेष रूप से उल्लेखनीय है। उसके पश्चात् सर्वोदयी समाज को आगे बढ़ाने में आचार्य विनोबा भावे का नाम प्रमुख है। आचार्य विनोबा भावे के सुझाव पर सर्वोदय समाज की स्थापना हुई और 22 तथा 23 दिसम्बर, 1949 को काका कालेलकर की अध्यक्षता में एक सर्वोदय आर्थिक सम्मेलन आयोजित किया गया। लगभग इसी समय वर्धा से एक हिन्दी पत्रिका सर्वोदय का प्रकाशन प्रारंभ हुआ जो बाद में मातृ भाषाओं में प्रकाशित होने लगी। धीरे-धीरे सर्वोदयी समाज के विकास में लोग सक्रिय रूप से भाग लेने लगे।

सर्वोदय आंदोलन एवं सर्वोदयी समाज के आधारभूत

सर्वोदय आन्दोलन और सर्वोदय समाज के निम्नलिखित आधारभूत आदर्श हैं—

(1) आर्थिक विकेन्द्रीकरण एवं समता—सर्वोदयी समाज में आर्थिक विकेन्द्रीकरण पर अधिक बल दिया गया। गाँधी जी की भांति सर्वोदय भी मशीनीचलित भारी उद्योगों के विरुद्ध है। उनका भी तर्क है कि औद्योगीकरण से धन और राजनीतिक सत्ता दोनों का केन्द्रीकरण होता है और शोषण को प्रोत्साहन मिलता है। मशीनें मनुष्य का स्थान ले लेती हैं और इससे बेरोजगारी को बढ़ावा मिलता है। मशीनों के कारण मनुष्य की सर्जन शक्ति और कलात्मक प्रवृत्तियाँ नष्ट होती हैं तथा मानवीय मूल्य गिर जाते हैं। इन सभी कारणों से सर्वोदय मशीनों का एक सीमित मात्रा में प्रयोग करने पर बल देता है। आर्थिक विकेन्द्रीकरण में यह बात सम्मिलित है कि उत्पादन के साधनों पर राज्य या किन्हीं विशेष व्यक्तियों का अधिकार न होकर स्वयं उत्पादकों का ही अधिकार होना चाहिए। जिस भूमि पर जो खेती करे, वह उसी के अधिकार में रहे। सर्वोदय का सम्पत्ति संबंधी दृष्टिकोण लगभग साम्यवादी है परंतु उनकी प्रवृत्ति साम्यवाद के समान भौतिक होने के स्थान पर आध्यात्मिक है। वे सम्पत्ति की समानता तो स्थापित करना चाहते हैं, किंतु इसके लिए कानून या शक्ति के हस्तक्षेप को स्वीकार नही करते हैं। बल्कि, वरन् वे यह कार्य व्यक्तियों के दृष्टिकोण में मूलभूत परिवर्तन करके करना चाहते हैं। डॉ. राधाकृष्णन् के अनुसार, आचार्य विनोबा भावे ने जंगल का कानून स्वीकार नहीं

किया। उन्होंने असेम्बली के कानून तक का सहारा नहीं लिया, बल्कि प्रेम के कानून के ऊपर उन्होंने अपनी श्रद्धा आधारित की है और यह प्रेम का ही कानून सबसे ऊँचा है। विनोबा भावे के इस कानून को भारत के प्रथम उप-राष्ट्रपति तथा द्वितीय राष्ट्रपति डॉ. एस. राधाकृष्णन ने भी सराहा है। सर्वोदयी समाज की अर्थ-व्यवस्था में लाभ की प्रवृत्ति का कोई महत्व नहीं होगा, सभी कार्य सामाजिक हित की भावना से किए जाएँगे। प्रत्येक अपनी क्षमता के अनुसार कार्य करे और आवश्यकता के अनुसार प्राप्त करे, यह समाज का आधारभूत नियम होगा। इसी से समाज का हित होगा और राज्य की उन्नति होगी।

(2) प्रतिनिध्यात्मक प्रजातंत्र एवं दलीय पद्धति –सर्वोदय प्रजातंत्र व्यवस्था को स्वीकार नहीं करता क्योंकि यह तथाकथित प्रजातंत्र वास्तव में जनता का शासन नहीं वरन् दलीय पद्धति पर आधारित व्यवस्था है। इस शासन-व्यवस्था में राजनीतिक दलों के कारण शक्ति के लिए प्रबल होड़ सी लगी हुई है और किसी भी दल ने जनता के ही वास्तविक नियन्त्रण में रहकर शासन करने का उदाहरण प्रस्तुत नहीं किया है। इस पद्धति ने ही समाज को तानाशाही शासन भी दिए हैं। प्रथम विश्व युद्ध के बाद इटली, जर्मन, आदि राज्यों में जो तानाशाही शासन-व्यवस्थाएँ कायम हुईं वे तथाकथित प्रजातंत्र के दल के परिणामस्वरूप ही ऐसा हुआ।

आज की लोकतन्त्र प्रणाली सिर्फ दिखावे के लिए है, क्योंकि सभी मुख्य प्रश्नों पर विचार तो पहले दल की सभाओं में कर लिया जाता है। उन्हें संसद में उपस्थित करना तथा उन पर वाद-विवाद करना औपचारिक ही होता है। इस प्रकार आधुनिक लोकतन्त्र में संसद तथा सभाएँ आडम्बर मात्र ही होती हैं।

लोकतंत्र व्यवस्था में सिर्फ दिखावापन व्याप्त होता है, जबकि इसमें वास्तविकता कम होती है। सर्वोदयी विचारक दादा धर्माधिकारी के अनुसार आज के लोकतन्त्र में अधिकार का दुरुपयोग, गुण्डाशाही का भय और भ्रष्टाचार का अधिक बोलबाला है। इनके अलावा। भारतीय लोकतन्त्र में, सम्प्रदायवाद और जातिवाद की भावना भी व्याप्त है। जो भारत ही नही विश्व के किसी भी देश के लिए एक अभिशाप है। इसी प्रकार श्री जयप्रकाश नारायण ने लिखा है कि दलीय राजनीति का परम्परागत स्वभाव है कि उसमें सत्ता की प्राप्ति के लिए सभी प्रकार के दूषित संघर्ष होते ही हैं और यही बात मुझे अधिक चिन्तित करने लगी। मैंने देखा कि धन, संगठन और प्रचार के साधनों के बल पर विभिन्न दल कैसे अपने को जनता के ऊपर लाद देते हैं, जनतन्त्र वास्तविक रूप में दलीय तंत्र में परिणत हो जाता है। कैसे दलीय तन्त्र अपने

क्रम से स्थानिक चुनाव समितियों और निहित स्वार्थों से सम्बद्ध गुटों का राज्य बन जाता है, किस प्रकार जनतन्त्र केवल मतदान में सिमट और सिकुड़ कर रह जाता है। इन आधारों पर सर्वोदय दलीय पद्धति का विरोध करता है।

(३) लोकनीति और लोकशक्ति में विश्वास—सर्वोदयी विचारधारा राजनीति तथा शासन की शक्ति में आस्था नहीं करती। क्योंकि यह दूसरे पर निर्भर रहता है। सर्वोदय तो ऐसी व्यवस्था का समर्थक है, जो दल और सत्ता से मुक्त हो और इसे ही विनोबा भावे लोकनीति कहते हैं। राजनीति और लोकनीति के व्यापक अन्तर को स्पष्ट करते हुए प्रमुख सर्वोदयी विचारक श्री कृष्णदत भट्ट का मानना है कि, राजनीति में जहां शासन मुख्य है, वहां लोकनीति में अनुशासन, राजनीति में जहां सत्ता को प्रमुखता मिलती है, वहां लोकनीति में स्वतन्त्रता, राजनीति में जहां नियन्त्रण मुख्य है, वहां लोकनीति में संयम, राजनीति में जहां सत्ता और अधिकारी की स्पर्द्धा मुख्य है, वहां लोकनीति में कर्तव्यों का आचरण। सर्वोदय का क्रम यही है कि शासन से अनुशासन की ओर, सत्ता से स्वतन्त्रता की ओर, नियन्त्रण से संयम की ओर, और अधिकारी की स्पर्द्धा की ओर से कर्तव्यों के आचरण की ओर बढ़ो। लोकनीति और राजनीति दोनों की विचारधाराऐं अलग-अलग हैं, दोनों के उद्देश्य भी एकसमान नही हैं।

लोकनीति कानून व्यवस्था को जनता के अनुसार कायम रखने पर जोर देती है। अपने एक प्रवचन में विनोबा भावे ने कहा है कि, सरकार इस कार्य में कुछ नहीं कर सकती। अन्त में सरकार एक बाल्टी जैसी है, जबकि जनता एक कुएँ के समान है। यदि कुएँ में ही पानी नहीं होगा, तो बाल्टी में पानी कहाँ से आएगा। हम सीधे पानी के स्रोत अर्थात जनता तक जाएंगे जो कार्य सरकार नहीं कर सकती, वह जनता कर सकती है। आचार्य विनोबा भावे ने जनता को सबसे अधिक महत्व प्रदान किया है।

(4) राज्यविहीन समाज—गाँधीजी भी राज्य व्यवस्था के विरोधी थे। उनका मानना था कि राज्य में सबसे बड़ा दोष यह था कि वह अहिंसा पर आधारित है, इसलिए वे राज्यविहिन समाज को ही सर्वोत्तम मानते थे। गाँधीवादी दर्शन से प्रेरणा ग्रहण करते हुए सर्वोदय के मुख्य प्रतिपादक आचार्य विनोबा भावे का लक्ष्य एक ऐसे समाज की स्थापना करना था जिसमें व्यक्ति को स्वतंत्र रहकर जीने का मौका मिले, इसके साथ शोषण न किया जाए। एक न्यायोचित व्यवस्था में शासक और शासित दोनों में कोई भेद नहीं होगा।

जनकल्याणकारी राज्य की वर्तमान धारणा की आलोचना जयप्रकाश नारायण

तथा सर्वोदय के कुछ अन्य प्रतिपादकों ने भी की, क्योंकि इससे शासन की शक्तियों और कार्यों में वृद्धि हो जाती है। व्यवहार में, विश्व के विभिन्न राज्यों में शासन की शक्तियाँ जिस प्रकार से निरन्तर बढ़ती जा रही हैं, उससे यह आलोचना उचित जान पड़ती है। सर्वोदय का अन्तिम आदर्श एक ऐसे राज्यविहीन समाज की स्थापना है, जो प्रत्येक प्रकार की सत्ता से पूर्णतया मुक्त होगा। सर्वोदय धर्मनिरपेक्ष राज्य की स्थापना पर बल देता है। ऐसे समाज का निर्माण हो जिसमें सभी लोगों को सम्मान प्राप्त हो। दादा धर्माधिकारी का मानना है कि, दण्ड निरपेक्ष राज्य का अर्थ है कि दण्ड नहीं रहेगा। दण्डाश्रित समाज नहीं रहेगा, सत्ता का या सुव्यवस्था का अधिष्ठान दण्ड नहीं होगा, लेकिन लोकसम्पत्ति होगी। क्योंकि इस अन्तिम आदर्श की स्थापना में समय लगेगा, इसलिए अन्तरिम काल में किसी न किसी रूप में शासन सत्ता बनी रहेगी।

(5) विश्व बन्धुत्व में विश्वास—सर्वोदयी विचारधारा भारत के लिए ही नहीं वरन् यह समस्त विश्व के कल्याण हेतु प्रतिपादित एक प्रमुख विचारधारा है और अन्तर्राष्ट्रीयता तथा विश्व बन्धुत्व इसका मूलाधार है। सर्वोदय तो वस्तुतः वसुधैव कुटुम्बम् के सिद्धांत में विश्वास करता है। सर्वोदय के अन्तर्राष्ट्रीय पक्ष को व्यक्त करते हुए श्री जयप्रकाश नारायण लिखते हैं कि सर्वोदयी विश्व समाज में वर्तमान राष्ट्रों को क्रम से बने हुए राज्यों के लिए कोई स्थान नहीं होगा। सर्वोदय दृष्टि विश्व दृष्टि है और गाँधी जी के समुद्रीय वर्तुल में खड़ा हुआ व्यक्ति विश्व नागरिक है। विनोबा भावे के अनुसार दुनिया में वेग से विचार आगे बढ़ रहे हैं। धीरे-धीरे सभी देशों की सरहदें टूटने वाली हैं। अब लोगों में विश्व बंधुत्व की भावना विकसित हो रही है। इनके अतिरिक्त सर्वोदयी समाज वर्णाश्रम व्यवस्था को भेदमूलक मानते हुए इसका निषेध करता है।

काका कालेलकर तथा दादा धर्माधिकारी ने विशेष रूप से वर्ण-व्यवस्था का विरोध किया है और इस सम्बन्ध में उनका महात्मा गाँधी की विचारधारा से भी कुछ मतभेद है। काका कालेलकर ने वर्ण-व्यवस्था को सामाजिक व्यवस्था हेतु प्रमुख माना है। सामाजिक जीवन में वह प्रतिस्पर्द्धा के स्थान पर परिस्पर्द्धा श्रेष्ठता की दिशा में निरन्तर आगे बढ़ने की प्रवृत्ति को अपनाने पर बल देता है। ग्रामों को जीवन की प्राथमिक और स्वावलम्बी इकाई का रूप प्रदान करना, कुटीर उद्योग-धन्धों का विकास, जीवन में श्रम की प्रतिष्ठा और स्त्री-पुरुष की समानता आदि इसके मुख्य विषय हैं। वस्तुतः सर्वोदय एक ऐसी मानवतावादी विचारधारा है, जो मानव मात्र की सद्गुण सम्पन्नता में विश्वास करती है। इसका लक्ष्य समाज में मानवीय मूल्य की स्थापना

है। मानवीय जीवन की समस्याओं को हल करने के लिए हृदय परिवर्तन को आधार बनाया।

(6) राजनीतिक सत्ता का विकेन्द्रीकरण और पंचायती राज की स्थापना–आचार्य विनोबा भावे ने दलीय प्रणाली या व्यवस्था में व्याप्त दोषों को दूर करने हेतु विकेंद्रीकरण पर विशेष रूप से जोर दिया। उनका मानना था कि ग्राम को सामाजिक जीवन की प्राथमिक इकाई बनाया जाए और उसे ही प्रमुखता प्रदान की जाए। उनके अनुसार ग्राम पंचायतों को फिर से सबल बनाने और बहुमत निर्णय के स्थान पर सर्वसम्मत निर्णय को अपनाने का कार्य किया जाना चाहिए। जनतन्त्र को यथार्थ रूप देने के लिए आवश्यक है कि ग्राम पंचायतों के सदस्यों का चुनाव दल प्रणाली की कार्यविधियों से मुक्त जनता की सर्वसम्मति से हो। विनोबाजी ने आधारभूत प्रजातंत्र के सिद्धान्त का प्रतिपादन किया है, जिसके आधार पर, ग्राम पंचायत के सदस्यों का निर्वाचन प्रत्यक्ष रूप से होगा। विनोबा के अनुसार आधुनिक लोकतन्त्र को स्वस्थता प्रदान करने और उनमें लोगों को सक्रिय योगदान देने की प्रमुख विधि यह है कि प्रत्यक्ष चुनाव केवल ऐसे ही छोटे क्षेत्रों में हो जिनमें नागरिक एक-दूसरे को पहचान सकें। ग्राम पंचायतें, तहसील पंचायतों के सदस्यों का तथा तहसील पंचायतें, जिला पंजायतों के सदस्यों का चुनाव करेंगी इस सिद्धांत के आधार पर राज्य तथा केंद्रीय सरकार का भी गठन होगा। वर्तमान व्यवस्था में यह संस्थागत परिवर्तन होगा और इसमें आधारभूत ग्राम तथा नगर पंचायतों के अतिरिक्त अन्य सभी स्तरों पर सदस्यों का निर्वाचन अप्रत्यक्ष होगा। साथ ही मतदाता और प्रतिनिधि दोनों के लिए यह आवश्यक होगा कि वह शारीरिक श्रम से जीवन निर्वाह करने वाला अथवा कुछ घण्टे राष्ट्र की सेवा करने वाला हो। इसी मत के पक्षधर गाँधी जी भी थे, उन्होंने भी मताधिकार की अनिवार्य योग्यता शारीरिक श्रम होना चाहिए न कि सम्पत्ति या पद। सभी भारतीयों को इस व्यवस्था का अनुकरण करना चाहिए। साक्षरता या सम्पत्ति की कसौटी व्यर्थ सिद्ध हुई। शारीरिक श्रम से उन सबको अवसर मिलता है, जो राज्य के हित में शासन में भाग लेना चाहते हैं। विनोबाजी के शब्दों में शारीरिक श्रम की यह व्यवस्था राजनीतिक क्षेत्र के भ्रष्टाचार को दूर करने में बहुत अधिक सहायक होगी।

सर्वोदय के साधन

भूदान आन्दोलन, सम्पत्ति दान, ग्रामदान को सर्वोदय के साधन के रूप में अपनाया गया है।

भूदान आन्दोलन

आचार्य विनोबा भावे ने भूदान आन्दोलन को आगे बढ़ाने तथा जीवंतता प्रदान करने में प्रमुख भूमिका निभायी। भारत में भूदान यज्ञ के द्वारा हम आर्थिक और राजनीतिक दोनों तरह के विकेन्द्रीकरण को और इन दोनों प्रकार की केन्द्रित शक्तियों को समाप्त करना चाहते हैं। भूदान यज्ञ के द्वारा हम उत्पादन का मुख्य साधन जमीन जन-जन के हाथ में पहुंचा देते हैं। आर्थिक केन्द्रींकरण यह कार्य यज्ञ में मिली हुई जमीन के बंटवारे के हमारे तरीके से और उसके बाद गांव में हम जो व्यवस्था कायम हुई देखना चाहते हैं। भूमिदान यज्ञ के द्वारा ग्रामीण क्षेत्रों के लोगों की समस्या का समाधान एक साथ मिलजुलकर अथवा सामूहिक रूप में करना चाहिए। भूदान के सम्बन्ध में जयप्रकाश नारायण ने बहुत सुन्दर शब्दों में कहा है कि यह आर्थिक और सामाजिक क्रान्ति लाने का गाँधीवादी मार्ग है, यह नवीन जीवन का सिद्धान्त और व्यवहार है, यह एक नवीन सामाजिक दर्शन है, यह एक नवीन मानवता एवं सभ्यता का उदय है। विनोबाजी के भूदान आंदोलन को शुरू करते हुए यह विचार प्रकट किया था कि व्यक्तियों के द्वारा स्वीकार कर लिया जाना चाहिए कि समस्त धरती ईश्वर की है। इस दान की हुई भूमि से गरीबों व दीन-दुखियों की सेवा की जा सकेगी। अगर समस्त धरती पर सामाजिक रूप में स्वामित्व हो तो संपूर्ण दुःख-दर्द समाप्त हो जाएगा और सामूहिक सहयोग के युग का सूत्रपात होगा। मैं चाहता हूं कि व्यक्तियों के द्वारा प्रारंभ में अपनी भूमि का कुछ भाग दान किया जाए। मनुष्य का कुछ नहीं है, यह प्रकृति प्रदत्त संसाधन के रूप में मनुष्य को प्राप्त हुआ है।

सर्वोदय सम्मेलन और भूदान

स्वतंत्रता के उपरांत अप्रैल 1951 में इस सम्मेलन के आयोजन में भारत के दक्षिणी राज्य आंध्रप्रदेश में श्रामपल्ली नामक स्थान पर हुआ। उस समय आचार्य भावे तेलंगाना में पंचमपल्ली स्थान पर ठहरे हुए थे। इस समय अनेक हरिजन और अन्य व्यक्ति आचार्य भावे से मिले और उन्हें अपनी भूमिहीनता के विषय में अवगत करवाये। यह घटना सर्वोदय आन्दोलन के इतिहास में क्रान्तिकारी सिद्ध हुई और इससे प्रेरित होकर आचार्य भावे ने भूदान का सूत्रपात किया। यहाँ के निर्धन भूमिहीन व्यक्तियों ने विनोबा भावे से 80 एकड़ जमीन की माँग की तो इस महान नेता ने वहां उपस्थित व्यक्तियों से पूछा कि क्या कोई व्यक्ति इतनी भूमि दे सकता है?

सर्वोदय नेता की बात का उत्तर पंचमपल्ली के ही श्री रामचन्द्र रेड्डी ने तुरन्त 100 एकड़ भूमि दान कर दी। इस प्रकार 18 अप्रैल, 1951 को भूदान आंदोलन का सूत्रपात किया। पास के ही एक गांव में उन्हें 60 एकड़ भूमिदानस्वरूप उपलब्ध हुई। विनोबा जी की बात का आंध्र प्रदेश की जनता ने सम्मान किया और उन्हें इस बात का विश्वास हो गया कि व्यक्तियों की अन्तरात्मा को परिवर्तित कर अहिंसक ढंग से क्रान्ति लाई जा सकती है। तेलंगाना में जिसे साम्यवादियों का गढ़ समझा जाता था, आचार्य ने 51 दिन में 12,201 एकड़ भूमि प्राप्त की। यह अपने आप में एक बहुत बड़ी सफलता थी और अब विनोबा जी ने भूदान में 50 मिलियन एकड़ भूमि प्राप्त करने का लक्ष्य निर्धारित किया।

(1) न्याय और नैतिकता का सिद्धांत—भूदान न्याय और नैतिकता के सिद्धान्त को अपनाने पर जोर देता है। इसके अन्तर्गत भूमि का दान दया के रूप में नहीं, वरन् इसलिए किया जाता है कि न्याय की यह मांग है। आचार्य विनोबा भावे का मानना है कि समाज में पर्याप्त सद्भावना विद्यमान है, आवश्यकता केवल इस बात की है कि व्यक्तियों की सद्प्रवृत्तियों को विकसित किया जाए। इसको विकसित करके नैतिकता तथा न्याय की स्थापना की जा सकेगी।

(2) प्रन्यास का सिद्धांत—भूदान सम्पत्ति और विशेषतया भू-सम्पत्ति के संबंध में प्रन्यास सिद्धान्त को अपनाने पर बल देता है। यह विश्वास करता है कि समस्त भूमि ईश्वर की है और मानव इस पर प्रन्यासी के रूप में ही अधिकार रखते हैं।

(3) आधुनिक अवधारणा का विकास—नवीन अवधारणा द्वारा ही भूदान में सामाजिक और आर्थिक मान्यताओं में बदलाव लाया जा सकता है। भूदान भूमि के अन्तिम स्वामित्व के प्रश्न को हल करेगा। भूमि निजी सम्पत्ति न दूर कर उनका हृदय परिवर्तन करेगा। एक व्यक्ति को केवल उतनी ही भूमि अपने पास रखने का अधिकार हो सकता है, जितनी कि उसे आवश्यकता है तथा शेष भूमि उसे समाज में आबंटित करनी होगी। भूदान यज्ञ के अन्तर्गत आचार्य के द्वारा न केवल धनी वरन थोड़ी भूमि के स्वामित्व वाले निर्धन किसानों से भी भूमि दान के रूप में प्राप्त की जाती है, जिससे सबके विचारों में परिवर्तन लाया जा सके। भूदान की विशेषता यह है कि इसके द्वारा दबाव या विनाश के आधार पर नहीं, वरन् हृदय परिवर्तन के आधार पर आर्थिक और सामाजिक बदलाव लाया जायेगा।

भारत के महान दार्शनिक एवं शिक्षाविद् डॉ. राधाकृष्णन् ने बहुत ही सुन्दर शब्दों में भूदान को सहमति से क्रान्ति की संज्ञा प्रदान की है।

सम्पत्ति दान

विनोबा का मानना है कि नकद राशि अनेक समस्याओं को जन्म देती है, जो भारत के पतन का प्रमुख कारण रहा है। किंतु उनके विचार में परिवर्तन हुआ और उन्होंने सोचा कि बीज, खाद और पशु खरीदने के लिए धन की आवश्यकता होती है अतः अनुभव के आधार पर उन्होंने अपनी विचारधारा में बदलाव लाये और नवीन अवधारणा से सम्पत्ति दान या धन की भेंट की धारणा को जन्म दिया। 23 अक्टूबर 1952 को पाटलिपुत्र नगर में उन्होंने सम्पत्ति दान आन्दोलन प्रारंभ करते हुए कहा कि सम्पत्ति दान, भूदान यज्ञ की पूर्ति के लिए आवश्यक है। इस आन्दोलन के अन्तर्गत उन्होंने व्यक्तियों से अपनी आय का षष्ठांश दान में देने की अपील की।

ग्रामदान और ग्रामराज

भूमिदान के अलावा विनोबा जी ने ग्रामदान और ग्रामराज पर बल दिया जिसका तात्पर्य है एक पूरे गांव की भेंट प्रदान करना। प्रारंभ में व्यक्ति अपनी भूमि का एक टुकड़ा देंगे किंतु अन्त में वे अपनी सारी भूमि दे देंगे। इस ग्रामदान के आधार पर ग्रामराज क़ी स्थापना की जाएगी जब ग्रामदान होगा, तो भूमि पर किसी का भी मालिकाना हक नहीं होगा तथा संपूर्ण जनता को सामूहिक रूप से भूमि पर अधिकार प्राप्त होगा।

ग्रामदान आन्दोलन का मुख्य केंद्र उत्तर प्रदेश था। यह आंदोलन 1952 में उत्तर प्रदेश के मानग्रोथ गांव के समस्त निवासियों द्वारा अप्रत्याशित रूप से अपना ग्राम दान करने के साथ आरंभ हुआ। इसके बाद उड़ीसा में 20 जनवरी, 1953 को कटक जिले में मानपुर पहला ग्राम था, गांव को दान के रूप में प्राप्त किया गया इसके उपरांत यह आन्दोलन कोरापुट जिले में फैला और 23 जनवरी, 1955 को विनोबाजी द्वारा उड़ीसा में प्रवेश करने पर 26 ग्राम दान में मिले।

ग्रामराज के लक्षण--ग्रामराज के विभिन्न लक्षण हैं जिनमें से कुछ प्रमुख लक्षणों को निम्नलिखित पंक्तियों में स्पष्ट किया गया है--

1. ग्रामराज में अहिंसा का महत्व होगा। इस प्रकार ग्रामराज की प्रकृति वर्तमान समय के राज्य से नितान्त भिन्न होगी। इसमें शक्ति का केन्द्रीकरण नहीं वरन् गांवों के माध्यम से शक्ति का विकेन्द्रीकरण होगा, जिनमें प्रत्येक गांव पूर्ण और अपने आप में एक लघु राज्य होगा। प्रत्येक गांव में एक सामान्य ग्राम परिषद् होगी, जिसमें प्रत्येक परिवार अपना एक प्रतिनिधि भेजेगा। इस प्रकार

अहिंसक ढंग से समाज की व्यवस्था का संचालन किया जाएगा। यह व्यवस्था ग्राम का समुचित विकास कर सकती है।

2. इसमें यह भी व्यवस्था होगी कि पूंजीपतियों के द्वारा निर्धन का शोषण नहीं होगा। इसमें प्रतिस्पर्द्धा नहीं, वरन् पारस्परिक सहयोग और समन्वय होगा। ग्रामराज में दल पद्धति का अभाव होगा तथा इस पद्धति का स्थान लोकनीति अर्थात् व्यक्तियों के कल्याण की प्रवृति के द्वारा ले लिया जाएगा।

3. ग्रामराज में सभी व्यक्ति समस्त समुदाय के कल्याण हेतु कार्य करेंगे। प्रत्येक कृषक भूमि के एक टुकड़े पर कार्य करेगा। सभी के द्वारा आवश्यकतानुसार एक-दूसरे की सहायता की जाएगी। इस राज में हर व्यक्ति सुख का भोग करेगा। एक व्यक्ति दूसरे व्यक्ति के साथ आपसी सद्भाव व भाईचारे का भाव रखेगा, एक व्यक्ति दूसरे का शोषण नहीं करेगा। इस समुदाय में संग्रह की प्रवृत्ति नहीं होगी और मेरे-तेरे की भावना का अन्त हो जाएगा। वर्तमान समय में व्यक्ति जिस प्रकार से स्वयं के लिए जीता है और अपनी योग्यताओं का अपने लिए ही प्रयोग करता है, ग्रामराज में प्रत्येक व्यक्ति अपनी योग्यताओं का सामान्य कल्याण में प्रयोग करेगा। श्री एम. चौधरी के अनुसार, प्रत्येक अपना सर्वस्व समुदाय को प्रदान कर देगा।

4. ग्रामराज एक राज होगा जिसमें स्वतंत्रता समानता तथा सद्भावना का वातावरण होगा क्योंकि इसमें राजनीतिक दल, जमींदार या पूंजीपतियों जैसे शोषक तत्व नहीं होंगे। स्वशासित ग्रामीण समुदायों में जनता सम्प्रभु होगी। व्यक्ति वर्ग और जाति की भावनाओं से भी पूर्णतया स्वतन्त्र होंगे। ग्रामराज में सभी व्यक्तियों को धार्मिक स्वतन्त्रता प्राप्त होगी और धर्म या जाति के आधार पर कोई भी भेद भाव नहीं किया जाएगा।

भूदान, सम्पत्ति दान, ग्रामदान और ग्रामराज के अतिरिक्त सर्वोदय्र आन्दोलन के कार्यक्रम में बुद्धिदान, श्रमदान, साधनदान और जीवनदान आदि को भी सम्मिलित किया गया क्योंकि समाज के उत्पादन में इन समस्त तत्वों का परोक्ष या प्रत्यक्ष रूप में किसी न किसी रूप में अवश्य भूमिका होती है। जीवनदान का अर्थ यह है जीवनदान करने वाले व्यक्ति अपनी समस्त बुद्धि, श्रम और शक्ति का प्रयोग भूदान एवं सर्वोदय की सेवा में करेंगे। सर्वप्रथम श्री जयप्रकाश ने अप्रैल 1954 में सर्वोदय को अपना जीवन दान दिया। तत्पश्चात् विनोबाजी ने भी भूदान यज्ञमूलक ग्रामोद्योग प्रधान अहिंसक क्रान्ति के लिए अपना जीवन दान दिया। विनोबा जी की

प्रेरणा से प्रभावित होकर कई सर्वोदयी आन्दोलन के समर्थकों ने भी अपने जीवनदान देने के लिए कहा।

सर्वोदयी विचारधारा और कार्यक्रम का मूल्यांकन

सर्वोदय के गुण—सर्वोदयी विचारधारा और कार्यक्रम में प्रमुख रूप से निम्नलिखित गुण पाये जाते हैं विवेचना निम्न पंक्तियों में की गयी है—

(1) सर्वोदय विचारधारा किसी वर्ग विशेष, समुदाय, देश, काल या मानव जाति के लिए नहीं है बल्कि यह समस्त मानव जाति के लिए है। इस संदर्भ में आचार्य विनोबा भावे ने लिखा है कि सर्वोदय भारत का अपना शब्द है और भारत की अपनी वस्तु है, पर ऐसा शब्द या सही वस्तु नहीं है जो किसी दूसरे देश या काल में लागू न हो सके। देश, काल, परिस्थिति के भेदानुसार उसकी बाहरी पद्धति में अन्तर होता रहेगा, लेकिन उसका आन्तरिक रूप शाश्वत रहेगा। सर्वोदयी विचारधारा तो जीवन के चिरन्तन मूल्यों पर आधारित होने के कारण शाश्वत महत्व की विचारधारा है।

(2) सर्वोदयी अवधारणा, उच्च आदर्श व शान्तिपूर्ण वातावरण को अधिक महत्व दिया गया है। सर्वोदय का आदर्श महान् है और सर्वोदय के उस आदर्श का अपना महत्व है। श्री कृष्णदत्त भट्ट के अनुसार कि सबका उदय कोरा स्वप्न, कोरा आदर्श नहीं है, यह वह आदर्श व्यवहार है जिसे अमल में लाया जा सकता है। सर्वोदय का आदर्श ऊँचा है, यह ठीक है, परंतु न तो वह अप्राप्य है और न असाध्य है, वह प्रयत्न साध्य है। इसके अतिरिक्त आदर्श तो भव्य ही होना चाहिए। इन्दू टिकेकर का मानना है कि विनोबा भावे जीवन के सभी अंगों में गणित की अचूकता पसन्द करते हैं। वैसे त्रुटि करना मनुष्य के लिए स्वाभाविक है, लेकिन जब आदर्श त्रुटिपूर्ण होता है तो कर्म का मूल्यांकन करने की गुंजाइश ही समाप्त हो जाती है। मकान खड़ा करने में चूक हो सकती है, लेकिन ब्लू प्रिण्ट तो सदैव अचूक ही होना चाहिए।

(3) सर्वोदयी विचारक में सेवा भावना से ओत-प्रोत है। सर्वोदय सत्ता और शोषण की राजनीति का विरोध करता है। इसमे राज्य, सत्ता और शोषण का नहीं वरन् सेवा का एक साधन होगा। ग्रामराज अहिंसा पर आधारित है और सर्वोदय में सभी के हित की भावना निहित है। भूदान, सम्पत्ति दान और ग्रामदान ये पद्धतियाँ हृदय परिवर्तन के नैतिक साधन के रूप में हैं। सर्वोदय भावना को ग्रहण कर लेने पर धनी और गरीब सभी निजी सम्पत्ति के प्रति मोह का त्याग कर देंगे, इससे समाज का कल्याण हो सकता है और जब समाज का कल्याण होगा तब देश का भी विकास होगा।

(4) सर्वोदयी विचारधारा में सामाजिक और आर्थिक मूल्यों के विकास पर अत्यधिक बल दिया जाता है। इसमें व्यक्ति सभी के हित के लिए कार्य करेंगे और समस्त समुदाय में पारस्परिक भावना होगी। इस प्रकार सामाजिक और आर्थिक क्षेत्र की सम्पूर्ण संरचना में पूर्ण रूप से बदलाव आ जायेगा।

(5) आचार्य विनोबा भावे ने भूमि सुधार आंदोलन के अतिरिक्त ग्रामदान व भूदान इन दो आन्दोलनों का भी संचालन किया। इन कार्यक्रमों ने एक ऐसा वातावरण बनाया जिसके द्वारा भू-स्वामित्व की व्यवस्था में कानूनी ढंग से सुधार किया जा सके। इस योगदान के विषय में पं. जवाहरलाल नेहरू ने कहा था कि सबसे महत्वपूर्ण परिणाम जो इस आन्दोलन का निकला, वह उसके द्वारा निर्मित वातावरण का है, जो भूमि व्यवस्था में सुधार के लिए कानून बनाने में सहायक होता है, लेकिन उस विषय में यह व्यक्तियों के मानस को ही बदल देता है। भूमि सुधार के लिए कानून आवश्यक है लेकिन जनता के मानस को बदलना मूलतः उससे भी अधिक महत्वपूर्ण है। इसलिए यह आन्दोलन विशेष रूप से प्रभावी रहा।

वास्तव में सर्वोदयी समाज की स्थापना बहुत अधिक कठिन होते हुए भी विश्व सर्वोदयी विचारकों के प्रति इस बात के लिए कृतज्ञ है कि उन्होंने मानव जाति के सम्मुख ऐसे महान् आदर्श रखे, जिनकी ओर बढ़ने का प्रयत्न विश्व के द्वारा किया जाना चाहिए। इस आदर्श को अपनाकर इसके लक्ष्यों को प्राप्त किया जा सकता है।

सर्वोदय के दोष—सर्वोदय में व्याप्त दोषों की विवेचना निम्न पंक्तियों में की गयी है।

(1) एक ही देश में सर्वोदय को अपनाना संभव नहीं—सर्वोदय समाज के विकास हेतु सम्पूर्ण विश्व को ध्यान देना होगा। किसी एक देश में सर्वोदय को अपनाना संभव नहीं है। जिनकी सर्वोदय से कोई संगति नहीं है, एक ही राज्य में सर्वोदयी समाज की कल्पना नहीं की जा सकती है। जब तक विश्व के सभी राज्य सर्वोदय के विचार को स्वीकार न कर लें, भारत जैसे एक ही राज्य में सर्वोदयी समाज की स्थापना की आशा बहुत अधिक धूमिल है। प्रश्न यह है कि जब हिंसा पर आधारित किसी वर्तमान राज्य के द्वारा सर्वोदयी समाज वाले किसी राज्य पर आक्रमण किया गया तो स्थिति क्या होगी?

(2) दल प्रणाली, निर्वाचन व्यवस्था, लोकतन्त्र और राज्य की आलोचना उचित नहीं—वर्तमान लोकतंत्र में दल प्रणाली को सर्वोदयी विचारक सही नहीं मानते थे। ये लोग जनता पर अत्याचार करते हैं। अतः इस तथाकथित लोकतन्त्र को समाप्त कर एक दलविहीन प्रजातंत्र और राज्यविहीन समाज की दिशा में आगे बढ़ने की चेष्टा

की जानी चाहिए। परंतु उनका यह विचार अव्यावहारिक है। दलविहीन प्रजातंत्र शब्द सुनने में अच्छा लगता है लेकिन व्यवहार में राजनीतिक दल ही वे एकमात्र साधन हैं, जिनके आधार पर लोकतन्त्र की नींव डाली जा सकती है। इसके अलावा राज्यविहीन समाज में कैसी व्यवस्था रखी जाए इस पर भी सर्वोदय कोई जवाब नहीं दे सका है।

(3) सर्वोदय की अवधारणा व्यावहारिक नहीं है अर्थात् सर्वोदय को व्यावहारिक रूप में नहीं अपनाया जा सकता। सर्वोदय का आदर्श निश्चित रूप से बहुत अधिक उच्च है और सैद्धान्तिक दृष्टि से उनमें कोई दोष नहीं है परंतु आज विश्व में जो वातावरण छाया हुआ है उसमें गाँधी जी तथा अन्य व्यक्तियों द्वारा प्रतिपादित इन महान् आदर्शों के आधार पर समाज का निर्माण करना सम्भव नहीं है। मानवीय प्रकृति जैसा कि हम वर्तमान समय में देखते हैं, स्वार्थ मोह और लगाव की भावना को छोड़ने में असमर्थ हैं और ऐसी स्थिति में अहिंसा तथा पूर्ण सहयोग की भावना पर आधारित समाज की स्थापना संभव प्रतीत नहीं होती। हम नैतिकता के उस धरातल तक नहीं पहुँच सके हैं, कि कानून की सहायता के बिना एक पूर्ण अहिंसक क्रान्ति सफल हो सके। आज तक विश्व में किसी देश में ऐसे समाज का निर्माण नहीं हो सका है जिनमें हर व्यक्ति की भावना ऐसी हो कि वह एक ही परिवार का गण है। वास्तव में यह सिद्धान्त कल्पना पर आधारित है तथा इसमें बहुत अधिक संदेह है कि उन्हें इस धरती पर प्राप्त किया जा सकता है। यदि भारत को भी उदाहरण रूप में माना जाए तो अधिकांश व्यक्ति न तो अपने नैतिक कल्याण के प्रति उत्सुक हैं और न ही सही अर्थों में अपने भौतिक कल्याण के प्रति। बहुत से ऐसे पहलू हैं, जिस कारण इस आन्दोलन में दोष व्याप्त हैं।

(4) वर्तमान मानव स्वार्थ की भावना से ओतप्रोत है, जबकि सर्वोदय समाज हृदय परिवर्तन पर आधारित है। महात्मा गाँधी और विनोबा भावे जैसे महान् व्यक्ति उन थोड़े से व्यक्तियों का हृदय परिवर्तन तो कर सकते हैं जो उनके प्रत्यक्ष सम्पर्क और प्रभाव में आते हैं लेकिन सामान्य मिट्टी के बने व्यक्ति न तो स्वयं निःस्वार्थी हो सकते हैं और न दूसरों को निःस्वार्थी बना सकते हैं। महान् बौद्धिक और प्रशासनिक क्षमताओं या अन्य प्रकार के व्यक्तियों की खोज कठिन नहीं है, किंतु पूर्णतया निःस्वार्थी व्यक्तियों की खोज, जो प्रतिक्षण सर्वोदय का ही ध्यान रखते हों, निश्चित रूप से बहुत अधिक कठिन है।

(5) सर्वोदय कार्यक्रम का सबसे प्रमुख अंग भूदान है और इसके सम्बन्ध में यह कहा जा सकता है कि भूदान भूमि समस्या का कोई हल प्रस्तुत नहीं करता है।

यद्यपि यह उचित नहीं है कि जिन व्यक्तियों द्वारा अपनी भूमि दान में दी गयी, उन व्यक्तियों के मूल उद्देश्य पर शंका की जाए, किंतु यह एक तथ्य है कि भूदान के अन्तर्गत अनेक मामलों में संदिग्ध उपयोगिता वाली भूमि दान में दी गयी। ऊसर व बंजर भूमि को भी भूदान किया, जिस पर स्वामित्व संबंधी विवाद चल रहा था। यह आरोप लगाया जाता है कि जिन व्यक्तियों ने भूदान किया, उन्होंने हृदय परिवर्तन के कारण नहीं वरन् साम्यवादियों के आंतक और भय के कारण भूदान किया। यह कहा जाता है कि यदि यह आन्दोलन सफल होता है तो इससे भूमि के छोटे-छोटे टुकड़े हो जाएंगे जिससे न केवल समाज वरन् राष्ट्रीय अर्थ-व्यवस्था को भी अत्यधिक क्षति पहुंचेगी। भूदान के सम्बन्ध में सत्य रूप में यह कहा जाता है कि इसके आधार पर होने वाले परिवर्तन की गति बहुत धीमी होती है। डॉ. राममनोहर लोहिया ने इस सम्बन्ध में कहा था कि यह कार्यक्रम बहुत अच्छा है परंतु इससे 300 वर्ष में कार्य पूरा होगा। इसकी सबसे बड़ी कमी थी, इसमें गरीबों से भी भूमि को दान के रूप में लिया जाता था।

भूदान और ग्रामदान आन्दोलन के मूल्यांकन में निम्नलिखित आंकड़े सहायक सिद्ध हो सकते हैं इसमें प्रमुख हैं—भूदान में प्राप्त भूमि 41,76,814,93 एकड़ थी जिसमें भूमि का दान देने वाले व्यक्तियों की संख्या 5,75,885 तथा वितरित भूमि 11,75,848,13 थी। व्यक्तियों की संख्या जिन्हें भूमि वितरित की गयी वह 4,61,681 थी, जबकि वितरण के लिए अनुपयुक्त भूमि 18,54,882,17 एकड़ थी तथा जिसका वितरण शेष है वह 11,46,094,63 थी। दान में प्राप्त ग्रामों का संख्या 1,68,108 तथा दान में प्राप्त जिलों की संख्या 47 थी।

आचार्य विनोबा भावे ने भूदान आन्दोलन में 5 करोड़ एकड़ भूमि दान में प्राप्त करने का संकल्प लिया गया था परन्तु मात्र 10% ही भूमि दान के रूप में मिल सकी। स्वयं विनोबाजी ने भी 1970 के बाद अपने भूदान और ग्रामदान कार्यक्रम की असफलता को स्वीकर करते हुए सर्वोदयी आंदोलन के संदर्भ में लोगों ने विभिन्न प्रकार के प्रश्न करना शुरू कर दिये थे। सर्वोदय के सम्बन्ध में मूल प्रश्न यह है कि सर्वोदय के परिणामस्वरूप व्यक्ति सुखी होंगे और पृथ्वी पर स्वतन्त्रता, समानता और भ्रातृत्व से पूर्ण स्वयं की स्थापना होगी, इस बात पर विश्वास किया जा सकता है। किंतु प्रश्न यह है कि इस सर्वोदयी समाज की स्थापना किन साधनों के आधार पर संभव है, जब तक वास्तविकताओं को बिल्कुल ही भुला दिया जाए, इसका सही जवाब देना अत्यधिक जटिल कार्य है।

सर्वोदय में नवीनतम् प्रवृत्तियाँ, डाकुओं का आत्मसमर्पण और जन आन्दोलन

विशिष्ट तौर पर सर्वोदय अंतरात्मा बदलाव का दर्शन है। तथा इस दौर में सन् 1972 में डाकुओं का आत्मसमर्पण करना एक सराहनीय कार्य था। भारत की आजादी प्राप्त होने के बाद से ही भारतीय संघ के कुछ राज्यों, विशेषतया मध्य प्रदेश में डाकू समस्या भीषणतम रूप में विद्यमान रही है और पुलिस शक्ति के समस्त प्रयोग के बावजूद इस समस्या को आंशिक रूप से हल करने में भी सफलता प्राप्त नहीं की जा सकी। कुछ सर्वोदयी नेताओं, विशेषकर आचार्य विनोबा भावे और जयप्रकाश नारायण, द्वारा क्षेत्र में पहल की गयी। 1960 में आचार्य भावे के प्रयत्नों से दस्यु तहसीलदार सिंह और अन्य अनेक डाकुओं ने आत्मसमर्पण किया और 1972 में सर्वोदयी कार्यकर्ताओं की प्रेरणा और प्रयासों से डाकुओं की एक बड़ी संख्या ने जयप्रकाश नारायण के आमने सामने हथियार डाल दिये। सर्वोदयी नेताओं को सक्रिय होने से डाकुओं ने इनके सामने आत्मसमर्पण करने लगे। डाकुओं के आत्मसमर्पण के लिए संभव है कि हृदय परिवर्तन के अलावा और भी कुछ वजह रही हो और आत्मसमर्पण का श्रेय किसे दिया जाए, इस सम्बन्ध में भी चाहे विवाद किया जा सकता हो, इसमें सबसे अधिक सर्वोदयी विचारधारा के समर्थकों ने किया।

1948-49 से लेकर 1960 तक भारत सर्वोदय ने सामाजिक तथा आर्थिक क्षेत्र में सृजनात्मक कार्यक्रम पर अधिक बल दिया तथा रचनात्मक कार्यक्रम को ही अपनाया और राजनीतिक तथा उसके सभी रूपों की पूर्णतया अपेक्षा की गयी लेकिन 1970 के बाद जब सर्वोदयी कार्यक्रम पर मनन और उसके मूल्यांकन का अवसर आया तो कुछ सर्वोदयी प्रतिनिधियों ने यह महसूस किया कि नेताओं ने अनुभव किया कि राजनीति की उपेक्षा करने से जीवन पर राजनीति का प्रभाव समाप्त नहीं हो जाता है और राजनीति की उपेक्षा सर्वोदय आन्दोलन की आंशिक सफलता का ही कारण बनी है। जैसा कि स्पष्ट है कि भूदान और ग्रामदान आन्दोलन निज उद्देश्यों की पूर्ति के लिए प्रारंभ किया गया था उसे पूरा करने में वह सफल नही हो सका। ऐसी स्थिति में अनेक सर्वोदयी नेताओं ने यह सोचा कि किसी न किसी रूप में राजनीति दलीय राजनीति नहीं, वरन् जन राजनीति में भाग लेकर राजनीति को स्वस्थ दिशा प्रदान करने की चेष्टा प्रदान की जानी चाहिए। सर्वप्रथम गोपाराजू रामचन्द्र राओ, ने 9 मई, 1971 को नासिक में सर्वोदय समाज के उन्नीसवें अधिवेशन में इसी का निराकरण किया था। उन्होंने अपने भाषण में कहा कि सर्वोदय आन्दोलन

का अराजनीतिक दृष्टिकोण ही इसे जीवन की मुख्य धारा से पृथक् करने के लिए उत्तरदायी है और आन्दोलन को सुदृढ बनाने के लिए राजनीति में भाग लेने की आवश्यकता है। इसके अलावा उन्होंने यह भी कहा कि यदि हमने राजनीतिक दृष्टिकोण से सोचा होता तो हम विकेन्द्रीकरण को प्रभावपूर्ण ढंग से लागू कर सकते थे और लाभकारी ढंग से सरकार को लोगों के नियन्त्रण में रख सकते थे। ... हमारी राजनीति के प्रति उदासीनता ने राजनीतिक शक्ति को व्यावसायिक राजनीतिज्ञों के हाथों में सौंप दिया है। ग्रामदान आन्दोलन सिद्धान्त रूप में अच्छा होते हुए भी राजनीतिक पूरक का अभाव होने की वजह से इसमें कोई सफलता प्राप्त नहीं हो सकी।

सर्वोदयी नेता जयप्रकाश नारायण भी लगभग ऐसा ही अनुभव कर रहे थे। उन्होंने कष्टपूर्वक यह देखा कि भ्रष्ट राजनीतिज्ञ विपुल आर्थिक शक्ति के बल पर चुनाव में विजयी हो जाता है और भारतीय राजनीति तथा शासनतन्त्र में भ्रष्टाचार का बोलबाला है। श्री जयप्रकाश ने राजनीतिक भ्रष्टाचार को दूर करने के लिए विभिन्न सुझाव दिए हैं और चेष्टाएँ कीं लेकिन इन चेष्टाओं के असफल हो जाने पर इन्होंने 'जन आन्दोलन' का आश्रय लिया। उनके द्वारा इस आन्दोलन का संचालन बिहार में किया गया। श्री विनोबा ने 12 जुलाई 1974 को आन्दोलन और सर्वसेवा संघ की स्थिति के विषय में कहा है कि 'सर्व सेवा संघ के जो सदस्य क्रान्तिकारी काम समझकर बिहार आन्दोलन में जाना चाहते हैं जाएँ, पर सत्य, अहिंसा और संयम की शर्त मानें।''

राजनीतिक क्षेत्रों में जन आन्दोलन के कारण शिथिलता आने लगी। देश में आपातकाल घोषित किया गया। यद्यपि सर्वोदय सामान्यतया इस प्रकार की राजनीतिक घटनाओं पर टिम्पणी नहीं करता, लेकिन सर्वोदय आपातकाल में भारतीय राजनीति की दूषित प्रवृत्तियों को जिस प्रकार से नियंत्रित किया गया, उससे प्रभावित होकर भावे ने आपातकाल को अनुशासन पर्व की संज्ञा दी। आपातकाल की इस स्थिति को सर्वाधिक दिनों तक प्रभाव में रखने का पक्षपाती नहीं था। इस दृष्टि से सर्वोदय की चेष्टा है कि भारत में पुनः सामान्य राजनीतिक स्थिति कायम हो जाए। सर्वोदय का विचार है कि देश में निर्दलीय बुद्धिजीवी वर्ग द्वारा राजनीतिक और सामाजिक जीवन में अधिक निष्पक्ष और अधिक सक्रिय योगदान देना चाहिए। इस दृष्टि से एक प्रयत्न श्री मन्नानारायण की अध्यक्षता में, आचार्य कुल की स्थापना के रूप में किया जा रहा है।

नेहरू और सामुदायिक विकास कार्यक्रम

ब्रिटिश साम्राज्य में भारत की प्रगति हेतु किसी योजनाबद्ध कार्यक्रम का संचालन नहीं किया गया। परंतु इस युग में कुछ विशिष्ट क्षेत्रों में प्रगति अवश्य हुई जैसे—प्रायः पूरे देश में रेलवे लाइनों को बिछाना, इन पर सवारी-गाड़ियों और माल-गाड़ियों को चलाना, सड़क-व्यवस्था में कुछ हद तक विकास करना, डाक एवं तार की सुविधा। ब्रिटिश सरकार ने इन प्रयासों के यातायात और संसार की सुविधाएँ देश में प्राप्त हुईं। ये सुविधाएँ मुख्यतः नगरों तक सीमित रहीं। देश की सर्वाधिक जनता, जो गाँवों में निवास करती है जहां पर विकास के नाम पर कोई कार्य नहीं किया। गाँव अब भी आर्थिक पिछड़ेपन, शोषण, अशिक्षा, कुपोषण आदि के अन्धकार में डूबा रहा। स्वतंत्रता प्राप्ति के उपरांत गाँव के विकास पर अधिक बल देने की आवश्यकता थी। साथ ही पूरे राष्ट्र को भी विकसित करना था, विशेषकर औद्योगिक दृष्टि से। देश के उद्योग-धंधे प्रायः चौपट हो चुके थे। भारत पश्चिमी, मुख्यतः ब्रिटेन के कल-कारखानों के लिए कच्चे माल का निर्यातक मात्र रह गया था। राष्ट्रीय आय में, साथ ही समग्र उत्पादन में वृद्धि लाना आवश्यक था।

हालांकि भारत जिस समय पराधीन रहा उस समय भी पं. जवाहरलाल नेहरूजी का ध्यान इन सम्पूर्ण तथ्यों पर था और उन्होंने लोगों को आशाएँ भी दी थीं और स्वतन्त्रता प्राप्ति के दौरान उन्होंने एक सभा को सम्बोधित करते हुए कहा था कि जो वादे किये गये हैं, उनको पूरा करने का दायित्व स्वतन्त्र देश की सरकार को उठाना है। नेहरू ने सामुदायिक विकास कार्यक्रम के माध्यम से गाँव के विकास का कार्यक्रम हाथ में लिया, साथ ही पंचायतीराज के विकास और उसके सुदृढ़ीकरण पर भी ज़ोर देने का लक्ष्य रखा। सर्वांगीण विकास के लिए पंचवर्षीय योजनाओं को लागू करने की महत्त्वाकांक्षी योजना बनी। तब सामुदायिक विकास कार्यक्रम का संचालन किया गया। यह सीमित स्तर का कार्यक्रम था, जिसे आगे जाकर विस्तार पाना था। प्रथम चरण में 55 विकास खंडों की स्थापना की गयी। शहर विकास खंड के तहत 100 गाँव और प्रायः 60 से 70 हज़ार की आबादी सम्मिलित थी। 1960 के दशक के आते-आते देश का अधिकाधिक भाग सामुदायिक विकास प्रखण्डों के अन्तर्गत आ गया। इस समय तक 6 हज़ार प्रखण्ड स्थापित हो चुके थे। प्रखण्ड विकास पदाधिकारी एक राजपत्रित पदाधिकारी होता था। इसका चयन प्रतियोगिता-परीक्षाओं से होता था, जिसका संचालन 'राज्य लोकसेवा आयोग' द्वारा होता था। अक्सर अवर उपसमाहर्ता तथा (डेपुटी कलेक्टर) मात्र तीन वर्षों तक प्रखण्ड विकास पदाधिकारी

रहते थे, किन्तु अवर उपसमाहर्ता 12 वर्षों या उससे अधिक की अवधि तक इस पद पर रहते थे। बाद में कई राज्यों में इन दोनों पदों को समाप्त कर दिया गया तथा सिर्फ उपसमाहर्ता नियुक्त होने लगे।

प्रखण्ड पदाधिकारियों का अनेक प्रदेश में अलग संवर्ग सृजित किया गया। सृजित इस संवर्ग को भी आगे पदोन्नति की जाती थी लेकिन जो भी पदोन्नति की जाती थी वह विकास कार्यों से जुड़े पदों पर ही की जाती थी। जैसे एक प्रखण्ड विकास पदाधिकारी, जिला विकास पदाधिकारी के पद तक पहुँच सकता था। प्रखण्ड विकास पदाधिकारी अधिकांश राज्यों में प्रारम्भिक स्तर के प्रशासन, विकास तथा राजस्व सम्बन्धी कार्यों के सम्पादन के कारण प्रखण्ड विकास पदाधिकारी को सहअंचल अधिकारी भी कहते थे। कालांतर में अंचल अधिकारी के पद पृथक् रूप से सृजित होने लगे। कई राज्यों ने भारतीय प्रशासनिक सेवा के पदाधिकारियों को भी कुछ समय के लिए प्रखण्ड विकास पदाधिकारी के पद पर कार्य करना अनिवार्य कर दिया। आरम्भ में वे कुछ दिनों के प्रशिक्षण के लिए प्रखण्डों में भेजे जाते थे।

विभिन्न राज्यों में विकास खंडों की स्थापना करने से और अधिक पदों का निर्माण करना पड़ा। पदों के निर्माण हो जाने से अधिकांश लोगों की बेकारी समाप्त होगी। एक प्रखण्ड सहअंचल में प्रखण्ड विकास पदाधिकारी सहअंचल अधिकारी के अधीन पंचायतीराज पर्यवेक्षक, मवेशी चिकित्सा पदाधिकारी, कनीय अभियन्ता, ग्राम स्तर कार्यकर्ता (वी. एल. डब्लयू.), चिकित्सा पदाधिकारी, कृषि पर्यवेक्षक, सहकारिता पर्यवेक्षक तथा शिक्षा पर्यवेक्षक आदि।

उपर्युक्त कर्मचारियों के बावजूद भी कोश से संबंधित कार्यों को करने के लिए कोश (राजस्व) कर्मचारी के अतिरिक्त राजस्व विभाग हेतु कई चतुर्थ श्रेणी के कर्मचारियों की नियुक्ति की गयीं। नियुक्ति के अवसरों का इससे ही अनुमान लगाया जा सकता है कि 1960 के दशक के मध्य प्रायः छः लाख वी. एल. डब्ल्यू. की नियुक्ति की जा चुकी थी।

उपर्युक्त नियुक्तियों को देखने से ही स्पष्ट होता है सामुदायिक विकास कार्यक्रम में एक ही साथ कई भिन्न-भिन्न क्षेत्रों में विकास का कार्य हाथ में लिया गया। जिनमें चिकित्सा सम्बन्धी सुविधाएँ, जिसके लिए चिकित्सा पदाधिकारी के अन्तर्गत प्रखण्ड में कई स्थानों पर प्राथमिक चिकित्सा केन्द्रों की स्थापना की गयी। जहाँ के कर्मचारी महिला एवं पुरुष गाँववालों की चिकित्सा एवं प्रजनन पर ध्यान रखते थे; कृषि सम्बन्धी विकास, पशुओं के रोगों की चिकित्सा एवं अच्छे नस्ल के पशुओं का विकास, पशुओं के रोगों की चिकित्सा एवं अच्छी नस्ल के पशुओं का

विकास, शिक्षा विकास, पंचायत विकास (इसके लिए पंचायत सेवकों की स्थापना ही पंचायत में हुई), सड़क निर्माण, पेयजल की व्यवस्था, सहकारिता विकास आदि प्रमुख कार्य थे।

अब हम संक्षेप में नेहरू काल में संचालित पंचवर्षीय योजनाओं का उल्लेख करेंगे।

प्रथम पंचवर्षीय योजना

प्रथम पंचवर्षीय योजना की समयावधि 1 अप्रैल सन् 1951 से 31 मार्च सन् 1956 तक निर्धारित की गयी थी। इस योजना के तहत जैसे–कृषि, शिक्षा, विद्युत, सिंचाई, उद्योग, परिवहन, स्वास्थ्य, पशुपालन के विकास तथा उनमें स्वावलम्बन पर बल दिया गया।

इस योजना के निम्नलिखित लक्ष्य निर्धारित किये गये थे–

(1) परिवहन एवं यातायात के साधनों का निर्माण एवं विकास।

(2) आय एवं सम्पत्ति के वितरण में यथाशक्ति समानता लाना।

(3) मुद्रा प्रसार को नियन्त्रित करना।

(4) देशवासियों के जीवन-स्तर को उच्चतर करना।

(5) आधारभूत उद्योगों की स्थापना एवं विकास। इसमें भारी मशीनों, इस्पात, लोहा, सीमेंट, खाद आदि का उत्पादन सम्मिलित था। नेहरू की दृष्टि वैज्ञानिक थी, अतः उन्होंने उद्योगों के अधिकाधिक विकास पर बल दिया। अब भारी उद्योगों के स्थान और भाखड़ा नांगल आदि कृषि विकास परियोजना से सम्बन्धित स्थल देश के नये तीर्थ बन गये। यह भारत के अत्यन्त हित में था कि उसके प्रथम प्रधानमन्त्री के रूप में पंडित नेहरू के सदृश वैज्ञानिक एवं दूर-दृष्टि सम्पन्न राजनेता प्राप्त हुआ।

(6) खाद्यान्नों के उत्पादन में वृद्धि तथा कच्चे माल के उत्पादन–जो उद्योगों में काम आता है–की वृद्धि दर को बढ़ाना।

प्रथम पंचवर्षीय योजना में कुल दो हज़ार तीन सौ करोड़ रुपये व्यय करने का प्रावधान किया गया परंतु पहली योजना होने के कारण व्यय के निर्धारित लक्ष्य को पूरी तरह प्राप्त नहीं किया जा सका। यह व्यय एक हज़ार नौ सौ साठ करोड़ रुपये तक ही सम्भव हो पाया। फिर भी इस योजना ने बहुत सीमा तक अपने उद्देश्यों की प्राप्ति में सफलता प्राप्त की। कई क्षेत्रों में लक्ष्य से अधिक की भी प्राप्ति हुई। इस योजना की सबसे महत्त्वपूर्ण बात यह थी कि पं. नेहरू के निर्देश पर मिश्रित अर्थव्यवस्था (मिक्स्ड इकोनॉमी) पर ज़ोर दिया गया। कहने का अर्थ है कि सार्वजनिक क्षेत्र एवं

निजी क्षेत्र को साथ-साथ विकसित होने का मौका दिया गया। देश के त्वरित एवं सर्वांगीण विकास के लिए यह सर्वथा उचित था।

द्वितीय पंचवर्षीय योजना

यह योजना 1 अप्रैल सन् 1956 से प्रारंभ होकर 31 मार्च 1961 तक चली। पं. नेहरू ने इस बार समाजवादी तरीक़े के समाज (सोशलिस्टिक पैटर्न ऑफ सोसायटी) विकास का नया नारा दिया। यह पं. नेहरू का अपने ढंग का समाजवाद था। इससे समाजवादियों को काफी खुशी हुई। उस समय समाजवाद की लहर चल रही थी। भारत में भी एक समाजवादी पार्टी थी। डॉ. राममनोहर लोहिया समाजवादी पार्टी के सर्वेसर्वा ही नहीं, नेहरू के कट्टर आलोचक भी थे। नेहरू ने अपनी इस नयी आर्थिक नीति से समाजवादियों के किले को प्रायः ध्वस्त कर दिया। समाजवादी पार्टी में जो अलगाव का दौर शुरू हुआ वह अंत में निष्क्रिय हो गया।

द्वितीय पंचवर्षीय योजना में 4,500 करोड़ रुपये खर्च करने का प्रावधान किया गया परंतु, वार्षिक व्यय इससे अधिक हुआ, अर्थात् 4,672 करोड़ रुपये का हुआ। व्यय के लक्ष्य की प्राप्ति की दृष्टि से यह योजना पहली योजना से ज्यादा सफलता हासिल की। द्वितीय पंचवर्षीय योजना में निम्नलिखित लक्ष्यों का निर्धारण किया गया।

(1) भारी उद्योगों के विकास पर अधिकाधिक बल देना, जिससे औद्योगीकरण की गति में तीव्रता आ सके।

(2) बेरोज़गारी पर प्रहार और इस हेतु रोज़गार के अवसरों को विकसित करना।

(3) प्रथम योजना की अपेक्षा आय एवं सम्पत्ति के वितरण के अधिक समानता लाना।

(4) कुल राष्ट्रीय आय में 25% की वृद्धि करना। यह एक प्रशंसनीय लक्ष्य था।

द्वितीय पंचवर्षीय योजना अत्यधिक सीमा तक सफल रही हालांकि राष्ट्रीय आय में 25% वृद्धि का लक्ष्य नहीं प्राप्त हो सका, पर 20% की वृद्धि अवश्य हुई, जिसे प्राप्त करना काफी कठिन था।

वास्तविक व्यय—जैसा कि पहले अंकित किया गया—प्रस्तावित व्यय में अधिक ही हुआ।

इस योजना के दौरान औद्योगिक क्षेत्र में संतोषजनक प्रगति हुई। देश में भारी

मशीनों तथा औज़ार निर्माण उद्योग, हैवी इंडस्ट्रीज़ और हैवी कैमिकल्स के कारखाने खोले गये।

निजी क्षेत्र ने भी पर्याप्त विकास किया। इस क्षेत्र की उल्लेखनीय उपलब्धि रही जूट, सीमेंट, काग़ज़ आदि के सदृश उद्योगों के लिए मशीन निर्माण का प्रारम्भ और इस दिशा में सराहनीय प्रगति।

तृतीय पंचवर्षीय योजना

भारत के प्रथम प्रधानमंत्री पं. नेहरू के शासन काल में यह पंचवर्षीय योजना 1961-1966 वित्तीय वर्ष के लिए घोषित हुई थी, किन्तु दुर्भाग्यवश इस योजना की समाप्ति के प्रायः 2 वर्ष पूर्व ही पं. नेहरू की मृत्यु हो गयी। इस योजना का प्रस्तावित व्यय 7,500 करोड़ रुपये था।

योजना में निम्न लक्ष्यों का निर्धारण किया गया–

(1) राष्ट्र को खाद्यान्न के मामले में स्वावलम्बी बनाना। उद्योगों के लिए कच्चे माल के उत्पादन में वृद्धि कर उनकी आवश्यकता के अनुकूल बनाना।

(2) समग्र राष्ट्रीय आय में 5% की वृद्धि।

(3) रोज़गार के साधनों का विकास करना, जिसके लिए छोटे उद्योगों की संख्या 3000 से बढ़ाकर 3500 करना। शिक्षित बेरोज़गारों को थोड़ी पूँजी से ही छोटे उद्योगों की स्थापना करने की व्यवस्था करना।

(4) कुछ विशिष्ट उद्योगों का जिनमें बिजली, ईंधन, इस्पात और रासायनिक उद्योग आते हैं, का विकास करना, जिससे अगले 10 वर्षों में भारतीय उद्योगों की आवश्यकताएँ देश के संसाधनों से ही पूरी की जा सकें।

(5) सिंचित क्षेत्र में वृद्धि के लिए सिंचाई के साधनों को बढ़ाना तथा विद्युत और खनिज उत्पादन में वृद्धि करना एवं परिवहन तथा संचार के क्षेत्र को अधिकाधिक विस्तृत करना।

(6) प्रथम दो पंचवर्षीय योजनाओं की तरह इस योजना में भी सभी की आय और सम्पत्ति को यथासाध्य समान करना एवं हर किसी को प्रगति हेतु समान अवसर प्रदान करना।

(7) बेरोज़गारी हटाने पर इस योजना में विशेष ध्यान दिया गया। प्रायः 150 लाख बरोज़गार व्यक्तियों के लिए रोज़गार उपलब्ध कराने का लक्ष्य रखा गया। चिकित्सा सुविधा उपलब्ध कराने के लिए अस्पतालों की

संख्या में वृद्धि तथा शिक्षा के विस्तार के लिए प्राथमिक एवं उच्च विद्यालयों की संख्या में पर्याप्त वृद्धि करना।

तृतीय पंचवर्षीय योजना में लागत खर्च, निर्धारित खर्च से एक हजार करोड़ रुपये अधिक खर्च किये गये। पर यह व्यय वस्तुतः मुद्रा स्फीति के कारण हुआ। पं. नेहरू के देहांत तथा 1962 में चीनी आक्रमण और 1965 में पाकिस्तान युद्ध के कारण देश की अर्थव्यवस्था चरमरा गयी, जिसके फलस्वरूप भयानक सूखा भी पड़ा। परिणाम यह हुआ कि राष्ट्रीय आय की वृद्धि का लक्ष्य पूरा नहीं हो सका। प्रथम चार वर्षों में यह वृद्धि 2% हुई, किन्तु अन्तिम वर्ष में प्रायः 51.2% की गिरावट आयी।

पं. जवाहरलाल नेहरू के कार्यकाल में मात्र तीन ही पंचवर्षीय योजनाएँ प्रारम्भ हुईं और सुचारु रूप से चलीं, आगे चौथी पंचवर्षीय योजना तो ठीक-ठाक चली, परन्तु पाँचवीं पंचवर्षीय योजना राजनीतिक उथल-पुथल के कारण अपनी अवधि को पूरा करने में असमर्थ सिद्ध हुई।

8

महात्मा गाँधी का मूल्यांकन

महात्मा गाँधी अहिंसा के पुजारी थे। इन्होंने हिंसा को अहिंसा से, वैमनस्य को सद्भाव से जीता था। गाँधी जी किसी एक व्यक्ति के नहीं बल्कि सम्पूर्ण मानव समुदाय के विकास पर बल देते थे। गाँधी जी के भीतर एक ऐसी जीवन शक्ति का दीपक प्रज्ज्वलित था जो कि मानव कल्याण हेतु प्रकाश देता रहा। आधी शताब्दी तक उनकी प्रेरणा कारगर रही और शायद परवर्ती वर्षों में उसकी अभिव्यक्ति सबसे अधिक हुई। भारत के आधुनिक इतिहास में महात्मा गाँधी ही एक ऐसे व्यक्ति थे जिन्होंने अपने चरित्र की वैयक्तिक शक्ति, ध्येय की पवित्रता और अंगीकृत उद्देश्य के प्रति निःस्वार्थ निष्ठा से लोगों के दिमागों पर इतना प्रभाव डाला। सामान्यतः आज यह विश्वास बल पकड़ता जा रहा है कि दूसरे पैगम्बरों की तरह उनका महान कार्य आगे चलकर सामने आएगा। ऐसे अनुपमेय व्यक्तित्व को जिन महान परम्पराओं को आदर्शों ने प्रभाव डाला, उनका अध्ययन कर लेना अति आवश्यक है।

पारिवारिक वातावरण का प्रभाव

महात्मा गाँधी का जीवन जिन आदर्शों के प्रति सहज रूप में समर्पित रहा है वह मूल रूप से पारिवारिक में ही जन्में और विकसित हुए। जीवन के सात्विक मूल्यों को उन्होंने अपने माता-पिता की संगति में पाया। गाँधीजी जीवन के अन्तिम क्षण तक 'राम' को समर्पित रहे। प्रारम्भिक अनुभवों ने उन्हें 'ईश्वर ही सत्य है' के विचार ने जीवन दिया किन्तु धीरे-धीरे वह सत्यानुभूति से इस प्रकार प्रभावित हो उठे कि उनके ओठों से 'सत्य ही ईश्वर है' के स्वर मुखरित हो उठे। जब हम गाँधीजी के

संदर्भ में सत्य ईश्वर और प्रेम के सात्विक गुणों में जाना चाहते हैं तब अनायास ही गाँधीजी की पारिवारिक विरासत का हमें स्मरण हो आता है।

गाँधीजी ने अपनी 'आत्मकथा' में लिखा कि सत्य की प्रेरणा अपने पिता से ग्रहण की, "पिताजी कुटुम्बप्रेमी, सत्यप्रिय, शूर और उदार थे। वह रिश्वत से दूर भागते थे, इसलिए शुद्ध न्याय करते थे। उनकी यह प्रसिद्धि हमारे परिवार में और बाहर भी थी। धार्मिक शिक्षा नहीं के बराबर हुई थी। परन्तु मन्दिर में जाने से, कथा पुराण सुनने से, जो धर्मज्ञान असंख्य हिन्दुओं को सहज ही मिलता रहता है, वह उनमें था। अपने अन्तिम दिनों में एक विद्वान् ब्राह्मण की सलाह से, जो कि हमारे कुटुम्ब के मित्र थे, उन्होंने गीता पाठ शुरू किया था और नित्य कुछ श्लोक पूजा के समय ऊंचे स्वर से पाठ किया करते थे।" गाँधीजी ने घर में चोरी की बात को स्वीकार करके अपने पिता को पत्र लिखा, "उन्होंने चिट्ठी पढ़ी। आँखों से मोती टपकने लगे। चिट्ठी भीग गई। थोड़ी देर के लिए उन्होंने आँखें मूँद लीं। चिट्ठी फाड़ डाली, चिट्ठी पढ़ने को जो वह उठ बैठे थे सो फिर लेट गए। मैं भी रोया। मेरे लिए यह अहिंसा का पहला पाठ था। उस समय तो मुझे इसमें पितृ वात्सल्य से अधिक कुछ न दिखाई दिया, पर आज मैं इसे शुद्ध अहिंसा के नाम से पहचान सका हूँ। ऐसी अहिंसा जब व्यापक रूप ग्रहण करती है तब उसके स्पर्श से कौन अलिप्त रह सकता है। ऐसी व्यापक अहिंसा के बल को नापना असम्भव है।"

गाँधीजी को आध्यात्मिक ज्ञान की प्रेरणा अपनी माता से प्राप्त हुयी। माता के प्रभाव को स्वीकार करते हुए उन्होंने लिखा है, माताजी साध्वी स्त्री थीं, ऐसी छाप मेरे दिल पर पड़ी। वह बहुत भावुक थीं। पूजा-पाठ किए बिना कभी भोजन न करतीं, हमेशा हवेली-वैष्णव मन्दिर जाया करतीं। जब से हमने सुध सम्भाली है। तब से उन्होंने कभी चर्तुमास का व्रत नहीं छोड़ा है। कठिन से कठिन व्रत लिया करतीं, उन्हें निर्विघ्न पूरा करतीं। बीमार पड़ जाने पर भी वह व्रत न छोड़तीं। मुझे तो अपनी माता की गोद में अपना धर्म सिखाया गया था। मेरी माता तो बिना पढ़ी-लिखी थीं। अपने दस्तखत भी नहीं कर सकती थीं। परन्तु इस हालत में भी मेरी माँ मुझे यह सिखाती थीं कि बेटा, तुझे रामनाम लेना चाहिए। वह मेरा धर्म जानती थीं।"

गाँधीजी को माता और पिता के साथ-साथ समकालीन परिस्थितियों ने अपने अपने ढंग से प्रभावित किया। यह प्रभाव एकपक्षीय नहीं था। गाँधीजी का भावुक हृदय परिस्थितियों से सद्भाव और प्रेरणा ले रहा था। "निर्बल के बलराम" के प्रसंगों से उनका जीवन विभूषित था। गाँधीजी को प्रासंगिक नाटकों से सत्य की दीक्षा मिली। उनके शब्दों में यह प्रभाव इस प्रकार से स्वीकार किया जा सकता है, "इसी

बीच कोई नाटक कम्पनी आई। मुझे उसका नाटक देखने की इजाजत मिली। उसमें हरिश्चन्द्र की कथा थी। यह नाटक देखने से मेरी तृप्ति ही न होती थी। उसे बार-बार देखने को जी चाहता; पर बार-बार जाने कौन देता? किन्तु अपने मन में इस नाटक को सैकड़ों बार दोहराया होगा। हरिश्चन्द्र के सपने आया करते। 'हरिश्चन्द्र जैसे सत्यवादी सब क्यों नहीं हो जाते?' यह धुन रहती। हरिश्चन्द्र पर जैसी विपत्तियाँ पड़ी थीं वैसी विपत्तियों को भोगना और सत्य का पालन करना ही वास्तविक सत्य है।'' इस नाटक से उन्होंने आपदाग्रस्त धर्म और सत्य के जिस प्रभाव को ग्रहण किया, जीवन के प्रत्येक अंधेरे घर को उन्होंने इसी सत्य के प्रकाश से प्रकाशित किया। गाँधीजी का सम्पूर्ण जीवन इसी वातावरण की आधारशिला पर खड़ा हुआ है, यही कारण है कि उनका प्रत्येक कार्य और प्रत्येक क्षण मान्यताओं से परिचालित रहा है।

गीता का प्रभाव

गाँधीजी का सम्पूर्ण जीवन आदर्शों के साथ जिस रंगमंच पर अभिनय करता है उसकी आधारशिला में अनुभूत सत्यों का राज्य था। गाँधी के जीवन को वातावरण, पुस्तकों और व्यक्तियों से सदा ही प्रेरणा मिलती रही। धार्मिक जिज्ञासा ने उन्हें धर्मपुरुष बना दिया। नीति और धर्म के सिद्धान्तों को ग्रहण करने की प्रेरणा उन्हें अपने परिवार से मिली थी। धर्म के आडम्बर से उन्हें किंचित् मात्र भी सन्तोष नहीं होता था। अल्पायु में मनुस्मृति से उन्हें सन्तुष्टि नहीं मिली, यद्यपि यह उम्र सन्तोष के वास्तविक अभिप्राय को समझने के लिए अभी कम थी फिर भी गाँधीजी की धार्मिक जिज्ञासा ने उन्हें धर्म ग्रन्थों से दूर नहीं रखा। इंग्लैंड प्रवास काल में उन्होंने गौतम बुद्ध के जीवन चरित्र को 'एशिया की ज्योति' में पढ़ा। पुस्तक ने उनमें बुद्ध के अपूर्व त्याग की भावना को परिपूर्ण कर दिया।

इंग्लैंड जाने से पूर्व गाँधीजी ने गीता का अध्ययन नहीं किया था लेकिन भगवद्गीता के कर्म के संदेश को जीवन को उतारने में सफल रहे। उनको गीता का ज्ञान थियोसोफिस्ट मित्रों की सहायता से इस पावन ग्रंथ का अध्ययन करने में सफल रहे। गीता ने उन्हें नीति धर्म की शिक्षा दी। इस चिंतन के कारण ही उन्हें यह ज्ञात हुआ कि अत्यधिक विषयों का चिंतन करने से उनमें आशक्ति आ जाती है, आशक्ति से कामना होती है और कामना से क्रोध उत्पन्न होता है, क्रोध से मूढ़ता उत्पन्न होती है, मूढ़ता से स्मृति भ्रांत हो जाती है, स्मृति भ्रांत होने से ज्ञान का नाश हो जाता है और जिसका ज्ञान नष्ट हो गया समझो उसकी मृत्यु हो गयी।

गाँधीजी के जीवन पर गीता के श्लोकों का बहुत ही प्रभाव पड़ा। उनका कहना था कि श्लोकों की ध्वनि मेरे कानों में गूंजती ही रहती। भगवद्गीता अमूल्य ग्रंथ है, यह मुझे उस समय प्रतीत हुआ। वह मान्यता धीरे-धीरे बढ़ती गई और आज मैं तत्वज्ञान के लिए उसे सर्वोत्तम ग्रन्थ मानता हूँ। निराशा के समयों में उस ग्रंथ ने मेरी अमूल्य सहायता की है।" गाँधीजी ने अपने दक्षिणी अफ्रीका के प्रवास के दौरान नियमित रूप से प्रातः स्नान करके गीता के एक श्लोक को याद करते थे। इस तरह उन्हें सम्पूर्ण गीता जबानी याद हो गई। गीता उनके परवर्ती जीवन में 'मार्गदर्शिका', 'आचरण संहिता', 'धर्मकोष', 'आत्मिक, प्रेरणा का स्रोत', 'और संकट में सच्चा मित्र और सहायक' थी। गाँधीजी ने इसके महत्व को स्वीकार करते हुए लिखा, "जब मुझे प्रकाश की एक किरण भी कहीं दिखाई नहीं देती, मैं उसे भगवद्गीता में खोजता हूँ और उसके किसी श्लोक में निहित आशा का संदेश मेरे भारी से भारी दुःख को चुटकियाँ बजाते दूर कर देता। अनंत दुःख, कष्ट और आपदाओं से भरे अपने इस जीवन में जो स्थिर और अविचलित रहा हूँ, उसका सारा श्रेय भगवद्गीता को ही है।" इससे समझा जा सकता है कि गाँधीजी अपने सब कार्य गीता को आदर्श मानकर ही करते थे।

गाँधी जी के मन में अहिंसा की प्रेरणा प्राणीमात्र के लिए गीता का ही प्रभाव है। गीता के 'अपरिग्रह' और 'समभाव' शब्द ने उन्हें भौतिक वस्तुओं के परित्याग से अनुप्रेरित किया। फलतः उन्होंने धन, सम्पत्ति और विश्लेषण से छुटकारा पाया। फल में आसक्त हुए बिना काम करना' के समभाव को अपनाकर उन्होंने भ्रष्ट और उद्दण्ड अधिकारियों के साथ भी सदैव भलाई ही की, सहकर्मियों के साथ अपूर्व सद्भाव और स्नेह का परिचय दिया। गाँधीजी ने सदैव यह स्वीकार किया, "हिन्दू धर्म, जिस रूप में मैं उसे समझ सका हूँ, मेरी आत्मा को सन्तुष्ट और परिपूर्ण करने वाला है और भगवद्गीता में मुझे जो शान्ति मिलती है वह तो मैं बाइबल के गिरिप्रवचन में भी नहीं पाता।" गीता से उन्होंने तर्क और न्याय को, नीति और धर्म को ग्रहण किया, यही कारण है कि उन्होंने अमानवीय और अन्यायपूर्ण प्रथाओं का कभी समर्थन नहीं किया।

गोखले का सम्पर्क और प्रभाव

गाँधीजी के जीवन पर पारिवारिक वातावरण तथा हिन्दू धर्म ग्रन्थों के साथ-साथ प्रत्यक्ष रूप से तत्कालीन भारतीय चिंतकों और राजनीतिज्ञों का भी प्रभाव परिलक्षित होता है। भारतीय राजनीति को प्रारम्भ से ही उदारवादियों और उग्रवादियों

ने अपने महत्वपूर्ण कार्यों से प्रभावित किया है। गोपाल कृष्ण गोखले और बाल गंगाधर तिलक दोनों ही प्रचलित मान्यताओं के प्रतिनिधि रहे हैं जिन्होंने अपने कार्यों से राष्ट्र के जीवन को एवं चिंतन को गतिवान किया। गाँधीजी गोखले, तिलक और फिरोहशाह मेहता सरीखी महान प्रतिभाओं के सम्पर्क में आए किन्तु गाँधीजी के जीवन को गोखले के व्यक्तित्व नें अपरिमित रूप में प्रभावित किया। यह प्रभाव गाँधीजी के अपने शब्दों में इस प्रकार प्रस्तुत किया जा सकता है, "मैं गोखले जी के पास गया। वह फर्ग्यूसन कॉलेज में थे। बड़े प्रेम से मुझसे मिले और मुझे अपना बना लिया। उनका भी यह ही प्रथम परिचय था; पर ऐसा मालूम हुआ मानों हम पहले मिल चुके हों। सर फिरोजशाह तो मुझे हिमालय जैसे मालूम हुए, लोकमान्य समुद्र की तरह, गोखले गंगा की तरह। उसमें मैं नहा सकता था। हिमालय पर चढ़ना मुश्किल है, समुद्र में डूबने का भय रहता है, पर गंगा की गोद में खेल सकते हैं, उसमें डोंगी पर चढ़कर तैर सकते हैं। गोखले जी ने खोद-खोद कर बातें पूछीं, जैसे कि मदरसे में भर्ती होते समय विद्यार्थी से पूछे जाते हैं। राजनीतिक क्षेत्र में गोखले जी ने जीते जी जैसा आसन, मेरे हृदय में जमाया और जो उनके देहान्त के बाद अब भी जमा हुआ है वैसा फिर कोई न जमा सका।"

गाँधीजी ने समकालीन मान्यताओं को स्वीकार नहीं किया, वह उन मान्यताओं को अंगीकृत करके अपने जीवन को चला रहे थे जिन्हें सार्वलौकिक अथवा सार्वभौमिक माना जा सकता था। धर्म ग्रंथों के सहारे उन्होंने उदात्त गुणों को ग्रहण किया था। गाँधी जी ने अपने प्रवासकाल (दक्षिणी अफ्रीका) में गोखले को निमंत्रण दिया। उसको गोखले जी ने स्वीकार करते हुए यातायात की असुविधा पर कोई ध्यान नहीं दिया और दक्षिण अफ्रीका में जाकर गाँधीजी से मिले ओर उनको भरपूर सहयोग देने का आश्वासन दिया। गाँधीजी ने उन्हें अपना राजनीतिक गुरु स्वीकार करने में कोई संकोच नहीं किया। "राजनीतिक क्षेत्र में मैंने अपने आप को उस महात्मा (गोखले) का शिष्य कहा है और मैं उन्हें राजनीतिक बातों में अपना गुरु मानता हूँ और यह बात मैं भारतवासियों की तरफ से कहता हूँ। सन् 1866 में मैंने अपने शिष्य होने की बात कही थी और मुझे अपनी इस पसन्द के लिए कभी दुःख नहीं हुआ। मि. गोखले ने मुझे इस बात की शिक्षा दी थी कि प्रत्येक भारतवासी को जो अपने देश के प्रेम का दम भरता हो, सदा राजनीतिक क्षेत्र में काम करने का ध्यान रखना चाहिए। उसे केवल जवानी जमा खर्च ही नहीं करना चाहिए, बल्कि उसे देश के राजनीतिक जीवन तथा राजनीतिक संस्थाओं को आध्यात्मिक बनाना चाहिए।" गाँधीजी ने इसी अपने कीर्तिशाली जीवन को गोखले जी से प्रेरित पाया।

लियो टाल्स्टाय

महात्मा जी के जीवन की गति को बढ़ाने में लियो टाल्स्टाय का महत्वपूर्ण योगदान है। गाँधीजी का धर्म और ईश्वर के प्रति अथाह अनुराग था। इस अनुराग के कारण उन्होंने मानव सेवा का व्रत लिया था। टाल्स्टाय ने गाँधीजी की जिज्ञासा को साकार रूप प्रदान किया। उनके ग्रंथ 'किंगडम ऑफ हैविन इज यू विदिन यू' ने गाँधी को ईश्वर को प्राप्त करने, उसे समझने का सही मार्ग प्रस्तुत किया। टाल्स्टाय के ग्रंथों के विषय में गाँधीजी ने भावना कुछ इस तरह से व्यक्त की है, "ईश्वर का राज्य तुम्हारे हृदय में है। उसे बाहर खोजने जाओगे तो वह कहीं न मिलेगा। कई मर्तबा मुझे नास्तिकता के विचार भी आते थे। विलायत जाने के समय तो मैं हिंसक था, हिंसा पर मेरी श्रद्धा थी और अहिंसा पर अश्रद्धा। यह पुस्तक पढ़ने के बाद मेरी यह अश्रद्धा चली गई। फिर मैंने उनके दूसरे कई ग्रंथ पढ़े। उनमें से प्रत्येक का क्या प्रभाव पड़ा, सो मैं नहीं कह सकता, परन्तु उनके समग्र जीवन का क्या प्रभाव पड़ा, वह तो कह सकता हूँ।"

गाँधीजी जब द. अफ्रीका में थे तभी उनका जीवन सरलता और सादगी की अनुकृति बनने लगा था। गाँधीजी पर स्पष्ट रूप से यह प्रभाव टाल्स्टाय के जीवन का पड़ा। टाल्स्टाय एक अमीर वर्ग के सदस्य थे, सभी प्रकार के सुखों को उन्होंने भोगा था, अपरिमित सम्पदा के सामीप्य को भोगने के बाद भी टाल्स्टाय का चिंतन भ्रमित नहीं हुआ। उन्होंने अपने जीवन का ही अनुभूति के लिए प्रस्तुत किया। गाँधीजी को टाल्स्टाय के जीवन में दो महत्वपूर्ण तथ्य मिले–प्रथम– वह जैसा कहते थे वैसा ही करने वाले पुरुष थे–द्वितीय–उनकी सादगी अद्भुत थी। इन दो कारणों से टाल्स्टाय गाँधीजी के लिए युग की सत्य मूर्ति बने। "उन्होंने सत्य को जैसा माना वैसा ही पालने का उग्र प्रयत्न किया। सत्य को छिपाने या कमजोर करने का प्रयत्न नहीं किया। लोगों को दुःख होगा या अच्छा लगेगा कि नहीं, इसका विचार किए बिना ही उन्हें जिस माफिक जो वस्तु दिखाई दी, उसी माफिक कह सुनाई। टाल्स्टाय अपने युग के लिए अहिंसा के बड़े भारी प्रवर्तक थे। अहिंसा के विषय में जितना साहित्य टाल्स्टाय ने लिखा है, जहाँ तक मैं जानता हूँ, उतना हृदय-स्पर्शी साहित्य दूसरे किसी ने नहीं लिखा है, और उससे भी आगे जाकर मैं तो यह कह सकता हूँ कि अहिंसा का सूक्ष्म प्रयत्न टाल्स्टाय ने किया था, उतना प्रयत्न करने वाला आज हिन्दुस्तान में कोई भी नहीं। ऐसे किसी आदमी को मैं नहीं जानता।"

गाँधीजी ने अपने जीवन को जिस त्याग के अनुरूप बना लिया था वह स्पष्ट रूप से टाल्स्टाय के प्रभाव का परिमाण स्वीकार किया जा सकता है। अहिंसा के सहारे

गाँधी का सम्पूर्ण चिंतन अभिव्यक्त हुआ है। उन्होंने अहिंसा को व्यक्तिगत जीवन का आभूषण ही नहीं बनाया बल्कि उन्होंने उसको सार्वजनिक जीवन का महत्वपूर्ण आधार भी प्रस्तुत किया। गाँधी जी के हाथ में आकर 'अहिंसा' व्यक्तिगत सात्विक जीवन की धरोहर से अधिक राष्ट्र की प्रेरण का आधार बन गई। गाँधीजी को टाल्स्टाय से चिंतन और व्यवहार के अन्तर को मिटाने की जिज्ञासा मिली। टाल्स्टाय की तरह गाँधीजी ने यह स्वीकार किया कि बिना यज्ञ किए जो खाता है वह चोर है, पापी है। स्पष्टतः जो शरीर खपा कर मजदूरी नहीं करता उसे खाने का कोई अधिकार नहीं है। "हम भोजन के मूल्य के बराबर मेहनत कर डालें तो जो गरीबी जगत में दिखाई देती है, वह दूर हो जाए। एक आलसी दो भूखों को मारता है, क्योंकि उसका काम दूसरों को करना पड़ता है। टाल्स्टाय ने कहा कि लोग परोपकार करने के लिए प्रयत्न करते हैं, उसके लिए पैसे खर्चते हैं और इलकाब लेते हैं; परन्तु ऐसा न करके थोड़ा सा ही काम करें अर्थात् दूसरों के कन्धों से नीचे उतर जाएँ तो वह ही काफी है, और यही सच्ची बात है।" शारीरिक श्रम स्वावलंबन के आदर्श को गाँधीजी ने अपने पूरे जीवन का उद्देश्य बना लिया।

गाँधीजी के अर्थ में 'संयम' आत्मदर्शन के सहारे खड़े नियमों का पालन ही संयम है। संयम में सत्य की आराधना के भाव स्पष्ट रूप से मुखर हुए हैं। अहिंसा एक प्रेम का सागर है जिसमें सत्य के संयम से ही किनारा मिल सकता है। इस सागर की अनुभूति से ही हम राग-द्वेष से मुक्त हो सकते हैं। पारमार्थिक दृष्टि से मनुष्य जिस श्रम को स्वरूप देता है वह यज्ञ है और यह यज्ञ मनुष्य को अहिंसा के लिए प्रेरित करता है।

गाँधीजी ने टाल्स्टाय को महर्षि की उपमा दी और उन्हें अपना आदर्श माना है, "उन्होंने अपनी दौलत छोड़ी"। इसलिए हजारों लोगों ने उनके वचनों—उनके लेखों पर निष्ठा रखी। ....टाल्स्टाय का विशेष रूप से यह कहना था कि शरीर बल की अपेक्षा मनोबल अधिक शक्तिशाली होता है, यही सब धर्मों का सार है। संसार से दुष्टता मिटाने का मार्ग यही है कि बुरे के साथ हम बुराई के बदले भलाई करें। दुष्टता अधर्म है। अधर्म का इलाज अधर्म नहीं हो सकता, धर्म ही हो सकता है। धर्म में तो दया का ही स्थान है।" गाँधीजी और टालस्टाय में गुरु और शिष्य का कोई संबंध न होते हुए फिर भी गाँधीजी ने उनकी शिक्षाओं को एक शिष्य की तरह ग्रहण किया।

रस्किन और उनका ग्रंथ

गाँधीजी के जीवन परन्तु दार्शनिकों और आध्यात्मिक विचारकों का इतना

प्रभाव पड़ा कि उनके जीवन को पूरी तरह परिवर्तित कर दिया। मारजोरी साइम्ल ने "पूर्वी हवा : पश्चिमी हवा" शीर्षक से लिखे लेख में गाँधीजी पर ईसाई सम्प्रदाय के विचारकों के प्रभाव को स्पष्ट रूप से देखने का प्रयास करते हुए कहा है, "गाँधीजी जब राजकोट में एक स्कूली छात्र थे, तभी पहली बार उनका ईसाई सम्प्रदाय से सम्पर्क हुआ हालांकि यह सम्पर्क ऊपरी और बाह्य ढंग का था और सुनी-सुनाई बातों पर आधारित था। ......बार-बार ईसाई मित्रों की जीवित श्रद्धा को देखकर उनके जीवन सत्य की शोध करने के लिए प्रेरित हुआ। गाँधीजी की ईसा के धर्म को दो तत्वों पर सदा निगाह केन्द्रित रही। एक तो यह कि ईसा ने धार्मिक अनुभावों की अन्तःप्रेरणा पर जोर दिया है और दूसरा यह है कि प्रेम पर आधारित न्याय की कल्पना ने पूरी सामाजिक नैतिकता पर गहरा और क्रान्तिकारी असर डाला है।"

गाँधीजी ने सामाजिक नैतिकता के जिस नए अध्याय को पढ़ने का उपक्रम बनाया था उसकी प्रेरणा उन्हें रस्किन के ग्रंथ 'अंटु दिस लास्ट' से विशेष रूप से मिली। इस प्रभाव को उन्होंने अपनी आत्म-कथा में स्वीकार किया है। दक्षिणी अफ्रीका में सन् 1903 में श्री पोलक से उनका महत्वपूर्ण परिचय हुआ। इस परिचय से प्राप्त प्रेरणा को गाँधीजी ने इस प्रकार से अभिव्यक्त किया है, "पोलक तो मेरी सब बातें जान ही गए थे। मुझे स्टेशन पहुँचाने आए और एक किताब मेरे हाथ में देकर बोले–'यह किताब रास्ते में पढ़ने लायक है, पढ़ जाइएगा। आपको पसन्द आएगी। पुस्तक का नाम था–'अंटु दिस लास्ट'–रस्किन की किताब थी। इस पुस्तक को हाथ में लेकर मैं छोड़ ही न सका। उसने मुझे पकड़ लिया। जोहान्स बर्ग से नेटाल तक चौबीस घन्टे का रास्ता था। ट्रेन शाम को डरबन पहुँचती थी। पहुँचने के बाद सारी रात नींद नहीं आई। पुस्तक में प्रकट किए हुए विचारों को अमल में लाने का इरादा किया।.....इन पुस्तकों में से जिसने मेरे जीवन में तत्काल महत्व का रचनात्मक परिवर्तन करा दिया हो, वैसी तो यही पुस्तक कही जाएगी।......मेरा यह विश्वास है कि जो चीज मुझमें गहराई से भरी हुई थी उसका स्पष्ट प्रतिबिम्ब मैंने रस्किन के इस ग्रंथ रत्न में देखा और इसके कारण उसने मेरे हृदय पर अपना साम्राज्य जमा लिया और उसमें प्रकट किए हुए विचारों पर मुझ से अमल कराया।"

गाँधीजी ने किताब शुरू की तो उसमें ऐसा मन रमा कि सारी रात बैठे पढ़ते रहे और उसे समाप्त करके ही छोड़ा। "इस पुस्तक में रस्किन ने परम्परागत अर्थशास्त्रियों को इसलिए आड़े हाथों लिया है कि वे कभी मानव कल्याण की दृष्टि से अर्थशास्त्र पर विचार नहीं करते और औद्योगीकरण की इसलिए बुराई की है कि वह अपने साथ गरीबी और सामाजिक अन्याय को लाता और पनपाता है। रस्किन

के इन और ऐसे ही दूसरे विचारों ने गाँधीजी के मन को इस तरह प्रभावित कर दिया और उनके सारे दृष्टिकोण को ही बदल दिया। खास तौर पर रस्किन ने अपनी इस पुस्तक में शारीरिक श्रम की महत्ता वाले सारे जीवन का जो आदर्श पेश किया था।"

ईसाई चिंतक रस्किन की पुस्तक सन् 1906 में प्रकाशित हुयी तभी इसमें ब्रिटिश शासकों की नीतियों पर गहरे कटाक्ष प्रस्तुत किये गये हैं। रस्किन के अनुसार 'जीवन के अतिरिक्त कोई धन नहीं है और जीवन में प्रेम, आनन्द और सराहना की समस्त वस्तुओं का समावेश है। वही देश सबसे अधिक सम्पन्न है जिसमें सबसे अधिक सुखी प्राणी रहते हैं।' दक्षिणाी अफ्रीका के अपने प्रारम्भिक दिनों में उन्होंने व्यापारिक नैतिकता के मापदण्डों को स्वीकार करने का प्रतिवाद किया जो सर्वश्रेष्ठ मापदण्डों को स्वीकार करने का प्रतिवाद किया। गाँधीजी के अपने व्यवसाय पर रस्किन की छाप अंकित होती है। वकील का असली काम झगड़ रही पार्टियों को मिलाना है।" पुस्तक पढ़ने के बाद वह मजा लेकर सादगी और आत्म-निर्भरता की दिशा में अपने प्रथम कदमों का वर्णन करते हैं किस प्रकार उन्होंने खुद ही अपने ही कालर धोना और बाल काटना शुरू किया। उन्होंने बीमा पालिसी से मिलने वाली भौतिक सुरक्षा को ईश्वर में श्रद्धा के अभाव का सूचक मानकर छोड़ दिया और भगवद् गीता की अपरिग्रह की शक्ति उन पर हावी हो गई।

गाँधीजी के मानस के लिए 'अंटु दिस लास्ट' ने बारूद के लिए चिंगारी का काम किया। उन्होंने इस पुस्तक के आदर्शों के अनुसार जीवन में परिवर्तन करने का संकल्प ही नहीं किया, बल्कि उस पर उत्साह के साथ अमल भी शुरू कर दिया। इसका तात्कालिक परिणाम यह हुआ कि 'इन्डियन ओपीनियन' प्रेस को डर्बन से फिनिक्स ले जाया गया और वहीं आश्रम की स्थापना की गई। जीवन को सरल बनाने के तेज कदम उठाए गए। अपनी आत्मकथा में गाँधीजी ने इस पुस्तक का 'सर्वोदय' शीर्षक भावानुवाद किया। 'सर्वोदय' में उल्लिखित मूल सिद्धान्तों का सार इस प्रकार से दिया गया है–

(1) सबके भले में अपना भला समाया हुआ है।

(2) वकील के काम का उतना ही मूल्य है जितना नाई के काम का, कारण हरेक को अपने काम से आजीविका प्राप्त करने का समान अधिकार है।

(3) श्रम का जीवन, यानी किसान और दस्तकार का जीवन, ही जीने योग्य है।

इन सिद्धान्तों के सन्दर्भ में गाँधीजी ने कहा, "पहली चीज मैं जानता था। दूसरी की मैं झलक पा रहा था। तीसरी को मैंने सोचा ही नहीं था। पहली में पिछली

दोनों बातें समाई हुई हैं। यह मुझे 'सर्वोदय' ने दीपक की भाँति स्पष्ट दिखा दिया। सवेरा हुआ और मैं उस पर अमल करने के प्रयत्न में लग गया।"

गाँधीजी ने अपने जीवन के चिंतन और व्यवहार को श्रम की निष्ठा से अनुबंधित किया। इस निष्ठा ने उन्हें सरल जीवन जीने की प्रेरणा दी थी। गाँधीजी का सर्वाङ्ग इस प्रेरणा से विभूषित हो गया, सरल जीवन जीने के लिए वह उत्सुक ही नहीं थे बल्कि वह उसके लिए अपने जीवन को पूरी तरह से लगाने की तैयारी में व्यस्त हो गए। गाँधीजी की इस लगन का प्रभाव अकेले उनके आश्रम के सहयोगियों पर ही नहीं पड़ा बल्कि उनके सम्पर्क में आने वाले बहुसंख्यक लोगों पर पड़ा। जब वह भारत लौटे तब उनके इस प्रभाव की सीमा का क्षेत्र अधिक विस्तृत हो गया। खादी के प्रति लगाव का आधार उनके जीवन जीने की आकांक्षा का परिणाम तथा स्वदेशी भावना की पूर्ति का आधार बना। गाँधीजी के सत्याग्रह आन्दोलनों की सफलता में उनका साहित्यिक, सरल और श्रमनिष्ठ जीवन मुख्य सहायक कारण था। पाश्चात्य विचारकों, चिंतकों और दार्शनिकों के प्रभाव को अपनी सामयिक परिस्थितियों के अनुकूल बनाकर उन्होंने राष्ट्र के नए इतिहास की रचना की लेकिन गाँधी मात्र उनकी अनुकृति नहीं बने।

सांप्रदायिक दंगों को शान्त करने में गाँधी जी का योगदान

भारत में स्वाधीनता आन्दोलन के साथ हिंदू-मुस्लिम दंगे भी जगह-जगह होते रहे। इसका देश की राजनीति पर भी प्रभाव पड़ रहा था। कलकत्ता में तो स्थिति और भी गंभीर हो गयी थी। वहाँ पर श्रमिकों व मजदूरों को भी इसके कारण नोआखाली वापस लौटना पड़ा। यहाँ आने के बाद उन लोगों ने बताया कि कलकत्ता के सांप्रदायिक दंगों के कारण हजारों लोग मारे गए। इस खबर के कारण नोआखाली में भी स्थिति गंभीर हो गयी। दिल्ली की बाल्मीकि बस्ती में रुके हुए गाँधी जी को नेहरू जी ने बताया कि 'जो लोग कभी सांप्रदायिकता की बात तक नहीं सोचते थे, वे भी आज सांप्रदायवादी बन रहे हैं। हर जगह पागलपन जैसा उन्माद फैल गया है।' दो दिन बाद ही नोआखाली से भीषण हत्या का समाचार प्राप्त हुआ। अतः गाँधी जी ने दिल्ली छोड़कर बंगाल जाने का निर्णय लिया। 24 अक्टूबर 1946 को गाँधी जी ने बताया कि 'कल सुबह नोआखाली जाने के लिए प्रस्थान करूँगा। स्त्रियों के दुखों के कारण मेरे हृदय को बहुत गहरा आघात लगा है। मैं उनके आँसू पोंछने और उन्हें ढाढ़स बँधाने बंगाल जाना चाहता हूँ।' प्रार्थना सभा में उन्होंने कहा कि 'मैं जिस यात्रा पर जा रहा हूँ वह लम्बी और कठिन है और मेरा स्वास्थ्य अच्छा नहीं है। अपने

मार्ग को सरल बनाने के लिए भगवान पर भरोसा रखना चाहिए तथा अपने कर्तव्य का पालन करना चाहिए। मैं बंगाल में कोई न्यायाधीश बनकर नहीं बल्कि ईश्वर का सच्चा सेवक बनकर जा रहा हूँ। जो ईश्वर का सेवक है, उसे सम्पूर्ण सृष्टि का सेवक बनना पड़ता है।'

कलकत्ता रेलवे स्टेशन पहुँचने पर उन्हें वहाँ से 10 मील दूर सोदपुर में खादी प्रतिष्ठान आश्रम में लाया गया। घंटों से लोग वहाँ सायंकाल की प्रार्थना के लिए उनकी प्रतीक्षा कर रहे थे। गाँधी जी ने कहा कि 'मैं कोई योजना लेकर नहीं आया हूँ। वह मुझे अगला कदम बतायेगा।' वह गवर्नर मि. वरोज से मिले। गवर्नर ने पूछा कि 'आप मुझसे क्या कराना चाहते हैं?' उन्होंने कहा कि 'कुछ नहीं। मेरा काम मुख्यमंत्री से है। इसी प्रकार पूर्वी कमांड के प्रधान सेनापति से उन्होंने कहा कि सेना का काम माँगने पर मुल्की अधिकारियों को मदद करना है और मुख्यमंत्री तथा उसके मंत्रिमंडल की आज्ञा का पालन करना है। कानून और व्यवस्था की जिम्मेदरी मुल्की सत्ता की है, न कि सेना के अफसरों की।'

बंगाल के तत्कालीन मुख्यमंत्री शहीद सुहरावर्दी थे जो अपने को गाँधी का बेटा कहने में खुशी का अनुभव करते थे। आम जनता की दृष्टि में वे नोआखाली के दंगों के जनक थे। गाँधी जी ने उनसे भेंट की और कहा कि 'शहीद साहब! क्या बात है हर आदमी आपको गुण्डों का राजा कहता है। कोई भी आपके बारे में अच्छी बात नहीं करता।' शहीद ने स्पष्ट शब्दों में कहा कि 'महात्मा जी क्या आपकी पीठ पीछे आपके बारे में भी लोग तरह-तरह की बातें नहीं करते?' गाँधी जी ने हँसते हुए कहा कि 'हो सकता है। फिर भी कम से कम कुछ आदमी तो हैं जो मुझे महात्मा कहते हैं। परंतु एक भी आदमी को शहीद सुहरावर्दी कहते नहीं सुना है।' गाँधी जी के इस वक्तव्य को सुनकर शहीद ने समझ लिया कि वे इस इंसान से प्रेम कर सकते हैं, जो उनके रोम-रोम को जानता है, उसे उनके मुँह पर बताने की हिम्मत रखता है और फिर भी जिसका स्नेह और प्रेम उनके लिए कम नहीं होता। बाद में शहीद ने बंगाल में सांप्रदायिक एकता स्थापित करने के लिए एक योजना बनाई जो आगे चलकर नोआखाली शान्ति-मिशन की आधारशिला बनी। इसमें हिन्दू और मुसलमान की संख्या समान थी। मुख्यमंत्री इस शांति मिशन के अध्यक्ष बने।

बिहार के हिन्दू-मुस्लिम दंगे

25 अक्टूबर 1946 को 'नोआखाली दिवस' पर भीषण नरसंहार के कारण सांप्रदायिक दंगों का क्षेत्र बढ़ता जा रहा था। नोआखाली दिवस पर हुए दंगे में

जमींदारों की अहम् भूमिका थी। गाँधी जी को गहरा आघात लगा कि बिहार से डरकर भागने वाले मुसलमानों पर हमला करके बिहारी हिन्दुओं ने उन्हें मार डाला। गाँधी जी द्वारा नेहरू जी को तार भेज कर यह जानने का प्रयास करने पर कि बिहार की स्थिति क्या है, नेहरू जी ने उत्तर दिया कि बिहार के कई भागों में स्थिति तनावपूर्ण है। सरकार उस पर नियंत्रण करने का पूरा प्रयास कर रही है। जब तक आवश्यक होगा मैं अबदुर्रब निश्तर के साथ बिहार में रहूँगा।

स्थिति की गंभीरता को देखते हुए गाँधी ने कहा कि 'प्रतिशोध न तो शान्ति का मार्ग है न मानवता का। यदि आप इतने उदारवादी नहीं हो सकते कि जो आदमी आपको थप्पड़ लगाये उसे आप क्षमा कर दें तो आप बदले में उसे एक थप्पड़ मार सकते हैं लेकिन यदि अपराधी फरार हो जाए तो उसका बदला लेने के लिए उसके संबंधी या सहकर्मी को मार डालें तो यह मानवता को कलंकित करेगी न कि गौरव को बढ़ायेगी। मुझे अत्यधिक कष्ट हो रहा है, इस पागलपन से। खून के बदले खून का नारा निरा जंगलीपन है, मूर्खता है। नोआखाली की घटनाओं का प्रतिशोध आप बिहार में नहीं ले सकते। यह एकदम अनुचित है अमानवीय है।'

स्थिति की गंभीरता को देखते हुए गाँधी जी ने अगले दिन लिखित रूप में प्रार्थना सभा को सूचित किया कि 'कांग्रेस जनता की है। जहाँ कांग्रेस सत्तारूढ़ पार्टी है वहाँ भी यदि मुसलमानों की रक्षा न हो सके तो कांग्रेस सरकार के रहने से क्या फायदा? ऐसे ही अगर किसी प्रान्त में मुस्लिम लीगी मुख्यमंत्री हिन्दुओं की रक्षा न कर सके तो उसका वहाँ रहना बेकार है। यदि दोनों में से कोई भी अपने प्रांतों में अल्पसंख्यकों की रक्षा के लिए सेना की मदद लेने के लिए बाध्य हो जाते हैं तो इसका अर्थ हुआ कि उनमें से किसी का संकट के समय सामान्य लोगों पर कोई नियंत्रण नहीं है और दोनों अंग्रेजों को इस बात का अहसास करा रहे हैं कि वे भारत पर अपनी सर्वोपरि शासन सत्ता कायम रखें। इस विषय पर हम सबको मिल-जुलकर गम्भीरतापूर्वक विचार करना चाहिए। यह कहकर स्वयं को अलग कर लेना कि सारा दोष गुंडों का है सही नही है। इसे मैं बिलकुल पसन्द नहीं करता हूँ। हम ही लोग गुण्डों को पैदा करते हैं तथा उन्हें प्रोत्साहन भी देते हैं। इसलिए किसी भी प्रकार के उपद्रव के लिए गुंडों को दोषी ठहराना उचित नहीं है।

उन्होंने जवाहर लाल नेहरू को एक पत्र भेजा जिसमें लिखा था कि 'बिहार ने मुझे जड़ से हिला दिया है। मेरी अन्तरात्मा मुझसे कह रही है कि तुम इस अत्यंत

भारत लौटने के बाद जवाहरलाल ने वकालत शुरू की, परन्तु शीघ्र ही वे राजनीतिक सरगर्मियों की तरफ बढ़ चले। 1912 में उन्होंने राष्ट्रीय काँग्रेस के अधिवेशन में भाग लिया। 1916 में काँग्रेस के लखनऊ अधिवेशन के समय उनके जीवन में एक क्रान्तिकारी मोड़ आया। महात्मा गाँधी से उनकी पहली मुलाकात हुई जो आगे चलकर इस रूप में फलीभूत हुई कि गाँधी ने जवाहर को अपना उत्तराधिकारी घोषित किया और यह भविष्यवाणी कर दी कि "मेरे मरने के बाद जवाहरलाल मेरी ही भाषा बोलेगा।" 1916 में ही उनका विवाह कमला कौल से हुआ। उनके एक पुत्री भी हुई इन्दिरा प्रियदर्शिनी, जो लाल बहादुर शास्त्री के देहान्त के पश्चात् भारत के प्रधान मंत्री बनीं 1918 में नेहरू होम रूल लीग के सचिव बने और "1920 का साल नेहरू के राजनीतिक जीवन में निर्णयात्मक मोड़ का था।" भारत की गरीब जनता की छवि उनके हृदय में उतर चुकी थी। 1923 में वे भारतीय राष्ट्रीय काँग्रेस के महासचिव बने। 1927 में अन्तर्राष्ट्रीय गणतान्त्रिक आन्दोलन के साथ उनके व्यापक और दीर्घकालीन सम्पर्कों की शुरुआत हुई। ब्रुसेल्स में हुए पीड़ित राष्ट्र सम्मेलन में उन्होंने भारतीय राष्ट्रीय काँग्रेस के प्रतिनिधि के रूप में भाग लिया। 1928 में साइमन कमीशन के खिलाफ लखनऊ में प्रदर्शनों में उन्होंने पुलिस की लाठियाँ खाईं। 1929 में वे राष्ट्रीय काँग्रेस के लाहौर अधिवेशन के अध्यक्ष चुने गए। उनकी अध्यक्षता में ही इस दिन अर्द्धरात्रि को पूर्ण स्वराज्य का ऐतिहासिक प्रस्ताव पास किया गया। जवाहरलाल नेहरू 1936, 1937 और 1946 में पुनः काँग्रेस के अध्यक्ष निर्वाचित हुए।

अगर देखा जाए तो जवाहर लाल नेहरू 1930 ई. तक भारतीय राजनीति क्षेत्र में अपना महत्वपूर्ण स्थान पा चुका था। नेहरू ने राष्ट्र का कई बार तूफानी दौरा किया और भारतीयों में स्वाधीनता प्राप्ति हेतु एक भावना जागृत की। राष्ट्रीय आन्दोलन के दौरान उनका 9 वर्ष से ज्यादा का समय कारागारों में कटा। 1946 में उन्होंने भारत की अन्तरिम सरकार का निर्माण किया और 15 अगस्त, 1947 को जब बँटवारे की कीमत पर राष्ट्र को आजादी मिली तो जवाहरलाल स्वतन्त्र भारत के प्रथम प्रधानमन्त्री बने। उस पवित्र अर्द्ध-रात्रि को, भारत की आजादी की बेला में, जवाहरलाल ने अपने दिलस्पर्शी भाषण में कहा–

"आधी रात के घण्टे के साथ, जबकि विश्व सो रहा है, भारत जीवन और स्वाधीनता की ओर जागेगा। एक क्षण आता है, जो इतिहास में कभी ही आता है, जब हम प्राचीन से नए की ओर बढ़ते हैं, जब एक युग समाप्त होता है, और जब

बहुत दिनों तक दबाई हुई राष्ट्र की आत्मा बोल उठती है। यह उचित ही है कि इस पवित्र मौका पर भारत की और उनके वासियों की और उससे भी बड़ी मानवता की सेवा का संकल्प लें।" नेहरू रुके और तब फिर बोले, "भारत की सेवा के अभिप्राय होते हैं उन लाखों लोगों की सेवा जो कि दुःख सह रहे हैं, इसके अभिप्राय हैं गरीबी और अज्ञान और रोग और अवसर की असमानता को खत्म करना।"

जवाहरलाल नेहरू 15 अगस्त, 1947 से लेकर 27 मई, 1964 के दिन तक अर्थात् अपनी मृत्यु के समय तक भारत के प्रधानमंत्री रहे। अपने 17 वर्ष के कार्यकाल में देश को आर्थिक और राजनीतिक रूप से मजबूत बनाने का अथक प्रयास किया। अन्तर्राष्ट्रीय क्षेत्र में भारत की प्रतिष्ठा को जमाने का योगदान उन्हीं को जाता है। यह दुर्भाग्य की बात थी कि अक्टूबर, 1962 में साम्यवादी चीन के हमले का सदमा नेहरू को झेलना पड़ा, परन्तु उसके बाद तो वे राष्ट्र को हर तरह से जगाने हेतु निकल पड़े। उन्हें यह अहसास हो गया कि शान्ति में पूर्ण आस्था रखते हुए भी भारत को सैनिक नजर से एक सबल देश बनना होगा। यह राष्ट्र का दुर्भाग्य था कि उनका कुशल नेतृत्व अधिक समय तक न बना रहा और 27 मई, 1964 को दोपहर को लगभग 2 बजे उनका जीवन दीप बुझ गया।

इस तरह जवाहरलाल नेहरू विश्व प्रसिद्ध राजनीति और स्वतंत्रता सेनानी थे। उनमें राष्ट्रभक्त की भावना रोम-रोम में भरी हुई थी। वे शान्ति दूत थे और इसके लिए उन्होंने पंचशील सिद्धांत विश्व के सामने रखा। वे बुद्धिमान और युगदृष्टा पुरुष थे जिन्हें साहित्य, दर्शन व प्रकृति से भारी प्रेम था। उन्होंने कई ग्रन्थों की रचना की जैसे—डिस्कवरी ऑफ इण्डिया, ग्लिम्पसेज ऑफ वर्ल्ड हिस्ट्री बचन ऑफ गोल्ड लेटर आदि।

नेहरू के विचारों के दार्शनिक आलंबन

नेहरू पर इन सभी उनके पिता मोतीलाल नेहरू, महात्मा गाँधी, ऐनीबीसेन्ट, ब्रुक्स, रसेल, कार्ल मार्क्स, कॉन्ट, स्पेन्सर, आइन्सटीन, ऑक्करवाइल्ड, मिल, बर्नार्ड शॉ लोगों का पूर्ण प्रभाव था। मोतीलाल नेहरू अपने स्वभाव और मतों से तार्किक और यथार्थवादी थे। इसी कारण नेहरू जी पर इसका प्रभाव अटूट था। नेहरू के चिन्तन और व्यवहार को प्रभावित करने में सबसे अधिक निर्णायक भूमिका महात्मा गाँधी की रही। गाँधी से उन्होंने सत्याग्रह, अहिंसा, शान्ति और नैतिकता से परिपूर्ण राजनीति का पाठ पढ़ा। गाँधी की शिक्षाओं के प्रति उनमें जीवन भर गहरा आकर्षण

रहा, परन्तु वह गाँधी जी के सिद्धांतों को नहीं अपना सके। मृत्युपर्यन्त नेहरू मानवतावादी भावना से ओतप्रोत रहे, बड़े भावुक और संवेदनशील रहे, परन्तु गाँधी की आध्यात्मिकता उनमें पूरी तरह प्रवेश नहीं कर पाई। नेहरू विलक्षण बने रहे। न वे पूर्ण नास्तिक रहे न पूर्ण आध्यात्मिकतावादी और न पूर्ण भौतिकवादी। कार्ल मार्क्स के भौतिकवादी मतों का असर उन पर जरूर पड़ा, परन्तु वे पूर्ण भौतिकवादी कभी नहीं बन सके। उन्होंने भौतिक पदार्थ को ही अन्तिम सत्य नहीं माना। भौतिक विज्ञान के प्रति, रुचि एवं इसका छात्र होने के कारण आइंस्टीन, प्लैंक तथा हैंसेनबर्ग के भौतिकवादी शोधों का प्रभाव उनके चिन्तन पर पड़ा, परन्तु नजर से उन्हें हम कॉण्ड की अपेक्षा स्पेन्सर के अधिक निकट पाते हैं। नेहरू ने यह नहीं माना कि कोई ऐसा जगत भी है जो हमारी नजर अथवा हमारे मस्तिष्क के चिन्तन से परे है। 'भारत की खोज' में उन्होंने लिखा–

"हमेशा मैं इस संसार की ओर देखता हूँ तो मुझे अज्ञात गहराइयों और रहस्यों का आभास होता है पर वह रहस्यमय वस्तु क्या है यह मैं नहीं जानता। मैं उसे ईश्वर नहीं कहता क्योंकि ईश्वर का बहुत कुछ मतलब ऐसा है, जिसमें मेरा विश्वास नहीं है। मैं किसी देवता अथवा किसी अज्ञात सर्वोच्च सत्ता जिसका स्वरूप मनुष्य जैसा हो, की कल्पनाओं की क्षमता अपने में नहीं पाता। एक व्यक्तिगत और सगुण ईश्वर का मत मुझे बड़ा अजीब लगता है। बौद्धिक नजर से मैं कुछ सीमा तक अद्वैतवादी मतधारा का समर्थन करता हूँ और वेदान्त के अद्वैतवाद की ओर भी मेरा आकर्षण है, किन्तु वेदान्त तथा इस प्रकार के अदृश्य जगत के विषय में मत मेरे मनुष्य में डर पैदा करते हैं।"

जवाहर लाल नेहरू गौतम बुद्ध और ईसा मसीह के विचारों से काफी प्रभावित थे। वे अपने जीवन में बुद्ध और ईसा के आदर्शों को अपनाना चाहते थे। नेहरू शांति एवं नैतिकता के प्रतीक थे। नेहरू तो एक संघर्षमय जीवन के उपासक थे, जिन्होंने अपने जीवन में कर्म को हमेशा प्रधानता दी। बौद्ध-दर्शन से प्रभावित होते हुए भी नेहरू ने इस बात का कभी समर्थन नहीं किया कि हम विश्व का परित्याग कर दें या मोक्ष की प्राप्ति हेतु शरीर को यातनाएँ दें।

जवाहर लाल नेहरू प्रकृति प्रेमी थे। वे धर्म के विधि-विधानपूर्ण स्वरूप, रूढ़िवाद और साम्प्रदायिक पक्ष के खिलाफ थे। उनका दृष्टिकोण वैज्ञानिक था और वे सत्य को अनुभूति के द्वारा प्राप्त करना चाहते थे।" अन्त में, नेहरू मूलतः एक राजनीतिज्ञ थे, हॉब्स या रूसो या सिसरों की भाँति राजनीतिक दार्शनिक नहीं।

राजनीतिक-शक्ति-सम्पन्न होने के कारण ही उन्हें अवसर मिला कि वह अपने मतों को प्रस्तुत कर सकें पर उन्होंने ऐसा नहीं किया। डॉ. वी. पी. वर्मा के अनुसार, "ज्यादा से ज्यादा हम उन्हें एक सामाजिक आदर्शवादी कह सकते हैं जो साधारण व्यक्ति की भावनाओं हेतु एक नेहरू के जीवन पर धार्मिक ग्रन्थों का काफी प्रभाव था। उन्होंने गीता के कर्म सन्देश को अपने जीवन में अपनाया था। गीता के कर्म के सन्देश को उन्होंने अपने जीवन में पिरोया था और निभाया था। नेहरू ने अपने जीवन, मतों और कार्यों से राष्ट्रवासियों और सम्पूर्ण मानव जाति को यही सन्देश दिया कि फलाफल की चिन्ता किए बिना हम यत्नपूर्वक अपने कर्म में लगे रहें।"

नेहरू का मानवता से अटूट संबंध

नेहरू एक राजनीतिज्ञ थे, परन्तु नैतिक आदर्शवाद में उनकी गहन आस्था जीवन भर बनी रही। पीड़ित और शोषित लोगों के प्रति उनके दिल में अगाध प्रीति और सहानुभूति थी। "एक मानव के रूप में उनके चिन्तन में सुकुमारता, भावना की अद्वितीय मधुरता तथा महान् एवं उदार प्रवृत्तियों का अद्भुत सम्मिश्रण था।" नेहरू जीवन-पर्यन्त मनुष्य जीवन के उच्चतर स्तरों हेतु संघर्षशील रहे। उनका सन्देश था कि व्यक्ति को व्यावहारिक और ज्ञान प्रधान, नैतिक एवं सामाजिक, परोपकारी तथा मानवतावादी होना चाहिए। उनकी नजर में मानवतावाद वर्तमान समय का सर्वोत्तम आदर्श होना चाहिए था। मेकियावलीय राजनीति, शोषण, अनाचार और कमी को देखकर उनके दिल को गहरी वेदना पहुँचती थी। नेहरू का मानव-अस्तित्व और उसकी सत्ता में गहन विश्वास था। उनकी अनुभूति थी कि मानव को आत्म-बलिदान की शक्ति अपने भीतर विद्यमान किसी दिव्य शक्ति से प्राप्त होती है। वास्तव में यदि नेहरू की अनुभूति आध्यात्मिक क्षेत्र की ओर मुड़ जाती तो वे एक बहुत बड़े योगी या सन्त होते।

नेहरू मानव के गौरव में विश्वास करते थे, इसीलिए, परिस्थितियों के अनुकूल होते हुए भी, वे एक तानाशाह नहीं बनना चाहते थे। वे लोकतान्त्रिक समाजवादी बने रहे, मानवीय मूल्यों में उनकी आस्था कभी नहीं डगमगाई और साम्यवाद के हिंसक तथा अनैतिक साधनों के प्रति उन्हें कभी कोई आकर्षण नहीं रहा। जीवन भर उन्होंने अन्याय और शोषण से यथाशक्ति संघर्ष किया। नेहरू के मानवतावादी सेवावृत्ति जीवन का विवरण करते हुए डॉ. राधाकृष्णन ने लिखा है–"उन्होंने जनता के जीवन में ही अपने जीवन को सौप दिया और उनके जीवन को समृद्ध तथा सम्पूर्ण

बनाने का प्रयास किया। वे महान् आत्मा थे और असली महानता इसी बात को समझने में है कि व्यक्ति केवल अपने लिए उत्पन्न नहीं होता बल्कि वह अपने पड़ोसियों तथा अपनी जनता हेतु भी होता है। नेहरू मात्र राष्ट्र के महान् मुक्तिदाताओं में ही नहीं थे बल्कि उसके महान् निर्माताओं में भी थे। उन्होंने अपने जीवन में हम लोगों की राजनीतिक स्वतन्त्रता हेतु ही प्रयास नहीं बल्कि सामाजिक और आर्थिक उन्नति हेतु भी प्रयास किया। उन्होंने कभी अपने आराम का ख्याल नहीं किया, सम्पदा-धन का ख्याल नहीं किया।''

नेहरू दूरदर्शी थे। अपने राष्ट्र तथा विश्व की ऊँची नियति में उन्हें विश्वास था। जीवन-भर मानवता हेतु उन्हें गहरा स्नेह रहा। अन्धविश्वासों, धार्मिक संकीर्णताओं, ईर्ष्या-द्वेष आदि दुर्गुणों से वे हमेशा मुक्त रहे। राष्ट्र की राजनीतिक बाधाओं हेतु उन्होंने यथाशक्ति नैतिक सिद्धान्तों का प्रयोग करने का प्रयास किया। दीन-हीन जनता से उन्हें सदा प्यार रहा। वे सदा उसके उद्धार के लिये कार्यों में लगे रहे।

अहिंसा का समर्थक

वे हिंसा को नकारते थे परन्तु आवश्यकता पड़ने पर उसका आश्रय लिया जा सकता है। वे एक राजनीतिक और राजनेता थे। अतः उन्होंने यह अनुभव किया कि अहिंसा एक देश के लिए उपयोगी हो सकती है, परन्तु समय पड़ने पर उसका त्याग भी संभव है। गाँधीजी के समान उन्होंने यह नहीं माना कि अहिंसा ही सत्य है। उन्होंने गाँधी जी द्वारा प्रतिपादित एक पूर्णतया अहिंसात्मक समाज के आदर्श को कभी स्वीकार नहीं किया। उनका कहना था कि व्यक्ति अहिंसा को अपना धर्म बना सकता है, परन्तु सरकार नहीं। अहिंसा को एक ऐसी नीति के रूप में स्वीकार किया जा सकता है, जिसे जरूरत के अनुसार परिवर्तन किया जा सके और छोड़ा जा सके। अहिंसा की उपयोगिता को मानते हुए भी नेहरू इस बात से पूर्ण रूप में सहमत नहीं हुए कि अहिंसा के शस्त्र के माध्यम से सभी राष्ट्रीय और अन्तर्राष्ट्रीय समस्याओं का निराकरण सम्भव है। उनका यह विश्वास था कि राष्ट्रीय और अन्तर्राष्ट्रीय समस्याओं के निदान हेतु अहिंसा का प्रयोग उपयोगी साधन है, तथापि परिस्थितिवश हिंसा का आश्रय भी लिया जा सकता है। इस तरह महात्मा गाँधी की अहिंसा का सिद्धान्त जहाँ अडिग था, वहाँ नेहरू का अहिंसा का सिद्धान्त लचीला था। अहिंसा के प्रति नेहरू का आकर्षण आजीवन बना रहा, अहिंसा के नैतिक तत्त्व ने उन्हें बहुत अधिक आकृष्ट किया परन्तु उनका विचार था कि केवल अहिंसा रूपी शस्त्र से सारी लड़ाई नहीं जीती जा सकती।

राष्ट्रीयता के रूप में नेहरू का संदेश

नेहरू का सन्देश था कि राष्ट्रीयता एक परम्परागत शक्ति है जिसे प्रत्येक राष्ट्रवासी स्वेच्छा से स्वीकार करता है। लोगों को यह नहीं समझना चाहिए कि राष्ट्रीयता की भावनाएँ उन पर लादी जा रही हैं, क्योंकि राष्ट्रीयता तो वह मशाल है जो स्वयं लोगों के हृदय में जलती है। राष्ट्रवाद को नेहरू ने एक भावात्मक वस्तु बताया और विश्वास प्रकट किया कि विदेशी शासन के दौरान राष्ट्रीयता की भावना ज्यादा महत्त्वपूर्ण हो जाती है तथा राष्ट्रीय आन्दोलन को गतिशील बनाए रखने हेतु शक्तिशाली प्रेरणा का काम करती है। जब कभी किसी राष्ट्र पर मुसीबत उपस्थित होती है तो राष्ट्रवाद अपना प्रभुत्व स्थापित कर लेता है।

नेहरू को धार्मिक राष्ट्रवाद की सहानुभूति न थी। दयानन्द, विवेकानन्द, पाल और अरविन्द के राष्ट्रवाद सम्बन्धी धार्मिक दृष्टिकोण में उन्हें कोई आकर्षण नहीं था। 'धार्मिक राष्ट्रीयता' की धारणा उन्हें खराब लगती थी। जिन्ना ने धर्म को लेकर 'मुस्लिम राष्ट्रीयता' हेतु पैरवी की थी और इस आधार पर उन्होंने भारत से अलग एक 'मुस्लिम राष्ट्रीयता' की माँग की थी। नेहरू को यह जानकर दुःख हुआ था और उन्होंने कहा था कि ''यदि राष्ट्रीयता का आधार धर्म है तो भारत में न केवल दो वरन् तमाम राष्ट्र मौजूद है। भारत की राष्ट्रीयता न हिन्दू राष्ट्रीयता है, न मुस्लिम, वरन् यह विशुद्ध भारतीय है।''

नेहरू यद्यपि संशयवादी थे, परन्तु अत्यधिक भावुक और संवेदनशील होने के नाते उन्हें भारत माता के रोमांसपूर्ण आदर्श ने अत्यधिक प्रभावित किया। के लिए राष्ट्रवाद वास्तव में आत्म-विस्तार का ही एक रूप था। उन्हीं के शब्दों में ''राष्ट्रवाद तत्त्वतः अतीत की उपलब्धियों, परम्पराओं और अनुभवों की सार्वजनिक स्मृति है, और राष्ट्रवाद जितना बलशाली आज है, उतना कभी नहीं था। जब कभी मुसीबत आयी है, तभी राष्ट्रवादी भावना का उत्थान हुआ है और लोगों में अपनी परम्पराओं से ताकत तथा सांत्वना प्राप्त करने का प्रयास किया है। अतीत और राष्ट्र का पुनरान्वेषण आधुनिक समय की एक आश्चर्यजनक प्रगति है।''

जवाहर लाल नेहरू का मानना था कि हर राष्ट्र को आत्म-निर्णय के सिद्धांत पर बल देना चाहिए साथ ही लोकतंत्र को अपनाना चाहिए। उन्होंने कहा कि राष्ट्रीय स्वतन्त्रता हेतु संघर्षशील राष्ट्र में एक स्वस्थ ताकत होती है, परन्तु राष्ट्र के स्वतन्त्र हो जाने के बाद वही राष्ट्रीयता प्रतिक्रियावादी और विकीर्ण भी बन सकती है, अतः ऐसी संकीर्ण राष्ट्रीयता से सदैव बचना चाहिए। नेहरू ने राष्ट्रवाद में मानवता का

समावेश किया। उन्होंने कहा कि राष्ट्रवाद के नाम पर धर्म, जाति और संस्कृति का सहारा नहीं लेना चाहिए। नेहरू ने एक सच्चे राष्ट्रवादी के रूप में हर राष्ट्र की स्वतंत्रता को समर्थन दिया। उन्होंने मिस्त्र, मोरक्को, इन्डोनेशिया, अल्जीरिया, काँगो आदि राष्ट्रों को आजादी के वास्तु हुए राष्ट्रीय आन्दोलनों का अभिनन्दन किया। अरब राष्ट्रवाद के अभ्युदय को उन्होंने बहुत ही शुभ लक्षण बताया। उन्होंने कहा—"हर गुलाम राष्ट्र हेतु राष्ट्रवाद की भावना से ओत-प्रोत होना सर्वथा स्वाभाविक है।" पुनश्च, "एक पराधीन राष्ट्र हेतु शान्ति का कोई मतलब नहीं है क्योंकि शान्ति तो आजादी के उपरान्त ही स्थापित हो सकती है। इसलिए साम्राज्यों को मिटाना ही चाहिए। उनका जमाना बीत चुका है।" नेहरू ने राष्ट्रवाद के आदर्श रूप को ग्रहण किया और ऐसे राष्ट्रवाद को ठुकरा दिया जो अन्तर्राष्ट्रीय शान्ति में बाधक हो। उनका यह विश्वास आजीवन बना रहा कि उग्र राष्ट्रवाद मानव दिल को संकीर्ण बना देता है तथा राष्ट्रभक्ति की भावना को इतना उभार देता है कि राष्ट्रों में पृथक्-पृथक् रहने की प्रवृत्ति पैदा हो जाती है। उनका कहना था कि उग्र राष्ट्रवाद के फलस्वरूप अराजकता सम्बन्धी तत्वों का प्रादुर्भाव होता है जो अन्तर्राष्ट्रीय शान्ति में बाधक सिद्ध होता है।

नेहरू की अन्तर्राष्ट्रीयतावाद की सोच

नेहरू का दिल सर्वोदय की भावना से परिपूर्ण था। वे कहा करते थे—हम सबके मित्र हैं और हमारा कोई दुश्मन नहीं है। अन्तर्राष्ट्रीयता में उनकी आस्था सभी राष्ट्रों को स्पष्ट थी। जून, 1955 में मास्को विश्वविद्यालय में उनका स्वागत करते हुए कहा था कि नेहरू ने सदैव छोटे और बड़े राष्ट्रों के मूल अधिकारों की मान्यता हेतु अन्तर्राष्ट्रीय नियमों और सिद्धान्तों की रक्षा की है और वे एशिया तथा संसार में तनाव को कम करने हेतु सच्चे हृदय से प्रयासशील रहे हैं। नेहरू को अन्तर्राष्ट्रीयता की प्रेरणा विवेकानन्द, रवीन्द्रनाथ ठाकुर और महात्मा गाँधी जैसे महान् व्यक्तियों से प्राप्त हुई थी। गाँधी की भाषा बोलते हुए नेहरू ने कहा था—"मेरी राष्ट्रीयता अन्तर्राष्ट्रीयता पर निर्भर है और वर्तमान जगत, विज्ञान, व्यापार और यातायात के साधनों के कारण अन्तर्राष्ट्रीयता की नींव पर खड़ा है। कोई भी राष्ट्र विश्व से विमुख नहीं रह सकता।" पर, नेहरू की यह भी स्पष्ट मान्यता थी कि अन्तर्राष्ट्रीयता की भावना सिर्फ एक स्वतन्त्र राष्ट्र में ही पनप सकती है, और उसकी वजह यह है कि किसी भी गुलाम राष्ट्र का सम्पूर्ण दिमाग एवं सम्पूर्ण शक्ति

स्वतन्त्रता लाने में प्रयास में लगा रहता है। उस राष्ट्र की सोच गुलाम होकर रह जाती है।

नेहरू का राष्ट्रवाद जब संकीर्ण और अनुदार नहीं था तो इसका स्वाभाविक अर्थ है कि नेहरू अन्तर्राष्ट्रीयतावाद के पोषक थे। उन्होंने अपने राष्ट्र को, कॉंग्रेस को और पूरे मनुष्य समाज को एक व्यापक अन्तर्राष्ट्रीय दृष्टिकोण प्रदान किया। उन्होंने कॉंग्रेस को महसूस कराया कि स्वतन्त्रता हेतु भारतीय संघर्ष वास्तव में एक वैश्विक संघर्ष का भाग था, तथा अन्तर्राष्ट्रीय घटनाओं को ध्यान में रखते हुए इसे सफल बनाया जा सकता था। वस्तुतः "विश्व शान्ति और विश्व सम्प्रदाय के मत में नेहरू का बड़ा विश्वास था। उन्होंने संयुक्त राष्ट्र के उद्देश्य-पात्र के प्रति जितनी आस्था दिखाई उतनी शायद ही किसी और ने दिखाई हो।" अन्तर्राष्ट्रीय मामलों में नेहरू जी की धारणा थी कि "हम एक ऐसे समय में रह रहे हैं जबकि विराष्ट्री मामले जैसा शब्द ही अप्रासंगिक है। हम एक-दूसरे पर ज्यादा-से-ज्यादा अवलम्बित होते जा रहे हैं। संसार में हम राष्ट्र और उस राष्ट्र जैसे संकीर्ण दृष्टिकोण के स्थान पर विश्व के दृष्टिकोण को अपना रहे हैं। संकीर्ण राष्ट्रीयता भी राजनीतिक कट्टरता का एक रूप है। उनका विश्वास था कि युद्ध अवश्यम्भावी नहीं है और न शान्ति ही अव्यावहारिक है। इसलिए उन्होंनें गुटो से पृथक् रहने की नीति को अपनाया।" पर गुटों से पृथक् रहने की नीति से नेहरू का आशय यह नहीं था कि 'अलगाववाद' के मार्ग पर चला जाए। संसार में शान्ति की स्थापना हेतु नेहरू भारत को अपनी शक्ति भर विश्व के मामलों में सहायक बनाना चाहते थे। अन्तर्राष्ट्रीयता के प्रोत्साहन हेतु वे प्रत्येक सम्भव उपाय करने को तत्पर थे।

नेहरू महान् अन्तर्राष्ट्रीयतावादी थे। न केवल राजनीतिक क्षेत्र में वरन् आर्थिक क्षेत्र में भी उन्होंने अन्तर्राष्ट्रीयतावादी आदर्श का समर्थन किया। उनका कहना था कि "शायद जिस चीज को भली-भाँति नहीं समझा जाता वह उद्योगवाद का अन्तर्राष्ट्रीय स्वभाव है। उसने राष्ट्रीय सीमाओं को ध्वस्त कर दिया है और हर राष्ट्र को, वह कितना ही बड़ा क्यों न हो, दूसरे राष्ट्रों पर आश्रित बना दिया है। राष्ट्रवाद की भावना आज भी लगभग उतनी ही प्रबल है जितनी कि पहले थी, और उसके पवित्र नाम पर युद्ध लड़े गए हैं तथा दसियों लाख लोगों की हत्या की गई है, किन्तु वह एक मिथ्या विश्वास है जिसका वास्तविकता से कोई सम्बन्ध नहीं है। विश्व का अन्तर्राष्ट्रीयकरण हो चुका है, उत्पादन अन्तर्राष्ट्रीय है, बाजार अन्तर्राष्ट्रीय है तथा परिवहन अन्तर्राष्ट्रीय है। केवल मानव के मतों पर उन मतदाताओं का शासन है,

जिनका आज कोई अर्थ नहीं रह गया है, कोई राष्ट्र वास्तव में स्वाधीन नहीं है, सभी एक-दूसरे पर आधारित हैं।''

नेहरू का अन्तर्राष्ट्रीयतावादी दृष्टिकोण कोरा आदर्शवादी नहीं था। उन्होंने उसे व्यावहारिक बनाना चाहा। ज्यों-ज्यों उनकी अन्तर्राष्ट्रीय ख्याति बढ़ती गई, वे अन्तर्राष्ट्रीय मतों को मूर्त रूप देते गए। उन्होंने अन्तर्राष्ट्रीय क्षेत्र में राज्यों के आचरण का एक नया मौलिक सिद्धान्त दिया जो 'पंचशील' के नाम से विख्यात है। इसमें निम्नलिखित पाँच सिद्धान्त प्रतिपादित किये गए–

1. समानता और पारस्परिक लाभ, एवं
2. शान्तिपूर्ण सहअस्तित्व तथा आर्थिक सहयोग।
3. एक-दूसरे की प्रादेशिक अखण्डता और सर्वोत्तम सत्ता हेतु पारस्परिक सम्बन्ध,
4. अनाक्रमण,
5. एक-दूसरे के आन्तरिक मामलों में हस्तक्षेप।

जवाहरलाल नेहरू शान्ति के संदेश वाहक थे। उन्होंने अन्तर्राष्ट्रीय स्तर पर शान्ति स्थापित करने के लिए पंचशील के सिद्धांतों की घोषणा की। पंचशील के माध्यम से नेहरू ने स्पष्ट कर दिया कि अन्तर्राष्ट्रीय राजनीति में वे नैतिक मार्ग का अनुसरण करने में विश्वास करते हैं। इस सिद्धान्त द्वारा उन्होंनं मेकियावलीय राजनीति और शक्ति-राजनीति में अपनी अनास्था प्रकट की और देशों के मस्तिष्क में यह बात बैठाने की कोशिश की कि यदि अन्तर्राष्ट्रीय क्षेत्र से हम बल प्रयोग की पूरी तरह बहिष्कृत नहीं कर सकते तो उसे न्यूनतम जरूर ही कर सकते हैं। पंचशील के सिद्धान्त के मूल में धारणा यह रही कि राष्ट्र एक-दूसरे के दृष्टिकोण को समझने का प्रयास करें और एक-दूसरे के अधिकारों तथा दावों का शान्तिपूर्वक और सच्चाई के साथ मूल्याँकन करें। किन्तु ''नेहरू किसी भी रूप में शक्ति के सामने झुकने को तैयार नही थें। फिर भी नेहरू के कुछ आलोचकों का कहना था कि कश्मीर, गोआ, पाकिस्तान तथा तिब्बत के सम्बन्ध में नेहरू का नैतिक और मानवतावादी अन्तर्राष्ट्रीयवाद विकृत होकर तुष्टिकरण की नीति में बदलाव हो गया।'' कतिपय राजनीतिक क्षेत्रों में भारत पर पाकिस्तान और चीन के आक्रमण के आधार पर पंचशील सिद्धान्त की व्यावहारिकता की चुनौती दी गई है। परन्तु हम इस सिद्धान्त को गलत या अनुचित नहीं ठहरा सकते। सत्य बोलना ठीक है पर यदि हम सत्य के सिद्धान्त पर आचरण न करें तो इसमें सिद्धान्त का क्या दोष ? क्या हम इस तथ्य से इन्कार कर सकते हैं कि आज के आणविक काल में शान्तिपूर्ण सहअस्तित्व

ही एकमात्र ऐसा विकल्प है जिससे मानव सभ्यता की रक्षा हो सकती है। पंचशील कोई जादू की छड़ी नहीं है जिसके उल्लेख मात्र से कलह, संघर्ष और अन्तर्राष्ट्रीय तनाव दूर हो जायेंगे। परन्तु यदि पंचशील के सिद्धान्तों पर ईमानदारी से अमल किया जाए तो अन्तर्राष्ट्रीय तनावों का प्रभाव कम होगा एवं संघर्ष के कारणों का उन्मूलन भी किया जा सकेगा।

नेहरू के राजनीतिक विचार

जवाहरलाल नेहरू युगदृष्टा थे—साथ ही कर्म प्रधान व्यक्ति भी। उन्होंने इस राष्ट्र को स्वाधीनता, समृद्धि, सौहार्द और सुरुचि के ढाँचे में ढालने का आजीवन प्रयास किया। जवाहरलाल केवल राजनीतिक स्वतन्त्रता को ही राष्ट्र की आशा-आकांक्षाओं का कल्पवृक्ष नहीं मानते थे। प्रारंभ से ही उन्होंने राजनीतिक स्वतन्त्रता के साथ आर्थिक स्वावलम्बन और बौद्धिक विकास पर भी पूर्ण रूप से जोर दिया तथा कहा बिना इनके राजनीतिक आजादी नहीं मिल सकती। नेहरू राष्ट्र को, एक चतुर कर्णधार की तरह, लोकतन्त्र और समाजवाद की दिशा में खेते रहे। उन्होंने युद्ध का तिरस्कार करते हुए शान्ति और असंलग्नता की नीति में अपना गहन विश्वास प्रकट किया। आजाद भारत में उन्होंने एक कल्याणकारी राज्य की नींव डाली। नेहरू के राष्ट्रीयता, अन्तर्राष्ट्रीयता आदि से सम्बन्धित मतों का उल्लेख हम कर चुके हैं। उनके राजनीतिक मतों के कई पहलुओं का अध्ययन करते समय, हमें यह सदैव ध्यान रखना होगा कि नेहरू एक राजनीतिज्ञ थे, राजनीतिक मतक या राजनीतिक दार्शनिक नहीं। उन्होंने किसी व्यवस्थित राजनीतिक चिन्तन को प्रस्तुत नहीं किया। उनके भाषणों, लेखों और उनके कार्यों से राजनीतिक विचार ज्ञात होते हैं।

युद्ध, शान्ति और तटस्थता सम्बन्धी महत्वपूर्ण सुझाव

जवाहरलाल नेहरू 'सर्वोदय' अर्थात् सबका कल्याण हो में आस्था रखते थे। उन्होंने शांति, अहिंसा को मानव-कल्याण की डगर बताया। उन्होंने अपने प्रधानमन्त्रित्व काल में अपने मतों और कार्यकलापों से विश्व-शान्ति के प्रसार की दिशा में बड़ा प्रभावशाली और सराहनीय कार्य किया। इतिहास में नेहरू ने गहरी रुचि ली थी। उन्होंने उन कारणों की खोज की जो युद्धों को जन्म देते हैं। उनका कहना था कि किसी न किसी कारणवश हर राष्ट्र, काल और परिस्थिति में युद्ध होते रहे हैं। नेहरू ने युद्ध के कारणों और स्वरूप का जो चित्र खींचा वह संकेत रूप में इस तरह है—

1. युद्ध का एक स्वरूप राजनीतिक भी रहा है। उदाहरणार्थ, सिकन्दर महान् की विजय का स्वरूप धार्मिक या आर्थिक अथवा सामन्तवादी न होकर राजनीतिक ही था। ऐथेन्स और स्पार्टा के बीच जो युद्ध हुए वे भी अपने चरित्र में विशेष रूप से राजनीतिक ही थे।
2. वर्तमान युग में युद्धों का कारण प्रधानतः आर्थिक है। यद्यपि राजनीतिक तथा अन्य कारण भी पर्याप्त प्रभावकारी हैं तथापि आर्थिक कारणों के समक्ष अन्य सभी कारण गौण हैं। राष्ट्रवाद और साम्राज्यवाद आर्थिक परिस्थितियों से जितने प्रभावित रहे हैं, उतने अन्य किसी कारण से नहीं।
3. युद्धों का एक महत्वपूर्ण कारण विभिन्न राजनीतिक और आर्थिक व्यवस्थाओं के बीच उपस्थित वैचारिक मतभेद है। इन वैचारिक और सैद्धान्तिक मतभेदों के फलस्वरूप ही शीतयुद्ध इतना प्रबल है कि वह कभी भी सशस्त्र युद्ध का रूप ले सकता है। नेहरू ही के शब्दों में, "शीत युद्ध का अभिप्राय सदैव युद्ध का चिन्तन करना है, युद्ध की तैयारी करना है, जो गर्म युद्ध की विद्यमानता है।"
4. एक समय वह था जब मानव की धर्मान्धता युद्ध का स्त्रोत था। यूरोप के धर्म युद्ध (Crusades) इसके प्रमाण हैं। भारत पर मुस्लिम आक्रमण भी बहुत कुछ धार्मिक भावना से ही प्रेरित थे। बहुत से यूरोपीय राष्ट्रों में प्रोटेस्टेंट और कैथोलिक मतावलम्बियों के बीच जो संघर्ष हुए उनका स्वरूप भी धार्मिक ही था।
5. युद्धों का दूसरा स्वरूप सामन्तवादी रहा था। उदाहरणार्थ, भारत में राजपूत नरेशों के बीच होने वाले युद्ध अपने चरित्र में मुख्यतः सामन्तवादी ही थे।
6. मानव इतिहास में प्रत्येक युग में राजनीतिक सत्ता और गौरव हेतु युद्ध होते रहे हैं तथा आज भी हो रहे हैं।

नेहरू ने युद्ध के कारणों और इतिहास का विवेचन करते हुए अपना यह विश्वास व्यक्त किया है कि चाहे अन्य मानव युद्ध के अभिलाषी हों, परन्तु सत्य यही है कि कोई भी राष्ट्र युद्ध नहीं चाहता। नेहरू ने कहा कि कई राजनीतिक और आर्थिक व्यवस्थाओं वाले राष्ट्र परस्पर शान्ति और सहयोग से न रह सकें—इसका कोई तर्कसंगत कारण नजर नहीं आता। कई देशों में शान्तिपूर्ण सहअस्तित्व की भावना मुख्यतः इसलिए नहीं पनप पाती कि हर देश के दिल में एक दूसरे देश के प्रति भ्रम एवं डर है। यदि इस डर को संशय और घृणा को छोड़ दें तो शान्ति का

पर्यावरण बनने में पूर्ण सहयोग मिलेगा। नेहरू ने प्रार्थना किया कि विश्व के हर देश एक दूसरे को बूझने का प्रयास करे एवं अन्तर्राष्ट्रीय लड़ाइयों का फैसला ताकत की जगह पर वार्ता एवं पंच फैसला के शान्तिपूर्ण उपायों से किया जाए। नेहरू ने युद्धों की निरर्थकता में विश्वास प्रकट करते हुए संविधान सभा में अपने एक भाषण में कहा कि वास्तव में इस बात का कोई महत्त्व नहीं है कि विश्व-युद्ध में विजय किसकी होती है क्योंकि ऐसे किसी भी युद्ध का निष्कर्ष केवल घोर विनाश होगा जिसमें उन सभी बातों का अन्त होगा जिन्हें हम मानवता की उन्नति और प्रगति हेतु जरूरी मानते हैं। नेहरू की निश्चित धारणा थी कि युद्ध-नीति से साम्राज्यवादी प्रभुत्व और शासक जाति के मतो को सहारा मिलना है। अपनी शान्तिवादी नीति के कारण ही नेहरू ने अन्तर्राष्ट्रीय क्षेत्र में गुटों से अलग रहने की नीति को स्वतन्त्र भारत की विराष्ट्र नीति की आधारशिला बताया। उनका विश्वास था कि तटस्थता अथवा असंलग्नता की नीति पर चलकर ही अन्तर्राष्ट्रीय तनाव को कम किया जा सकता है, सहयोग का वातावरण पैदा कर विश्व में शान्ति स्थापित करने की दिशा में ठोस योग दिया जा सकता है। नेहरू ने स्पष्ट शब्दों में कहा–"हमारी ध्येय में शान्ति तथा स्वतन्त्रता अविभाज्य है और किसी भी स्थान में स्वतन्त्रता को दबाए जाने से दूसरे स्थान की स्वतन्त्रता को मुसीबत उपस्थित हो जाता है और इसके परिणामस्वरूप मतभेद तथा युद्ध की स्थिति पैदा होती है। औपनिवेशिक एवं दूसरे के अधीन राष्ट्रों और लोगों को आजाद कराने एवं सिद्धान्त तथा व्यावहारिक रूप से सभी जाति के लोगों हेतु समान अवसरों को मान्यता देने में हमारी विशेष रुचि है। हम दूसरों पर शासन करना नहीं चाहते और न हम अन्य लोगों से अधिक ऊँचे स्थान का दावा करते हैं।"

नेहरू ने लड़ाई एवं शान्ति के बारे में अपना पक्ष दिया। सहअस्तित्व और असंलग्नता की नीति को समझाया, उससे हमें यह निष्कर्ष नहीं निकालना चाहिए कि वे एक ऐसे शान्तिवादी थे अहिंसा को हर हाल में अपनाते नेहरू का आदर्शवाद यद्यपि बहुत ऊँचा था, परन्तु एक यथार्थवादी राजनीतिज्ञ के रूप में उन्होंने अवसर पड़ने पर शत्रु का अथवा विद्रोह का यथासम्भव अपनी सम्पूर्ण शक्ति से मुकाबला करने में विश्वास प्रकट किया। पाकिस्तानी आक्रमण का, चीनी आक्रमण का मुकाबल करने में नेहरू ने जिस नीति का और जिस दृढ़ता का परिचय दिया वह हम भुला नहीं सकते। नेहरू ने एक ओर तो सम्पूर्ण सैनिक शक्ति के जोर पर आक्रमण का सामना किया और दूसरी ओर बुराई का प्रतिकार करने हेतु बुरे मार्ग

का सहारा नहीं लिया। उनका कोई भी कदम नैतिकता से गिरा हुआ नहीं रहा, उनकी निष्ठा समस्या के सम्मानपूर्ण और शान्तिपूर्ण समाधान में बनी रही। नेहरू की विचारधारा का सही चित्रण हमें उन्हीं के इन शब्दों से होता है कि--"हमें अपनी रक्षा करनी है और अपने आपको प्रत्येक संकटकालीन स्थिति हेतु तैयार रखना है। हमें आक्रमण और अन्य प्रकार के अनाचार का सामना करना है। बुराई के सामने झुकना सदा बुरा होता है किन्तु बुराई का प्रतिरोध करते समय हमें मस्तिष्क का सन्तुलन नहीं खो देना चाहिए और भावावेश तथा उत्तेजना में आकर या भयभीत होकर कोई ऐसा कार्य नहीं करना चाहिए जो स्वयं बुरा हो। बुराई और आक्रमण का प्रतिरोध करते समय भी हमें सदैव शान्ति के स्वभाव को बनाए रखना चाहिए और अपने विरोधियों के सामने मित्रता का हाथ बढ़ाए रखना चाहिए।"

जवाहर लाल नेहरू वैसे शांति के साथ-साथ कर्त्तव्य पालन को भी महत्व देते थे। उनका दृष्टिकोण कितना व्यावहारिक और सन्तुलित था--इसका आभास हमें नेहरू के उन शब्दों से होता है जो उन्होंने 12 जून, 1945 को भारत की शान्तिवादी नीति के सन्दर्भ में कहे थे--"हमारी पहली नीति तो यह होनी चाहिए कि हम ऐसी भीषण आपत्ति (तृतीय महायुद्ध जैसी) को घटित होने से रोकें। दूसरी नीति इससे बचने की होनी चाहिए और तीसरी नीति ऐसी स्थिति बनाने की होनी चाहिए कि यदि युद्ध छिड़ जाए तो हम इसे रोकने में सफल हो सकें।" इस सन्दर्भ में नेहरू की चिन्तनधारा का और भी स्पष्टीकरण हमें उनके भाषण के निम्नलिखित अवतरणों से होता है।

"हर सरकार को राष्ट्र की सुरक्षा हेतु महत्वपूर्ण विशेष ध्यान देना चाहिए परन्तु सुरक्षा का अर्थ क्या है। अधिक से अधिक लोग इस अर्थ को समझते हैं कि सुरक्षा का अर्थ असंख्य जन अशलहा लिए एक जगह से दूसरे जगह आने-जाने से है। यह सच है कि सशस्त्र व्यक्ति तथा अस्त्र आदि रक्षा के अंग हैं, किन्तु रक्षा का सम्बन्ध अन्य अनेक चीजों से भी हो सकता है। इसके अन्तर्गत राष्ट्र की औद्योगिक क्षमता, राष्ट्र का नैतिक चरित्र आदि भी आते हैं। इन सबके और राष्ट्र की क्षमता तथा संसाधनों के बीच सन्तुलन स्थापित करना होता है और आप इस सन्तुलन को बहुत अधिक अस्त-व्यस्त नहीं कर सकते।"

पुनश्च, "हमें आक्रमण का सामना और प्रतिकार करना है तथा इस हेतु लगाई गई शक्ति पर्याप्त होनी चाहिए, किन्तु आक्रमण का सामना करने की तैयारी करते समय भी हमें अपना उद्देश्य--शान्ति-समझौता तथा मेल-मिलाप का उद्देश्य--कभी

नहीं भुलाना चाहिए और हमारा दिल तथा मस्तिष्क इसी महान् उद्देश्य की पूर्ति में लगा रहना चाहिए, न कि यह घृणा अथवा भय से घिरा हुआ या आच्छादित रहे।"

लोकतंत्र के प्रबल समर्थक

नेहरू प्रजातंत्र में विश्वास करते थे। वे प्रजातंत्र के महान पुजारी थे और तानाशाही और अधिनायक के घोर विरोधी थे। समाजवादी लोकतंत्र की स्थापना करना चाहते थे। वह जनता पर जनता के द्वारा ही शासन चाहते थे। अगर देखा जाए तो प्रजातंत्र की नींव नेहरू जी ने ही रखी थी। संविधान सभा में प्रजातान्त्रिक संविधान का निर्माण नेहरू जी के संकेतों पर ही हुआ था। नेहरू ने लोकतन्त्र को केवल राजनीतिक क्षेत्र तक सीमित नहीं रखा, अपितु आर्थिक और सामाजिक क्षेत्र को भी प्रजातंत्र की परिधि में लिया। उनका कहना था कि नागरिकों को केवल राजनीतिक स्वतन्त्रता देना ही पर्याप्त नहीं है, उन्हें अवसरों की समानता दी जानी चाहिए, आर्थिक विषमताओं का अन्त किया जाना चाहिए। सामाजिक अस्पृश्यताओं और घोर आर्थिक असमानताओं से पूर्ण समाज कभी लोकतान्त्रिक नहीं हो सकता। भूखे व्यक्ति के आगे मताधिकार कोई महत्त्व नहीं रखता। यदि समाज में ऊँच-नीच, छुआछूत के भेदभाव हो, दरिद्रों की कतार हो, धन का न्यायपूर्ण वितरण न हो, वर्गभेद का प्रसार हो और मुट्ठी भर शिक्षित लोग निरक्षर जन-साधारण को अपने पैरों तले दबाए हों तो ऐसे राष्ट्र या समाज में लोकतन्त्र की बात करना मूर्खता का संकेत है।

नेहरू महात्मा गाँधी की राजनीतिक उत्तराधिकारी थे, साधनों की पवित्रता के सिद्धान्त में श्रद्धा रखते थे। "उन्हें सत्तावाद तथा हिंसा से नफरत थी। फासीवाद, नाजीवाद तथा कठोर नियन्त्रण के साथ जिस उजड्डपन और कमीनेपन का संयोग पाया जाता है, उससे उनके संवेदनशील मन को आघात पहुँचता था। वे चाहते थे कि भारत पश्चिम के उन्नत औद्योगिक राष्ट्रों के समकक्ष स्थान प्राप्त कर ले, किन्तु इस आदर्श को साक्षात्कृत करने हेतु उन्होंने अधिनायकतन्त्रीय यन्त्रीकृत हिंसा के मार्ग का परित्याग कर दिया। स्वतन्त्रता संग्राम के दीर्घ और कष्टपूर्ण काल में उन्होंने ब्रिटिश साम्राज्यवाद का जो ज्ञान हुआ था उसने नागरिक विमुखता के प्रति उनके प्रेम तथा गम्भीर अनुराग की ओर भी दृढ़ कर दिया था।" नेहरू को जनता से प्यार था, जन-सम्पर्क को वे लोकतान्त्रिक प्रक्रिया का महत्त्वपूर्ण हिस्सा मानते थे। अपने प्रधानमन्त्रित्व समय में भी नेहरू ने अविराम यात्राओं के माध्यम से अगणित भाषाओं

के माध्यम से जनता से सम्पर्क स्थापित करने की प्रणाली विकसित की। वह अपनी जनता से संपर्क बनाते तथा उनकी समस्या को सुनते। उन्होंने, इस प्रकार, यह बताया कि शासकों और शक्तियों के मध्य निरन्तर खुला और निकट सम्बन्ध लोकतान्त्रिक प्रक्रिया हेतु परिपूर्ण फायदाकारी अत्यन्त लाभकारी सिद्ध होता है। नेहरू ने जनता को निरन्तर अनुशासन और भ्रातृत्व की प्रेरणा दी। उनका उद्देश्य था कि जनता में उस सामुदायिक भावना को दृढ़ किया जाए जिसे मेकाइवर ने लोकतान्त्रिक व्यवस्था का आधार बताया है।

नेहरू लोकतन्त्र को नैतिक मानदण्डों और मान्यताओं की योजना मानते थे। उन्होंने कहा था कि "मेरे मत में गणतन्त्र का अर्थ अमुक प्रकार की सरकार तथा किसी सम-कानून-संस्था से कुछ ज्यादा है। यह जरूरी रूप से जीवन के नैतिक मानदण्डों तथा मान्यताओं की एक योजना है। आप गणतान्त्रिक हैं अथवा नहीं, यह इस बात पर आधारित करता है कि आप एक व्यक्ति या एक वर्ग के रूप में किस प्रकार से आचरण तथा चिन्तन करते हैं। गणतन्त्र हेतु अनुशासन, सहिष्णुता तथा पारस्परिक सद्भावना अत्यन्त जरूरी है। अपनी स्वतन्त्रता हेतु दूसरों की स्वतन्त्रता हेतु आदर-भाव होना जरूरी है। गणतन्त्र में बदलाव पारस्परिक विचार-विमर्श तथा समझाने-बुझाने से किए जाते हैं, हिंसक तरीकों से नहीं। गणतन्त्र का अर्थ यदि कुछ है तो समानता है, समानता केवल मत देने के अधिकार की ही नहीं, बल्कि आर्थिक तथा सामाजिक क्षेत्र की भी समानता है।" पुनश्च, "मैं किसी भी मत-मतान्तर या धर्म से बंधा हुआ नहीं हूँ, किन्तु मैं मनुष्य की नैसर्गिक आध्यात्मिकता में विश्वास अवश्य करता हूँ–इसको कोई चाहे धर्म कहे, अथवा न कहे, मैं व्यक्ति की सहज गरिमा में विश्वास रखता हूँ। मेरा यह विश्वास है कि हर मनुष्य को समान अवसर दिया जाना चाहिए। मुझे ऐसे सम-समाज में पूरा विश्वास है (एक आदर्श के रूप में इस उद्देश्य को पूरा करना हो सकता है), जिसमें अधिक अन्तर न हो, धनी व्यक्तियों की बेहूदगी और साथ ही निर्धनों की दरिद्रता नहीं भाती।"

नेहरू के मतों का यदि हम विश्लेषण करें तो स्पष्ट होता है कि लोकतन्त्र से उनका अर्थ 'समाज का आत्मानुशासन' था। अपने भाषण में उन्होंने कहा कि "आप लोकतन्त्र की सैकड़ों परिभाषाएँ दे सकते हैं, किन्तु इसकी एक परिभाषा निश्चित रूप से ही समाज का आत्मानुशासन है। उनका मानना था कि देश का विकास शिक्षित जनता के द्वारा होता है।" समाज में आत्मानुशासन के विकास हेतु ही नेहरू ने शिक्षा-व्यवस्था पर पूरा जोर दिया। उनका मत था कि कोई भी राजनीतिक

या सामाजिक ढाँचा या संगठन तब तक सफल नहीं हो सकता जब तक कि नागरिकों का मानसिक स्तर ऊँचा न उठे और यह मानसिक स्तर समुचित शिक्षा के प्रसार से ही ऊँचा उठ सकता है।

लोकतन्त्रवादी के नाते व्यक्ति के महत्व में नेहरू का विश्वास था। मानवता के कूड़े-कर्कट के ढेर पर किसी भी व्यक्ति को नहीं फेंक देना चाहिए। उसे महत्त्वपूर्ण, लक्ष्यपूर्ण माना जाना चाहिए और किसी को भी–चाहे वह राज्य हो अथवा कोई संगठन–व्यक्ति को दबाने का प्रयास नहीं करना चाहिए। उनका मुख्य सिद्धान्त यह था कि राज्य व्यक्ति हेतु है न कि व्यक्ति राज्य हेतु। नेहरू अपने विरोधियों के मतों के प्रति सहनशीलता और सम्मान की भावना रखते थे। उनकी नजर में हठवादिता और रूढ़िवादिता की प्रवृत्ति लोकतन्त्र हेतु घातक थी। लोकतन्त्र तो एक गतिशील विचारधारा है और समयानुकूल बदलावों तक लचक के साथ-साथ लोकतन्त्र का क्षेत्र भी अधिकाधिक विकसित होता जाता है। प्रजातंत्र के अंदर हम अपनी परेशानियों का निराकरण आपसी विचार-विमर्श, तर्क-वितर्क और शान्तिपूर्ण उपायों से करें। नेहरू संसदीय सरकार को ज्यादा अच्छा इसलिए समझते थे कि वह समस्याओं को हल करने का एक शान्तिपूर्ण ढंग है। उन्हीं के शब्दों में, "इस प्रकार की सरकार में वाद-विवाद, विचार-विमर्श और निर्णय करने की, और उस निर्णय को तब भी स्वीकार करने की पद्धति अपनाई जाती है, जबकि कुछ लोग असहमत होते हैं। फिर भी, संसदीय सरकार में अल्पसंख्यकों को बहुत महत्त्वपूर्ण स्थान रहता है। यह स्वाभाविक है कि बहुसंख्यकों को, मात्र इस कारण कि वे बहुसंख्यक हैं, अपने मार्ग पर चलने को आजाद होना चाहिए, परन्तु अल्पसंख्यकों की उपेक्षा करने वाला बहुसंख्यक दल अपना काम संसदीय गणतन्त्र की सही भावना के साथ नहीं कर रहा होता।" नेहरू हर काम को लोकतान्त्रिक ढंग से करते थे। वे समुचित साँविधानिक साधनों द्वारा अपनी माँगें मनवाने और निर्णयों में बदलाव कराने के प्रयासों के पक्ष में थे, परन्तु प्रत्यक्ष कार्यवाही जैसी कोई भी आन्दोलनात्मक तकनीक उनकी नजर में अलोकतान्त्रिक थी। सर्वाधिकारवाद और हिंसात्मक साधनों के प्रति उनका विरोध इतना उग्र था कि उन्होंने एक ऐसे समय मुसोलिनी और हिटलर से मिलने तक से मना कर दिया जब संसार के बड़े से बड़े राजनीतिज्ञ इन तानाशाहों से मिलने में अपना गौरव समझते थे।

नेहरू का दृढ़ विश्वास था कि लोकतन्त्र की बुराइयों को सरलता से दूर किया जा सकता है। यदि उत्कृष्ट नैतिक चरित्र का पालन किया जाए तो लोकतन्त्र के

बहुत बड़े हैं। सवाल हमारी सारी जनता का उद्धार करने का है, हमें गरीबी दूर करनी है, बीमारी दूर करनी है, अज्ञानता व अशिक्षा को दूर करना है और आप जानते हैं कि कितनी और मुसीबतें हैं, जिनको हमें दूर करना है। आजादी महज एक सियासी चीज नहीं है। आजादी तभी एक ठीक पोशाक पहनती हैं जब उससे जनता को फायदा हो। आजकल हमारे सामने ये आर्थिक सवाल बहुत काफी जमा हुए हैं, जो हमारी गुलामी के जमाने के हैं। बहुत कुछ पिछली लड़ाई की वजह से, पिछली बड़ी लड़ाई जो दुनिया में हुई और उसके बाद जो हालात दुनिया में हुए हैं, उसकी वजह से ये सवाल जमा हुए हैं। खाने की कमी है, कपड़े की कमी है और जरूरी चीजों की कमी है और ऊपर से चीजों के दाम बढ़ते जा रहे हैं, जिससे जनता की मुसीबतें बढ़ रही हैं।''

पंजाब व बंगाल में भयावह दंगे तथा गाँधी जी का उपवास

15 अगस्त 1947 को जब देश स्वतंत्र हुआ तो कलकत्ता में सुबह से ही हिन्दू-मुसलमानों का दल एक साथ ट्रकों व बसों में बैठकर घूमने लगा। उस समय गाँधी जी कलकत्ता में ही थे। सुबह की प्रार्थना सभा में गाँधी जी ने कहा–"यदि शहर के इस उमड़ते हुए भाई-चारे में सच्चाई है और तात्क्षणिक नहीं है तो खिलाफत के दिनों से बेहतर है। परंतु लाहौर में अभी तक चल रहे पागलपन से काफी पीड़ा होती है। मेरा विश्वास है कि कलकत्ता के इस सौहार्दपूर्ण वातावरण का प्रभाव पंजाब व भारत के अन्य जगहों पर पड़ेगा। मैं लोगों को सावधान करता हूँ कि अब जब हम आजाद हो गए हैं, हमें उपनी आजादी का उपयोग विवेक व संयम के साथ करना चाहिए।"

यहाँ यह बता देना समीचीन होगा कि मुस्लिम लीग और कांग्रेसियों द्वारा जब एक साथ पाकिस्तानी और भारतीय झंडे फहराये गए तो गाँधी जी समझ गए कि इसमें कुछ धोखा है। उन्होंने मीरा बहन को पत्र लिखा–"इतनी हिन्दू-मुस्लिम एकता अचानक पैदा हुई है कि वह सच्ची नहीं हो सकती। वास्तविकता क्या है वह तो समय ही बतायेगा।"

गाँधी जी का यह विचारधारा सही थी। 17 अगस्त को जब गाँधी जी को कलकत्ता में एक तार मिला कि "सोमवार से लाहौर में रावलपिंडी को भी मात देने वाला हिन्दुओं पर भीषण हत्याकांड हो रहा है। हिन्दुओं के घरों में पानी की सप्लाई काट दी गई है। उनके ऊपर विनाश का खतरा मँडरा रहा है। तत्काल कोई उपाय कीजिए। लाहौर में आपका रहना बहुत जरूरी है।" सरदार पटेल के पास तार भेजा

और उसमें लिखा कि "मैंने इसका उत्तर नहीं दिया है। यदि ये बातें सही हैं तो भयंकर हैं, मैं सच बात जानना चाहूँगा।"

17 अगस्त को नेहरू जी पंजाब गए और 21 अगस्त को उन्होंने गाँधी जी को तार भेजा कि "कलकत्ता के इस प्रत्याशित बदलाव के लिए पंजाब में भी शांति बहाली के लिए आपकी सख्त जरूरत है।" गाँधी जी ने उत्तर दिया—"मैं यहाँ फँस गया हूँ। मेरा नोआखाली में अभी रहना अति आवश्यक है। बिहार में भी कुछ दिन रहेंगे। इन परिस्थितियों में पता नहीं कब मैं पंजाब जा सकूँगा। वहाँ तुम लोगों को सही रास्ता दिखाओ।" नेहरू जी ने कहा—"मैं आपसे तत्काल पंजाब जाने के लिए नहीं कह रहा हूँ। अब तो हमें ही वहाँ के हालात का सामना करना होगा। बाद में आपसे वहाँ जाने का आग्रह करना जरूरी पड़ सकता है।" वस्तुतः पंजाब के दक्षिणी जिले भयंकर खून-खराबे का शिकार हुए।। स्थिति पर नियंत्रण कर पाना कठिन हो गया था। जालंधर व होशियारपुर में की स्थिति भयावह हो चुकी थी। असंख्य मुसलमान मौत के घाट उतार दिये गये। गाँधी जी ने 31 अगस्त को घोषणा की कि वे 2 सितम्बर को नोआखाली रवाना होंगे। उसी रात दस बजे प्रदर्शनकारियों ने उनका घर चारों तरफ की घेराबंदी कर ली। घर का दरवाजा तोड़कर कुछ उपद्रवकारी अन्दर घुस गए। कुछ चिल्लाने लगे कि "बदमाश सुहरावर्दी कहाँ है?" उसी समय घर के दो मुस्लिम सदस्य दौड़ते हुए अन्दर आए। क्रुद्ध उत्तेजित भीड़ उनका पीछा करती हुई आ गई। एक के शरीर से खून बह रहा था। किसी ने उस पर बड़ा-सा पत्थर मारा, वह जाकर दूसरे मुसलमान को लगा। एक बदमाश ने भारी लाठी से गाँधी जी के ऊपर प्रहार किया परंतु उनका सिर बाल-बाल बच गया। लाठी सामने की दीवार से जा टकराई। गाँधी जी ने भर्राई हुई आवाज में कहा—"मेरा ईश्वर मुझसे पूछता है कि तू कहाँ है? मुझे बहुत गहरी ठेस लगी है। 15 अगस्त को जो शान्ति बनाई गई थी, उसकी असलियत यही है। गाँधी जी ने बाद में कहा कि "तुम सहमत होंगे कि इन विकट परिस्थितियों में मैं नोआखाली या कहीं भी नहीं जा सकता हूँ।"

गाँधी जी को लगभग दो बजे अचानक खबर मिली कि शहर के कुछ स्थान सांप्रदायिक हिंसा की आग की लपेट में पूरी तरह आ चुके हैं। हर दस मिनट पर नई-नई वारदातें होने की खबर आती रही। हिंसा की इन वारदातों से गाँधी जी को हृदय को इतनी चोट पहुंची कि उन्होंने उस दिन फलों का रस भी नहीं लिया। इन भयंकर घटनाओं ने बेलियाघाट के अत्यन्त गरीब मुसलमानों में बौखलाहट पैदा कर दी जो गाँधी जी के कारण अपने-अपने घरों में वापस आ गए थे। उनकी एक टोली पास के मुस्लिम मुहल्ले के खुले ट्रक पर जा रही थी कि किसी ने उस ट्रक पर हथगोले

फेंके और दो मुसलमान उसी वक्त ढेर हो गए। गाँधी जी उन्हें देखने गए। दोनों फटी-सी धोती पहने हुए खून में लथपथ थे। आँखें खुली थीं। गाँधी जी स्तब्ध रह गए।

गाँधी जी की शाम की प्रार्थना घर में ही हुई। प्रार्थना चल रही थी कि इसी बीच शहीद सुहरावर्दी, एन. सी. चटर्जी व कुछ मारवाड़ी व्यापारियों को लेकर अन्दर आए और हिंदुओं के दुष्कर्मों की सूचना दी। एक व्यापारी ने पूछा कि हम कैसे सहायता कर सकते हैं? इस बात पर गाँधी जी ने कहा कि "आपको आग की लपटों में जाकर उसे शान्त करना चाहिए तथा इस कोशिश में जान गँवा देनी चाहिए। कम-से-कम जहाँ आप काम करते हैं, वहाँ तो आपका असर पड़ना चाहिए। लेकिन किसी भी हालत में असफलता की सूचना देने के लिए जिन्दा मत वापिस आना।" वे बोले—"यह सब सिक्खों का काम है। वे कलकत्ता में पश्चिम पंजाब की घटनाओं का बदला लेना चाहते हैं। जो भी इसके लिए जिम्मेदार हैं, उन्हें इन कुकृत्यों से पछताना ही होगा। वे नहीं जानते हैं कि उन्हें इसके लिए कितनी कीमत चुकानी पड़ेगी।"

शाम को बापू जी ने भोजन वगैरह ग्रहण नहीं किया। उन्होंने एक रूपरेखा बनायी। रात को 10 बजे चक्रवर्ती राजगोपालाचारी जी आये। गाँधी जी की रूपरेखा देखकर उन्होंने कहा कि "क्या गुण्डों के विरुद्ध हम उपवास कर सकते हैं?" गाँधी जी ने कहा कि "मैं उन लोगों के दिलों को छूना चाहता हूँ जो गुण्डों को पीछे से सहारा देते हैं, उन्हें भड़का देते हैं। मेरा मकसद यही है कि वे इस बात को अच्छी तरह से समझ लें कि आमतौर पर समाज में उनके लिए कोई सहानुभूति नहीं है।" परंतु जब उन्होंने कुछ दिन और देखने के लिए कहा तो गाँधी जी ने कहा कि "उपवास या तो अभी होगा या कभी नहीं। बाद में बहुत देर हो जायेगी। अल्पसंख्यक कौम को आज की हालत में नहीं छोड़ा जा सकता है। मेरे उपवास से यदि कोई भलाई होनी है तो उसे बुराई से रोकना होगा। मैं जानता हूँ कि अगर मैं कलकत्ता पर नियंत्रण कर सका तो पंजाब से भी निपट सकूँगा। यदि मैं इस समय लड़खड़ाता हूँ तो आग और फैल सकती है। जल्दी ही दो या तीन सत्तायें हमारे देश पर टूट पड़ेंगी तथा हमारी आजादी के सपने को समाप्त कर देंगी।"

अशांत एवं भयावह स्थिति के कारण उन्होंने रात को अखबारों में अपने उपवास की सूचना दी, जिसमें उन्होंने कहा कि "जो स्थान कल तक सुरक्षित था, वह अचानक असुरक्षित हो गया है। कई आदमी मारे गए हैं। मैंने दो बहुत ही गरीब मुसलमानों के शव देखे। अब जब कलकत्ता का बुलबुला फूटा हुआ मालूम होता है

तब मैं क्या मुँह लेकर पंजाब जा सकता हूँ। आज तक मेरे लिए जो शस्त्र अचूक साबित हुआ है, वह उपवास है। शोर मचाने वाली भीड़ को दर्शन दे देने से काम हमेशा नहीं बनता है। कल रात को बेशक काम नहीं बना। स्वयं मेरे करने से जो बात नहीं बन सकती, वह शायद मेरे उपवास से हो जाए। यदि कलकत्ता में मेरा उपवास लड़ने वाले सभी तत्त्वों के दिलों को छू दे तो पंजाब में भी वह ऐसे तत्त्वों को छू सकता है। इसीलिए मैं आज रात सवा आठ बजे उपवास शुरू करूँगा और यह तभी समाप्त होगा जब कलकत्ता में समझदारी आ जायेगी। हमेशा की तरह मैं उपवास के दौरान जो पानी पीऊँगा उसमें नमक और सोडा मिलाने की छूट रखूँगा। यदि कलकत्ता के लोग चाहते हैं कि मैं पंजाब जाकर वहाँ के लोगों की सहायता करूँ तो उन्हें जल्दी-से-जल्दी ऐसी स्थिति लानी होगी जिससे मैं उपवास खोल सकूँ।"

4 सितम्बर 1947 की दोपहर में कलकत्ता के 27 व्यक्तियों का एक दल गाँधी जी से मिला, जिनका शहर के उपद्रवी तत्त्व पर नियंत्रण था। इस दल ने अपने अपराध के लिए क्षमा-मांगी तथा उपवास तोड़ने की विनती की। उन लोगों ने वचन दिया कि वे उसी समय बदमाशों को पकड़कर स्थिति नियंत्रण में कर लेंगे। गाँधी जी ने कहा कि "मैं उपवास तभी तोड़ूँगा जब मेरी आत्मा कहेगी कि शहर में शान्ति स्थापित हो गई है। आपको मुझे यह भरोसा देना होगा कि शहर में पागलपन का दौर फिर से नहीं आयेगा। चाहे भले ही सारे पश्चिम बंगाल या सारे भारत में दावानल क्यों न भड़क उठे।" उनकी इस तरह की दृढ़ता को देखकर इस दल ने हिंसात्मक गतिविधियों को नियंत्रित किया। जब गाँधी जी को लगा कि वहाँ शांति स्थापित हो गयी है तो उन्होंने अपना उपवास तोड़ दिया।

गाँधीवाद का मूल्यांकन

आज हम जिस शताब्दी के बीच जी रहे हैं, उस पर पूरी तरह से भौतिकवादी मान्यताओं का प्रभाव जम चुका है। यह प्रभाव आज इतना गहरा है कि हम इस युग को भौतिकवादी युग की संज्ञा देते हैं। भौतिकवाद मूलतः दैहिक सुखों की प्राप्ति के लिए उद्यान हैं स्पष्टतः उसका सम्बन्ध आध्यात्मिक मान्यताओं से नहीं रहता है। सत्य की अपेक्षा असत्य का, अहिंसा पर वैमनस्य का प्रभाव विशेष रूप से देखने को मिलता है। सांसारिक सुखों के संदर्भ में धन अथवा मुद्रा अपनी महत्वपूर्ण भूमिका सम्पादित करता है। उत्पादन के साधनों पर अपना प्रभुत्व स्थापित करने के लिए समाज में सामान्य रूप से प्रतियोगिता बनी रहती है।

इस मनोवृत्ति को देखकर साधारण नागरिक में भी अधिकाधिक धनार्जन के

लिए व्यग्र हो उठता है। इस व्यग्रता के कारण ही वह धन कमाने के लिए उचित अथवा अनुचित में किसी प्रकार का अन्तर नहीं देखता। वह सांसारिक सुख और वैभव के लिए अपना सब कुछ देने के लिए तैयार रहता है। इसके लिए उसे अपनी आत्मा के विरुद्ध कार्य करना पड़ता है, लेकिन वह इसकी किंचित मात्र भी चिन्ता नहीं करता। आज की यह परिस्थितियां किसी देश विशेष तक सीमित हों, ऐसी बात नहीं है। भौतिकवादी जिज्ञासा ने विश्व के लगभग सभी राष्ट्रों को समान रूप से प्रभावित किया है। इससे न व्यक्ति अछूते रहे हैं और न संस्थाएँ।

भौतिकवादी पर्यावरण में गाँधी—भौतिक वातावरण में जब हम गाँधी के विषय में चितन करते हैं तब हमें स्पष्ट रूप से यह अनुभूत होता है कि गाँधी इन परिस्थितियों के अनुकूल नहीं हैं क्योंकि सामान्यतः मनुष्यों में गाँधी के प्रति अपेक्षा की भावना जन्म लेती हैं। समाज का बहुसंख्यक वर्ग धन अर्जित करने की लालसा में गाँधी के अहिंसा प्रिय दर्शन को लोकाचार में पूजा की वस्तु तो बना देगा लेकिन उसे अपने हृदय में नहीं बसा सकेगा। यह नकारात्मक चिंतन विधेयात्मक उपलब्धियों को पूर्णरूपेण उपेक्षित कर देता है। सहज रूप में गाँधी केवल किताब के पन्नों पर है, जो केवल उदासीनता एवं कुछ नहीं दर्शाती।

उदासीनता की नींव

स्वतंत्रता हेतु संघर्ष करने वाले लोग वास्तविकता का पूर्ण परिचय दें कि उसे देश के लिए कितना अधिक कष्ट सहना पड़ा है। शासन ने उन्हें-आतंकित करने के विविध उपाय ढूँढ़े लेकिन उन्होंने अपने लक्ष्य को कभी नहीं छोड़ा दुर्भागय से आज उनमे से कुछ हमारे बीच नहीं है। लेकिन यह सब जानते हैं देश की आजादी के बाद गाँधी की इस आकांक्षा को अधिकांश साथियों ने अनसुना कर दिया था, "देश का बंटवारा होते हुए भी, भारतीय राष्ट्रीय कांग्रेस द्वारा मुहैया किये गये साधनों का काम हिन्दुस्तान को आजादी मिल जाने के कारण मौजूदा स्वरूप वाली कांग्रेस का काम अब खत्म हुआ—यानी प्रचार के वाहन और धारा-सभा की प्रवृत्ति चलाने वाले तन्त्र के नाते उसकी उपयोगिता अब समाप्त हो गई है।...कांग्रेस को हमें राजनैतिक पार्टियों और साम्प्रदायिक संस्थाओं के साथ गन्दी होड़ से बचाना चाहिए।...अखिल भारतीय कांग्रेस कमेटी को अपनी मौजूदा संस्था तोड़ने और लोक सेवक संघ के रूप में प्रकट होने का निश्चय करना चाहिए।

यह देश का दुर्भाग्य था कि राष्ट्र के कर्मनिष्ठ तथा सेवानिष्ठ नेताओं ने भी बापू की बात को सत्ता के आकर्षण के सामने पूर्णतः नजरअंदाज कर दिया। सभी

ने राजसत्ता के सामने इस रूप में आत्मसमर्पण किया कि गाँधी को मान्यताओं, आदर्शों और सिद्धान्तों में कोई रुचि नहीं रही। आचार्य विनोबा भावे के साथ सत्ता से अलग रहने वाले लोगों की संख्या शून्य के समान थी।। सर्वोदय आन्दोलन में भी सत्ता से हटाये गये लोगों की संख्या कम नहीं है। अधिकांश लोग यह सोचते हैं कि इस आन्दोलन को ऐसे ही लोगों का सहयोग अधिक मिल रहा है।

इस परिस्थिति में एक दुखद प्रसंग यह और जुड़ गया कि संघर्ष करने वाले राजनीतिज्ञों ने गद्दी पर बैठकर राजसी सुखों को अधिकाधिक भोगने का प्रयास किया। साधारण जनता से बहुत दूर हो गये। सम्पत्ति अर्जित करने का इस वर्ग के लोगों ने भी कम प्रयास नहीं किया। इस वर्ग से सम्बन्धित अन्य लोगों ने भी इसी दिशा में प्रयत्न प्रारम्भ किये। गाँधीजी की साधारण जनता दुखी होती गई। जनता और राजसत्ता में अधिकाधिक अन्तर बढ़ता गया। भौतिक सुखों की लालसा इसी क्रम से इस तरह से बढ़ती गई कि गाँधी व्यक्ति के मन और समाज के सामूहिक मन में निराशा की भावना का आधार बन गया।

लोगों को यह अनुभव होता है कि यदि भौतिक सुख अर्जित करने हैं तब गाँधी का मार्ग उचित नहीं है। वह हिंसा का सहारा लेता है, क्योंकि अहिंसा का तात्कालिक प्रभाव कम होता है। अहिंसा में जितना अधिक कष्ट होता है, उससे उतने अधिक भौतिक सुख नहीं मिलते। सत्याचरण से आध्यात्मिक सुख भले ही मिल जाये लेकिन उससे देखने वाला भौतिक सुख सामान्यतः नहीं मिल सकता। आज के समाज का स्तर इतना अधिक भौतिकवादी हो गया है कि गाँधी के सत्य, अहिंसा और प्रेम के दर्शन को वह विपन्नता और निराशा का प्रतीक मान बैठा है।

असत्य धारणा—यह सही है कि आज का युग भौतिकवादी सभ्यता के दायरों में बन्द हो गया है। आलोचकों के लिए यह दायरा उसे अन्धा बना रहा है। इसलिए उसे आज प्रकाश की आवश्यकता है। पश्चिमी सभ्यता का भौतिकवादी आकर्षण सांसारिक सुखों को तो दे सकता है लेकिन उन सुखों का जीवन कितना क्षणिक होगा यह सर्व विदित है। भौतिकवाद प्यास दे सकता है, सन्तुष्टि नहीं। उसमें हिंसा और असत्य का जितना प्रभुत्व है वहीं विनाश का महत्वपूर्ण आधार तैयार करता है। गाँधीजी ने पश्चिम की ओर स्वयं संकेत करते हुए कहा था, "पश्चिम आज सच्चे ज्ञान के लिए तरस रहा है। अणु-बमों की दिन दूनी बढ़ती संख्या से वह नाउम्मीद हो रहा है, क्योंकि अणु बमों के बढ़ने से सिर्फ पश्चिम का ही नहीं, पूरी दुनियाँ का नाश हो जायेगा। मानों बाइबिल की भविष्यवाणी सच होने जा रही है, और पूरी कयामत होने वाली है। अब यह आप के ऊपर है कि आप दुनियाँ की नीचता और पापों की तरफ उनका ध्यान खींचें और उसे बचायें।"

भौतिकवाद मनुष्य को घृणा, असत्य, वैमनस्य, असमर्थता तथा अपार हिंसा को दे सकता है। भौतिकता का आधार ही संघर्ष है इसलिए इस व्यवस्था में सहयोग और सहानुभूति से समाज और व्यक्ति दोनों ही अपरिचित रहेंगे। इन संदर्भों में जब हम गाँधीवाद की मीमांसा कहते हैं तब हमें पूर्णतः ज्ञात होता है कि समाज में अपार धन सम्पदा वाले व्यक्ति को भी मानसिक शान्ति की आवश्यकता अनुभव होती है, उसकी इस आवश्यकता की पूर्ति भौतिकवाद जगत में असंभव है। वह पुनः गाँधीवादी सिद्धान्तों को ही संजीवनी की तरह ग्रहण करता है, विक्लान्त मानवता को सत्य, अहिंसा, और प्रेम के सिद्धान्त का आसरा चाहिए। निराश मन वर्तमान में भी गाँधी विचारों को अपनाने की कोशिश करता है। सर्वोदय विचार इसी आशा पर केन्द्रित है। सात्विक गुणों के सहारे ही विपन्नता सम्पन्नता में बदल सकती है, एतदर्थ गाँधीवादी निराशा का नहीं वरन् आशा और विश्वास का सबल आधार प्रस्तुत करता है।

गाँधीजी अपने विचारों को वाद की जंजीरों से नहीं बांधना चाहते थे। किसी वाद के सहारे गाँधी अपने विचारों को बांधने का पक्ष नहीं लेते। वह नहीं चाहते थे कि उनके विचारों को किसी वाद की संज्ञा दी जाए किन्तु जिन मान्यताओं को गाँधीजी ने अपनाया, भले ही वह सर्वथा नई न हो किन्तु उन्होंने उन्हें नवजीवन दिया। अहिंसा को उन्होंने व्यक्तिगत एवं सामाजिक आचरण की नींव बताया। साधनों की पवित्रता का आग्रह स्वतन्त्रता के लिए आवश्यक शर्त के रूप के रूप में उन्होंने प्रस्तुत किया। फलतः इसी संदर्भ में उनके विचारों को 'वाद' की संज्ञा दी गई। विचार आज एक श्रेणी विशेष का प्रतिनिधित्व करते हैं, उन्होंने राष्ट्रीय एवं अन्तर्राष्ट्रीय जीवन एवं चिंतन को समान रूप से झकझोरा है। गाँधी के विचारों को 'वाद' की संज्ञा मिली परंतु वह आलोचनाओं से भरी थी।

गाँधीजी एक व्यक्ति नहीं, विचार है। अनुभूतिपूर्ण जिज्ञासा है। गाँधीजी हर पीढ़ी के लिए एक प्रश्नवाचक चिन्ह बना रहेगा क्योंकि गाँधीजी ने व्यक्ति, समाज और राष्ट्र से जो अपेक्षायें की हैं वह कम महत्वपूर्ण नहीं हैं। गाँधीजी कुछ के लिए एक सात्विक वृत्ति वाला सन्त ही तो अन्य के लिए कुशल राजनीतिज्ञ। गाँधीजी स्वयं के लिए एक धार्मिक व्यक्ति थे। हरिजनों एवं स्त्रियों के संदर्भ में वह एक महान समाज सुधारक थे। गाँधीजी और गाँधीजी के सिद्धान्त इस प्रकार से जीवन के विविध क्षेत्रों तक फैले हुए हैं। गाँधीजी पर हर पीढ़ी कुछ न कुछ दोषारोपण अवश्य करेगी और उसके आरोपों में कुछ तथ्य भी होंगे। गाँधीजी के सत्य, अहिंसा और प्रेम सम्बन्धी विचार इतने अधिक गहन हैं कि साधारणा मनुष्य की क्षमता उन्हें ग्रहण करने में अपने को कमजोर अनुभव करती है। जब साधारण व्यक्ति इन्हें ग्रहण करने

में असमर्थता अनुभव करता है तब फिर कैसे गाँधीजी के विचार व्यावहारिक हो सकते हैं? वैसे ही मनुष्य को यह अनुभव होता है कि गाँधीजी के सिद्धान्तों में सैद्धान्तिक भावना अधिक है, आचरण करने की क्षमता इन सिद्धान्तों में कम दिखाई देती है।

आलोचक यह भी कहते हैं कि देश की स्वतन्त्रता का श्रेय 'अहिंसा के दर्शन' को देना सर्वथा अनुपयुक्त है क्योंकि अहिंसा से ब्रिटिश साम्राज्य का अन्त नहीं हुआ, अंग्रेज अन्तर्राष्ट्रीय परिस्थितियों तथा अपनी आर्थिक स्थिति के कारण ही भारत से गये और प्रसाद रूप में देश को विभाजित कर गये, अहिंसा उस विभाजन का प्रतिरोध नहीं कर सकी। गाँधीजी के सिद्धान्तों में संरक्षकता की सिद्धान्त (ट्रस्टीशिप सिद्धान्त) स्वयं एक बहुत बड़ी कमजोर कड़ी है। इस आदर्श की प्राप्ति कितनी कठिन है, इसकी अनुभूति गाँधी को भी थी। ट्रस्टीशिप आदर्श का पालक उन्हें अपने अतिरिक्त प्रयत्न करने पर भी दूसरा नहीं मिल पाया। स्व. जमना लाल का नाम प्रसंगवश लिया जा सकता है किन्तु शृंखला को आगे बढ़ाने वाला कोर्ट नहीं मिल पाया। इस प्रकार आर्थिक समस्याओं से जूझती हुई इस अंधी शताब्दी को गाँधीजी के सिद्धान्त व्यावहारिक अनुभव नहीं होते।

गाँधीजी ने एक राजनैतिक विचारक की तरह जिस भावी समाज व्यवस्था और राज्यविहीन व्यवस्था का कल्पना की है, उसकी प्राप्ति भी असम्भव लगती है। जिस प्रकार अफलातून ने अपनी भावी राज्य व्यवस्था में दार्शनिक राजाओं के शासन की कल्पना की है उसी प्रकार गाँधीजी ने भी राज्य व्यवस्था के स्वरूप की कल्पना की थी। ऐसी स्थिति में स्वयं गाँधीजी ने एक अव्यावहारिक आदर्श को अपने सम्मुख रखा। मानव जीवन में पूर्ण अहिंसा का प्राप्त होना असम्भव है। इस तथ्य को स्वयं गाँधीजी स्वीकार कर चुके हैं कि मानव जीवन में सूक्ष्मातिसूक्ष्म हिंसा का प्रवेश रहता है इसलिए पूर्ण अंहिसा की कल्पना करना स्वयं को धोखा देना है।

आज के जटिल समाज में जन्मा मनुष्य इन नैतिक संदर्भों से अपना सम्बन्ध नहीं जोड़ सकता। उसकी अहंवादी, भौतिकवादी मानन्यताएँ शांति के उपदेश तो सुन सकती हैं लेकिन स्वार्थ का त्याग नहीं कर सकती। हृदय परिवर्तन की कल्पना के सहारे पूरे राज्य की व्यवस्था की रचना करना वस्तुतः स्वप्न लोक में घूमने के समान है। गाँधीजी आज 2 अक्टूबर और 30 जनवरी तक ही सिमट गया, लगता है...। इसलिए आलोचकों को उनके सिद्धान्तों की अव्यावहारिकता पर स्वतः ही विश्वास बैठ गया है। वास्तव में गाँधी एक विचार है, जो अपने जीवन काल में एक संस्था बनकर जिया और मृत्यु के बाद एक सजीव आस्था और वाद के रूप में व्यवस्थित हो गया। गाँधी के सत्य, अहिंसा और प्रेम को कहीं दुरूह और कहीं असामान्य का

नाम दिया गया इनमें रुचि के अभाव का भी आरोप लगाया जाता है। यहां हम यह भूल जाते हैं कि गाँधी ने अपने परवर्ती भारत के मन को बदलने के लिए इन्हीं नैतिक आदर्शों को अंगीकृत किया था। गोखले जी भी यह महसूस कर रहे थे कि गाँधी सत्याग्रह और अहिंसा के शस्त्र से जीत नहीं सकता किन्तु गाँधी की आत्मा ने सभी चुनौतियों को स्वीकार किया और आज तक अहिंसा और सत्य का आधार जो वैयक्तिक माना जाता था, गाँधी ने उसका सामाजीकरण किया। क्या यह कम सुखद आश्चर्य नहीं है कि गाँधी ने असहयोग और सविनय अवज्ञा जैसे दो बड़े आन्दोलनों को अहिंसा की कसौटी पर कसा। देश की साधारण जनता ने गाँधी का अनुकरण किया। कायर या डरपोक की अहिंसा के रूप में नहीं बल्कि समर्थ और शक्तिशाली की अहिंसा को यश मिला। साधनों की पवित्रता के आग्रह को उन्होंने अपने विचारों और कर्म से कभी भी ओझल नहीं होने दिया और अन्ततः वह देश को स्वतन्त्र कराने के महत्वपूर्ण कार्य में एक महत्वपूर्ण कड़ी के रूप में बने रहे।

गाँधी के सिद्धांत मात्र मौखिक ही नहीं थे बल्कि उन पर उन्होंने आस्थापूर्वक मनन किया था। अपने जीवन को उन्हीं सिद्धान्तों के अनुरूप ढाला था। श्रम, अस्तेय और अपरिग्रह जैसे यंत्रों को उन्होंने अपने जीवन में उतारा और अपने आश्रम के साथियों को ऐसे ही गुण सहेजने का अवसर दिया। अस्पृश्यों के बीच रहकर ही उनकी उन्नति के लिए कहा, और सतत् प्रयास किये। स्त्रियों को सार्वजनिक जीवन के योग्य बताया तथा उन्हें सभी अधिकार दिये जाने के सिद्धान्त पर हर दृष्टि से समर्थन किया। इस प्रकार गाँधी ने अपने सिद्धान्तों को व्यवहार की प्रयोगशाला में खरा उतारा है। करोड़ों देशवासी और अन्तर्राष्ट्रीय जगत के प्रबुद्ध लोग उनके विचारों को ग्रहण करने के लिए आतुर हैं। इस प्रकार उनके विचारों पर अव्यावहारिकता का दोषारोपण करना अनुचित है। यह स्वीकार किया जा सकता है कि इनके सिद्धान्तों की प्राप्ति के लिए साधना बहुत जरूरी है।

ट्रस्टीशिप और भावी राज्यविहीन व्यवस्था के प्रति आलोचकों ने न्यायोचित दृष्टिकोण नहीं अपनाया है आलोचक यह भूल जाते हैं कि गाँधीजी ने इन्हें पूर्णता की अवस्था का प्रतीक माना है। गाँधी के बाद हमने और हमारी सरकार ने भौतिकता के आग्रह को जिस तरह स्वीकार किया उससे गाँधी के सिद्धान्त बदनाम या निर्जीव नहीं हो सकते। अच्छाई की, प्रकाश का हर जगह पूजा होगी, बुराई और अँधेरा हर जगह बदनाम होगा। क्या हम अच्छाई और प्रकाश को व्यावहारिक नहीं मानेंगे? साधना के मार्ग में हमेशा कठिनाई आती है अतः उसे अव्यावहारिक नहीं माना जा सकता।

9

पंडित नेहरू का मूल्यांकन

नेहरू की प्रासंगिकता

पं. जवाहरलाल नेहरू एक राष्ट्र पुरुष थे। उन्होंने स्वतंत्रता संग्राम में सक्रिय रूप से कार्य किया। भारत के नवनिर्माण में उन्होंने अग्रणी भूमिका निभाई। अपने महान कार्यों के चलते वे भारत के इतिहास का एक महत्वपूर्ण अंग बन गए हैं। नेहरू जी का गाँधी के साथ अच्छा संबंध रहा है ओर वे गाँधी जी के राजनीतिक उत्तराधिकारी बने।

विश्व प्रसिद्ध राजनीतिक व्याख्याकार एम. चलपति भारत के चिन्तन को नेहरू की मौलिक देन और उनके चिन्तन तथा नीतियों की प्रासंगिकता का जो चित्रण किया है वह हमें नेहरू की महानता, उनके आदर्शों, उनके मार्गदर्शन और उनकी व्यावहारिकता का दिग्दर्शन कराता है—जवाहरलाल नेहरू इतिहास का अंग बन गए हैं, हालाँकि उन्हें गुजरे अभी बहुत वर्ष नहीं हुए हैं। इतिहास बड़ा सख्त दिल मालिक होता है, सो जवाहरलाल नेहरू की परीक्षा बारम्बार होती रहेगी। वे बहुत-सी परीक्षाएँ झेल चुके हैं और सम्भावना यही है कि भविष्य में भी बहुत-सी परीक्षाओं में खरे उतरेंगे। उनमें अचूक इतिहास-बोध था, सो इतिहास द्वारा जाँचा-परखा जाना निश्चय ही उन्हें बुरा न लगता। वे ऐतिहासिक शक्तियों से दो-दो हाथ जूझे, इतिहास के उच्चतर ध्येयों को अपना ध्येय बनाकर चले, और यों तो किसी भी व्यक्ति के बारे में यह नहीं कहा जा सकता कि वह पूरी तरह सफल रहा, पर वे अपनी उदारता और दृष्टिकोण की विशालता के कारण अपने समकालीनों में उठकर दिखते थे।

ऊँचे ध्येय और ऊँचे प्रयत्नों की खातिर वे अपने देशवासियों, अपनी पार्टी और अपने गुण की सीमाओं से ऊपर उठने की कोशिश करते रहे और इस तरह उन्होंने अपने देश के ही नहीं, बल्कि विश्व के इतिहास में स्थाई स्थान बना लिया। मानों वे एक नहीं अनेक व्यक्ति थे—लेखक, स्वप्नदृष्टा, कर्मठ पुरुष, साहसी, करुणार्द्र मानव, नाना गुणों का ऐसा संगम कि जिसने उन्हें ऐतिहासिक प्रक्रियाओं का उत्तम उपकरण बना दिया और उन्होंने अपने आपको बख्शा कभी नहीं।

गाँधी और नेहरू का अटूट नाता है। उन्हें एक-दूसरे के विरुद्ध खड़ा करने के सारे प्रयत्न विफल हुए हैं। बेशक दोनों की पृष्ठभूमियाँ अलग-अलग थीं, दोनों के दृष्टिकोण अलग-अलग थे। मगर जहाँ तक नीतियों की बात है, नेहरू ने गाँधी की मृत्यु के बाद ऐसा कुछ भी नहीं किया, जिसके बारे में दोनों ने गाँधी के जीवनकाल में आपस में चर्चा न कर ली हो। गाँधीजी की सबकी सब बातें किसी राष्ट्र-राज्य के कार्यकलाप में प्रतिबिम्बित हों, यह सम्भव ही नहीं है, और गाँधी के कुछ आदर्शों को क्षति भी पहुँची, मगर 1931 की करांची काँग्रेस के समय से एक समन्वय उभरा था और अन्त तक नेहरू उस समन्वय का अनुसरण करते रहे। नेहरू का गाँधीजी से चाहे जो भी मतभेद रहा हो, मगर नेहरू ने जो नीतियाँ क्रियान्वित कीं, वे गाँधी के स्वतन्त्रता, अहिंसा, शान्ति, सर्वधर्म-समभाव और निर्धनता उन्मूलन के विचारों पर ही आधारित थी। नेहरू की नीतियाँ साररूप में ये थीं—राष्ट्रीय स्वतन्त्रता, प्रजातंत्र, धर्म-निरपेक्षता, योजनाबद्ध विकास और समाजवाद, विश्व-शान्ति एवं गुट-निरपेक्षता।

गाँधी भारत के राष्ट्रपिता हैं, भारतीय जनमानस का एक अवचेतन अंश। यह भारतीय जनता पर है कि वह गाँधी को भगवान बना डालेगी या अपने लिये उन्हें संसद-विवेक का पैमाना बनाकर रखेगी। भारतीय प्रजातन्त्र का आधार और प्राणतत्व रहा है—सहिष्णुता, भारतीय संस्कृति के सम्मिश्रण रूप की सहज स्वीकृति और धर्म निरपेक्षता (जो कि धर्मों का निराकरण नहीं है बल्कि समस्त धर्मों का समान रूप से आदर है) तथा नस्ल, धर्म और मतवाद के भेदभाव के बिना सारे प्रजाजनों द्वारा नागरिक अधिकारों का उपयोग, सहिष्णुता और मेल-मिलाप की जिस स्पिरीट पर गाँधी ने इतना जोर दिया था, उसका प्रचार नेहरू से बढ़कर किसी ने नहीं किया। भारतीय संघ राज्य की जनता की एकता में नेहरू की जीवंत आस्था थी, हालाँकि वे उसकी नानारूपता से भी इनकार नहीं करते थे।

गाँधी को भारतीय के दीन-दुखियारों की जो गहरी चिन्ता थी, उनकी भलाई और खुशहाली में उनकी जो उत्कट दिलचस्पी थी, उसे नेहरू ने अपनी योजनाबद्ध विकास और समाजवाद की नीतियों में ठोस रूप दिया। नेहरू ने अपने भाषणों के माध्यम

से समस्त देशवासियों को इस तथ्य से अवगत करवाया है भारत जैसे विकासशील देश को विकसित देशों की अपेक्षा अधिक योजना करनी होगी और भारत के लिये योजना का अर्थ है समाजवाद, आप उसे चाहें तो समाजवादी निर्माण या अधिकतम सामाजिक-आर्थिक बदलाव कह सकते हैं या और कुछ। भले ही हमारी योजनाओं में कमियाँ या दोष उत्पन्न हो गये हों, अप्रत्याशित कठिनाइयों ने उसमें अड़चनें डाली हों, मगर हमारी जनता योजना की अभ्यस्त हो गई है और वह जानती है कि योजना की त्रुटियाँ योजना के जरिए ही दूर की जा सकती हैं, जैसे कि प्रजातन्त्र की विकृतियों का एकमात्र इलाज प्रजातन्त्र है।

भारत के चिन्तक को नेहरू की मौलिक देनों में से एक है--देश के आन्तरिक विकास और अन्तर्राष्ट्रीय घटनाओं में घनिष्ठ सम्बन्ध। भले ही विदेश-नीति राष्ट्रीय नीति का ही प्रतिबिम्ब होती हो, पर विदेश-नीति कभी-कभी राष्ट्रीय नीति पर भी प्रभाव डालती है। यह पाठ नेहरू ने देश की जनता को क्रमेण सिखाया। अगर देश के बाहर शान्ति न हो, तो देश के भीतर भी शान्ति नहीं रह सकती, और भारत की स्वतन्त्रता का अर्थ दूसरों की स्वतन्त्रता भी होनी चाहिए। जिस दृढ़ लगन के साथ नेहरू ने स्वदेश और विदेश में शान्ति के लिये प्रयत्न किया, जिस ईमानदारी और निष्ठा के सथ उन्होंने सबकी स्वतन्त्रता के लिये काम किया, निःशस्त्रीकरण और खासकर न्यूक्लीय निःशस्त्रीकरण के लिए लगातार जो कोशिशें की, उनके कारण वे अपने जमाने के विशिष्ट व्यक्तियों में भी विशिष्ट हो उठे थे। दासमुक्ति, स्वतन्त्रता और निष्पक्षता के लिये गुट-निरपेक्षता निहायत जरूरी चीज थी। नेहरू उसके आद्य प्रतिपादक तो थे ही, साथ ही वे अपने जीवनकाल में यह भी देख पाए कि किस तरह गुट-निरपेक्षता का विस्तार होता चला गया और वह विश्व-शान्ति एवं विश्व-सुरक्षा में सहायक बनी, जिससे गुट-निरपेक्षता का मान सभी गुट करने लगे।

वास्तव में 'गुट-निरपेक्षता' एक सम्पूर्ण नीति के नकारात्मक पक्ष का नकारात्मक नाम था, मगर उसने व्यापक अर्थ ग्रहण किया और वह हमारी समूची विदेश नीति का पर्यायवाची बन गई। स्वतन्त्रता भारत की विदेश-नीति गुलाम भारत की विदेश-नीति से उपजी थी, क्योंकि स्वतन्त्र होने से पहले ही भारत दुनिया की तमाम गुलाम कौमों के मुक्ति-आन्दोलनों में दिलचस्पी लेता आया था और केवल विश्व-शान्ति का ही नहीं, बल्कि उपनिवेशवाद के समस्त रूपों की समाप्ति का भी समर्थक रहा था।

दूसरा विश्व-युद्ध छिड़ने के बहुत पहले ही नेहरू की रहनुमाई में काँग्रेस ने उस युद्ध के बारे में भारत की नीति घोषित कर दी थी। नेहरू पर यह आक्षेप किया

जाता था कि अबीसीनिया, स्पेन और चीन के मोर्चों पर भारत की आजादी की लड़ाई लड़ने की कोशिश करते थे। मगर असाधारण दूरंदेशी से उन्होंने यह देख लिया था कि आजादी की लड़ाई अविभाज्य चीज है। उन्होंने भारत के राष्ट्रीय आन्दोलन को अन्तर्राष्ट्रीय दृष्टि प्रदान की, जैसे कि आगे चलकर उन्होंने अन्तर्राष्ट्रीय सम्बन्धों को भारतीय आदर्शवाद से मंडित किया। भारत में ब्रिटेन से जूझते हुए भी वे हिटलर के विरुद्ध मित्र-राष्ट्रों के संघर्ष का समर्थन करने से नहीं हिचके, इस तरह उन्होंने भारत को संकुचित राष्ट्रीयता से बचा लिया। उन्होंने मिस्त्र की, इण्डोनेशिया की और तमाम एशिया व अफ्रीका की आजादी में दिलचस्पी ली। इस तरह वे केवल भारत की ही नहीं, बल्कि समस्त परतन्त्र देशों की आजादी के भी शिल्पी थे। उनके नेतृत्व में भारत ने मुख्यतः अपने प्रयत्नों द्वारा गौण रूप से ऐतिहासिक शक्तियों की मदद से न केवल स्वयं स्वतन्त्रता प्राप्त की, बल्कि अपने उदाहरण से और संयुक्त राष्ट्रसंघ में व अन्यत्र अपने अनवरत प्रयत्नों द्वारा, दूसरे सभी परतन्त्र देशों को स्वतन्त्र कराने में सहायता दी। वे सीएटो, सेन्टों और दूसरी तमाम विभाजनकारी ताकतों के विरोधी रहे।

भारत की विदेश-नीति सदा ही विश्व के क्षितिजों को छूती रही। उसने सबसे पहले अपने नजदीकी पड़ोसी नेपाल, बर्मा, सीलोन और इंडोनेशिया पर ध्यान दिया। मगर उराकी दिलचस्पी सर्वत्र निरन्तर बनी रही—पश्चिम एशिया में, दक्षिण और दक्षिण-पूर्व एशिया में, चीन में, कोरिया और वितयनाम में, अफ्रीका में काँगो, युगाँडा और केन्या आदि अन्धकारमय कोनों में, कैरिबियन सागर में क्यूबा, जमैका और अन्य टापुओं में। जहाँ कहीं भी शान्ति की जिम्मेदारी उठाने के लिये भारत की पुकार हुई, उसने शान्ति-रक्षा में सौत्साह भाग लिया। युद्धोत्तरकालीन यूरोप में भी नेहरू की काफी दिलचस्पी थी और उनकी प्रेरणा से संयुक्त राष्ट्रसंघ में भारत के प्रतिनिधि-मण्डल, विश्व-शान्ति, सुरक्षा और निःशस्त्रीकरण के शक्तिशाली साधन बन गए।

ऐसा आलोचकों ने महसूस किया कि भारत विदेशी मामलों में जरूरत से ज्यादा दिलचस्पी ले रहा है। "हम कोरिया क्यों गए ? क्या इज्जत, नामवरी और साख की खातिर"। नेहरू से यह सवाल संसद में पूछा था और इसका जबाव देते हुए कहा था, "हम कोरिया इसलिए गए कि अगर हम वहाँ न जाते तो न सुलह होती, न युद्ध-विराम होता, लड़ाई जारी रहती और उसके फैलने का खतरा बराबर बना रहता।" इसी तरह हिन्दचीन में भी भारत ने ऐसी ही जोरदार दिलचस्पी ली। अगर आज वहाँ पर शान्ति है, तो उसके मूल में वियतनामियों का बहादुराना प्रतिरोध तो था ही, भारत का अथक परिश्रम भी था।

वर्तमान समय में भी विश्व के कई देश ऐसे हैं जो संकट के स्थल बने हुए हैं। उदाहरण के लिए–दक्षिण अफ्रीका, जहाँ रंगभेद का राज्य है और पश्चिम एशिया, जहाँ अभी भी फिलीस्तान अस्तित्व में नहीं आ पाया है। आज भी न्यूक्लीय निःशस्त्रीकरण का कोई आसार नहीं है। विकास में दूसरों को हिस्सा देनें की कोई तत्परता भी अभी दिखाई नहीं देती। मगर जिस हिम्मत और आस्था के साथ नेहरू ने न सिर्फ अपनी सरकार की ओर से, बल्कि भारत की तमाम भावी सरकारों की ओर से भी न्यूक्लीय शस्त्रों का परित्याग किया, यह विश्व के लिए एक शानदार मिसाल थी, वही आस्था और हिम्मत का परिचय आज भी भारत दे रहा है। विश्व-शान्ति और विश्व-सुरक्षा के मामलों में नेहरू से बढ़कर कोई मार्गदर्शक संसार में नहीं हुआ है, और हम भारतवासी जब तक नेहरू की भविष्य दृष्टि के प्रति सच्चे रहेंगे, पथभ्रष्ट नहीं होंगे।

भारत के निर्माण में नेहरूजी की भूमिका

ब्रिटिश सरकार ने भारत में आंतरिक सरकार बनाने का आदेश सन् 1946 में दिया। वस्तुतः द्वितीय विश्व युद्ध–जो 1945 में समाप्त हुआ–के दौरान ही ब्रिटिश सरकार ने प्रायः यह निर्णय ले लिया था कि भारत को बहुत दिनों तक अपने अधीन नहीं रखा जा सकता। अन्तरिम सरकार के प्रधानमन्त्री का पद पं. नेहरू ने ही संभाला। 15 अगस्त 1947 को भारत पूर्ण रूप से स्वतन्त्र हुआ, किन्तु इसके पूर्व और पश्चात् बहुत कुछ घटा। सत्ता-हस्तान्तरण के लिए इंग्लैंड से गर्वनर जनरल के रूप में लॉर्ड माउंट बेटन को भारत भेजा गया था। अंग्रेज़ भारत को विभाजित करके ही उसे स्वतन्त्र घोषित करना चाहते थे।

ब्रिटिश सरकार की इस नीति को लार्ड माउंटबेटन सफल बनाने की कोशिश में लगे थे। इस समय तक मुस्लिम लीग नामक पार्टी अल्पसंख्यकों की, अर्थात् मुसलमानों की इकलौती और मज़बूत पार्टी बन चुकी थी। इसके नेता थे–मुहम्मद अली जिन्ना। जिन्ना ने विदेश से वकालत की शिक्षा प्राप्त की थी। बैरिस्टरी की डिग्री ली थी। उनका रहन-सहन और पोशाक सब कुछ विलायती था। देश के विभाजन की बात मुस्लिम लीग ने जिन्ना के नेतृत्व ग्रहण करते ही उठाई। जिन्ना महत्त्वाकांक्षी थे और अपने को प्रधानमन्त्री के रूप में देखना चाहते थे, इसके लिए वह देश को बाँटकर पाकिस्तान नामक एक अलग राष्ट्र बनाना चाहते थे। जिन्ना की इस महत्वाकांक्षा को माउंटबेटन ने और अधिक उकसाया जिसका परिणाम यह हुआ कि मुस्लिम लीग पाकिस्तान की मांग पर अडिग हो गया।

पंडित नेहरू का माउंटबेटन के साथ-साथ उनकी पत्नी और पुत्री से भी घनिष्ठता थी। यह शीघ्रातिशीघ्र स्वतन्त्रता प्राप्ति के लिए अच्छा था, किन्तु माउंट बेटन ने इस स्थिति का लाभ उठाते हुए जवाहरलाल नेहरू को देश विभाजन हेतु तैयार कर लिया। नेहरू तथा सरदार वल्लभभाई पटेल एवं कांग्रेस के अन्य नेता पहले देश के विभाजन के लिए प्रस्तुत नहीं थे, परन्तु जवाहरलाल के विभाजन हेतु सहमत हो जाने के पश्चात् किसी के पास कोई चारा नहीं रहा। इस समय तक जवाहरलाल की उम्र ही 58 वर्ष की होने को आयी थी। सभी नेता बूढ़े हो रहे थे। और लम्बे संघर्ष के पश्चात् प्रायः सभी को सत्ता सुख की लालसा थी। इस परिस्थिति में स्वाधीनता के लिए देश का विभाजन करने को भी तैयार हो गये।

गाँधी जी देश का बंटवारा नहीं होने देना चाहते थे। उनका कांग्रेसी नेताओं को समझाने का प्रयास बिल्कुल व्यर्थ गया। दुर्भाग्यवश स्वतन्त्रता आन्दोलन में जिस गाँधी की इतनी महत्त्वपूर्ण भूमिका थी, वही स्वतन्त्रता की प्रायः वेला में निष्प्रभावी हो गये थे। नेताओं की महत्त्वाकांक्षा ने उन्हें भारतीय राजनीति में हाशिये पर धकेल दिया था।

गाँधी जब अपने नेताओं को समझाने में असफल रहे, तो उन्होंने लॉर्ड माउंट बेटन से अकेले ही मिलने का निर्णय लिया। माउंट बेटन ने उनसे सहर्ष मिलने की स्वीकृति दी। दोनों में सौहार्दपूर्ण वातावरण में वार्तालाप हुआ। महात्मा गाँधी ने देश का विभाजन नहीं करने के लिए माउंट बेटन से अनुरोध किया। चालाक बेटन ने हाँ, हूँ करके महात्मा गाँधी को विदा कर दिया। गाँधी जी बेटन की चालाकी समझ नहीं पाये और उन्होंने मान लिया कि बेटन ने उनके अनुरोध को स्वीकृति दे दी है तथा देश विभाजन की त्रासदी से बच जायेगा। माउंटबेटन यह समझ चुका था कि गाँधी भारतीय राजनीति में महत्त्वपूर्ण नहीं रह गये हैं। ज़िन्ना और जवाहर के अनुकूल होने के कारण उसने विभाजन के साथ 15 अगस्त 1947 को स्वतन्त्रता प्रदान करने की घोषणा कर दी।

जैसा कि पूर्व में लिखा गया है कि यह विभाजन जिन्ना की देन थी। यदि जिन्ना अंग्रेज़ों के, अर्थात् माउंट बेटन के जाल में नहीं फँसते, तो यह विभाजन नहीं होता। गाँधी ने जिन्ना से भी प्रार्थना की थी कि वह अपनी खतरनाक ज़िद को छोड़ दें। किन्तु जिन्ना को जवाहरलल का भरोसा था। अतः जिन्ना ने गाँधी की बातों पर बहुत ध्यान नहीं दिया। महात्मा गाँधी ने एक बार यहाँ तक कहा था कि वह जिन्ना को पूरे देश का प्रधानमन्त्री बनवा सकते हैं, अतः विभाजन की कोई आवश्यकता नहीं और उसके बिना भी जिन्ना की महत्त्वाकांक्षा बेहतर रूप में पूरी हो सकती है, लेकिन

जिन्ना को पता था कि हिन्दू बाहुल्य देश में, विशेषकर जब जवाहरलाल के समान कद्दावर नेता उपलब्ध था, जिन्ना का प्रधानमन्त्री बनना कठिन क्या, असम्भव था। यह भी एक दुर्भाग्यपूर्ण स्थिति रही है कि जिन्ना की असाध्य बीमारी के संबंध में किसी भी भारतीय नेता को ज्ञात न हो सका, तो वे भारत की स्वतन्त्रता को कुछ दिनों के लिए टाल जाते, जिससे देश का विभाजन रुक जाता। बँटवारे के कुछ ही महीनों बाद अन्ततः उसी बीमारी ने उन्हें मृत्यु के मुख में ढ़केल दिया।

15 अगस्त 1947 को, अर्थात् 14 अगस्त की आधी रात के 1-2 मिनट बाद भारत स्वतन्त्र घोषित हुआ। इस घोषणा के कुछ पूर्व ही जवाहरलाल ने संविधान सभा को बड़ी अच्छी अंग्रेज़ी में सम्बोधित किया था। उनके पहले वाक्य में ही आता है—'ट्राइस्ट विद दी डेस्टिनी'। भाषण के कुछ अंशों का अनुवाद नीचे हिन्दी में दिया जा रहा है। 'सालों पूर्व नियति के साथ हमने एक करार किया था और अब वह काल आ गया है, जब हम अपनी प्रतिज्ञा पूरी करेंगे.....आधी रात ठीक 12 के घण्टे के साथ जब संसार सोया रहेगा, भारत जीवन और स्वतन्त्रता के लिए जागेगा। कभी ऐसे क्षण भी आते हैं। यद्यपि पूरे इतिहास में बहुत कम बार ही आते हैं, जब हम एक पुराने युग से नये में चरण रखते हैं, जब एक युग का अन्त हो जाता है और एक राष्ट्र की दीर्घकाल से कुचली हुई आत्मा अभिव्यक्ति प्राप्त करती है। समुचित यह है कि इस सुअवसर पर भारत, उसके लोग और पूरी मानवता की सेवा में समर्पित होने की शपथ हम लें। ......आज हम जिस उपलब्धि पर प्रसन्नता व्यक्त कर रहे हैं, वह मात्र एक क़दम है, मात्र एक अवसर की प्राप्ति भर है, जो हमें और भी महान् जयों और उपलब्धियों को प्राप्त करायेगा...... आने वाला समय कोई आरामदायक नहीं, अपितु निरन्तर संघर्ष का होगा, जिससे हम उस प्रण को पूर्ण कर सकें, जिसे हमने बार-बार दोहराया है।'

पंडित नेहरू अंग्रेजी के विषय में बहुत अधिक कुशल थे। यदि किसी अंग्रेज़ प्रधानमन्त्री से पं. नेहरू की तुलना की जा सकती है, तो वह था चर्चिल। चर्चिल ने भी अच्छी अंग्रेज़ी में कई पुस्तकें लिखीं हैं। उसकी आत्मकथा सर्वाधिक चर्चित है।

भारत बहुत अधिक समय तक गुलामी के जाल में जकड़ा था जिसके कारण देश की आर्थिक दशा शोचनीय थी। अकाल और सूखे देश के भिन्न-भिन्न भागों में पड़ते ही रहते थे। गरीबी के कारण देश की अधिकांश जनता भूखी और नंगी थी। सिंचाई व्यवस्था का उचित प्रबंध नहीं होने के कारण जो उपज होती थी वह उत्पादन 40 करोड़ जनता के लिए पर्याप्त नहीं था। बिजली व्यवस्था तो नाममात्र की थी। कुटीर उद्योग, जो मुख्यतः वस्त्र निर्माण से सम्बन्धित थे, अंग्रेजों की नीति के कारण कभी के समाप्त हो गये थे। यहाँ उत्पादित रूई अब इंग्लैंड के मैनचेस्टर के वस्त्र

कारखानों के लिए कच्चे माल का काम करती थी। देश राजनैतिक रूप से तो स्वतन्त्र हो गया था, किन्तु आर्थिक स्वतन्त्रता अथवा आत्मनिर्भरता अभी कोसों दूर थी। सर्वत्र अशिक्षा का बोलबाला था। भारत की अस्सी प्रतिशत जनसंख्या ग्रामीण इलाकों में बसती थी। यह एक ग्राम प्रधान देश है। किन्तु गाँव तक शिक्षा का प्रकाश फैलाने का कोई प्रयत्न कभी भी विदेशी शासन द्वारा नहीं किया गया। अधिकांश आबादी अशिक्षित ही नहीं निरक्षर थी। वहां की सभी महिलाएँ निरक्षर थीं। हैजा, मलेरिया, चेचक, प्लेग के समान बीमारियाँ महामारियों की तरह फैलती रहती थीं। चिकित्सा की सुविधा का गाँवों में दूर-दूर तक नामोनिशान नहीं था। क़स्बों और छोटे शहरों की स्थिति भी यही थी। गरीबी, कुपोषण और बीमारी के फलस्वरूप भारतीयों की औसत आयु मात्र 42 वर्ष थी। प्रसव की समुचित सुविधा के अभाव में जन्म लेते ही शिशु मृत्यु के शिकार हो जाते थे। अर्थात् बच्चों की मृत्यु दर भयावह थी।

एक प्रधानमंत्री के रूप में नेहरू के लिए इन सभी समस्याओं का निदान करना इतना आसान कार्य नहीं था। भविष्य की राह बहुत आसान नहीं थी। स्वतन्त्रता आन्दोलन के समय इन्हीं समस्याओं के उन्मूलन का आश्वासन दिया गया था, जिसे पूर्ण करना था। इसमें गंभीर चुनौती नेहरू के समक्ष सभी रियासतों के एकीकरण की थी, क्योंकि उस समय भारत में 56 रियासतें थीं इनमें से कुछ का स्वतन्त्र अस्तित्व था। स्वतन्त्र भारत के मानाचित्र पर द्वीपों के रूप में यत्र-तत्र खड़े ये रजवाड़े इसके रूप को विद्रूप कर रहे थे। सर्वप्रथम आवश्यकता इन रियासतों को समाप्त करने की थी, अन्यथा देश का सुदृढ़ीकरण अथवा एकीकरण नहीं हो पाता। सौभाग्यवश नेहरू को गृहमन्त्री के रूप में सरदार वल्लभभाई पटेल के सदृश अनुभवी एवं सुदृढ़ इच्छा-शक्ति से पूर्ण तथा कुशल एवं ईमानदार प्रशासक उपलब्ध था। पटेल को लौह पुरुष की संज्ञा मिली थी। नेहरू और पटेल में कुछ मामलों में मतभेद अवश्य था, किन्तु कुछ मामलों में पूरी तरह मतैक्य था। दोनों यह चाहते थे कि भारत के एकीकरण के लिए इन रियासतों को इस बात के लिए बाध्य किया जाये कि वे अपना विलय यशाशीघ्र कर लें। अन्तरिम सरकार के दौरान ही सरदार पटेल ने इस रियासतों को—जो भारत के अन्दर पड़ते थे।—भारतीय संघ के विलय के लिए दबाव डाला था। स्वतन्त्रता की प्राप्ति का समय आते-आते अधिकांश रजवाड़ों ने विलय स्वीकार कर लिया था। मात्र 3 रियासतें रह गयी थीं—जूनागढ़, हैदराबाद तथा जम्मू और कश्मीर। 1948 के अन्त तक इन तीनों को भी भारतीय संघ में मिला लिया गया।

जूनागढ़ और हैदराबाद में सैनिक कार्रवाई के पश्चात् ही भारतीय संघ में विलय हुआ। कश्मीर के राजा हरिसिंह ने उस समय विलय स्वीकार किया, जब पठान-कबाइलियों

ने पाकिस्तानी सैनिक अधिकारियों के नेतृत्व में कश्मीर पर आक्रनण कर दिया और उसकी राजधानी श्रीनगर की तरफ बढ़ने लगे। नेहरू की यह नीति थी कि राज्य की जनता अगर भारत में विलय के लिए प्रस्तुत हो, तभी किसी रियासत का विलय कराया जाये। राजा हरिसिंह ने भारत से सैनिक सहायता माँगी थी; क्योंकि उनके सैनिक इस आक्रमण को विफल करने में अक्षम थे। उस दौरान गवर्नर जनरल लॉर्ड माउंट बेटन ने नेहरू को सलाह दी कि अन्तर्राष्ट्रीय कानून के तहत भारत में कश्मीर का विधिवत् विलय हो जाये, तभी उसे सैनिक मदद की जाएगी।

कश्मीर के महाराजा हरिसिंह ने विलय स्वीकार किया, तब वहाँ हवाई जहाज़ से सेनाएँ भेजी गयीं। महात्मा गाँधी ने भी जवाहरलाल नेहरू को सलाह दी कि यह उचित है कि आक्रमणकारियों को बाहर कर दिया। परन्तु कश्मीर के एक भाग पर तब तक भारत का नियंत्रण स्थापित नहीं हो पाया था कि संयुक्त राष्ट्र की सुरक्षा-परिषद् के एक प्रस्ताव के फलस्वरूप 31 दिसम्बर 1948 को भारत और पाकिस्तान ने युद्ध विराम स्वीकार कर लिया, जिसके फलस्वरूप कश्मीर का एक भाग पाकिस्तान के पास रह गया, जो वर्तमान समय में विवाद का प्रमुख कारण है। संयुक्त राष्ट्र की सुरक्षा-परिषद् के प्रस्ताव को मानना तो भारत की विवशता थी तथा सुरक्षा-परिषद् में भेजने की बात गवर्नर जनरल के परामर्श पर 30 दिसम्बर 1947 को नेहरू को मानना पड़ा था।

इस समय तक गोवा और पांडिचेरी की कई बस्तियों पर फ्रांसीसी और पुर्तगाली सरकारों का अधिकार था। वहाँ की जनता भारत संघ में शामिल होने के लिए आतुर थी। फ्रांस ने तो एक सन्धि वार्ता के पश्चात् अपना अधिकार 1954 में छोड़ दिया, गोवा के ऊपर पुर्तगालियों का नियंत्रण था। अन्ततः वहाँ की जनता ने भारत में विलय के लिए सत्याग्रह आरम्भ किया, किन्तु इस सत्याग्रह को भी वहाँ के पुर्तगाल शासन ने दमन कर दिया। विवश होकर नेहरू को 17 दिसम्बर 1961 को गोवा में सेना भेजनी पड़ी। वहाँ के गवर्नर जनरल ने बिना किसी प्रतिरोध के घुटने टेक दिये। इस प्रकार पूरे भारत खण्ड पर भारतीय सरकार का अधिकार हो गया और राष्ट्र के एकीकरण का कार्य समाप्त हुआ। हालाँकि पुर्तगालियों पर सैनिक कार्रवाई के लिए पुर्तगाल सहित कई देशों ने आपत्ति जतायी लेकिन नेहरू जी ने सैनिक कार्यवाही बाध्य होकर की क्योंकि जब अंग्रेज़ों के समान एक बड़ी शक्ति को भारत के बाहर कर दिया गया, तो पुर्तगाल के समान एक छोटे देश के अधिकार में यहाँ का कोई क्षेत्र रहे, यह उचित नहीं था, विशेषकर तब, जब उस क्षेत्र की जनता विदेशी शासन के विरुद्ध झण्डा उठा चुकी थी। और खुद को भारत में शामिल होने को आतुर थी।

1947 के विभाजन को एक बहुत बड़ी साम्प्रदायिक समस्या खड़ी कर दी थी। भारत और पाकिस्तान दोनों देशों में अल्पसंख्यकों पर बर्बर अत्याचार हुए। गांवों और शहरों में भयानक कत्लेआम, आगजनी और अमानवीय घटनाएँ घटित हुई, जिसके फलस्वरूप कुछ ही महीनों के अन्दर प्रायः 5,00,000 (पाँच लाख) लोग मारे गये और अरबों की सम्पत्ति बर्बाद हुई। यह भीषण समस्या नेहरू और उनके गृहमन्त्री के समक्ष एक चुनौती-सी खड़ी थी। दिल्ली में ही—जो भारत सरकार की राजधानी थी—भारी संख्या में पाकिस्तान से भागकर और अपना सब कुछ गंवाकर अनेक शरणार्थी आये तथा यहाँ के सैकड़ों अल्पसंख्यकों को अपनी जान गंवानी पड़ी। पूरे देश में जहाँ-तहाँ दंगे भड़क उठे थे। इन दंगों को रोकने और शरणार्थियों को बसाने की समस्या विकट थी। पहले तो लगा कि नेहरू सरकार इस समस्या के समाधान में सफल नहीं हो पायेगी। यह एक बड़ी चुनौती थी। अधिकारियों के बँटवारे के फलस्वरूप भी प्रशासनिक ढाँचा चरमरा गया था, फिर भी नेहरू और उनके गृहमन्त्री की दृढ़ इच्छा के फलस्वरूप कुछ समय में ही दंगों पर नियन्त्रण पा लिया गया और शरणार्थियों को भी यत्र-तत्र बसा दिया गया तथा उन्हें समुचित सुरक्षा प्रदान की गयी।

चीन द्वारा तिब्बत के एक बहुत बड़े भू-भाग पर कब्जा कर लेने से भारत के समक्ष पुनः शरणार्थियों की समस्या उत्पन्न हो गई। बड़ी संख्या में तिब्बती भारी कष्ट उठाकर पहाड़ी मार्गों से भारत में शरण लेने पहुँच गये। उनके धर्मगुरु और शासक दलाई लामा को भी भारत में शरण लेनी पड़ी। तिब्बती शरणार्थी भारत में काफ़ी भीतर तक शरण की खोज में पहुँच गये थे। इन पंक्तियों के लेखक को स्मरण है कि संझौली रेलवे स्टेशन के पास कितने तिब्बती स्त्री-पुरुष और बालक बहुत दिनों तक खुले में पड़े हुए थे। जाड़े में स्नान करने के वे आदी नही थे, अतः उनके शरीर से भारी दुर्गन्ध फूटती थी, जिससे उनके आस-पास जाना भी कठिन था। जब इस छोटे स्थान पर इतनी संख्या में तिब्बती शरणार्थी ताक रहे थे, तो उत्तर भारत के अन्य स्थानों की शरणार्थी समस्या का अनुमान आसानी से लगाया जा सकता है। दलाई लामा ने अपने सैकड़ों समर्थकों के साथ हिमाचल प्रदेश के धर्मशाला क्षेत्र में शरण लेकर उसी स्थान को अपनी सरकार की राजधानी धर्मशाला को ही घोषित कर तिब्बत की स्वतन्त्रता की लड़ते रहे और आज भी लड़ रहे हैं।

भारत सरकार ने इन तिब्बती शरणार्थियों को भी किसी-न-किसी तरह बसाया, किन्तु तिब्बत पर चीन को अधिकार करते हुए देखते रहने के कारण प्रधानमन्त्री पं. जवाहरलाल नेहरू की बहुत आलोचना भी हुई। चीन और भारत के मध्य तिब्बत एक बीच का राज्य (बफर स्टेट) था। जिस पर चीन का अधिकार होने से चीन की सीमा

अब सीधे भारत से लगने लगी थी, किन्तु नेहरू की अपनी विवशता थी। क्योंकि उस समय चीन भारत से दुश्मनी मोल लेना नहीं चाहता था।

पंडित नेहरू ने चीन के साथ मित्रवत् संबंध बनाये रखने का अथक प्रयास किया और 'हिन्दी-चीनी भाई-भाई' का नारा दिया, पंचशील का सिद्धान्त सामने रखा, जिसके अनुसार पाँच सिद्धान्त अपनाने थे, जिनमें दो राष्ट्रों को एक-दूसरे के प्रति अहिंसा और प्रेम का रूप अपनाना था तथा दोनों देशों की सीमाओं को सुरक्षित रखना था।

चीन पंचशील के सिद्धांतों का ऊपरी तौर पर समर्थन करता रहा, किन्तु आन्तरिक रूप से भारत के विरुद्ध षड्यन्त्र रचता रहा।

सन् 1962 में चीन ने भारत पर हमला बोल दिया। भारत अभी तक चीन से युद्ध करने की स्थिति में नहीं पहुँचा था। इसके पास सैनिकों की संख्या चाहे जो हो, पर अस्त्र-शस्त्र अपर्याप्त एवं पुराने ढंग के थे। दूसरी तरफ चीन के भारत से कई गुणा संख्या में आधुनिक अस्त्र-शस्त्रों से लैस चीनी सैनिक भारत की सीमा में बहुत अन्दर पहुँच चुके थे। असम के तारापुर नगर को अधिकार में करते हुए वह उससे भी आगे बढ़ चुके थे। इस समय तक पटनावासियों की भी रात की नींद हराम हो चुकी थी, इस अफवाह के कारण कि चीनी अब किसी भी समय पटना पहुँच सकते हैं। अचानक चीन ने स्वयं युद्ध-विराम घोषित किया और अपने सैनिकों को पीछे हटने का आदेश दिया। फिर भी भारत के एक बड़े भू-भाग पर उसने अधिकार जमा ही लिया, जिस पर वर्तमान समय तक साम्यवादी चीन का नियंत्रण है।

इस दुखद घटना से पंडित नेहरू को बहुत बड़ा आघात लगा। चीन के इस रवैये के कारण नेहरू ने जो अपनी अन्तर्राष्ट्रीय छवि बना रखी थी, वह कुछ धूमिल हुई। ऊपर-ऊपर तो पं. नेहरू ने अपना आत्मविश्वास बनाये रखा, किन्तु अन्दर-अन्दर वह काफी टूट चुके थे।

संसद में जब इस चीनी अतिक्रमण का प्रश्न उठाया गया, तो नेहरू ने चीन द्वारा अधिकृत भूमि को यह कहकर अपनी सफ़ाई दी कि उस पर 'घास की एक पत्ती भी नहीं उगती'। नेहरू की आलोचना प्रायः पूरे देश में इस बात को लेकर भी हुई कि कृष्ण मेनन को उन्होंने रक्षामन्त्री बना रखा था। देश की सुरक्षा अगर खतरे में पड़ी, तो रक्षामन्त्री को स्वयं उसे इस पद से हटा देना चाहिए था। कृष्ण मेनन की विचारधारा को कुछ लोग साम्यवादी भी मानते थे। उनके प्रति जीप-खरीद घोटाले का आरोप भी लगा था। नेहरू इस सबके पश्चात् भी कृष्णा मेनन को रक्षामन्त्री के पद से हटाने को प्रस्तुत नहीं थे, पर अन्ततः जनमत के समक्ष उन्हें घुटने टेकने पड़े और

मेनन को उनके पद से हटाना पड़ा। इन सब घटनाओं ने नेहरू को बुरी तरह से प्रभावित किया। परिणामस्वरूप वह लकवे से ग्रस्त हो गये। कांग्रेस पार्टी पं. नेहरू को ऐसी शारीरिक स्थिति में भी प्रधानमन्त्री के पद पर बनाये रखना चाहती थी और देश से यह बात छिपाकर रखना चाहती थी कि पं. नेहरू शारीरिक रूप से नेतृत्व करने में अक्षम हो चुके थे। थोड़ी ही दिनों के पश्चात् उन्हें संसद तक में लाया जाने लगा, यद्यपि उन्हें खड़े होने के लिए हाथों का सहारा देना पड़ता था। अन्ततः इस बीमारी और सदमे ने उनके प्राण ले ही लिये और चीनी आक्रमण के दो वर्ष भी नहीं पूरे हुए थे कि 1964 के मध्य उनका देहान्त हो गया।

पंडित नेहरू के समक्ष एक कठिन समय उस समय भी आया, जब 30 जनवरी 1948 को नाथूराम गोडसे की 3 गोलियाँ खाकर महात्मा गाँधी—जिन्हें पूरा देश बापू कहकर पुकारता था—अचानक 'हे राम!' कहकर स्वर्ग सिधार गये। नेहरू के ऊपर से महात्मा गाँधी को पर्याप्त सुरक्षा प्राप्त नहीं होने की बात भी उठाई गयी, जिसके लिए गृहमन्त्री पटेल और प्रधानमन्त्री पंडित नेहरू की आलोचना भी हुई। किन्तु गाँधी की सुरक्षा अगर अपर्याप्त थी, तो इसका कारण भी था। गाँधी जन-जन में इतने लोकप्रिय थे कि उनकी हत्या भी की जा सकती है, वह भी भारत की सरज़मी पर, इसकी कोई कल्पना भी नहीं कर सकता था। जिस समय भारत स्वतन्त्रता की खुशियाँ मना रहा था, उस समय निहत्थे गाँधी पश्चिम बंगाल के नोआखाली में भड़के भीषण खूनी दंगे की आग को बुझाने में लगे थे। उस समय जब उनक बाल-बाँका भी नहीं हुआ, तब किसी भारतीय, वह भी हिन्दू के हाथों वे मौत के घाट उतारे जायेंगे, इसकी परिकल्पना भी कैसे की जा सकती थी।

इस अवसर पर नेहरू ने आकाशवाणी से राष्ट्र को सम्बोधित करते हुए एक अत्यन्त कारुणिक भाषण दिया था—'मित्रो और कामरेड, हमारे जीवन से प्रकाश समाप्त हो गया है और चारों तरफ अन्धकार फैल गया है।......मैंने कहा प्रकाश गायब हो गया है और फिर भी मैं ग़लत था; क्योंकि वह प्रकाश, जो इस राष्ट्र में फैला था, वह कोई सामान्य प्रकाश नहीं था कि वह प्रकाश इस वर्तमान से भी कुछ अधिक की अभिव्यक्ति थी, यह अभिव्यक्ति थी उस प्राणवंत, शाश्वत सत्य की, जो हमें सदा उचित मार्ग का स्मरण कराता रहेगा, भूलों से बचाता रहेगा, इस प्राचीन राष्ट्र को स्वतन्त्रता के वास्तविक लक्ष्य तक ले जायेगा।

भारत 1947 में स्वाधीन तो अवश्य हो गया था, किन्तु एक वास्तविक गणतन्त्र की स्थापना अभी शेष थी। देश में ब्रिटिश शासन द्वारा प्रचलित पद्धति से शासन कार्य संचालित किया जा रहा था। देश का अपना संविधान होना जरूरी था इसलिए संविध

ान का निर्माण किया गया। दलित नेता डॉ अम्बेडकर का भी इसमें बहुत योगदान था। यह संविधान मुख्यतः ब्रिटेन और कनाडा के संविधानों के सदृश था। ब्रिटिश क्राउन (राजा अथवा रानी) के अनुरूप भारत के राष्ट्रपति का पद था, तो वहीं के प्रधानमन्त्री की तरह भारतीय प्रधानमन्त्री अत्यन्त शक्ति सम्पन्न था। संसद में मंत्रिपरिषद् को अधिक अधिकार मिला। इस मन्त्रि-परिषद् का गठन करने का भार प्रधानमन्त्री के ऊपर ही होता है। इसलिए प्रधानमन्त्री का निर्णय ही मन्त्रि-परिषद् का भी निर्णय होता है। अतः, एक तरह से प्रधानमन्त्री के निर्णय को राष्ट्रपति को उसे स्वीकृति देनी पड़ती है। बहुत कम मामलों में राष्ट्रपति अपना स्वतन्त्र निर्णय ले सकता है। वह मंत्रिपरिषद् के प्रस्ताव को पुनर्विचार के लिए लौटा सकता है। यदि पुनर्विचार के पश्चात् भी प्रस्ताव उसी रूप में प्राप्त होता है, तो राष्ट्रपति को उससे सहमत होने के अतिरिक्त कोई रास्ता नहीं है, प्रदेश या राज्य में राष्ट्रपति शासन लागू कर सकता है, किन्तु यह भी मन्त्रि-परिषद् की अनुशंसा पर ही होता है। अब तक राज्यों में तो कई बार राष्ट्रपति शासन घोषित हुआ, किन्तु केन्द्र में यह स्थिति मात्र एक बार आयी थी, जब आपातकालीन स्थिति की घोषणा की गयी थी। यह श्रीमती इन्दिरा गाँधी के प्रधानमन्त्रित्व के समय हुआ था जो उन्हीं की इच्छा से हुआ था। तत्कालीन राष्ट्रपति फख़रुद्दीन अली अहमद को आधी रात के समय मन्त्री-परिषद् कह लें, प्रधानमन्त्री के प्रस्ताव पर स्वीकृति देनी पड़ी थी। इस पर बाद में श्रीमती गाँधी पर लिखते समय विस्तार से प्रकाश डाला जायेगा। अभी यह सब इसलिए लिखा गया कि संविधान में प्रधानमन्त्री एवं राष्ट्रपति की स्थिति को ठीक से समझा जा सके। वह संविधान, जो मूलतः पंडित नेहरू की देन था।

संविधान 26 जनवरी 1950 को लागू किया गया। इसी कारण 15 अगस्त को स्वतन्त्रता दिवस और 26 जनवरी को गणतन्त्र दिवस के रूप में मनाया जाता है। संवैधानिक प्रावधान के अनुसार सर्वप्रथम 1951-52 में देश में आम चुनाव कराये गये। 4 महीनों तक चले इस चुनाव को वयस्क मताधिकार के आधार पर कराया गया। इसके अनुसार 21 वर्ष के ऊपर के सभी व्यक्तियों को बिना लिंग-जाति भेद अथवा धर्म भेद के मत देने का अधिकार प्राप्त था। नेहरू युग की यह बहुत बड़ी उपलब्धि थी। देश के इस प्रथम चुनाव में 17 करोड़ मतदाताओं को, गहन सर्वेक्षण के आधार पर चिन्हित किया गया। दो लाख चौबीस हज़ार मत केन्द्र स्थापित किये गये। कोई दस लाख अधिकारियों ने इस चुनाव का संचालन किया।

पंडित नेहरू ने इस प्रथम आम चुनाव में कांग्रेस पार्टी के प्रचार के लिए विस्मयकारी ऊर्जा का प्रदर्शन करते हुए प्रायः 40 हज़ार कि. मी. की यात्रा की और

साढ़े तीन करोड़ लोगों को अपने चुनावी दौरों में सम्बोधित किया। देश में अब एक कई राष्ट्रीय और क्षेत्रीय पार्टियाँ बन चुकी थीं। इन लोगों ने भी अपने प्रतिनिधि खड़े किये। कुछ स्वतन्त्र उम्मीदवार भी खड़े हुए, लेकिन नेहरू के प्रभाव से कांग्रेस पार्टी भारी बहुमत से विजयी हुई। कुल चार सौ नवासी स्थानों में संसद के लिए कांग्रेस ने 364 स्थान विजित किये। कोई दूसरी पार्टी कांग्रेस के कहीं आस-पास भी नहीं थी। इस समय राष्ट्रपिता महात्मा गाँधी का साया भी पार्टी को प्राप्त नहीं था। ऐसी स्थिति में चुनावी विजय का श्रेय पं. नेहरू को ही जाता है। चुनाव अभियान के केन्द्र में वही थे। विपक्षी दलों ने नेहरू पर हर सम्भव दिशा से आक्रमण किया, किन्तु नेहरू के समक्ष प्रायः कोई नहीं टिक सका। निम्नलिखित सारणी से यह पता चलता है कि पार्टी किस तरह लोकसभा के चुनाव में अन्य पार्टियों और निर्दलीय उम्मीदवारों को बुरी तरह पराजित करने में सफल हुई।

पार्टी	*जीती गयी सीटें*
1. काँग्रेस	364
2. निर्दलीय	41
3. अन्य दल	30
4. साम्यवादी और सहयोगी	23
5. समाजवादी	12
6. किसान मज़दूर पार्टी	9
7. हिन्दू महासभा	4
8. राम राज्य परिषद्	3
9. जनसंघ	3
योग	**489**

राज्य विधान सभाओं में विपक्षी दलों एवं निर्दलीय उम्मीदवारों की शर्मनाक पराजय हुई। नेहरू ने चुनाव प्रचार के दौरान साम्प्रदायिकता को चुनाव का मुद्दा बनाया था। नेहरू सही अर्थों में एक धर्म निरपेक्ष व्यक्ति थे। यह गुण उनमें वस्तुतः महात्मा गाँधी के प्रभाव से आया था। महात्मा गाँधी हिन्दू-मुसलमान के मध्य किसी प्रकार का भेदभाव नहीं करते थे। विभाजन के पश्चात् भी गाँधी ने भारत और पाकिस्तान दोनों को एक दृष्टि से देखा, इसी कारण हिन्दू उग्रवादियों ने उनकी हत्या भी करायी। कांग्रेस पार्टी की सरकार, जो प्रधानमन्त्री जवाहरलाल नेहरू और गृहमन्त्री सरदार पटेल के अन्तर्गत चल रही थी, बंटवारे के समय निर्धारित मुआवजे की

धनराशि को जब सरकार नहीं दे रही थी तो गाँधीजी ने अनशन करके सरकार को यह राशि प्रदान करने हेतु विवश कर दिया था।

पं. मोतीलाल नेहरू जो पं. जवाहर लाल नेहरू के पिता थे का प्रभाव भी इस सम्बन्ध में पड़ा था। पं. मोतीलाल पूर्णतया पाश्चात्य रंग में रंगे थे और किसी पूजा-पाठ में भी विश्वास नहीं करते थे। नेहरू भी हिन्दू धर्मावलम्बी होते हुए भी अपने दैनिक जीवन में किसी पूजा-अर्चना को महत्त्व नहीं देते थे। इसी कारण कुछ लोग उन्हें नास्तिक भी कहने लगे थे।

पं. नेहरू का यह व्यक्तित्व कांग्रेस दल हेतु एक मिसाल बन गया और कालांतर में उनके बाद के सभी पार्टी नेता आज तक इस धर्मनिरपेक्षता को पूरी तरह समर्पित हैं। नेहरू ने चुनाव अभियान के दौरान स्पष्ट कहा था कि यदि साम्प्रदायिक शक्तियों को 'खुलकर खेलने दिया जाये, तो यह भारत को तोड़ डालेंगी।' (नेहरू लेटर्स टू चीफ़ मिनिस्टर्स, भाग-2, पृष्ठ 508)। उन्होंने यह भी कहा था कि बिना अल्प भी शक-शुबहा के, हमें इस तथ्य के प्रति सपष्ट हो जाना चाहिए कि....हम अपनी मृत्यु तक धर्मनिरपेक्ष राज्य के लिए वचनबद्ध हैं। (नेहरू ऑन कम्युनलिज्म, पृष्ठ 216)। यह प्रथम चुनाव प्रायः हिंसा रहित तथा पूर्णतया व्यवस्थित, निष्पक्ष एवं स्वतन्त्र था। पूरे संसार ने इस चुनाव की सराहना की। भारत विश्व का सबसे बड़ा गणराज्य है। इस विशाल गणराज्य में निष्पक्ष और शान्तिपूर्ण तरीके से चुनाव सम्पन्न कराना एक बड़ा जटिल कार्य था। किन्तु नेहरूजी ने इस कार्य को सफलतापूर्वक अंजाम दिया। यों चुनाव एक संविधान द्वारा गठित स्वतन्त्र चुनाव आयोग द्वारा कराया गया और आज भी कराया जाता है। लेकिन आयोग को सरकारी तन्त्र की सहायता लेनी ही पड़ती है और केन्द्र अथवा राज्य की सरकारें अगर चुनाव आयोग का भरपूर सहयोग नहीं करें, तो यह चुनाव आयोग के बूते की बात नहीं है कि वह इतने बड़े पैमाने पर चुनाव करा ले। उस समय और उसके पश्चात् भी बहुत समय तक मात्र एक सदस्यीय चुनाव आयोग हुआ करता था। यद्यपि चुनाव आयोग के इस सदस्य को प्रमुख चुनाव आयुक्त की संज्ञा मिलती थी। सुकुमार सेन ने प्रथम चुनाव आयुक्त का भार-वहन किया था।

प्रथम चुनाव के समय प्रायः 46% से अधिक मतदाताओं से भाग लिया। स्वतन्त्रता आन्दोलन में कई महिलाओं ने खुलकर भाग लिया था, जिसके फलस्वरूप महिलाओं में भी राजनीतिक चेतना जाग्रत हो आयी थी। एक अनुमान के अनुसार मत डालने योग्य महिलाओं में से 40% महिलाओं ने मत दिया था। नेहरू युग में तीन बार चुनाव हुए थे। ये चुनाव 5-5 साल की अवधि पर 1952, 1957 और 1962 में सम्पन्न हुए थे। प्रसन्नता की बात है कि चुनावों में जनता की दिलचस्पी निरन्तर

बढ़ती जा रही थी। क्योंकि 1952 के चुनावों में 46.6% , सन् 1957 में 47% और 1962 में हुए चुनाव में कुल 54% लोगों ने अपना वोट डाला। प्रत्येक चुनाव में कांग्रेस को अच्छे मत मिले परंतु 1957 में केरल में साम्यवादी दल की विजय हुई और वहीं उसकी सरकार गठित हुई। वहाँ अब भी इसी पार्टी की सरकार बनती है।

वास्तव में पं. जवाहर लाल नेहरू एक निष्ठावान जनवादी प्रतिनिधि थे। नेहरू यद्यपि एक सशक्त प्रधानमन्त्री थे और हर चुनाव में उन्हें अधिकाधिक शक्ति प्राप्त होती गयी थी, तथापि उन्होंने अपनी शक्ति का कभी दुरुपयोग नहीं किया। न्यायपालिका को पूर्ण स्वतन्त्रता प्राप्त थी। उसके कार्यों में सरकारी दख़ल कभी नहीं दिया गया, बल्कि उसकी शक्ति बढ़ ही गयी; क्योंकि कार्यपालिका और न्यायपालिका का पूरी तरह विभाजन कर दिया गया। यहाँ तक कि पहले कार्यकारी मजिस्ट्रेटों तथा सबडिविज़नल मजिस्ट्रेटों तथा जिला पदाधिकारियों को बहुत सारी न्यायिक अधिकार प्राप्त थे। वे बहुत सारे ऐसे मुक़दमों की सुनवाई और उन पर फैसले भी करते थे, जिनकी सजा कई-कई वर्षों की होती थी। उधर न्यायपालिका भी कई महत्वपूर्ण मुकदमों की सुनवाई और उन पर फैसला करती थी। दोनों को पृथक्-पृथक् कर देने के पश्चात् कार्यकारी पदाधिकारियों के पास सीमित न्यायिक शक्ति रह गयी। अब वे लम्बी सजा वाली न्यायिक शक्तियाँ जिला जज के हाथ में चली गयीं। सबडिविजनल मजिस्ट्रटों के साथ-साथ न्यायिक मजिस्ट्रेटों की भी स्थापना हुई। राज्यों में इसके लिए न्यायिक सेवा की स्थापना हुई। इसकी परीक्षा का संचालन राज्य के लोकसेवा आयोग का दायित्व बना। इसमें वही लोग उम्मीदवार बन सकते थे, जिन्होंने स्नातक की परीक्षा के साथ क़ानून में भी स्नातक की उपाधि प्राप्त की हो। यह निम्नतम योग्यता थी। इस प्रकार कार्यपालिका, विधायिका और न्यायपालिका सरकार के ये तीनों अंग अपने-अपने क्षेत्र में पूर्णतया स्वतन्त्र हो गये। किसी के कार्यों का अथवा अधिकारों का कोई अतिक्रमण नहीं कर सकता था।

भारतीय संसद के प्रति नेहरूजी गहरी निष्ठा रखते थे। भारी बहुमत से सत्ता में आने के पश्चात् भी इन्होंने हमेशा संसद की गरिमा को बनाये रखा। इसी विचार के फलस्वरूप वे विपक्ष भले ही बहुत मजबूत नहीं था, उसकी बात को सुनने के लिए सदा तैयार रहते थे। नेहरू संसद में प्रश्नकाल के समय होने वाली बहसों में अवश्य उपस्थित रहते थे। इसी कारण विपक्ष आज की तरह गैर-जिम्मेदार नहीं था। उस समय संसद में आज की तरह हंगामे और तोड़फोड़ नहीं हुआ करते थे। पं. नेहरू के इस आचरण के कारण उनके नीतियों को लागू करने में विपक्ष का प्रायः सदा सहयोग ही प्राप्त होता था। नेहरू के समय पक्ष और विपक्ष दोनों में श्रेष्ठ और प्रतिभाशाली नेता थे, जिन्होंने

स्वतन्त्रता संग्राम में महत्त्वपूर्ण भूमिका निभाई थी। इन सभी को साथ लेकर चलने का कार्य नेहरू जी जैसा महान व्यक्तित्व वाला व्यक्ति ही कर सकता था। नेहरू के काल में ही आकलन समीति के सदृश संसदीय समितियों का गठन आरम्भ हुआ। इनके माध्यम से प्रशासन पर निगरानी रखने में सुविधा हुई। ये समितियाँ समालोचना की महत्त्वपूर्ण भूमिका निभाती थीं। इनमें यथासम्भव पक्ष और विपक्ष दोनों के सदस्य होते थे।

नेहरू के प्रधानमन्त्रित्व युग की एक प्रमुख विशेषता यह थी कि मन्त्री-परिषद् (केबिनेट) की संस्था का विकास बहुत स्वस्थ रूप में हुआ, यद्यपि प्रधानमन्त्री ही मन्त्री-परिषद् के सदस्यों को चयनित और उसी की अनशंसा पर राष्ट्रपति उनकी नियुक्ति करता था। इसके बावजूद पंडित नेहरू ने आजकल के विपरीत अपने मन्त्री-परिषद् के सदस्यों पर कभी कोई दबाव नहीं डाला। मन्त्री-परिषद् के सदस्य अपने विचार रखने को पूर्ण स्वतन्त्र थे और उनके विचारों का वे आदर करते थे। इसी प्रकार उनके विभाग के कार्यों में भी उन्हें पूर्ण स्वतन्त्रता प्राप्त थी। प्रधानमन्त्री नेहरू कभी उनमें हस्तक्षेप नहीं करते।

नेहरूजी ने कभी भी अपने शासन काल में प्रान्तीय शासन के कार्यों में अनावश्यक हस्तक्षेप नहीं किया। नेहरूजी द्वारा विकसित यह स्वस्थ परम्परा अब लुप्त होती जा रही है। पार्टी के कार्यों में भी राज्य इकाइयाँ पूरी तरह स्वतन्त्र थीं। अपने नेता, अर्थात् मुख्यमन्त्री का चुनाव राज्य की पार्टी इकाई स्वयं करती थी। आज की तरह मुख्यमन्त्री आला-कमान द्वारा राज्य पर थोपा नहीं जाता था। राज्य में पार्टी अध्यक्ष का पक्ष तब तक प्रभावशाली पद था और अध्यक्ष का चुनाव करने के लिए भी राज्य इकाई स्वतन्त्र थी।

नेहरू के शासनकाल में सेना के ऊपर देश की नागरिक सरकार की श्रेष्ठता पूर्णतया स्थापित हो गयी। प्रधानमन्त्री नेहरू ने यह सुनिश्चित किया कि सेना राजनीति में कभी हस्तक्षेप नहीं करे। उनके समय में सैनिक बलों का आकार यथासम्भव छोटा रखा गया। कई यूरोपीय राज्यों में सेना का हस्तक्षेप चल रहा था, जैसे 19वीं सदी में फ्रांस और जर्मनी में। इसी प्रकार कई तीसरी दुनिया के देशों में भी सेना शासन का अधिकार अपने हाथ में ले रही थी। पड़ोसी पाकिस्तान के राजनीतिज्ञों की अदूरदर्शिता के फलस्वरूप ही वहाँ प्रायः सेना का ही शासन कायम रहा। आज भी उस स्थिति में कोई बदलाव नहीं आया है। 1954 में जब अमरीका द्वारा पाकिस्तान को भारी सामरिक सहायता प्रदान की गयी, तब भी नेहरू ने भारतीय सेना पर हो रहे खर्च में कोई वृद्धि नहीं की थी। कुल राष्ट्रीय आय का 2% ही उस पर व्यय होता था, सेना

में भर्ती की नीति में भी परिवर्तन लाया गया। अंग्रेज़ों के समय जहाँ देश की लड़ाकू जातियों, जैसे—राजपूतों और सिखों को बहुत महत्त्व मिलता था, वहीं अब सेना में समाज के हर वर्ग को प्रतिनिधित्व मिला। स्वतन्त्र के प्रारम्भिक वर्षों में सेना से ख़तरा सम्भव था, जिसे पं. नेहरू ने अपने विवेक और बुद्धि के बल पर नहीं होने दिया। इस दिशा में अत्यन्त महत्त्वपूर्ण क़दम यह था कि पहले जहाँ सेना की तीनों इकाइयाँ, अर्थात् थलसेना, वायुसेना और जलसेना एक ही सेनाध्यक्ष के अधीन थीं। वहीं नेहरू ने अब तीनों इकाइयों को पृथक्-पृथक् कर दिया था और हर सेना का सेनाध्यक्ष उसकी इकाई से ही नियुक्त होता था। यह भारत का सौभाग्य है कि नेहरू द्वारा स्थापित परम्परा और नीति आज भी कायम है। इसके फलस्वरूप स्वतन्त्र भारत के इतिहास में सेना ने कभी सरकार का तख्ता उलटने का प्रयास नहीं किया।

नेहरू के समय उनके गृहमन्त्री सरदार पटेल से प्रशासनिक ढाँचे को लेकर आरम्भ में मतभिन्नता उपजी। नेहरू समझते थे कि अंग्रेजों के काल से चली आ रही व्यवस्था, जो औपनिवेशिक शासन के लिए थी, साम्राज्यवादी शासन के हितों को ध्यान में रखकर की गयी थी, एक कल्याणकारी प्रजातान्त्रिक प्रशासन के अनुकूल वह नहीं थी। उन्होंने एक बार कहा भी था कि यह एक ऐसा पुराना और टूटा-फूटा तथा धीमी गति से चलने वाला जहाज़ है, जो इस तीव्र परिवर्तन के काल में किसी योग्य नहीं रहा गया था। उनके अनुसार इसको हटाकर दूसरे ढाँचे के लिए स्थान बनाना पड़ेगा। वस्तुतः इस प्रशासनिक व्यवस्था की प्रमुख धुरी आई. सी. एस. संस्था थी। इस इंडियन सिविल सर्विस की स्थापना अंग्रेजों ने की थी। इसकी प्रतियोगिता-परीक्षा उस समय लन्दन में हुआ करती थी। पहले केवल अंग्रेज़ प्रत्याशी ही इसमें भाग ले सकते थे। बाद में भारतीयों को भी छूट मिली, किन्तु कुछ भारतीय ही आई. सी. एस. की परीक्षा उत्तीर्ण कर सके थे। अंग्रेजों के चले जाने के पश्चात् केवल भारतीय अधिकारी बचे थे। आई. सी. एस. के इन भारतीय उच्चाधिकारियों और उनके कनीय अधिकारियों के माध्यम से तत्कालीन व्यवस्था चल रही थी। नेहरू इसी प्रशासनिक ढाँचे के विरुद्ध थे। पटेल ने इसका घोर विरोध किया और कहा कि इस समय इससे छेड़छाड़ करने से पूरे राष्ट्र की आन्तरिक प्रशासनिक व्यवस्था गड़बड़ा जायेगी। इस अस्थिरता को यह नवजात राष्ट्र नहीं झेल पायेगा। पटेल ने यह भी कहा कि इस व्यवस्था के साथ काम करते हुए उन्होंने पाया है कि इसमें पर्याप्त राष्ट्रभक्ति है और ऐसा नहीं होता, तो भारतीय संघ सभी का विघटित हो गया रहता।

पं. नेहरू ने अन्ततः पटेल के विचार से सहमति जताई और वही प्रशासनिक ढाँचा रखा गया। अन्तर इतना ही आया कि आई.सी.एस. के स्थान पर आई.ए.एस.

(भारतीय प्रशासनिक सेवा) कर दिया गया और इसकी परीक्षा एक स्वतन्त्र आयोग—केन्द्रीय लोकसेवा आयोग—द्वारा ली जाने लगी। उम्मीदवारों की आयु सीमा पहले की तरह ही कम रखी गयी। इस नियमित परीक्षा से पर्याप्त संख्या में अधिकारी नहीं मिल पा रहे थे, तो 1955 में एक बार नियमित परीक्षा के अतिरिक्त आयु सीमा में ढील देकर अन्य नौकरियों में कार्यरत अथवा स्वतन्त्र व्यक्तियों को भी अवसर प्रदान किया गया। इसमें कॉलेजों के लेक्चररों से लेकर सिनेमाघरों के प्रबन्धक तक बैठे और कई लोग सफल भी हुए। इस तरह प्रशासनिक तन्त्र में पर्याप्त अधिकारी हो गये।

पं. नेहरू ने यह अनुभव किया कि भारतीय समस्याओं के समाधान के चूंकि पं. जवाहर लाल नेहरू ने यह महसूस किया कि देश में व्याप्त समस्याओं को दूर करने के लिए विज्ञान एवं प्रौद्योगिकी की उन्नति करना अनिवार्य है। उन्होंने पहले-पहल वैज्ञानिक अनुसन्धान और तकनीकी शिक्षा पर बल दिया। तकनीकी व्यक्तियों के प्रशिक्षण को संगठित करने हेतु पाँच आई.आई.टी. संगठनों की स्थापना करने का निर्णय 1952 में ही लिया। ऐसी पहली संस्था खड़गपुर में खोली गयी। बाद में चार ऐसी संस्थाएँ दिल्ली, कानपुर, मद्रास और बम्बई (मुम्बई) में खोली गयीं। इन क्षेत्र में व्यय करने की वृद्धि की गयी। 1948-1949 में जहाँ वैज्ञानिक गतिविधियों पर मात्र 1.10 करोड़ रुपये का ख़र्च हो रहा था, 1965-66 में 85.06 करोड़ रुपये हो गये। वैज्ञानिकों एवं तकनीशियनों की संख्या 1950 ई. में मात्र एक लाख अट्ठासी हज़ार थी। वह 1965 में बढ़कर सात लाख इकत्तीस हज़ार से अधिक हो गयी। इंजीनियरिंग और तकनीकी कॉलेजों में छात्रों की संख्या 1950 में मात्र 13 हज़ार थी, जो 1965 में बढ़कर 78 हज़ार तक पहुंच गयी।

नेहरू और परमाणु-ऊर्जा

आज भारत परमाणु संपन्न देशों की श्रेणी में सम्मिलित है। आज हमारे देश ने परमाणु बमों का परीक्षण कर लिया है। यह परीक्षण प्रधानमन्त्री इन्दिरा गाँधी के काल में शुरू हुआ और भाजपा के पूर्व प्रधानमन्त्री अटल बिहारी वाजपेयी के समय यह पूर्णता पर पहुँचा, किन्तु यदि जवाहरलाल ने अपने समय में ही परमाणु-ऊर्जा के विकास का श्रीगणेश नहीं किया होता, तो भारत आज परमाणु शक्ति से युक्त देश नहीं बन पाता। पं. नेहरू ने 1948 के प्रारम्भ में स्पष्ट लिखा था—'भविष्य उनका है, जो परमाणु-ऊर्जा उत्पादित कर सकेंगे। यह ऊर्जा भविष्य का सर्वप्रमुख ऊर्जा स्त्रोत बनता जा रहा है। स्वभावतः सैनिक सुरक्षा भी इससे जुड़ी है।' (नेहरू ऑन कम्यूनलिज्म, 1965, पृष्ठ संख्या 216)।

सन् 1948 में भारत में परमाणु उर्जा आयोग का गठन किया गया जो पं. नेहरू के निर्देशन में कार्य करता था। आयोग के अध्यक्ष पद पर देश के अग्रणी परमाणु वैज्ञानिक डॉ. होमी भाभा बने। 6 वर्षों के बाद ही 1954 में एक पृथक् परमाणु विभाग भी गठित किया गया। यह सीधे प्रधानमन्त्री के अन्तर्गत था। इस विभाग के सचिव होमी भाभा ही बनाये गये। यद्यपि वे आई.सी.एस. या आई.ए. एस. अधिकारी नहीं थे। 1956 में ही भारत के प्रथम परमाणु रियेक्टर ने काम करना आरम्भ कर दिया। इसकी स्थापना बम्बई (मुम्बई) में हुई थी। नेहरू के अनुसार भारत परमाणु-ऊर्जा के शान्तिपूर्ण उपयोग को समर्पित था। इस ऊर्जा के विकास से बड़ी मात्रा में बिजली का उत्पादन सम्भव था, किन्तु नेहरू काल में ही भारत की ऊर्जा शक्ति इतनी बढ़ गयी थी कि उससे परमाणु बम भी बनाया जा सकता था।

नेहरू की विदेश-नीति

नेहरू काल की एक महत्त्वपूर्ण उपलब्धि इसकी विदेश-नीति भी थी। नेहरू एक अन्तर्राष्ट्रीय नेता थे और भारत को एक सुदृढ़ एवं पूर्णतया स्वावलम्बी देश के रूप में विदेशों के सामने प्रस्तुत करना चाहते थे। उस समय सम्पूर्ण विश्व दो गुटों में बँटा हुआ था। एक गुट अमेरिका का था और दूसरा सोवियत संघ का। भारत नेहरू के नेतृत्व में इन दो गुटों में से किसी में सम्मिलित नहीं हुआ। उसने गुट-निरपेक्षता की नीति अपनाई। उसकी विदेश-नीति इसी आधार पर अवस्थित थी। नेहरू का विचार था कि एशिया एवं अफ्रीका के हाल में स्वतन्त्र हुए ग़रीब देशों को बड़ी शक्तियों वाले सैनिक गुटों से जुड़ने से लाभ के बदले हानि ही होगी। इन दोनों की समस्याएँ ग़रीबी, बीमारी तथा निरक्षरता की थीं। इनके उन्मूलन के लिए युद्ध अथवा तनाव नहीं, बल्कि शान्ति की आवश्यकता थी। अतः, भारत अपनी निष्पक्ष विदेश-नीति के फलस्वरूप अपना मार्ग स्वयं निर्धारित कर सकता था तथा उचित या अनुचित क़दमों की पहचान वह स्वयं करने में समर्थ था। गुट-निरपेक्ष अथवा निष्पक्ष रहकर ही वह अपनी बात साहसपूर्वक विश्व के समक्ष रख सकता था। नेहरू ने इस गुट-निरपेक्षता के सम्बन्ध में अपना विचार यों रखा था— 'जहाँ तक उपनिवेशवाद, फासिज़्म और रंग-भेद की बुरी शक्तियों या न्यूक्लियर बम और आक्रमणों के दमन के प्रश्न हैं, हम ज़ोरदार रूप से और किसी दुविधा के बिना उनके विरुद्ध हैं.....हम शीत युद्ध और सैनिक गुटों से दूर ही रहते हैं। एशिया और अफ्रीका के नवीन राष्ट्रों को शीत युद्ध की मशीन का पुर्ज़ा बनने पर विवश करने का हम विरोध करते हैं। वैसे भी हम उस वस्तु का विरोध करने के लिए स्वतन्त्र हैं, जिसे हम संसार या अपने लिए ग़लत या हानिकारक मानते हैं और

जब कभी आवश्यकता पड़ी, हम इस स्वतन्त्रता का उपयोग करते हैं।' (जवाहरलाल नेहरू—वी. पी. दत्त, इंडिया एण्ड द वर्ल्ड, पृष्ठ संख्या 28-20)।

भारत के बाद जो भी राष्ट्र स्वतन्त्र हुए, उन सभी राष्ट्रों को एक साथ सम्बन्ध बनाये रखने में पंडित की यह विदेश नीति हमेशा श्रेष्ठ साबित हुई। भारत एक बड़ा राष्ट्र होने के कारण इन देशों का सहज ही मार्ग-निर्देशन कर सकता था। भारत गुटनिरपेक्ष अवश्य था, किन्तु पं. नेहरू ने सोवियत संघ से, बिना उसके गुट में सम्मिलित हुए अपनी मित्रता बढ़ाई। यह भारत पर सम्भावित आक्रमणों के ख़तरे को ध्यान में रखकर किया गया। दूसरी ओर, नेहरू ने युद्ध का पुरज़ोर विरोध किया तथा नागासाकी और हिरोशिमा पर छोड़े गये एटम बमों की घटना का स्मरण कराते हुए न्यूक्लियर युद्ध के प्रति सभी देशों को आगाह किया। उन्होंने शान्ति, निःशस्त्रीकरण तथा एटम बमों की समाप्ति का उद्देश्य विश्व के समक्ष दृढ़ता से रखा। उन्होंने इस बात को रेखांकित किया कि विभिन्न विचारधाराओं और व्यवस्थाओं वाले देशों के मध्य शान्तिपूर्ण सह-अस्तित्व आज की आवश्यकता है।

उन्होंने इस उद्देश्य की पूर्ति के लिए पंचशील का सिद्धान्त विश्व के नये और पुराने देशों के समक्ष रखा।

वेश्विक स्तर पर संबंध

नेहरूजी ने वैश्विक स्तर पर मैत्रीपूर्ण संबंध बनाने के अथक प्रयास किए। द्वितीय विश्व युद्ध के बाद विश्व अमरीका और सोवियत रूप के नेतृत्व में दो विरोधी गुटों में विभाजित हो गया था। भारत ने दोनों में से किसी भी गुट से असंलग्न रह कर दोनों से ही मैत्री सम्बन्ध स्थापित करने का प्रयास किया। शुरू में दोनों ही विश्व शक्तियाँ भारतीय विदेश नीति के मूल सिद्धांतों को समझ नहीं सकीं। अमरीका ने भारत को साम्यवाद का मित्र और रूस ने भारत को अमरीका का एजेण्ट समझा। इससे समय-समय पर गम्भीर मतभेद उत्पन्न होते रहे। किंतु दिसम्बर 1959 में अमरीका के राष्ट्रपति आइजनहावर की भारत की यात्रा के बाद भारत और अमरीका के सम्बन्धों में एक नया मोड़ आया। अमरीकन उपराज्य सचिव डगलस डिल्लों ने 22 मार्च 1960 को सीनेट की विदेश सम्बन्धों की समिति के सामने कहा है कि भारत का आर्थिक विकास, "अमरीकन विदेश नीति का एक मुख्य उद्देश्य बन गया है।" भारत और रूस के बीच भी जून 1955 में नेहरू की रूस यात्रा और नवम्बर-दिसम्बर 1955 में खुश्चेव और बुल्गानिन की भारत यात्रा से भ्रान्तियाँ खत्म हो गईं। इस प्रकार भारत-अमेरिकन तथा भारत-रूसी सम्बन्ध प्रगाढ़ होते गए।

एशिया और अफ्रीका के नये राष्ट्रों से भारत ने मैत्री सम्बन्धों को मजबूत किया। इन राष्ट्रों ने भी भारत के समान असंलग्नता की नीति को अपनाया। इस प्रकार भारत 'तटस्थ विश्व' का नेता स्वीकार किया जाने लगा। 1962 तक वह निर्विवाद 'तटस्थ विश्व' का सर्वमान्य नेता था। भारत ने आरम्भ से एशियाई-अफ्रीका ऐक्य की वृद्धि को अपनी विदेश नीति का एक प्रधान लक्ष्य माना। 1947 में नई दिल्ली में एशियाई-अफ्रीकी देशों का एक सम्मेलन आयोजित किया। इसी क्रम में 1955 के बांडुंग सम्मेलन के आयोजन का श्रेय भी भारत को है। 1961 के नजदीकी राष्ट्रों के बेलग्रेड सम्मेलन में भारत ने सक्रिय भाग लिया। परन्तु 1962 में चीन द्वारा भारत पर आक्रमण ने इस एकता के प्रतीक, तटस्थ विश्व के नेता की अन्तर्राष्ट्रीय विश्वास को गहरा आघात पहुंचाया । इससे न केवल भारत और चीन के सम्बन्ध कटु हुए अपितु इण्डोनेशिया आदि कुछ देशों ने चीन की शक्ति से भयभीत होकर एक भारत विरोधी दृष्टिकोण अपनाया।

भारत ने राष्ट्रमण्डल की सदस्यता स्वीकार करके ब्रिटेन और राष्ट्रमण्डल के अन्य सदस्यों से सहयोग और मैत्रीपूर्ण सम्बन्ध स्थापित किए हैं केवल कश्मीर समस्या के कारण पाकिस्तान से तथा रंगभेद नीति के कारण दक्षिणी अफ्रीका से भारत के सम्बन्ध अच्छे नहीं रहे हैं।

संयुक्त राष्ट्र से सक्रिय सहयोग

भारतीय संविधान के 51वें अनुच्छेद में अन्तर्राष्ट्रीय शान्ति, सुरक्षा और न्याय की अभिवृद्धि के जिन आदर्शों पर जोर दिया गया है वे ऐसे आदर्श हैं, जिनकी प्राप्ति संयुक्त राष्ट्र का प्रधान लक्ष्य है। यही नहीं, संयुक्त राष्ट्र की स्थापना का भारत में एक युग प्रवर्तक घटना के रूप में स्वागत किया गया था। अतः यह स्वाभाविक ही है कि भारत ने संयुक्त राष्ट्र को प्रभावशाली बनाने का प्रत्येक सम्भव प्रयास किया। भारत ने 1945 के सैन फ्रांसिस्को सम्मेलन में संयुक्त राष्ट्र चार्टर का प्रारूप बनाने में भाग लिया। 30 अक्टूबर 1945 को एक प्रारम्भिक सदस्य के रूप में संयुक्त राष्ट्र में प्रवेश किया। स्वतन्त्रता प्राप्ति के बाद भारत न केवल संयुक्त राष्ट्र का सदस्य बना रहा, अपितु वह अपने उन सभी संस्थाओं और विशिष्ट समितियों का भी सदस्य बन गया, जो संयुक्त राष्ट्र परिवार का अंग मानी जाती हैं।

भारत 1950-51 तथा 1967-1968 में सुरक्षा परिषद् का अस्थायी सदस्य रहा। अनेक बार आर्थिक और सामाजिक परिषद् का सदस्य रहा है। अनेक भारतीय संयुक्त राष्ट्र के सम्मानित पदों पर सुशोभित हो चुके हैं। श्रीमती विजय लक्ष्मी

पण्डिल संयुक्त राष्ट्र की महासभा के आठवें अधिवेशन की अध्यक्ष निर्वाचित हुई थीं। नवम्बर 1956 में आर. बी. सेन 4 वर्ष के लिए संयुक्त राष्ट्र खाद्य और कृषि संगठन के डायरेक्टर जनरल चुने गए। वे 1960 और 1963 में पुनः इस पद पर निर्वाचित हुए थे। बी. एन. राव अन्तर्राष्ट्रीय न्यायालय के न्यायाधीश रहे। जगजीवनराम अन्तर्राष्ट्रीय श्रम संगठन के 33वें अधिवेशन के अध्यक्ष चुने गए थे। चिन्तामणि देशमुख अन्तर्राष्ट्रीय मुद्रा कोष के अध्यक्ष बने थे। डा. राधाकृष्ण यूनेस्को की कार्य समिति के अध्यक्ष चुने गए। डॉ. होमी जे. भाभा 1955 में हुए आणविक शक्ति के शान्तिपूर्ण उपयोग सम्बन्धी प्रथम सम्मेलन के अध्यक्ष चुने गए थे। प्रोफेसर एम. एस. थेकर साइंस और टेक्नॉलोजी पर संयुक्त राष्ट्र सम्मेलन, जो कि 1962 में जेनेवा में आयोजित हुआ था के अध्यक्ष थे। 1964 में जेनेवा में हुए व्यापार और विकास पर संयुक्त राष्ट्र सम्मेलन में भारत ने अत्यन्त महत्वपूर्ण भाग लिया और वह व्यापार और विकास बोर्ड का एक सदस्य भी निर्वाचित किया गया।

भारत ने संयुक्त राष्ट्र के शान्ति सम्बन्धी कार्यों में बहुत सहायता दी है, उसने कोरिया में एक डाक्टर का समूह चिकित्सा सेवा के लिए भेजा था। गाजा में 'संयुक्त राष्ट्र' संकट में सेना भेजी थी। कांगो में भी संयुक्त राष्ट्र सेना के लिए अपनी सैन्य टुकड़ियाँ भेजी थीं। भारत के जनरल के. एस. थिमैया साइप्रस में संयुक्त राष्ट्र सेना के कमांडर रहे थे। संयुक्त राष्ट्र बाल आपात् कोष (यूनीसेफ), खाद्य और कृषि संगठन विश्व स्वास्थ्य समूह के प्रादेशिक कार्यालय भारत में स्थित हैं। यू. एन टेक्नीकल असिस्टेंस बोर्ड, स्पेशल फंड, यू. एन. इनफार्मेशन सर्विस, अन्तर्राष्ट्रीय श्रम संघ, यूनेस्को और विश्व बैंक ने भी भारत में अपने-अपने कार्यालय स्थापित किए हैं।

भारत में संयुक्त राष्ट्र संस्थाओं के अनेक अन्तर्राष्ट्रीय सम्मेलनों का आयोजन किया गया। फरवरी अप्रैल, 1968 में नई दिल्ली में अंकटाड (यूनाइटेड नेशन्स कान्फ्रेंस आन ट्रेड एण्ड डेवलपमेण्ट) का द्वितीय सम्मेलन आयोजित हुआ था। भारत ने संयुक्त राष्ट्र की निःशस्त्रीकरण सम्बन्धी गतिविधयों में भी सक्रिय भाग लिया। वह संयुक्त राष्ट्र की अठारह सदस्यों की निःशस्त्रीकरण समिति और यू. एन. कमेटी आन दि पीसफुल यूजेज ऑफ आउटर स्पेश का सदस्य बना। नेहरू जी ने आयोजित 1961 के महासभा के अधिवेशन में यह कहा था कि एक वर्ष अन्तर्राष्ट्रीय सहयोग के लिए दिया जाना चाहिए। उसके बाद भारत की पहल पर महासभा ने 1965 को अन्तर्राष्ट्रीय सहयोग वर्ष घोषित कर दिया और उससे सम्बन्धित कार्यक्रम को तैयार करने के लिए भारत सहित 12 राष्ट्रों की एक समिति नियुक्त की थी। इस प्रकार भारत दाता और अदाता दोनों ही प्रकार से संयुक्त राष्ट्र को प्राविधिक सहायता दे

रहा है उनकी कुल लागत 990 लाख डालर है, जिसमें भारत सरकार ने 730 लाख डालर राष्ट्र को अधिक प्रभावशाली बनाने के उद्देश्य से उसके पुनर्गठन में व्यय किये हैं। अन्य सदस्यों के साथ भारत संयुक्त राष्ट्र के खर्च के भार में भागी बनता है, उसका भाग सामान्य बजट विधियों के लिए भी उदारतापूर्वक धन दिया है।

शान्ति स्थापना हेतु पश्चिमी साम्यवादी गुट के मध्य सेतुबन्ध का प्रयास

विश्व शान्ति एवं सुरक्षा हेतु इन दोनों गुटों के मध्य युद्ध व संघर्ष को बचाना तथा उसके लिए दोनों गुटों के बीच एक सेतु के रूप में कार्य करना भारतीय विदेश नीति का एक महत्वपूर्ण लक्ष्य रहा है। इसके लिए भारत ने संयुक्त राष्ट्र में एशियाई-अफ्रीकी राष्ट्रों में एक प्रभावशाली सहयोग का संगठन किया है। विशेषतः कोरिया, हिन्द चीन, स्वेज नहर सम्बन्धी संकटों के समय शान्ति स्थापना के कार्य में भारत ने विशिष्ट योगदान दिया था। कोरिया ने जून 1950 में उत्तरी कोरिया द्वारा दक्षिणी कोरिया पर आक्रमण से एक भयंकर युद्ध शुरू हो गया। इस युद्ध में अमरीका और कुछ अन्य राष्ट्रों की सेनाओं ने संयुक्त राष्ट्र के झण्डे के नीचे दक्षिणी कोरिया की ओर से युद्ध में हिस्सा लिया जबकि रूस और साम्यवादी चीन उत्तरी कोरिया की सहायता कर रहे थे। सितम्बर 1950 तक संयुक्त राष्ट्रीय सेनाओं ने उत्तरी कोरिया की सेनाओं को कोरिया की विभाजक रेखा 38 अक्षांश को पार करने का अनुरोध किया था। यदि भारत के अनुरोध को स्वीकार कर लिया जाता तो कोरिया युद्ध उसी समय खत्म हो जाता परन्तु ऐसा सम्भव न हो सका। फलस्वरूप युद्ध में चीन की लाल सेना ने उत्तरी कोरिया के पक्ष में संघर्ष को और तीव्र कर दिया, अन्ततोगत्वा 96000 अतिरिक्त अमरीकी और न जाने कितने अधिक चीनी और कोरियावासी मारे गए तथा घायल हुए। 1953 के कोरिया युद्ध विराम का श्रेय भी भारत को है। युद्धबन्धियों के प्रश्न को सुलझाने में भारत ने सक्रिय सहायता की थी। इस प्रश्न को हल करने के लिए 5 तटस्थ राष्ट्रों भारत, स्वीडन, पोलैण्ड, चैकोस्लोवाकिया और स्विट्जरलैण्ड का एक आयोग गठित किया गया था; भारत इस आयोग का अध्यक्ष था। कोरिया युद्ध के प्रसंग में ही भारत ने संयुक्त राष्ट्र की सुरक्षा व्यवस्था को अधिक प्रभावशाली बनाने के उद्देश्य से 3 नवम्बर, 1950 के 'शान्ति के लिए एकता प्रस्ताव' का समर्थन किया।

1954 में भारत ने हिन्द-चीन में शान्ति स्थापित करने के लिए गम्भीर प्रयास किया था। भारत ने चीन में बन्दी अमरीकन हवाबाजों की रिहाई के लिए सफल

प्रयास किया था। इसी प्रकार 1956 में स्वेज नहर संकट के समय भारत ने एंगलो फ्रांसीसी इजराइली आक्रमण का अन्त कराके शान्ति स्थापित करने के संयुक्त राष्ट्र के प्रयासों में सक्रिय सहयोग किया था।

पराधीन राष्ट्रों की स्वतन्त्रता के संघर्ष का समर्थन

भारत ने संयुक्त राष्ट्र में और उसके बाहर भी लगातार इस बात का प्रयास किया है कि साम्राज्यवाद और उपनिवेशवाद का अन्त हो और विश्व के पराधीन राष्ट्रों को स्वतन्त्रता प्राप्त हो। द्वितीय विश्व युद्ध के बाद भारत ने संयुक्त राष्ट्र में डचों द्वारा इण्डोनेशिया पर अपनी सत्ता की पुनः स्थापना के प्रयासों का घोर विरोध किया। उसने संयुक्त राष्ट्र में लीबिया, ट्यूनिश, मलाया, हिन्द चीन, गोल्ड कास्ट और अल्जीरिया आदि की स्वतन्त्रता का मजबूत समर्थन किया था। भारत ने साइप्रस के बंटवारे का विरोध किया था।

जातीय भेदभाव, रंगभेद का विरोध

भारत जातीय भेदभाव का कटु आलोचक है। नवम्बर 1946 में संयुक्त राष्ट्र की महासभा के प्रथम अधिवेशन में ही भारत ने दक्षिण अफ्रीका की जातीय पृथग्वासन की नीति की निन्दा करते हुए इस प्रश्न को उठाया था। संयुक्त राष्ट्र ने दक्षिण अफ्रीका की नीति की निन्दा करते हुए दक्षिण अफ्रीका के विरुद्ध आर्थिक प्रतिबन्धों के प्रयोग की व्यवस्था की थी। इस प्रकार भारत वैश्विक स्तर पर जातीय भेदभाव के खिलाफ संघर्षरत रहा।

राष्ट्रीय हितों की सुरक्षा का कार्य

भारतीय विदेश नीति का प्रमुख लक्ष्य राष्ट्रीय हितों की रक्षा करना है। इस दिशा में भारतीय विदेश नीति के समक्ष अनेक ऐसे मौके आए हैं जब अन्य राष्ट्रों के साथ उनके सम्बन्धों में तनाव और संघर्ष की स्थिति उत्पन्न हो गई विशेषतः पुर्तगाल, पाकिस्तान और चीन के साथ उनके सम्बन्ध कटु ही नहीं अपितु एक सीमा तक शत्रुतापूर्ण भी हो गए हैं। पुर्तगाल से भारत की शत्रुतावृत्ति का कारण गोआ, दमन और डीव प्रदेश थे। इन प्रदेशों पर पुर्तगाली उपायों के विफल हो जाने के बाद मजबूर होकर भारत ने दिसम्बर 1961 में इन उपनिवेशों को स्वतन्त्र कराने के लिए पुलिस कार्यवाही की थी। पाकिस्तान से कश्मीर विवाद के कारण तथा चीन से सीमा विवाद के कारण भारत से आज भी अच्छे संबंध नहीं हैं।

नेहरू और पंचशील

सर्वप्रथम महात्मा बुद्ध ने पंचशील शब्द का प्रयोग किया था। बौद्ध धर्म स्वीकार कर जो व्यक्ति भिक्षु बनता था उसको पाँच व्रतों का पालन करना पड़ता था, यह पंचशील कहलाता था। इसका शाब्दिक अर्थ है, "आचरण के पाँच सिद्धान्त।" जिस प्रकार बौद्ध धर्म में व्रत एक व्यक्ति के लिये होते थे, उसी प्रकार आधुनिक पंचशील के सिद्धांत के द्वारा राष्ट्रों के लिये दूसरे के साथ आचरण के सम्बन्ध निर्धारित किये गये हैं। नेहरू द्वारा उपस्थापित पंचशील–जो उस समय काफी लोकप्रिय हुआ–के सिद्धान्त के पाँच शील निम्नलिखित थे–

1. समानता एवं आपसी फायदा–इसके तहत सभी छोटे-बड़े व अमीर-गरीब राष्ट्रों को एक-दूसरे में भाईचारे का सम्बन्ध व बराबर मानना था। इससे कोई भी देश हीन भावना से ग्रस्त नहीं होता। आपसी लाभ से तात्पर्य यथासम्भव एक-दूसरे की आर्थिक सहायता से था, जिससे पिछड़े देशों का भी विकास सम्भव हो सके।

2. शान्तिपूर्ण सह-अस्तित्व–यह पंचशील के सिद्धान्तों का केन्द्रबिन्दु था। शान्तिपूर्ण तरीक़े से एक-दूसरे के साथ रहना ही यह सुनिश्चित कर सकता था कि एक देश दूसरे पर न तो आक्रमण कर सकता था और न उसके आन्तरिक मामलों में दख़ल दे सकता था।

3. एक-दूसरे की भौगोलिक अखण्डता का सम्मान करना तथा सार्वभौमिकता (सॉवरेंटी) का भी सम्मान करना–इसका मतलब यह होता है कि सम्पूर्ण आजाद देश अपनी एक विशिष्ट व सार्वभौमिक ताकत रखते हैं। जिसके अन्तर्गत उनके अन्दरूनी मामलों में कोई दूसरा राष्ट्र हस्तक्षेप नहीं कर सकता है, न उस पर आक्रमण ही कर सकता है। इसके फलस्वरूप बड़े राष्ट्र छोटे राष्ट्रों का नीति-निर्धारण नहीं कर सकते और उन्हें निगल भी नहीं सकते।

4. आक्रमण की नीति का परित्याग–यह शील एक तरह से प्रथम शील से ही निकलता है। इसको स्पष्ट रूप से रेखांकित करना इसलिए आवश्यक था कि मज़बूत राष्ट्र अब भी आस-पास के कमज़ोर राज्यों को हड़पने के लिए तैयार बैठे थे। यह काल्पनिक बात नहीं है। 1948 में ही हॉलैंड ने इंडोनेशिया पर आक्रमण कर दिया था।

5. एक-दूसरे के आन्तरिक मामलों में हस्तक्षेप नहीं करना–यह शील भी प्रथम शील से निकलता है। एक-दूसरे की सार्वभौमिकता का सम्मान करने

का तात्पर्य ही है कि एक-दूसरे के आन्तरिक मामलों में हस्तक्षेप नहीं किया जाये, पर इस बात को और दृढ़ करने के लिए पंचशील के एक शील के रूप में इसे इस्तेमाल किया गया।

नेहरू ने चीन पर पंचशील का सिद्धान्त अपनाने के लिए विशेष रूप से ज़ोर डाला था। चीन ने इसे मान भी लिया, किन्तु दुर्भाग्यवश जैसा कि पहले बताया गया, पंचशील की अवमानना करते हुए उसने भारत पर 1962 ई. में आक्रमण बोल दिया। इस आक्रमण और इसके परिणाम की चर्चा पहले की जा चुकी है। यहाँ केवल यह बताते हुए इस आलेख को समाप्त किया जाता है कि इस आक्रमणजनित सदमे के फलस्वरूप नेहरू बुरी तरह अस्वस्थ हो गये और अन्ततः मई 1964 में उनकी मृत्यु हो गयी।

वैश्विक स्तर पर पंचशील के इन सिद्धान्तों का प्रतिपादन सर्वप्रथम 29 अप्रैल, 1954 को तिब्बत के सम्बन्ध में भारत और चीन के बीच हुए एक समझौते में किया गया था। बाद में चीन के प्रधान मंत्री श्री चाऊ एन-लाई जब जून 1954 में दिल्ली आये तो तीन दिनों तक प्रधान मंत्री नेहरू के साथ बातचीत करने के बाद 28 जून, 1954 को दोनों प्रधान मंत्रियों का एक संयुक्त वक्तव्य जारी हुआ जिसमें पंचशील के सिद्धान्त में उनके विश्वास को दुहराया गया। इस वक्तव्य में कहा गया था।

"चीन और भारत ने दोनों के सम्बन्धों के संचालन के लिए इन पाँच सिद्धांतों के पालन का निश्चय किया है। वे एशिया तथा दुनिया के अन्य देशों के साथ अपने सम्बन्धों में भी इसका अनुसरण करेंगे। यदि इसका प्रयोग न केवल विभिन्न देशों में अपितु सामान्य रूप से अन्तर्राष्ट्रीय सम्बन्धों में भी किया जाय, तो इससे शान्ति एवं सुरक्षा का एक सुदृढ़ आधार बनेगा और आशंकाओं के स्थान पर विश्वास उत्पन्न होगा।

इस समय एशिया के साथ संसार के विभिन्न भागों में विभिन्न प्रकार की सामाजिक तथा राजनैतिक प्रणालियाँ विद्यमान हैं। यदि उपर्युक्त सिद्धान्तों को स्वीकार किया जाय और इनका अनुपालन किया जाय, या दूसरे देश में कोई हस्तक्षेप न हो तो ये विभिन्नताएँ शान्ति भंग कर संघर्ष उत्पन्न नहीं करेंगी। प्रत्येक राष्ट्र को प्रादेशिक अखण्डता, सर्वोच्च सत्ता और अनाक्रमण का आश्वासन मिल जाने पर विभिन्न देशों में शान्तिपूर्ण सह-अस्तित्त्व बना रहेगा और मित्रतापूर्ण सम्बन्ध बढ़ेंगे। इससे विश्व में विद्यमान तनाव कम होगा और शान्ति का वातावरण बनाने में सहायता मिलेगी।"

शान्तिपूर्ण सहजीवन—पंचशील के सिद्धान्त वैश्विक सम्बन्ध के क्षेत्र में

अत्यन्त महत्त्वपूर्ण माने जाते हैं। अतएव इसकी कुछ और अधिक विवेचना आवश्यक है। इसका पहला सिद्धान्त यह कहता है कि संसार के सभी राष्ट्रों को एक-दूसरे की प्रादेशिक अखंडता और सम्प्रभुता का सम्मान करना चाहिए। इस तरह यह साम्राज्यवाद तथा उपनिवेशवाद की जड़ पर प्रहार करता है। इसके द्वारा यह अर्थ स्पष्ट होता है कि किसी भी राज्य को अपने से कम शक्तिशाली राज्यों पर राजनीतिक या सैनिक शर्तें नहीं थोपनी चाहिए तथा प्रादेशिक और आर्थिक साम्राज्यवाद के सिद्धान्तों का परित्याग कर देना चाहिएँ। इन सिद्धान्तों के आधार पर यह भी कहा जा सकता है कि दूसरे राष्ट्रों से विशेष आर्थिक अधिकार और सुविधाएँ प्राप्त करना, विद्रोहात्मक कार्यवाहियों को प्रोत्साहन देना, दुर्बल, कठपुतली सरकारों की स्थापना करना तथा किसी भी राज्य में किसी दल विशेष को आर्थिक सहायता देना, सभी देशों की सर्वोच्च सत्ता का पूरा ध्यान रखा जाय तो साम्राज्यवाद का स्वयं ही अन्त हो जायगा। अनाक्रमण और दूसरे देश के मामले में हस्तक्षेप की नीति दुनिया में संघर्ष के क्षेत्र को सीमित करने वाले हैं। पंचशील के चौथे सिद्धांत का अनुसरण किया गया तो कोई भी राज्य चाहे छोटा हो या बड़ा, एक दूसरे के साथ समानता के सिद्धांत और पारस्परिक लाभ पर बल दिया गया है। यदि सभी राष्ट्र एक दूसरे के साथ सहयोग करें तो पिछडे हुए देशों की दरिद्रता और सब प्रकार के अभावों को दूर किया जा सकता है।

लेकिन पंचशील का सबसे महत्त्पूर्ण सिद्धांत शांतिपूर्ण सहजीवन का है। आज संसार में तरह-तरह की राजनीतिक, आर्थिक और सामाजिक पद्धतियाँ प्रचलित हैं जिनमें सर्वाधिक महत्त्वपूर्ण साम्राज्यवाद और पूँजीवाद हैं। इनको लेकर संसार दो विरोधी गुटों में बँट गया। और इससे अन्तर्राष्ट्रीय तानातानी बढ़ गयी। आणविक आयुधों के इस युग में तृतीय विश्व युद्ध की सम्भावना बढ़ गयी पूँजीवादी देश समाजवाद को जड़-मूल से उखाड़ फेंकना चाहते हैं और समाजवादी देश पूँजीवाद को खत्म करने पर उतारू हैं। ऐसी स्थिति में दुनिया को युद्ध से बचाने का एकमात्र उपाय है, शांतिपूर्ण सहजीवन के सिद्धान्त में विश्वास। यदि यह मान लिया जाय कि पूँजीवाद और समाजवाद दोनों किसी-न-किसी रूप में रहेंगे तो बहुत सी समस्याओं का हल हो जायेगा। यदि हम ऐसा नहीं माने तो यह वास्तविकता से मुँह मोड़ना होगा। पूँजीवादी देश साम्यवादी देशों के इस अधिकार को मान लें कि उन्हें अपने देश में किसी तरह रहने का अधिकार है और साथ ही पूँजीवादी राष्ट्र को भी समाजवादी एवं पूँजीवादी प्रणालियों, विचारधाराओं तथा आर्थिक, राजनीतिक एवं सामाजिक संगठनों में जमीन-आसमान का भेद है तो भी वे विश्व-शान्ति के हित

में परस्पर मिलकर रह सकते हैं। अगर ऐसा हो गया तो संसार में किसी प्रकार का संघर्ष नहीं रहेगा और सब अपनी इच्छानुसार अपने देश में शान्तिपूर्वक रहेंगे। शान्तिपूर्ण सहजीवन का यही तात्पर्य है। शान्तिपूर्ण सहजीवन में ही आज विश्व और मानवता की आशा निहित है। पंचशील का पाँचवाँ सिद्धान्त इस बात पर बल देता है कि विभिन्न देशों के संगठनों में मौलिक भेद होने पर भी इन्हें एक-दूसरे के उन्मूलन का प्रयत्न नहीं करना चाहिए, बल्कि एक-दूसरे के साथ शान्तिपूर्वक रहने की नीति अपनानी चाहिए।

मूल्यांकन—वास्तव में पंचशील के सिद्धांत एक आदर्श सिद्धांत हैं फिर भी इसके प्रति विभिन्न प्रकार की आपत्तियाँ उठायी गयी हैं। इसको केवल ऊँचे आदर्शों की कोरी घोषणा मात्र कहा है और इसकी तुलना 1917 में पवित्र संघ तथा 1927 के कैलाग ब्रियाँ पैक्ट से की गयी है। लोगों का ऐसा मानना है कि पंचशील एक ऐसी घोषणा है जिसका पालन कराने के लिए न तो कोई संस्था है और न कोई व्यवस्था। अतः इसका कोई महत्व नहीं है क्योंकि इसके सारे सिद्धान्त संयुक्त राष्ट्रसंघ के चार्टर में सन्निहित हैं और इसलिए पृथक् रूप से उसकी पुनरावृत्ति निरर्थक है, पंचशील का कोई भी ऐसा सिद्धान्त नहीं है जो चार्टर में न हो। इसके अलावा और भी कई आपत्तियाँ की गई हैं जैसे—उसकी प्रेरणा कम्युनिस्टों के द्वारा मिली, यह यथास्थिति का पोषक है, आदि। इन आपत्तियों की चर्चा करते हुए जवाब के तौर पर 29 दिसम्बर, 1954 को पंडित नेहरू ने लोकसभा में कहा था—"लोगों ने पंचशील का विरोधी किया है। वे कहते हैं आप यह कैसे विश्वास करते हैं कि इन सिद्धान्तों का पालन किया जायगा। निःसन्देह यदि आप किसी बात पर विश्वास नहीं सकते तो इसको चर्चा करने और उसके बारे में लिखने से कोई लाभ नहीं है और फिर आपके लिए कोई दूसरी बात शेष नहीं रह जाती सिवाय इसके आप अकेले रहें और लड़ कर दूसरे को परास्त करें—इसके अतिरिक्त अन्य कोई रास्ता नहीं है। यह दूसरे पक्ष के वचन पर विश्वास करने का प्रश्न नहीं है अपितु ऐसी परिस्थितियाँ उत्पन्न करने का सवाल है जिसमें दूसरा पक्ष अपने वचन को भंग न कर सके। यह सम्भव है कि दूसरा पक्ष अपने वचन को भंग करे और यह भी सम्भव है कि वह अपने को अधिक विषम परिस्थितियों में प्राप्त करे। यदि विश्व के विभिन्न देश पारस्परिक सम्बन्धों के लिए इन पाँच सिद्धान्तों को बार-बार दुहराते हैं तो उसके लिए एक वातावरण उपस्थित करते हैं।"

अतः स्पष्ट रूप से कहा जा सकता है। जहाँ तक सिद्धान्त के रूप में पंचशील का सवाल है, इस पर कोई विशेष आपत्ति नहीं हो सकती। लेकिन

व्यावहारिक राजनीति की दृष्टि से और विशेषकर भारत-चीन सम्बन्ध की पृष्ठभूमि में हुए समझौते के समय हुआ था। इसके द्वारा भारत ने तिब्बत में चीन की सर्वोच्च सत्ता को स्वीकार करके "तिब्बत की स्वायत्तता के अपहरण में चीन का समर्थन किया था। इसीलिए भारत में प्रारंभ से ही कुछ लोगों ने उसकी निंदा करते रहे। उदाहरण के लिए– पंचशील के उदय के समय आचार्य कृपलानी ने कहा था, "यह महान् सिद्धान्त पापपूर्ण परिस्थितियों की उपज है, क्योंकि यह आध्यात्मिक और सांस्कृतिक रूप से हमारे साथ सम्बद्ध एक प्राचीन राष्ट्र के विनाश पर हमारी स्वीकृति पाने के लिए प्रतिपादन किया गया था।" आचार्य कृपलानी की यह उक्ति शायद सही न हो, क्योंकि तिब्बत के प्रति भारत की यह नीति गलत नहीं थी, लेकिन 1962 के अक्टूबर में चीन ने भारत पर आक्रमण करके जिस प्रकार का व्यवहार किया उसके परिणामस्वरूप पंचशील का अस्तित्व ही समाप्त हो गया। इसके उदार सिद्धान्तों का उल्लंघन इसके आदि प्रवर्त्तक एक राष्ट्र (चीन) के द्वारा हुआ इसीलिए इस सिद्धांत से लोगों का विश्वास उठ गया। यह भारतीय विदेश-नीति की एक बहुत बड़ी असफलता मानी जायगी।

असंलग्नता की नीति और नेहरू जी

विश्व राजनीति में भारत ने जो असंलग्नता की नीति को इतिहास को प्रमुख तीन कालों में बांट कर अध्ययन किया जा सकता है जो इस प्रकार है–

1947 से 1950 तक–आजादी के पश्चात् असंलग्नता की नीति बहुत हद तक अस्पष्ट थी और कई कारणों से विशुद्ध न थी। उन दिनों भारत की नीति अमरीकी या पश्चिमी गुट की ओर थोड़ी झुकी हुई थी, अर्थात् अन्तर्राष्ट्रीय मामलों में वह पश्चिमी गुट का अपेक्षाकृत अधिक पक्ष लेती थी। इसके कई कारण थे। सर्वप्रथम, सुरक्षा के मामले में हम पश्चिमी गुटों पर पूरी तरह आश्रित थे। भारतीय सेना का संगठन ब्रिटिश पद्धति के आधार पर हुआ था और इसलिए हम ब्रिटेन के साथ इस मामले में पूरी तरह सम्बद्ध थे। इसके अतिरिक्त भारत की समुद्र तटीय सीमा की रक्षा के लिए भी हम ब्रिटेन पर ही निर्भर थे। द्वितीय, भारत के शिक्षित वर्ग पर पश्चिमी देशों का अत्यधिक प्रभाव था। हमारी शिक्षा-पद्धति पश्चिमी ढाँचे पर बनी थी। इस पद्धति में शिक्षित लोगों की सहानुभूति स्वभावतः ब्रिटेन और पश्चिमी गुट के साथ थी। लेकिन सबसे प्रमुख कारण आर्थिक था। पहले से ही हमारा व्यापारिक सम्बन्ध केवल पश्चिमी देशों से था। स्वतन्त्रता-प्राप्ति के पश्चात् हम आर्थिक दृष्टि से पश्चिमी गुट पर और अधिक आश्रित हो गये। आर्थिक

पुनर्निर्माण के लिए भारत को विदेशी सहायता की आवश्यकता थी यह सहायता मुख्यतः ब्रिटेन और संयुक्त राज्य अमेरिका से प्राप्त हो सकती थी। उस समय सोवियत संघ आर्थिक और सैनिक दृष्टिकोण से स्वयं एक शक्तिहीन राज्य था। अतएव इन परिस्थितियों में भारत की असलंग्नता की नीति निष्पक्ष नहीं रह सकी और पश्चिमी गुट की ओर उसका अधिक झुकाव रहा। भारतीय असंलग्नता की नीति निष्पक्ष नहीं थी, यह पूर्वी जर्मनी के प्रति भारतीय नीति से स्पष्ट हो जाता है। विभाजित जर्मनी में एक को (पश्चिमी जर्मनी) जो पश्चिमी गुट से सम्बद्ध था उसको कूटनीतिक मान्यता प्रदान करना और दूसरे (पूर्वी जर्मनी) को तर्कसंगत नहीं प्रतीत होता है। पूर्वी जर्मनी को यह कहकर भारत ने मान्यता नहीं दी कि ऐसा करना जर्मनी के विभाजन को स्वीकार कर लेना होगा, लेकिन भारत का ऐसा इरादा नहीं था।

कोरिया-युद्ध के आरंभ में भारत का रुख कुछ इसी तरह का रहा। उदाहरण के लिए संयुक्त राज्य अमेरिका अन्य पश्चिमी देशों की तरह भारत ने भी उत्तरी कोरिया को आक्रामक घोषित किया था, यद्यपि पश्चिमी देशों ने आज तक अपने कथन के समर्थन मे विश्वसनीय प्रमाण प्रस्तुत नहीं किये हैं। यह बहुत सम्भव है कि दक्षिण कोरिया ने ही उत्तर कोरिया पर आक्रमण किया हो, जैसा कि श्री करुणाकर गुप्त लिखते हैं–"भारत का निर्णय श्री कोन्डापी की रिपोर्ट पर आधारित था और यह रिपोर्ट उसके व्यक्तिगत विचारों से अत्यधिक प्रभावित थी।" इस तरह का अन्य कई अन्तर्राष्ट्रीय घटनाओं में भी भारत पश्चिमी देशों के साथ सम्बद्ध रहा।

1950 से 1957 का काल–इस काल में सोवियत संघ के प्रति भारतीय रुख में कुछ बदलाव आया। इसके कई कारण थे। 1953 में स्टालिन की मृत्यु के पश्चात् सोवियत व्यवस्था में कई उदार तत्त्वों का समावेश हुआ। इसके पहले सामरिक दृष्टिकोण से भी सोवियत संघ कुछ शक्तिशाली हुआ। इस समय तक अणु बम का निर्माण सोवियत संघ में हो चुका था। स्टालिन के मरने के बाद सोवियत नीति में परिर्वतन आया। इस प्रकार जहाँ एक ओर अनेक कारणों से सोवियत संघ और भारत का सम्बन्ध बढ़ रहा था, वहीं दूसरी ओर अमेरिका के साथ भारत के सम्बन्ध में कटुता आने लगी थी। इसका एक कारण था 1954 में अमेरिका और पाकिस्तान के बीच सैनिक संधि। भारत के विरोध के बावजूद अमेरिका ने पाकिस्तान को बड़े पैमाने पर अस्त्र-शस्त्र देने का निर्णय किया। भारत में इसकी तीव्र प्रतिक्रिया हुई। इसी तरह की प्रतिक्रिया गोआ की समस्या के प्रति अमरीकी रवैये को लेकर हुई। विदेश सचिव जॉन फास्टर डलेस ने सार्वजनिक तौर पर गोआ में पुर्तगाल का समर्थन

किया। एक ओर अमेरिका का ऐसा रुख होता गया और दूसरी ओर सोवियत संघ की तरफ से भारत को हमेशा समर्थन मिलता रहा। दो देशों के बीच इस बढ़ती हुई मित्रता को पं. नेहरू और खुश्चेव के भ्रमणों ने और भी मजबूत बनाया। 1955 में पं. नेहरू ने रूस की यात्रा की और उसी वर्ष खुश्चेव भारत आये।

सोवियत संघ से राजनीतिक सम्बन्ध बढ़ाने के साथ-साथ व्यापारिक सम्बन्ध में भी वृद्धि हुई और भारत को उससे आर्थिक सहायता मिलने लगी। सोवियत सहयोग से भिलाई में इस्पात का एक कारखाना स्थापित हुआ। यह काल दो महत्त्वपूर्ण अन्तर्राष्ट्रीय घटनाओं के लिए भी प्रसिद्ध है। स्वेज नहर के राष्ट्रीयकरण को लेकर मिस्र पर ब्रिटेन और फ्रांस के आक्रमण से भारत को जबरदस्त सदमा पहुँचा और मिस्र से आक्रमणकारियों को हटाने के लिए भारत ने सोवियत संघ के साथ सहयोग किया। आरंभ में हंगरी की समस्या पर भारत की नीति की सोवियत संघ समर्थक थी।

1957 से 1962 तक—लेकिन 1957 में द्वितीय साधारण निर्वाचन के पश्चात् भारतीय नीति पुनः सोवियत संघ से दूर हटकर पश्चिमी गुट की ओर अधिक झुक गई। इसके कई कारण थे। सर्वप्रथम, चुनाव ने यह प्रकट कर दिया कि भारत में कम्युनिस्टों का प्रभाव बढ़ता जा रहा है। भारत के एक राज्य केरल में इस पार्टी की सरकार भी बनी। इससे भी मुख्य कारण था 1957 का आर्थिक संकट। देश में खाद्यान्न और विदेशी मुद्रा की कमी तथा द्वितीय पंचवर्षीय योजना में मूल्यों का बढ़ना। स्वयं कांग्रेस पार्टी के अन्दर दक्षिणपंथियों का प्रभाव बढ़ गया और नेहरू के मंत्रिमंडल में कुछ ऐसे लोग आ गये जो अमरीकी गुट के प्रति अपेक्षाकृत अधिक सहानुभूति रखते थे। इन सब कारणों से (विशेषकर आर्थिक सहायता के लिए) बाध्य होकर पं. नेहरू संयुक्त राज्य अमेरिका की यात्रा पर गये। उसके उपरांत ही भारत की नीति में बदलाव आने लगा। इस बदलाव का प्रथम सबूत हंगरी की समस्या पर भारतीय रुख का बदलना था। प्रारंभ में भारत ने इस मुद्दे पर सोवियत संघ का समर्थन किया, लेकिन बाद में भारत सोवियत संघ का विरोध करने लगा। इसके अतिरिक्त, पश्चिमी राष्ट्रों के साथ मेल बढ़ाने का एक अन्य परिणाम यह हुआ कि भारत उसके साम्राज्यवादी गुनाहों को स्वीकार करता चले। इसलिए पश्चिमी एशिया और पूर्वी एशिया में अब भारत पश्चिमी साम्राज्यवाद का विरोध बन्द जबान से करने लगा। वियतनाम संकट के सम्बन्ध में भारत की ढुलमुल नीति इन्हीं परिस्थितियों का नतीजा था।

भारत-चीन युद्ध और असंलग्नता की नीति की अग्निपरीक्षा—भारतीय

असंलग्नता की नीति में सबसे महान् संकट का काल उस समय आया जब नवम्बर 1962 में चीन और भारत के मध्य युद्ध प्रारंभ हो गया। इस दौरान देश के अनेक क्षेत्रों से इस बात की माँग होने लगी कि असंलग्नता की नीति पूर्णतया असफल हो चुकी है और देश के हित में इसका शीघ्र परित्याग होना चाहिये। इस तरह की माँग स्वतन्त्र पार्टी, जनसंघ और इससे सम्बन्धित प्रतिक्रियावादी दलों द्वारा ही नहीं हुई, वरन् कुछ जिम्मेवार एवं निष्पक्ष नागरिकों ने भी की। परन्तु अक्टूबर, 1962 को रेडियो से देश के नाम सन्देश देते हुए पं. जवाहरलाल नेहरू ने स्पष्ट कर दिया कि भारत अपनी असंलग्नता की नीति का अनुसरण करता रहेगा। इसके बाद चीन का आक्रमण जारी रहा तथा नेफा में भारतीय सेना की पराजय हुई। युद्ध की स्थिति अत्यन्त गम्भीर हो गयी और भारत की सुरक्षा खतरे में पड़ गयी। इस स्थिति में भारत सरकार ने पश्चिमी राष्ट्रों से सैनिक सहायता की अपील की। अमेरिका और ब्रिटेन ने भारत को सहायता देने का निर्णय किया और इन देशों से बहुत बड़ी मात्रा में शस्त्रास्त्र भारत भेजी गई। इस अवसर पर असंलग्नता की नीति के विरोधियों को एक मौका और मिला। कहा जाने लगा कि दुनिया आज दो विरोधी गुटों में विभक्त है और भारत ने साम्यवादी गुट के एक प्रमुख सदस्य चीन के साथ युद्ध की स्थिति में है। उसका मुकाबला करने के लिये उसने उसके विरोधी अमरीकी गुट से सैनिक सहायता ली है। इस स्थिति में असंलग्नता की नीति रही कहाँ? भारत को अब अपनी स्थिति का पुनर्निर्धारण कर लेना चाहिये। चीनी आक्रमण से उत्पन्न स्थिति में न तो यह असंलग्नता नीति का अवलम्बन कर सकता है और न अमरीकी सहायता स्वीकार करने के बाद इसका दावा ही कर सकता है। इस तरह असंलग्नता की नीति पर कठोर हमले होने लगे। चीनी आक्रमण ने पंडित नेहरू को गहरी चोट पहुंचायी। 25 अक्टूबर, 1962 को भाषण देते हुए उन्होंने कहा कि "चीन के आक्रमण से हमारी आँखें एकाएक खुल गयी हैं; अभी भारत वास्तविक तथ्य की ओर नहीं देख रहा था और अपने ही द्वारा निर्मित एक कृत्रिम वातावरण में रह रहा था।" इस कथन ने संदेह की स्थिति पैदा कर दी कि प्रधान मंत्री ने असंलग्नता की नीति की असफलता की ओर संकेत किया है और शायद भारत नयी परिस्थिति में इस नीति का परित्याग कर दे। घाना, संयुक्त अरब गणराज्य, लंका आदि तटस्थ राज्यों से यह आशा थी कि वे इस विवाद में अपने साथी असंलग्न देश भारत का समर्थन करें। लेकिन इन देशों ने ऐसा न करके मध्यस्थता में कार्य किया। इससे भारतीय जनता और सरकार को चोट पहुंची तब लग रहा था कि असंलग्नता की नीति बिल्कुल खोखली है और इससे राष्ट्र का हित सधने वाला नहीं है, लेकिन नेहरू अपने दर्शन

और इस नीति से कभी पीछे नहीं हटे। वे निरंतर कहते रहे कि असंलग्नता की नीति ही देश के लिए सर्वोत्तम है।

प्रधान मंत्री ने इस नीति को छोड़ने से साफ मना कर दिया। यद्यपि उनका कहना था कि भारत के हक में यह नीति सर्वोत्तम है। और वे उसका अनुकरण करते रहेंगे, तब भी 1962 से यह नीति संघर्षों का सामना कर रही है। यह बात अनिश्चित है कि यह नीति कब तक चलेगी व कितनी सफल होगी।

लेकिन असंलग्नता के विरोधियों को यह कह देना अनुचित नहीं होगा। पहली बात तो यह है कि इस नीति का परित्याग करके जिस गुट में वे भारत को शामिल करना चाहते थे एक गुट में विदेश सचिव डीन रस्क ने स्वयं ही कहा था कि वर्तमान परिस्थिति में असंलग्नता की नीति भारत के लिए सर्वोत्तम है। ब्रिटिश प्रधान मंत्री मैकमिलन ने भी इस बात का समर्थन किया था। दूसरी बात यह है कि असंलग्नता की नीति को छोड़ कर अमरीकी गुट में शामिल हो जाने के फलस्वरूप भारत-चीन सीमा संघर्ष शीतयद्ध का एक अंग बन जाता। उस स्थिति में भारत और चीन का विवाद लम्बे समय तक भी हल नहीं होता। अमरीकी गुट में शामिल हो जाने से ही यदि भारत अपने खोये हुए प्रान्तों को प्राप्त कर ले तो इन पंक्तियों का लेखक भी इस नीति का समर्थन करने के लिए तैयार है। लेकिन इतिहास बताता है कि अमेरिका के समर्थन के बावजूद आज तक न तो कोरिया का एकीकरण हो सका है, न पाकिस्तान को कश्मीर मिल सका है और न जनवादी चीन का अन्त ही हो सका। इस पृष्ठाधार में भारत-चीन सीमा संघर्ष को शीत-युद्ध का अंग बना लेने में भारत को क्या लाभ होता यह समझने की बात है। इसीलिए पंडित नेहरू ने स्पष्ट कर दिया कि भारत अपनी रक्षा के लिए सभी मित्र राज्यों से सहायता लेगा, लेकिन असंलग्नता की नीति का परित्याग नहीं करेगा।

असंलग्नता की नीति को बनाये रखने के पक्ष में एक बात और है। 1963 के मध्य में यह स्पष्ट हो गया कि संसार के दोनों गुटों के अन्दर घोर मतभेद है और गुटबन्दियों में दरारें पड़ने लगी हैं। फ्रांसीसी राष्ट्रपति चार्ल्स दगाल की नीति के कारण अटलान्टिक गुट में घोर मतभेद उत्पन्न हो गया। उन्होंने सार्वजनिक तौर पर अमेरिका पर आरोप लगाया है कि वह अटलान्टिक गुट पर अपना प्रभुत्व कायम रखना चाहता है जिससे नाटों राष्ट्रों की स्वतन्त्रता पर खतरा उत्पन्न हो गया है। जब फ्रांस तथा अन्य यूरोपीय राज्यों के साथ अमेरिका का यह व्यवहार है तो भारत के साथ उसका कैसा व्यवहार होता यह सोचने की बात है।

यही बात साम्यवादी गुट के साथ भी थी। साम्यवादी गुट में भी घोर मतभेद

उत्पन्न हो गया था। ऐसी हालत में गुटबन्दियों का भविष्य ही खतरे में पड़ गया है। आश्चर्य नहीं कि कुछ दिनों में यह मतभेद इतना उग्र रूप धारण कर ले कि उसका अन्त ही हो जाय जब गुटों का ही भविष्य अन्धकारमय है तो असंलग्नता की नीति को त्याग कर किसी गुट में शामिल होने का क्या औचित्य हो सकता था।

अन्तर्राष्ट्रीय सम्बन्ध के इतिहास में और विशेषकर भारत की विदेश-नीति के क्षेत्र में 1963 की सबसे गम्भीर और महत्त्वपूर्ण घटना मास्को द्वारा भारत-चीन सीमा विवाद पर भारत का स्पष्ट रूप से खुला समर्थन था। यह समर्थन चाहे जिन कारणों से मिला हो, किन्तु भारत की असंलग्नता की नीति की यह एक शानदार सफलता मानी जाती है। भारत, चीन के आक्रमण के पश्चात् देश और विदेश में भारत की असंलग्नता की नीति की जो कुट आलोचना हो रही थी, उसका यह एक करारा जवाब था।

1965 का भारत-पाकिस्तान युद्ध और असंलग्नता की नीति—सितम्बर, 1965 में हुए भारत और पाकिस्तान के युद्ध ने असंलग्नता की नीति की शक्ति पुनः प्रकाशमान किया। पाकिस्तान 'सिआटो' और 'सेंटो' दो सैनिक गुटों का सदस्य था और उसने कहा कि भारत ने उस पर आक्रमण किया है। पश्चिमी गुट के प्रमुख प्रवक्ता के रूप में ब्रिटिश प्रधान मंत्री ने इस घटना को भारत-पाकिस्तान पर आक्रमण माना। इस स्थिति में पाकिस्तान को कहीं से कोई सहायता प्राप्त नहीं हुई। पाकिस्तान के शुभ चिंतक तुर्की एवं ईरान जो उसे सैनिक सहायता देना चाहते थे। परंतु अन्य विरोधी राज्यों के कारण कुछ न कह सके। इस युद्ध में पाकिस्तान के दृष्टिकोण ने यह सिद्ध कर दिया कि राष्ट्रीय सुरक्षा के लिए गुटों में शामिल होने की नीति गलत है। संयुक्त राज्य अमेरिका पाक का बहुत बड़ा समर्थक था। उसने भारत और पाकिस्तान दोनों पर आर्थिक प्रतिबन्ध लगा दिये और यह घोषणा की कि जब तक दोनों पक्ष युद्ध बन्द नहीं कर देते तब तक उन्हें किसी तरह की सैनिक सहायता नहीं दी जायेगी। इस प्रकार एक साथी राज्य तथा असंलग्न राज्य को एक ही श्रेणी में रखा गया। गुटों में शामिल होने से पाकिस्तान असहाय रहा तो यह गुट भारत की क्या सहायता करेंगे। संकट के समय में भारत को कई क्षेत्रों से समर्थन मिला और युद्ध के समय उसकी कूटनीतिक स्थिति किसी तरह कमजोर नहीं हुई। सुरक्षा-परिषद् में चर्चा के दौरान समस्या पर बहस के दौरान सोवियत संघ ने भारत की सहायता की। यह असंलग्नता की नीति का ही परिणाम था। भारत-पाकिस्तान युद्ध ने असंलग्नता की नीति को सफल घोषित किया कर दिया। यही कारण है कि पाकिस्तान में भी अब असंलग्नता की नीति को अपनाने की चर्चा चल पड़ी है। यह

भी इस बात को समझ चुका था कि गुटों में शामिल होने की नीति से कोई लाभ होने वाला नहीं है। इस स्थिति में भारत के लिए इस नीति का परित्याग राजनीतिक और कूटनीति के नजरिये से उचित नहीं है।

पंडित नेहरू की देन—असंलग्नता की नीति का शिलाविन्यास पंडित जवाहरलाल नेहरू ने किया। उनके शासन काल में इस नीति को काफी सफलता मिली। जहाँ तक विश्व में प्रतिष्ठा का सवाल है, इस सम्बन्ध में कोई मतभेद नहीं कि प्रधान मंत्री नेहरू के काल में देश ने अन्तर्राष्ट्रीय समाज में अपने लिए पर्याप्त प्रतिष्ठा प्राप्त की। साम्यवादी दुनिया और पश्चिमी जगत दोनों ही भारत के विचारों की, उसकी निष्पक्ष असंलग्नता की नीति की कद्र करते रहे और सर्वत्र भारत सरकार के प्रतिनिधियों का यथोचित आदर होता रहा। एशिया और अफ्रीका में बहुत लोग नेहरू और उनकी सरकार को शोषित मानवता का प्रवक्ता मानते थे और राजनीतिक पराधीनता एवं उपनिवेशवाद के अत्याचार के खिलाफ जारी संघर्ष में उनसे नैतिक और भौतिक समर्थन की उपेक्षा करते थे। उन्होंने भारत के लिए जिस विदेश-नीति का प्रतिपादन किया उससे देश की प्रतिष्ठा में काफी वृद्धि हुई। नेहरू की नीति के कटु आलोचक भी इस तथ्य को अस्वीकार नहीं कर सकते कि जब तक नेहरू जीवित रहे तब तक संसार में उनके मुकाबले का अन्तर्राष्ट्रीय ख्याति और प्रतिष्ठा प्राप्त व्यक्ति दूसरा नहीं था। नेहरू की विदेश-नीति ने राष्ट्रीय प्रतिष्ठा में वृद्धि की अथवा उनके व्यक्तित्व के कारण राष्ट्र को यह सम्मान प्राप्त हुआ। यह बात अलग-अलग नहीं सोची जा सकती है। किसी भी देश की विदेश-नीति के साथ विदेश मंत्री का व्यक्तित्त्व घनिष्ठ रूप से जुड़ा रहता है और उन्हें अलग-अलग कर उस पर विचार नहीं किया जा सकता।

नेहरू की विदेश नीति का मूल्यांकन

भारतीय विदेश नीति के अन्तर्गत घटित घटनाएँ इस तथ्य को प्रगट करती हैं कि स्वतन्त्रता के बाद 1951 तक भारत का अन्तर्राष्ट्रीय विश्वास का तेजी से विकास हुआ। भारत ने दोनों गुटों से असंग्लन रहते हुए शीतयुद्ध की तेजी को कम करने का प्रयास किया। आरम्भ में दोनों गुटों ने भारत को सन्देह की दृष्टि से देखा परन्तु शनैः-शनैः उन्होंने भारत की शान्तिप्रियता को स्वीकार करना शुरू कर दिया। 1950 में कोरिया और 1654 में हिन्द चीन में दोनों पक्षों में समझौता कराने में भारत ने अत्यन्त महत्वपूर्ण भूमिका का निर्वाह किया। इसी बीच भारत, साम्यवादी चीन और पश्चिमी जगत के मध्य सम्पर्क का प्रधान माध्यम बन गया। 1954 में भारत

ने पंचशील की घोषणा की, जिसका विश्व के अनेक राष्ट्रों ने उत्साहपूर्ण स्वागत किया। इस घोषणा के बाद से भारत को शान्तिपूर्ण सह अस्तित्व का प्रधान प्रवक्ता माना जाने लगा। 1955 के बांडुंग सम्मेलन में भारत को एशिया और अफ्रीका के असंलग्न राष्ट्रों के नेता के रूप में देखा जाने लगा। 1956 तक भारत की प्रतिष्ठा अन्तर्राष्ट्रीय जगत में शिखर पर पहुंच हो गई थी। स्वेज नहर पर एंग्लो फ्रेंच आक्रमण के उसके तीव्र विरोध ने उसे एशिया और अफ्रीका में साम्राज्यवाद के तीव्र विरोधी और स्वाधीनता के मजबूत समर्थक के रूप में अत्यधिक लोकप्रिय बना दिया। 1957 में पामर और परकिन्स ने लिखा है कि "भारत संयुक्त राष्ट्र में शक्तिशाली अफ्रीकी-एशियाई वर्ग का प्रधान संगठनकर्ता था और अब उसका मान्यताप्राप्त नेता है।" परन्तु 1956 के बाद आन्तरिक और अन्तर्राष्ट्रीय घटनाक्रम के कारण नेहरू को कुछ झुकना पड़ा। कश्मीर के सम्बन्ध में भारत का पक्षधर केवल रूस ही था। इस कारण से नेहरू हंगरी में रूसी हस्तक्षेप की निन्दा न कर पाए, इससे भारत की साम्राज्यवाद विरोधी विश्वास टूट गया। 1959 के बाद चीन की चालाकियों ने भारत में संकट की स्थिति पैदा की। चीन से मैत्री भारतीय विदेश नीति का एक प्रधान स्तम्भ थी। 1961 में बेलग्रेड सम्मेलन में निकटवर्ती राष्ट्रों ने भारत के प्रति उपेक्षापूर्ण दृष्टिकोण अपनाया, उससे भारत की अन्तर्राष्ट्रीय प्रतिष्ठा को गहरा आघात लगा।

दिसम्बर 1961 में भारत ने पुलिस कार्यवाही कर गोआ से पुर्तगाली साम्राज्यवादियों को भगा दिया। यह कार्य भारतीय विदेश नीति की एक सफलता थी परन्तु इसने भारत की गाँधीवादी और अहिंसा प्रेमी होने के विश्वास को आघात पहुंचाया। 1962 में भारत पर चीनी आक्रमण ने भारतीय विदेश नीति को लगभग निष्क्रिय ही कर दिया। इस संकट काल में निकटवर्ती राष्ट्रों ने भारत का साथ नहीं दिया। भारत में चीनी आक्रमण एक युगप्रवर्तक घटना थी। इस घटना के अत्यन्त दूरगामी परिणाम हुए। भारत पर आक्रमण करने में चीन के चार मुख्य लक्ष्य थे। वह भारत को भयभीत कर उस भारतीय भूमि पर वैधानिक अधिकार की मान्यता प्राप्त करना चाहता, जिस पर उसने अवैधानिक रूप से अधिकार कर लिया। चीन भारत के अन्तर्राष्ट्रीय विश्वास से ईर्ष्या करता था और वह उस विश्वास को नष्ट करने के लिए कृतसंकल्प था। चीन एशिया और अफ्रीका में भारत की बढ़ती हुई लोकप्रियता को खत्म करके अपना नेतृत्व स्थापित करना चाहता था तथा चीन रूसी यूरोपियन साम्यवादी गुट के समानान्तर अपनी नजर में एक एशियाई साम्यवादी गुट की स्थापना करना चाहता था। भारत की गुट निरपेक्ष नीति इसमें बाधक थी अतः चीन ने भारत पर आक्रमण किया।

चीन को अपने इन उद्देश्यों की प्राप्ति में पूरी सफलता प्राप्त नहीं हुई परन्तु इससे भारत की प्रतिष्ठा को आघात लगा, चीन ने भारत के एशियाई-अफ्रीकी राष्ट्रों के नेतृत्व को खत्म कर दिया। मिस्त्र, श्रीलंका, बर्मा आदि अनेक मुख्य नजदीकी राष्ट्रों ने भारत-चीन विवाद में भी तटस्थता का दृष्टिकोण अपनाया, इण्डोनेशिया आदि अनेक राष्ट्र चीन समर्थक बन गए। भारत और रूस सम्बन्ध भी चीनी आक्रमण से प्रभावित हुए। नवम्बर 1962 के बाद भारत 'एशिया का नेता अथवा प्रवक्ता' नहीं रह गया। रूस की दृष्टि में भारत का महत्व गिर गया। जिससे भारत और रूस के संबंधों की प्रकृति बदल गई जो भारत और रूस की मित्रता में बदल गई।

1962 की हार ने भारत की अन्तर्राष्ट्रीय प्रतिष्ठा को उसके निम्नतम बिन्दु तक पहुंचा दिया। उसे एक कमजोर राष्ट्र समझा जाने लगा। इस प्रकार नेहरू युग में भारतीय विदेश नीति के इतिहास को दो भागों में बांटा जा सकता है। पहला युग (1947 से 1962 तक) जिससे भारत ने जवाहर लाल नेहरू के नेतृत्व में एक शान्तिप्रिय और विकासशील राष्ट्र के रूप में अन्तर्राष्ट्रीय प्रतिष्ठा प्राप्त की। दूसरा युग (1962 के चीनी आक्रमण से लेकर नेहरू की मृत्यु 27 मई 1964) जिससे भारतीय विदेश नीति लगभग असफल हो गई।

अन्ततोगत्वा यहा कहा जा सकता है कि भारतीय विदेश नीति अतिशयोक्तिपूर्ण प्रशंसा और अनुचित निंदा दोनों का ही विषय रही है। इसके प्रशंसकों का मानना है कि भारतीय विदेश नीति ने भारत को अन्तर्राष्ट्रीय क्षेत्र में अभूतपूर्व प्रतिष्ठा और सम्मान प्रदान किया है। भारत शान्तिदूत, दोनों गुटों के बीच का पुल तटस्थ, विश्व का नेता स्वीकार किया जाता है। जवाहर लाल नेहरू ने कहा था—"भारत का विश्व में व्यापक प्रभाव दृष्टिगत होता है। आज यदि कोई व्यक्ति विश्व के किसी भाग में चला जाए तो वहां शक्ति के साथ भारत का जुड़ा नाम पाएगा।

दूसरी ओर आलोचक भारतीय विदेश नीति को असफल और अविवेकपूर्ण मानते हैं प्रथम, यह अत्यधिक आदर्शवादी और भावना प्रधान है। शान्तिदूत की प्रतिष्ठा पाने हेतु हमने अपने राष्ट्रीय हितों की उपेक्षा की है। तिब्बत सम्बन्धी नीति भारतीय विदेश नीति की आदर्शवादिता और असफलता का ताजा उदाहरण है।

दूसरे, चक्रवर्ती राजगोपालाचारी आदि अनेक राजनीतिज्ञों ने असंलग्नता की नीति को हमारे राष्ट्रीय हितों के प्रतिकूल माना है। उनका कहना है कि इस नीति के कारण विश्व का एक भी राज्य हमारा स्थायी मित्र नहीं रह गया है। हमारे दो शक्तिशाली शत्रु हैं—चीन और पाकिस्तान।

तीसरे, असंलग्नता की नीति को पश्चिमी तथा साम्यवादी दोनों ही गुटों ने संदेह और अविश्वास की दृष्टि से देखा है। पश्चिमी शक्तियों ने भारत पर प्रच्छन्न साम्यवादी होने का संदेह किया है। उनका कहना है कि तिब्बत में चीन और हंगरी में रूस के साम्राज्यवाद के प्रति दिल्ली की नीति अत्यन्त उदार रही है। इसके विपरीत साम्यवादियों ने भारत की 'पूंजीवादी' राष्ट्रों का पालतू कुत्ता, कहकर निन्दा की है। स्वयं भारतीय साम्यवादी दल ने मार्च 1948 में कहा था कि 'भारत की तटस्थता तो एंग्लो-अमरीकन साम्राज्यवादियों के साथ सहयोग को छिपाने का आवरण मात्र है।'

चौथे, भारत की राष्ट्रमंडल की सदस्यता दास मनोवृत्ति की परिचायक है।

पांचवें, भारत की विदेशों से सहायता लेने की नीति से देश आर्थिक गुलामी की शृंखलाओं में बंधता जा रहा है।

दसअसल नेहरू युग में सन् 1962 में चीन से पराजित होने के कारण भारत की अंतर्राष्ट्रीय प्रतिष्ठा को क्षति पहुंची थी। परिणामस्वरूप, भारत की गिनती निर्बल देशों की श्रेणी में होने लगी थी।